新知文库

XINZHI

Shock of Gray:
The Aging of the World's
Population and How it Pits
Young Against Old, Child
Against Parent, Worker
Against Boss, Company
Against Rival, and Nation
Against Nation

SHOCK OF GRAY: THE AGING OF THE WORLD'S POPULATION AND HOW IT PITS YOUNG AGAINST OLD, CHILD AGAINST PARENT, WORKER AGAINST BOSS, COMPANY AGAINST RIVAL, AND NATION AGAINST NATION

Original English Language edition Copyright © 2010 by Ted C. Fishman

All Rights Reserved.

Published by arrangement with the original publisher, SCRIBNER, a Division of Simon&Schuster, Inc.

当世界又老又穷

全球老龄化大冲击

［美］泰德·菲什曼 著　黄煜文 译

生活·讀書·新知 三联书店

Simplified Chinese Copyright © 2018 by SDX Joint Publishing Company.
All Rights Reserved.
本作品简体中文版权由生活·读书·新知三联书店所有。
未经许可，不得翻印。

图书在版编目（CIP）数据

当世界又老又穷：全球老龄化大冲击／（美）泰德·菲什曼著；黄煜文译．—北京：生活·读书·新知三联书店，2018.4 （2021.11 重印）
（新知文库）
ISBN 978-7-108-06112-6

Ⅰ．①当…　Ⅱ．①泰…②黄…　Ⅲ．①人口老龄化－世界　Ⅳ．①C913.6

中国版本图书馆 CIP 数据核字（2017）第 233508 号

本书中文译稿由台湾远见天下文化出版股份有限公司授权使用

责任编辑	李　佳	
装帧设计	陆智昌　康　健	
责任校对	张　睿	
责任印制	董　欢	
出版发行	生活·讀書·新知 三联书店	
	（北京市东城区美术馆东街 22 号　100010）	
网　　址	www.sdxjpc.com	
图　　字	01-2017-6198	
经　　销	新华书店	
制　　作	北京金舵手世纪图文设计有限公司	
印　　刷	河北松源印刷有限公司	
版　　次	2018 年 4 月北京第 1 版	
	2021 年 11 月北京第 5 次印刷	
开　　本	635 毫米×965 毫米　1/16　印张 25	
字　　数	302 千字	
印　　数	25,001-28,000 册	
定　　价	48.00 元	

（印装查询：01064002715；邮购查询：01084010542）

新知文库

出版说明

在今天三联书店的前身——生活书店、读书出版社和新知书店的出版史上，介绍新知识和新观念的图书曾占有很大比重。熟悉三联的读者也都会记得，20世纪80年代后期，我们曾以"新知文库"的名义，出版过一批译介西方现代人文社会科学知识的图书。今年是生活·读书·新知三联书店恢复独立建制20周年，我们再次推出"新知文库"，正是为了接续这一传统。

近半个世纪以来，无论在自然科学方面，还是在人文社会科学方面，知识都在以前所未有的速度更新。涉及自然环境、社会文化等领域的新发现、新探索和新成果层出不穷，并以同样前所未有的深度和广度影响人类的社会和生活。了解这种知识成果的内容，思考其与我们生活的关系，固然是明了社会变迁趋势的必需，但更为重要的，乃是通过知识演进的背景和过程，领悟和体会隐藏其中的理性精神和科学规律。

"新知文库"拟选编一些介绍人文社会科学和自然科学新知识及其如何被发现和传播的图书，陆续出版。希望读者能在愉悦的阅读中获取新知，开阔视野，启迪思维，激发好奇心和想象力。

生活·讀書·新知三联书店
2006年3月

目　录

导论　白发新世界 　1
第一章　来自佛罗里达州的问候，上帝的等待室 　18
第二章　长寿简史 　68
第三章　老年失忆症：在西班牙发现老龄化 　84
第四章　我们如何不断地走向衰老？ 　130
第五章　日本，消失的下一代 　155
第六章　欺骗死神 　201
第七章　螺丝之都的曲折命运：伊利诺伊州罗克福德 　223
第八章　我们如何看待老人？ 　286
第九章　中国：未富先老？ 　312
第十章　数代同桌 　345

致　谢 　364
注　释 　374

威廉师傅你这么老

"威廉师傅你这么老,
你的头发白又白;
倒竖蜻蜓,你这么巧——
你想这样儿该不该?"

先生答道:"我那时小,
怕把脑子跌去来;
现在脑子我没多少,
天天练武随便摔。"

"威廉师傅你这么重,
浑身长得肥又肥;
倒迁筋斗进门洞——
你这身子可危不危?"
老头答道:"当年轻,
我就用这个油拌灰;
卖给你只算一先令,
搽了就四肢轻如飞。"

"威廉师傅你这么弱,
只该喝点稀溜汤;
吃鸡带骨头还叫饿,
这样你胃口伤不伤?"

威廉答道:"我做知县,
太太总要来帮我忙;
件件案子要拗着我辩,
所以练得我嘴这么强。"

"威廉师傅你这么晃,
你的眼睛花不花?
鳝鱼顶在鼻尖儿上,
这样能耐差不差?"

师傅怒道:"你还不够?
问了又问干什么?
谁爱听你这咕叨咒?
滚下楼去你快回家!"

——节选自《爱丽丝漫游仙境》(*Alice in Wonderland*),
刘易斯·卡罗尔(Lewis Carroll)著,赵元任 译

导论　白发新世界

我的母亲已经 80 多岁，到现在还能一边听着孙子的齐柏林飞船（Led Zeppelin）纪念演唱会专辑一边跳舞，还能在密歇根湖湖水还很寒冷的时候下水游泳，还能到阿根廷的巴塔哥尼亚（Patagonia）与企鹅一起远足，要是积雪够厚，她会立刻穿上全套的越野装备外出滑雪。与此相对，我已逝的父亲在 60 岁时事业与创意均达巅峰，但 63 岁那年却遭受一连串疾病的打击。往后残酷的 15 年，他的身体越来越弱，不仅目盲、行动不便、口齿不清，而且完全失能。但他从未丧失机智与温情，我眼中的他从未放弃生命的喜悦。

我父母的不同经历，相信是数百万美国人乃至全球广大人口的写照。整个世界正走向老龄化。不只是年龄增长而已，而是确确实实地"变老"。每个人都有活到 60 岁的一天，生命巨变一桩接一桩地降临：家庭成了空巢；退休或转职；配偶、朋友与亲戚染上重病或死亡；身体与心智衰老；在家庭与社交圈的地位及权力完全翻转过来；金钱只出不进；随着来日无多，与时间和永恒的关系也出现变化。

然而，老人也能为自己开辟新天地。闲暇的时间增多，社交圈也随之拓展，因而对事物燃起新的热情。老年人从家庭与工作的无情苛求中解脱，因而产生恢复青春的甜蜜感受。人们眼中看似衰颓虚弱的老人，居然能随着"齐柏林飞船"乐队的音乐起舞，或索性亲自弹唱他们的歌曲。

虽然大家都了解，是年轻人塑造了社会生活与商业，但人们现在也开始发现，前所未有的庞大老年人口将对我们造成影响。许多老年人（例如我母亲）不仅健康而且生龙活虎，但也有许多老人（例如我父亲）需要花费庞大的资源才能延续生命。全球人口的老龄化将带来经济、政治、文化与家庭的深远影响，而这种影响只会有增无减。有些变化受人欢迎，有些则不是。有些人受益，有些人受害。金钱和权力与此息息相关。此外还有数百万老人的福祉，他们一辈子工作，建立了情感关系，对于生命的一切感到眷恋。然而，这个世界的年轻人也有他们的福祉，他们需要的资源将被老年人分食，最重要的是，最终还是要由年轻人（无论身为家庭成员、朋友还是公民，都会在这个老年化的世界中逐渐变老）来照顾老人，包括他们自己。

只要我们稍加留心，就能发现老龄化的迹象俯拾即是。例如：

• 在一间满是电话与平面显示器的房间里，工作人员一天24小时随时待命。早上9点，电话铃声开始响起，此刻正是飞利浦生命线（Philips Lifeline）600万名以上的老年用户开始一日生活的时间。生命线服务让用户在遭遇任何生命威胁时，能向公司发出警示。早晨充满危险。用户的平均年龄是82岁，但还有数千名百岁以上的老人也使用这项服务。可以预料的是，这些老人用户绝大多数是女性。每天早上，生命线的数百万用户走向淋浴间，走出来踏在湿滑的地砖上，然后走向厨房，这里的火炉、刀子、高处的橱柜、地毯与木头地板都是致命的威胁。如果用户滑倒摔跤，或袖子着火，或在一日初始之时感到焦虑与恐惧，他们的脖子或手腕上挂的装置可以让他们发信号（有时可以自动传送）给生命线呼叫中心。到了某个美丽秋日的早上9点，生命线已累积处理了近70万通电话。墙上的指示器持续计数来电数目。求救者在线死亡的案例屡见不鲜。某位服务人员接到一名来自密苏里州哥伦比亚市的琼斯太太的电话。"你摔倒了？有多严重？你是站着还是躺在床上？就是说你没有受伤，但你需要有人扶你起来？我会立刻派人过去。"几年前，一个名叫安娜的80岁女性在自家浴室摔倒，撞破了淋浴间的玻璃门，她躺在地上，头上刚好悬着一块摇摇欲坠的玻璃，此时的她宛如置身断头台上。这桩紧急事件使一位名叫莉萨的生命线服务人员突然成为晚间新闻的焦点。安娜拉了绳钮；它同时通报了邻居与生命线，紧急小组随即抵达，救她脱离险境。但是，一则战场新闻不足以形容一场长期战争，老龄化世界的新闻剪影无法呈现整幅图像。只有在配备电话与大型液晶显示器的繁忙生命线指挥中心才能掌握全局。

位于马萨诸塞州弗雷明汉镇（Framingham）的指挥中心就像一间为老年焦虑而准备的状况室，生命线整日不断追踪每分钟汇入的大小事件。新闻与气象频道布满整个墙面。当风暴、停电、地方枪击事件与恐怖攻击的新闻出现在各个屏幕而警报大作之时，寻求协助与安抚的电话铃声也疯狂响起。生命线的工作人员受过训练，懂得如何聆听与解读用户的难解信息，用户有时太痛苦、太客气或太矜持，因而无法清楚说明自己到底发生了什么事。他们可以辨识用户是否经常性地跌倒、含糊的言辞是否暗示着该吃的药品没吃或中风。用户的来电次数若比以往更频繁，便表示对方正陷于绝望与孤独的巨大危险。服务人员会向用户保证不会有事或援助已经上路，而且无论如何语气都蕴含着平静、效率、善意的鼓励与郑重的关怀。没有人会要求用户长话短说或让对方不愿再打电话,但这毕竟是生意。生命线支付给服务人员的薪资远超过行情,对公司来说,时间就是金钱,但对用户来说,时间却多得是。此外,服务人员还要联络其他人。他们可能必须通知医护人员前往用户家中,或许还必须告知对方,用户把钥匙藏在哪里或诸如此类的信息。他们必须打电话提醒一些用户吃药,包括药丸的数目与颜色。他们还要打电话祝贺用户生日快乐。每一名用户都会接到祝贺电话,这一点非常重要。公司会根据服务人员接听的电话数目与传达的关怀来发放红利。"这是个微妙的平衡,"飞利浦生命线首席执行官罗恩·范斯坦(Ron Feinstein)说,"但我们的员工知道该怎么做。"

根据范斯坦的说法,生命线的业务是与孤立的危险对抗。他认为,世人绝大多数不愿正视老人独居的风险。关心国内各地民众的范斯坦,脑子里似乎藏了每一座城市的地图。他谈到一名85岁的妇女住在芝加哥环湖公路(Lake Shore Drive)旁一栋高层住宅的45楼,这栋住宅住的几乎都是老人。他也提到另一名独居于艾奥瓦州首府得梅因市(Des Moines)的女性,以及一名住在蒙特利尔的法裔加拿大人与一名住在多伦多的希腊人。范斯坦指出,公司必须清楚了解,八九十岁的独居老人有着不同的看待人生的方式。然而,生命线之所以快速发展却是基于下述事实:用户全是渴望保持独立的老人。范斯坦说,当危机突然袭击受人敬爱的长者时,家人往往毫无准备,原因之一是"我们的社会有一种根深蒂固的'惧老症',人们总是把自己看得年轻一点"。他认为,这种心态会持续一辈子,因为社会将老年污名化,导致老人否认自己已经年老。他抱怨说,对年长者而言,杂志封面上一切年轻美丽的外表证明社会弥漫着一股营销心态,其所呈现的不是这个生活质量下降与日渐衰弱的老人努力过活以维持自身独立的真实世界。"母亲会否认自己是脆弱的，直到意外发生，所有悲惨倾巢而出，"范斯坦说，"子女们担心母亲无法独自生活，如果她摔伤髋关节或房子差点失火烧毁，或有人闯入，或房屋清洁工注意到地毯上有块不干净的污渍而且说她只愿意清理个几次。"只需低廉如有线电视套装方案的价格，就能让家庭愿意与生命线签约，给老人多一点独自生活的可能。"我们提供的服务，让用户的子女愿意交出他们的信用卡。"

2006年，荷兰科技大厂飞利浦公司以7.5亿美元的代价买下生命线。这项采购案是该公司针对日益成长的老年人口医疗照护服务所下的部分豪赌。飞利浦不会是唯一一家在老龄化世界赌上自己未来的公司。光是居家照护就有1400亿美元的产值，而且还在成长当中。然而，飞利浦生命线却无法依循主流的方式成长。范斯坦指出，与客户培养长期关系是一项挑战，因为你的用户每年有相当高的比例死亡。但随着美国与世界老年人口增加，用户的潜在数量与对服务的需求也不断上升。预期生命线的业务将蒸蒸日上。

• 两名摩托车手停在佛蒙特州（Vermont）切斯特镇（Chester）富勒顿民宿（Fullerton Inn Bed and Breakfast）门口。他们从脖子到脚全裹着骑士皮衣。其中一名红脸的男子脱下安全帽，他蓄着灰白八字胡，满头白发，还绑了一条油亮的马尾。另一名骑士是位女性，她把头一甩，露出浓密的白发，后面系着一条狂野的大头巾。他们吃力地下了摩托车，紧裹腹部的皮衣显出他们粗大的腰围。不久，后头跟着10—20辆摩托车轰隆隆地驶进停车场。安全帽一脱，每一名"逍遥骑士"（Easy Rider）要不是满头花白就是头上光光或两者兼有，就像好莱坞电影《荒野大飙客》（Wild Hogs）一样。看来每个人都投入不少退休储金在哈雷摩托车上，而他们身上桀骜不驯的打扮恐怕也不便宜。

哈雷摩托车成为退休人士组成松散团体的重要配件，这些人发现摩托车既可以让他们轻松拥抱反文化，又能满足炫耀性消费的欲望。令人惊讶的是，这些年迈的骑士居然不约而同地购买类似物品来表现他们的叛逆性格。事实上，哈雷摩托车的大受欢迎反而让哈雷公司感到困扰。摩托车本是年轻人的用品，现在却代表年过半百人士的人生仪式。2009年哈雷骑手年龄的中位数比在2004年时老了7岁。重型哈雷摩托车在二三十岁的年龄层销路不佳，因为年轻骑手认为这种巨大而笨重的车款是老古板骑的。随着哈雷摩托车骑手的年龄提升，哈雷公司贩卖的摩托车数量也越来越少，同时着手寻求有效策略，以吸引能在未来提升业绩的年轻族群。2009年，哈雷公司缩减生产，关闭两座厂房，并且减少工人薪资与福利。公司还要求年老的雇员提早退休。对于那些屈服公司要求而提早退休的员工来说，把空闲时间与稀少金钱投入于哈雷"退休交通工具"上的感受是苦乐参半的。

• 一名美丽的女子坐在佛罗里达州奥兰多（Orlando）一处会议中心里，一些专门建筑与经营供老人使用的集合式住宅的公司与慈善团体正在此地举行大型年度活动。女子的腿上摆着一只玩具小海豹。小海豹名叫"帕罗"（Paro），它光滑的身子上覆盖着雪白的合成毛皮，两只煤黑的眼睛，黑色的鼻子，与固定不变的微笑。这名女子在一个布置成像疗养院房间的展场中展示这只动物，她有气无力地抚摸毛皮，脸上挂着茫然的笑容。她的工作是模仿玩具海豹潜在使用者的样子，而玩具海豹实际上是一个互动机器人，用来安抚机构中阿尔茨海默症患者的情绪。抚摸帕罗时，它会发出真实的小海豹声音。研究显示，阿尔茨海默症患者很依赖这种在日本设计制造、覆有绒毛的机器人。玩具海豹不仅在老人住宅展场上大受欢迎，它也在世界各地的营销活动上成为新宠，这些活动的顾问们教导其他人"如何点石成金"捕捉到老年人群的市场需求。一名疗养院管理者提供了证言，表示这些老年住户在情感上相当依赖机器海豹，海豹的可爱声音能让他们内心充满喜悦。

• 德国北莱因－威斯特法伦州（North Rhine-Westphalia）提供了一项计划，辅导当地的性工作者成为疗养院看护。在一份有关该项措施的报告中，《英国医学杂志》（British Medical Journal）提到德国关心的一项问题：尽管失业率居高不下，但老年化国家仍有数千份看护工作乏人问津。报道引用疗养院官员的说法，性工作者的再训练是"一个明显的进展，〔因为性工作者〕拥有可亲近的特质，不会轻易感到嫌恶，而且不畏惧身体接触"。一名曾经是性工作者、如今已被雇为看护的人士表示："性工作使我学会聆听与传达安全感……这不就是照护老人所缺乏的吗？"

2006年，手术器械公司一名工程师得意扬扬地展示该公司屋龄已达50年的原始厂房。这家公司在德国与美国均设有制造厂。这名工程师对于公司的技术劳动力相当自豪，他们能满足顾客要求的世界顶尖水平，制造出精密复杂的器具。他拿起一把手术刀，以指尖使手术刀保持平衡。"重量与触感可以见证我们工具的质量，"他自豪地说，"外科医生在医学院接受训练时使用我们的工具，执业时也使用我们的工具。"他说，公司的工人是生产流程中最重要的一环。许多人已在公司任职多年，其累积的数万小时经验是不可取代的。在这种情况下，年长的工人极为珍贵。不过，最近公司开始实验低成本的生产线以满足新兴的亚洲市场，尤其是中国。"我们绝不会将该生产线的产品出售给国内的顶级客户，"他说，"但有些客户买不起我们的最佳产品，所以我们为他们设立了不同的生产线。"

2007年，同一位工程师展示公司设在中国深圳近郊厂房的崭新成果。他们在当地雇用了一些新工人,全是二十出头的年轻女性,她们制造的手术器具看起来和公司在德国与美国生产的产品一样,只是没那么光亮。公司将两部用来制造器械的机器从瑞士搬到中国,让新雇员学习操作。一名在美国协助操作机器的瑞士工程师转往中国协助装设与操作机器。"对当地市场来说,这算是小规模的生产,"先前那位工程师表示,"我们让欧美的厂房继续生产。因为把所有的生产设备搬来此地并且购买同类型的新机器花费甚巨,而且我们其他地方的工厂拥有世上最顶尖的技术工人。"

到了2008年,中国工厂雇用了100多名新员工,绝大多数是年轻的女工,而且使用全新的机器。当被问到公司如何能如此快速地重建工作场所与高技术劳动力时,工程师表示:"还记得你在国内看到的那批瑞士机器吗?我们将这些机器交给中国某家公司的一些年轻聪明的工程师,他们以五分之一的价钱帮我们重制了这些机器。我们现在正考虑将所有的生产线搬到这里来。"言下之意就是,曾经极为珍贵的美国与德国老工人注定失去他们的工作。

• 120名生气勃勃的年轻学生修习斯坦福大学新开设的大学部课程"长寿"。这门持续一学期的跨学科课程探讨寿命延长对社会与学生的意义。课程主题包括死亡、濒死、老化与工程(斯坦福位于硅谷的中心),以及医疗对经济产生的影响。这是一门团队讲授的课程,讲授者包括心理学家、神经学家,以及金融市场、家庭与劳动经济学方面的专家,还有由世界最大的几家保险公司前首席执行官所做的客座专题演说。关键要点是,长寿对于人类活动的影响遍及所有层面。这群全美最优秀与最有活力的学生被这门课程所震撼,不只因为内容吸引人,也因为不同于其他同年龄的人,这些学生已从课程中了解,一个老龄化的新世界即将来临。

● 尤加（Jurga）是一名年过六十的女性，苏联解体前曾在立陶宛一所高中教授俄国文学。俄国经典是她生活的重心。"俄国文学是如此美丽，如此博大精深，"她说，"你可以逃避人生、遁入俄国文学之中。"她在苏联时代过着不错的生活，经常利用国家赞助的假期与研讨会前往俄罗斯，与其他浸淫于普希金、托尔斯泰与陀思妥耶夫斯基的同好聚会。当苏维埃领导人来到立陶宛首都维尔纽斯（Vilnius）时，她担任他们的导游。苏联的解体让这一切戛然而止。立陶宛人完全失去对俄国文化的兴趣，他们一面重申自己的文化，一面以英语作为通行世界的语言。

"年轻的立陶宛人全想离乡到德国、英国与美国寻找更好的工作，"尤加说，"所有的学校都已停止教授俄语。"由于在自己的国家找不到工作，尤加于20世纪90年代末以观光的名义到了美国，当时她已55岁。抵达美国之后，她唯一的工作是居家照顾独居的阿尔茨海默症患者。她搬进患者家中，提供照护并且烹煮立陶宛的家常菜，此外，她也目睹患者的衰弱与死亡。现在，她照顾一名男子，病人唯一的亲人是上了年纪的妹妹。尤加一星期工作91小时。除了用童言童语与患者对话外，绝大多数时间都在沉默中度过。她随身带着自己喜爱的书籍，但发现反复播放《宋飞正传》（*Seinfeld*）、老电影喜剧与音乐剧最能舒缓患者焦躁的情绪。"我们起身跳舞、欢笑，试着让自己高兴。"她说。对于目前的患者，尤加已经让他看了50多遍由托尼·柯蒂斯（Tony Curtis）、杰克·莱蒙（Jack Lemmon）与玛丽莲·梦露（Marilyn Monroe）主演的嬉闹喜剧《热情如火》（*Some Like It Hot*）。

● 在威尔士（Wales）一处小村落广场上，古老石砌教堂的附近，有一桌波兰工人一边抿着咖啡，一边读着《波兰日报》（*Dziennik Polski*），了解最新的体育新闻。《波兰日报》是伦敦发行的日报，它的读者是大不列颠50万波兰移民。邻桌一名当地高中历史老师侧着身子向最靠近他的波兰人打听，他们在威尔士待多久了。"超过两年，"对方这么回答，"我们都是工地工人。我是工头。今天我们从拉内利(Llanelli)来这里观光，打算看点不同的东西。"由于欧盟允许波兰人自由移民到英国，威尔士的拉内利市遂吸引了四万名波兰人前来。虽然有些人因为英国的工作越来越难找而返乡，但绝大多数人认为波兰的前景黯淡而决定留下。波兰薪资只有英国的十分之一，所以就算在国外工作两个月还是划得来。老师问这名工人，他未来是否想继续留在威尔士。"不。我在家乡买了栋房子，准备装修之后出租。不过现在在波兰找不到人装修屋子。所有的水管工、电工与木匠全跑到西欧或美国。波兰已经找不到年轻人，你必须雇用来自白俄罗斯与乌克兰的工人。如果你到乌克兰的基辅，你也找不到乌克兰人。因为他们都在波兰，所以你必须雇用来自哈萨克斯坦或格鲁吉亚的工人。"

• 坐在东京歌舞伎座观众席上（这个大剧场是日本最著名的戏剧表演中心），年轻的美国指挥家威尔·怀特（Will C. White）正观赏一出已有220年历史的固定戏目《手习子》（Tenaraiko）。剧中女孩由一名有着丰富表情的娇小演员扮演，他穿着一袭长和服，色彩与样式显出主角的青春，他还戴了一顶饰有花朵的传统黑色假发。

"这名女孩，"怀特解释说，"正在放学回家的路上。她拿着纸雨伞无忧无虑地走着，直到被蝴蝶吸引。她开始追逐蝴蝶，享受单纯的快乐时光。然后她在一张纸上写下情诗，任它随风飘扬，而她也随之起舞。女孩虽然贪玩，却不失均衡与优雅。你心里清楚，所有的歌舞伎演员都是男人，但这个人看起来完全就是一名青春期之前的女孩，而且，天哪，他真是让人心服口服。"

怀特的日本朋友在表演进行时对他耳语："那名演员是个81岁

的老人。"这个角色由日本的国宝级歌舞伎演员中村芝翫（七代）扮演，他继承了传奇歌舞伎表演者历史悠久的家名。他首次登上歌舞伎舞台是在1933年，当时他才五岁。

- 2010年3月，新泽西州的艾达·鲁思·海斯·格林（Ida Ruth Hayes Greene）获得了高中文凭，还差一个月就是她的99岁生日，她成为该州有史以来以最老年纪获得该文凭的公民。杰·雷诺（Jay Leno）在晚间的脱口秀节目提到格林的成就，他说："在导师的建议下，她将继续攻读二年制大学。"

嘿，孩子都到哪儿去了？

世界正以各种方式改变之中，以上所举的只是其中几个例子，这些全是人类赐给自己的最佳礼物——长寿工程造成的结果。其他的变化还包括了家庭正逐步缩小。这段过程难以察觉，不仔细注意几乎无法看出。对于在北美、东亚与欧洲大部分地区生活的人来说，最直接的证据或许就在餐桌前。你可以计算一下。如果你有一个大家庭，你可能要稍待片刻等你的家人全部到齐。首先注意餐桌旁最老的那一辈。他们或许是祖父母或曾祖父母，或许是姑婆与叔公。他们很可能比自己的父母活得更久。然后数一数每个成人拥有多少子女，你会发现子女的数量几乎都是随世代而递减。

如果你是一名上班族，那么你自己的家庭人数几乎肯定小于你成长的家庭，尤其是你还花了数年时间深造的话。如果你自己的家庭是你成长家庭人口的一半，那么你的家庭便属于这个世界的主流。调查你的朋友，他们的家庭一定跟你很类似。

我调查自己的家庭，然后又调查朋友的家庭。故事几乎完全一样。

我的父亲生于四名子女之家，我的母亲则是两名。他们原本想生三个小孩，最后却生了四个，因为我跟我的兄弟是双胞胎。我与16名堂表兄弟姐妹一起长大。我的妻子与我育有一子一女，我只有一个侄女和一个侄儿。过去我们人多嘴杂的大家庭每逢生日与假日都有聚会，而且必须借来一整车折叠椅与好几张桌子。现在我们只需要一张桌子，而且我们这些已届中年的亲戚人数还超过子女。以往必须低声谈论医生与金钱的话题以免孩子听见，现在则可以毫无顾忌地高谈阔论。

身为一名美国中年白种男子，我属于绝大多数家庭正在萎缩的美国人之一。我的家庭故事详细记录在全国人口普查记录上。我不知道我还能活多久。我知道我的曾祖父活到104岁，但他的儿子，也就是我的祖父，只活到62岁。我知道我的妻子与我当中有一人很可能活过90岁。就保险统计而言，如果我们俩能一起活过63岁，那么我们之中有一人（可能是我的妻子）有50%的概率能再活30年。老年女性要比老年男性健康得多。

如果一切顺利，到了2050年，我的妻子已经91岁。这一年是人口统计学上重要的一年。我们今日进行的预测，目的是要描述世纪中叶的世界人口状况。美国国家老龄化研究所（U.S. National Institute on Aging）是一所预测未来的机构。2010年，美国介于75岁与85岁之间的人口已达1700万人，但到了2050年将达到3000万人。美国百岁以上人口在今日统计学上只如同雷达屏幕上的一个亮点，但研究所预测，到了2050年，百岁以上人口将达到250万人。65岁以上的每个年龄层，其增长速度将超越一般人口的增长率，其中尤以最老的85岁以上年龄层在比例上增长最大。[1]

这种情况全世界皆然。在急速老龄化的日本，总人口到了2050年会比今日减少2500万人，但老年人口将会快速增长到占全国人口的将近四成。欧洲也是一样，虽然其人口仍不断增长，但到了 2050 年时可能开始萎缩。无论如何，老年人口所占的比例（不管挑选 65 岁以上的哪个年龄层，结果都是一样），其增长速度远远快于任何一个年龄段的中青年人。10 名欧洲人有将近 3 人将超过 65 岁，6 人中有 1 人超过 75 岁，10 人中有 1 人超过 80 岁，这个比例是目前的 3 倍以上。[2]

发展中国家的情况又是如何呢？联合国估计，2005 年到 2050 年，发展中国家的人口将增加 23 亿，但 15 岁以下儿童的百分比将会下降。15 岁到 59 岁的年龄层将增加 12 亿，而 60 岁以上的人口将增加 11 亿。在拉丁美洲，65 岁以上人口比例将提升到 18.5%，是今日的二倍以上。届时，巴西、智利与墨西哥拥有的老年人口将多于美国。今日，拉丁美洲有半数人口是 15 岁以下的儿童。到了 2050 年，将有半数的人口年龄在 40 岁以上。

想知道发展中国家将多快成为垂垂老矣的发达国家吗？东亚是个典型的例子，它的状况正在向工业化的欧洲与美国展示，这一地区未来将发生什么事，也警醒着那些充满奋发向上的年轻人的贫穷国家，它们变为老龄化国家的速度会有多快。

这些数字令人震惊。孩子越来越少，老人越来越多，世界各地几乎都是如此。

多出来的两千多亿年寿命

据说罗马人的平均寿命是 25 岁。到了 1900 年，全球平均寿命只提高到 30 岁。数字之所以这么低，主要是因为婴儿与儿童死亡率很高。只要活过这段危险时期的人几乎都能活到中年。不过，在人类绝大多数历史上，活过 45 岁的人仍是凤毛麟角。[3] 今日，全世界人口出生时的平均预期寿命是64岁。

如果我们将这段时间预期寿命增加的年数加总起来，乘以目前世界总人口，那么这个不可思议的奇迹极为明显。今日全球的67亿人要比一个世纪前的人类多享有2500亿年以上的寿命。若与罗马帝国时代的人类相比，则多了2800亿年以上的寿命。

美国战后婴儿潮一代的未来，显示出即将到来的发展。从2026年起，美国战后婴儿潮代将逐渐进入八九十岁，他们将构成美国历史上人数最多的85岁以上年龄层。这个年龄层之所以人数众多，不只是因为战后婴儿潮代的数量庞大，更因为这些人比他们的父母与祖先活得更久。在美国，1900年的平均预期寿命是49岁3个月，但到了2000年，预期寿命来到76岁10个月。综观整个20世纪，预期寿命每十年增加1.5—2.7岁。婴儿死亡率的降低是主要原因，但不是唯一原因。从一般寿命中任取一段年龄，这段年龄的人比过去同年龄的人活得更久的机会也提高了。今日，20岁的人与80岁的人都能合理预期，自己会比过去同年龄的人更长寿。

美国不只将全部的预期寿命列表，也将不同年龄层的预期寿命列表。结果显示，人类在寿命延长上有着惊人进展。1880年，65岁的人，16个人当中只有1人能活到85岁，也就是能活到1900年。到了1980年，65岁的美国人，3个人当中有1人以上能活到85岁，也就是能活到2000年。从65岁活到85岁的可能性提高到五倍以上。

2050年时，世界人口将超过91亿，人类很可能更加长寿。如果21世纪预期寿命增长的速度与20世纪相同，那么到了世纪中叶，世界人口将比1900年的人类多了约5000亿年的寿命。人类的集体经验，过去曾经改变，未来将再度改变。

未来这些数字将预估得更为精确。然而即使这些数字减少一半，地球上的人类在未来一到两个世纪还是会多出数千亿年的寿命。因此这句话值得一再重述："一个老龄化的世界，让地球必须负担多出来的数千亿年人类集体生命。"

我们虽然有能力更进一步从事延寿工程，但我们是否知道如何让多出来的寿命充满活力与愉悦？我们是否该学习如何让老人保持积极生活，而非无所事事？我们是否该修正这个世界，让老年人以参与者而非以依赖者的身份活得更久？谁该支付老人照护的花费？谁该照顾老人？增加的数十亿年人类寿命似乎需要另一个地球才能承受。

全球老龄化加速全球化

一个国家老龄化的速度越快，对源源不断跨越国境而来的商品、工作与人力的需求越殷切。人力富裕而缺少资金的年轻国家必须调整自己，以满足资金富裕而缺少人力的老龄化国家的需要。老龄化国家将以自身的财富协助国外数亿年轻人脱贫，并且以具生产力的方式投资这些年轻人与他们的国家。

一个老年人口增加速度远超过其他年龄层的社会，其所产生的需求将导致社会从年轻人身上吸取力量。矛盾的是，一个要求今日雇员为昨日工人支付福利的老龄化社会，将发现他们的年轻工人被自身的职业市场所忽略，因为企业将在世界其他地区找到低薪的年轻工人，而那些地方的薪资不涵盖任何老龄化社会的公共支出。年轻人与老人的医疗和福利密不可分，其引发的问题已超越当前财政、社会与伦理所能解决的范围。我们的世界从前一直是一个年轻人死亡数目远超过老人的世界，但最近它正逐渐转变成一个有更多的老人需要年轻人在财务、情感、思想与身体上予以支持的世界。

然而与此同时,年轻人也将争夺老人手中的财富:金钱、权力、地位,甚至土地。一个逐渐老龄化的世界将会是一个以家族忠诚为核心来驱动的世界?抑或是一个以适应性商业来推动的世界?或者是交由政府来控制的世界?答案取决于我们在家庭、工作场所与社群中所做的决定。现在一切都还在未定之天。

一本搜罗了各种故事的作品

想了解全球老龄化如何影响未来生活,最好的方式是从那些研究人口变迁学者的洞见入手。以下内容来自于我与世界各地数百名思考并努力研究人口变迁的学者们的对话。我们的生活很难不受到全球老龄化的影响,但其中有些重要的面向却无法一眼看出。今日,我们正处于人口结构大变动的序幕部分,这个事件经过数世纪的酝酿,已然影响我们生活上几乎所有的重要层面,从家中餐桌与工作场所,从我们居住的邻里与城市,一直到国家政治、国际贸易与地缘政治领域。

老龄化的世界是多元的、复杂的而且经常是自相矛盾的。但是只要我们愿意研究,我们就能了解它,因为它牵涉的是人的问题。因此,往后的篇章探讨的不是政府预算赤字的细节或政策建议的清单。(许多优秀而详细的政策取向论文,其出处可见于全书与注释之中。)我并未如读者所预期的,写下严格命令形式的、放之四海皆准而供个人遵守的"解决方案"。为什么?因为本书的目的是,了解个人并将其连接到我们充满变迁的动态世界之中。唯有如此我们才能了解(这也是我们最需要知道的)如何才能善用这个终将老龄化的世界。我希望我能捕捉到人们每天在关切自己、子女与父母时所带有的喜爱与厌恶、勇气与恐惧、创意与绝望。换言之,我希望大家能从这些篇章中看到自己。人口老龄化是个人的、在地的与全球的,所以我们必须以个人的、在地的与全球的角度来进行调适。当我们思索的范围从子宫到坟墓乃至遍及全球时,脑子里将浮现一些主题:

• 全球老龄化是人类最大的成就,我们不可能做出任何交换来反转这段过程。

• 这项成就迫使我们重新思考,该怎么做才能在通往老龄化世界的路上趋吉避凶。

• 这点也许令人惊讶,但个人老龄化也属于全球事务。积极、健康与进取的老人,其活动层面将大为扩展。尽管如此,市场中的雇主与顾客仍将无情地认定,这些经济上极有价值的老人是无用之人。

• 老龄化的世界是一个越来越有依赖性的世界。它将导致越来越高比例的人口投入越来越多的照顾他人的事务上。

• 全球老龄化剧烈改变了男女关系,反之亦然。

• 年龄歧视将付出代价,这个世界总是想尽办法边缘化与歧视老人。

• 老龄化使人群在全球移动,而人群的移动造成了全球老龄化。

• 今日的年轻人将生活在明日的老龄化世界里,无论结果如何,现在就该做好准备。

美国作家凯瑟琳·汤普森·诺利斯(Kathleen Thompson Norris)曾说:"尽管活着的成本很高,但大家还是愿意活着。"在老龄化的世界里,人们更是愿意活着。让我们拭目以待。

第一章
来自佛罗里达州的问候，上帝的等待室

2025年，预估美国65岁以上的人口：6600万人

目前美国6%的人口居住在佛罗里达州

年龄在75岁到84岁的美国人长居佛罗里达州的比例：8.3%

佛罗里达州萨拉索塔市（Sarasota）居民中超过65岁的人口百分比：33%

萨拉索塔松林（Pines of Sarasota）疗养院居民的平均年龄：87岁

预期在院内居住时间：3年

美国的未来，或者应该说发达国家的未来，已经在佛罗里达州出现。你可以在许多地方看到这样的未来，其中之一是位于坦帕市（Tampa）南方一处广大的活动屋小区，有3000栋"车屋住宅"安静地坐落在狭窄的巷弄之间。这些房屋都相当坚固，不同于旧式拖车活动屋停车场仍提供的狭长而脆弱的低廉车屋。这里的活动屋都是货真价实的住宅，屋前有门廊，而且讲究建筑细节，如同一般的郊区住房。每个人都知道，在退休小区购买活动屋是一项糟糕的投资，尽管如此，你却能低价买进佛罗里达州的退休生活，这意味着

阳光普照、悠闲乃至长寿的生活。

因此，每天都有来自全美甚至加拿大的民众抵达佛罗里达州。在佛罗里达州的活动屋停车场，有三栋每天有人进进出出、充满欢乐与酒醉喧闹。附有游泳池与水疗池的俱乐部，每当正午的阳光减弱，男男女女便齐聚于此，开始他们的欢乐时光。来到此地的男女呈现出各种老人形象，有人骨瘦如柴，有人依然肥壮，有人全身古铜色，也有人能看出被晒伤，有的人弓腰驼背，有的人气喘吁吁，也有人神气活现，有的人已经有气无力，有的人还活力四射。其中不少人仍烟不离手。有些男性身上留有心脏手术与皮肤癌手术留下的疤痕。他们戴着各式各样的帽子，脚上穿的鞋也以舒适为主。沙狐球运动向来是佛罗里达州上流"成年人"小区避之唯恐不及的东西，却在中产阶级退休圈大受欢迎，并且吸引大批民众前来。这里也提供酒类饮品，让初来乍到者与当地久居者迅速熟络起来。

这里自然吸引了美国各地人前来。但也有为数不少的英国人与德国人来此享受闲适的美国生活。此外还有加拿大人。美国人足不出户就可以通过邮寄买到多伦多便宜的处方药，但加拿大人在佛罗里达州也有急需的药品，只是这些药品无法通过邮件送达，那就是佛罗里达州的阳光。加拿大人沐浴在阳光之下，就像获得长期渴望的维生素一样。如果全球变暖只会带来热与更多的阳光，那么它对佛罗里达州预示的老龄化世界来说，将是一杯振奋精神的奎宁水。（20名老人中约有19名缺乏维生素D，而阳光正好可以补充这种维生素。老人罹患糖尿病、心脏病与免疫缺乏症的风险很高，而居住于寒冷地带的老人尤其脆弱。）在饱受漫长冬季的折磨之后，加拿大人比任何人都更早抵达佛罗里达州，而且随即住进了度假屋、公寓与活动屋小区等休憩过冬的地方。

佛罗里达州之所以能预示未来，其中一项原因是，它拥有的老年人口是全美50个州中最多的。2010年,有超过330万名65岁以上居民(每50位居民就有9人在65岁以上)住在阳光之州。佛罗里达大学的研究估计,至少到2030年为止,这个数目会以每年约11.5万人的数量向上攀升。这还不包括近100万名来自美国与加拿大的"老年候鸟",他们会到佛罗里达州度过冬季月份,但不算当地居民。事实上,这些北美洲的"老年候鸟"有半数选择到佛罗里达州过冬。

与北美其他地方以及全世界绝大多数地区相比,佛罗里达州人口几乎在各方面都更为老龄化,因为它吸引老人来此居住。阳光崇拜者开车往南行经加拿大、北方平原州、中西部与东北部,他们的目标全是佛罗里达州。一般来说,他们离开的城镇本身也在快速老龄化,但这些城镇整体而言仍比佛罗里达州年轻。

从又冷又老的北方往南方前进

前往佛罗里达州路途最远的是加拿大人,他们的平均寿命是80.4岁,比他们的南部邻国多了两岁。[①]加拿大也在老龄化,从20世纪70年代起,加拿大女性平均生育子女数已不到两名。如今她们的生育率大约是1.5。加拿大政府与新闻界均认为,解决老龄化问题是当务之急。2001年,几乎每八名加拿大人就有一名年龄在65岁以上,这个比例到了2026年将会倍增。

加拿大人离开国境后经过的美国小区,其老龄化程度与加

---

① 华盛顿的"人口资料局"(Population Reference Bureau)记录了美国人与加拿大人之间的许多差异,其中一项是美国人体重过重的状况比加拿大人严重得多。与加拿大人相比,美国男性肥胖率是加拿大男性的两倍多,女性则是三倍。就在半个世纪之前,美国人的平均寿命远长于加拿大人。

拿大绝大多数白人社区一样。从安大略省（Ontario）或新斯科舍省（Nova Scotia）前往佛罗里达州的加拿大人，首先可能经过的是缅因州（Maine），该州老龄化的程度与佛罗里达州相仿，但前景更不乐观。缅因州小镇遭遇的命运与老龄化的北美、欧洲及东亚各地的小镇相同。曾经充满年轻人的地方现在全是老人，昔日的大家庭，如今只剩下年老的亲戚。少数在镇上成长的年轻人通常会到外地发展而且一去不返。在人口老化且日趋稀少的缅因州，老年工人珍惜得来的每一份工作。避寒客开车经过时，可以看到路旁自制标语上写着缅因州民愿意从事的工作内容。在一段漫长公路的尾端有个牌子写着："二手书与泳池清理"；过了两公里，又有个牌子指明"发型设计师兼捡拾柴火"。过去的大雇主绝大多数已经离去。曾经雇用全镇居民的制鞋与制纸工厂，如今已人去楼空。缅因州因此成为老年工人必须兼职工作才能过活的地方。缅因州民每工作十二年，就有一年以上的时间必须身兼数职，比全国平均水平高出50%。[1] 随着该州老年人口与日俱增，从2000年到2030年，65岁以上人口的数量将会增加到原来的两倍以上。

在遥远的西部，行经北达科他州（North Dakota）的避寒客也看到一个人口萎缩且急遽老龄化的州。在小镇餐厅或卡车休息站稍作停留时，人们不禁怀疑，当地人是不是把孩子藏在地窖里。柜台边的谈话通常是关于哪一所小学因为学生不足而关闭，或当地的小养老院需要工作；在北达科他州，养老院经常是小区里的最大雇主。在这个以种植小麦与甜菜为主的州里，农民平均年龄为58岁。而这只是平均年龄，七八十岁的农民在北达科他州屡见不鲜。该州75岁到84岁的人口规模从1980年起增加为原来的三倍，但该州总人口却几乎没有改变。

黄金州

  令人不解的是，往南旅行的加拿大人甚至会碰上前往佛罗里达州的加利福尼亚州人，佛罗里达州也对黄金州（加州）的避寒客产生吸引力。加州充满阳光，但缺少退休人士渴望的热带温度。加州也处于债台高筑的窘境，部分是因为必须支付数量庞大且急速增加的退休老年族群，以及即将退休的公务员退休金，这些人构成加州5000亿美元的财政黑洞，无法填补。预期到了2040年，加州的老年人口将增加172%。增加幅度最大的部分集中在85岁以上的年龄层，届时他们的数量将达到原来的三倍。不过加州长久以来一直对移民构成强烈的吸引力，无论是国外还是国内各州，所以黄金州相对来说还是相当年轻。但加州人的平均寿命也比美国平均寿命多了一年。

  离开加州的加州人也将改变的风气带到其他各州，当然这种改变的风气不一定与老龄化的白人人口相契合。[①]今日的加州拥有多元的人口，这预示着美国其他各州未来也可能变得比较多元。往后二十年，加州的西班牙裔老年人口将增长300%。相较之下，非西班牙裔白人老年人口将"只"增长50%。与此同时，到了2050年，加州养老院的居民数量可能成为原来的两倍，达到17万人。对于一个正努力筹钱支付老年公民退休金的州来说，这些新床位可不是小数目。

  再继续往佛罗里达州前进，人们看见拼布般的人口变化。中西

[①] 从20世纪90年代起，离开加利福尼亚州的加州人比各州移入加州的人口要多。他们最喜欢的移出地是犹他州（Utah），美国种族最不多元的州之一。

部正在老龄化，有些南方州则繁华热闹，但它们的老年人口也在快速增加。举例来说，肯塔基州（Kentucky）是美国老龄化速度最快的州之一。1995年，肯塔基州60岁以上人口比例在美国50个州中排名第28位；到了2025年将蹿升到第12位。

活得越久，政府越穷

前往佛罗里达州的旅人开车行经各州首府，看到闪亮的圆顶与历史遗址，不禁产生这样的疑问：日渐老龄化的美国是否还有能力建造如此闪亮的圆顶？面对这个问题，在各州首府办公、面带愁容的州长会用强调的语气说：当然没有。老年社会的退休金与服务需要很高的成本，无法负担这类由砖块与灰泥构成的乐观象征。由于各州政府深谙会计之道，因此除非债务已高得离谱，否则不会有人知道，美国各州到底积欠老年人多少钱。根据可信的估计，应支付给州与地方退休金计划的金额，与政府手上的金额，其间的差距已达3.23万亿美元。而这只是政府退休金，还不包括老年人口所需的服务。

有关美国各州的老年人口状况经计算之后，汇编于一部令人望之生畏的作品，亦即由各州领袖组成的超党派团体"全国州长协会"（National Governors Association）出版的《各州老龄化趋势与指标》（Measuring the Years）。[2] 美国各州就像一个被众神赋予永恒生命却未能永葆青春的人，即使老年人口不断削弱地方政府的其他职能（教育、基础建设、文化计划、年轻人群的医疗、治安），他们仍必须坚持下去。各州担心一旦趋势反转向下（几乎可以确定必将如此）将加快衰退的速度。将资源用来服务老年人口，将造成年轻人出走或无法投资从幼儿园到大学的教育，年轻人将因为所受教育不足而无法取得工作。

佛罗里达州之所以能吸引退休人士,原因之一是与其他各州相比,佛罗里达州投注于年轻公民的服务较少。[①]有些小区甚至不需要支持供年轻人使用的地方计划或学校。佛罗里达州的"太阳城中心"(Sun City Center)是个拥有近两万名退休者的大型"非城市"(non-city),其居民的中位年龄超过75岁。每千名居民中只有四名是儿童。这个小区的小型学校几乎不需要花费任何公共财政经费。各州州长了解且忧虑,各州需要更多的资源来处理慢性病问题。目前,65岁及以上的人口有半数罹患两种慢性病,而罹患慢性病的比例预期还会上升。

这些只是州政府面对的诸多挑战的一部分。事实上,民众生活的每个面向几乎都受到人口变迁的影响,这意味着必须重新检讨州政府的服务与各级政府的做法。

重要的是,要让车子开到充满阳光、让人返老还童的地方。欢迎来到佛罗里达州!

梦想开始的地方

佛罗里达州当然也面临其他老龄化的州所面临的挑战,不同的是,佛罗里达州是有意识地面对老年。佛罗里达州比世界其他任何地方都要致力于吸引老年移民前来。它是如何让自己变得如此年老?

"佛罗里达州与世界其他地区一样,直到不久之前,它还是相当年轻的,"坦帕市南佛罗里达大学教授,同时也是佛罗里达州知

---

① 举例来说,佛罗里达州针对每位儿童所投入的平均教育经费,在全国排名几乎垫底。

名历史学者的盖瑞·毛密诺（Gary Mormino）表示，"在第二次世界大战前夕，佛罗里达州人口的中位年龄比全美平均年龄年轻"。佛罗里达州显然不是一个适合养老的地方。它炎热、潮湿，而且重要的是交通不便。不过，长久以来佛罗里达州被塑造成疗养胜地，从彭塞·德·里昂（Ponce de León）①开始提出这种说法。然而即使青春之泉的传说被拆穿多年，佛罗里达州仍有许多地方宣称能治百病。这些疗法（温泉、咸水、阳光，还有其他因地点与商家而异的疗法）使人产生一种印象，认为佛罗里达州能让人恢复青春活力。

毛密诺提到，20世纪20年代佛罗里达州对外联通的公路陆续建成之后，北方各州的旅行者才大批涌入。往后三十年，直到第二次世界大战爆发前，佛罗里达州一直是"锡罐游客"（Tin Can Tourists）的热门去处，这些人开着时髦车辆，上面载满煤气罐、帐篷与罐头食品。不久，这批人也开始驾驶拖车活动屋前往。佛罗里达州城市清理出场地做拖车活动屋的停车场，有些停车场面积广大到足以容纳数百辆拖车，让锡罐游客能安心待在自己的活动屋里。这些拖车活动屋停车场逐渐转变为住宅式的拖车停车场，人们开始将活动屋当成低价住宅，毛密诺称之为"佛罗里达州的梦想"。

银发族的长龙

"来自佛罗里达州的问候，上帝的等待室"，一件流行T恤上写

---

① 西班牙探险家，于16世纪初发现佛罗里达，并且从他开始流传青春之泉（Fountain of Youth）的传说。——译者注

着这串文字。这是鲍勃·霍普（Bob Hope）的一首老歌歌词。佛罗里达州的老年小区里需要等待的事可多着呢。在一家奉行雇用老年员工这项进步政策的杂货店里，你必须等待摆放调味料那排走道的壅塞结束才行。堵得水泄不通，起因是一罐掉到地上的腌渍甜小黄瓜，一名"高效的"71岁瘦高男店员拿着拖把朝洒出来的商品大步（但速度不快）走去，他担心那名摔破商品的正颤颤巍巍的女士可能会摔在四散的玻璃与醋上面。别着急，他迟早会走到那里。另外，在走道末端，还有一长排人龙出现在一名过度日晒的女士身后，这名女士穿着及膝而紧绷的淡黄色短裤，露出粗短而静脉曲张的双腿。她如同查账的会计师，仔细研读每个品牌烩豆上标示的钠、纤维与脂肪含量，并且不悦地对着一开始拿起来观看的罐头猛摇头——金宝牌的猪肉烩豆（Campbell's Pork and Beans）与文营牌的原味烩豆（Van Camp's Original）。等待是在这家店需要谨守的礼节，在她结束之前，时间是静止的。正如在收款机前，你必须等待前一名客人有条不紊地数着付账的钞票，再有条不紊地数一遍找回的零钱，当他们搞混时，一切都得重来一次。

年轻移民如负责收款机的学生与铁锈地带（Rust Belt）的难民①，必须尽量避免不耐烦，特别是当老年顾客在零钱包里挑硬币，调整他们的眼镜阅读一长串印刷不清的收据，并且一一核对收据上的项目与袋子里的东西是否符合，或者是抱怨（通常没有必要）店员没有照折扣价计算时。

人们必须忍受停车场传来的车子加减档时的刺耳声音，以及老人无视其他车辆进出的行径。大家都知道，老年驾驶人是定时炸弹，70岁以上驾驶人造成的死亡车祸经常登上佛罗里达州报纸头

---

① 指美国中西部工厂大量倒闭后产生的失业者。——译者注

版。①一则报道提到,有一名 87 岁的老人把车子开进佛罗里达州圣彼得堡(St. Petersburg)附近的马德拉海滩(Madeira Beach),让人想起过去曾有一名患有阿尔茨海默症的 93 岁男子也在这附近撞死一名行人,尸体卡在挡风玻璃上,这名老人还浑然不觉地继续开上公路。老年驾驶人的肇事率与青少年不相上下,但老年人更有可能伤重不治。

在佛罗里达州的医生办公室、诊所与医院旁的许多候诊室排满了人,队伍甚至延伸到老人偏爱的市郊大街。最后,举目所见全是等待:无论认命或无畏,恐惧或欢迎,否定或拥抱,他们全在等待死亡。佛罗里达州老人圈里到处可见这样的等待,老人行走时旁边要跟着看护,以免他们跌倒。一群打牌的寡妇或者是将要成为寡妇的女士,她们打桥牌时讲究诚实,却在保险上有所欺瞒。她们不断摇晃着双手与脑袋,谈话的基本原则是不断地抱怨癌症、关节问题,却很少哀叹一下丈夫的去世或病弱。在上帝的等待室,信息很清楚:绝不要等待。相反地,要奔向生命,拥抱生命,尽可能利用剩余的时间。他们告诉你,活过一小时,就等于少一小时可活,所以要尽可能填满剩下的时间。这是佛罗里达州令人印象深刻的老人生活带来的奇迹。他们等待的东西驱使他们尽可能不坐等生命愉悦的到来——有些人及时行乐,有些人乐于施舍。在举目可见的等待

---

① 以全美来说,从 1991 年到 2001 年,70 岁以上驾驶人造成的致死车祸增加了 27%。国家公路交通安全管理局(National Highway Traffic Safety Administration)收集不同年龄驾驶人的肇事率数据,指出"每英里肇事率在 65 岁时缓慢增加,到了 85 岁时飙升到 25 岁到 69 岁驾驶人的肇事率的九倍以上。唯一比 85 岁肇事率更高的年龄是 16 岁"。到了 2025 年,佛罗里达州每四名驾驶人将有一名超过 65 岁。75 岁以上驾驶人占所有驾驶人的 4%,占致死车祸的概率却到了 10%。兰德公司(Rand Corporation)2007 年的研究显示,老年驾驶人及其乘客在车祸中丧生的概率是其他驾驶人的七倍以上。然而,老人与车辆的死亡方程式还有另外一面。吊销老人的驾驶执照也会造成致命的影响,因为这么做将使老人无法前往他们需要的食物商店、药店或者接受其他服务。

中，充满各种拥抱短促生命的行动。

想一睹这种把握生命的景象，就到萨拉索塔这座前马戏团城镇吧。

老人展翅翱翔之处

佛罗里达州有许多适合退休的地方，萨拉索塔只是其中之一。这些退休胜地分布在佛罗里达州西侧、靠近墨西哥湾的中部沿岸地带。顺着曲折水色海岸，延伸出长达数百公里的岛屿、礁群、海湾、小湾、水湾与白色沙滩。

萨拉索塔本身约有5.3万居民，但大萨拉索塔区却住了80万人，各个小区大约有25万人。大萨拉索塔地区人口年龄的中位数有不同的计算方式，取决于地图的划分，区间在41岁到55岁，然而无论如何，这样的数据已算是全美最老的地区。萨拉索塔郡约有三分之一的人口在65岁以上，每两户人家就有一户住着65岁以上的老人。[3]

就最好的一面来看，萨拉索塔可说是全世界最适合老人建立新居的地方。小区鼓励居民多运动与从事社交生活，不仅希望民众走出户外，而且当地（尽管幅员狭小）也是文化首府。萨拉索塔吸引教育程度良好的人士前来，当地的富裕也说明了它的生活质量。

"搬到萨拉索塔居住的人都是精英分子，"萨拉索塔纪念医院老年医学部主任布鲁斯·罗宾森（Bruce Robinson）医生表示，"他们拥有资源、活动力而且交游广阔。"罗宾森从小在密苏里州欧札克高原（Ozarks）长大，他比较了萨拉索塔的退休者与他在家乡认识的50岁以上的人口。"有些人，例如我的祖父母，留在家乡是因为他们穷，无法想象自己能到别的地方。他们有家人与亲戚，所以是由小区来负责照顾。萨拉索塔就不是如此。如果你退休后想来这里，最好准备多一点钱，因为一旦你碰上麻烦，家人不在你身边，你需要付钱请人来照顾你。"

对于移居萨拉索塔的北方人来说，苍翠的树木、轻拍海岸的波浪、温暖的天空与翱翔的鸟类，充分显示此地的生活正是他们所希望的。鸟类是萨拉索塔最美丽的风景之一。墨西哥湾沿岸拥有约240种鸟类。老鹰乘着热气流，滑翔在树林平原之上。褐色鹈鹕映衬着氤氲火红的夕阳，低飞于平静的水面上，它的眼睛望着水底深处，倏地潜水将鱼舀进食道之中，然后振翅飞回天空。细小斑点的雪白鸻鸟、嘴喙如针的鹬鸟、好奇的燕鸥与黑色剪嘴鸥，它们若不是在海岸觅食，就是回到海滩的巢穴喂养幼鸟。萨拉索塔或许是全美拥有最丰富鸟类生态的城市。这几十年来，人们在水岸与湿地大兴土木、墨西哥湾的漏油事件、饭店林立、高档的退休住宅以及庞大混凝土集合住宅的出现，加上破坏丰富林地面貌的高尔夫球场以及购物中心的四处蔓延，尽管如此，萨拉索塔仍是一片绿意盎然的净土，数百万只禽鸟仍在这里为地貌与天空增色。

鸟类生态为萨拉索塔增添的不只是美丽，它还促使当地居民关心自然环境。康奈尔大学（Cornell University）的研究显示，人类身处于美丽的动植物生态中，他对生活全身心投入的愿望会变得非常强烈。人类越是用双足行走，越是亲自弯腰捡拾，越是用愉快的心情研究生活周遭的变化，越能感受到自己与自然的联结。这一切都会让人更健康。

来萨拉索塔度过人生后半段或人生最后第三、第四或第十阶段的移民，并不是来这里终老或等死的，而是为了恢复青春活力，他们来这里是为了要展翅翱翔。"这里的85岁跟中西部老年城镇的85岁不太一样。两者相比，这里的85岁看起来像65岁。而这里对实际年龄的期待也跟其他地方不同。之所以会有这种差异，主要是因为此地的活动多样及阳光充足。"帕姆·巴伦（Pam Baron）表示。巴伦从丹佛（Denver）搬来萨拉索塔，如今他是萨拉索塔-马纳提的犹太家庭与儿童服务（Jewish Family & Children's Service of Sarasota-Manatee）的老年服务部主任。巴伦是小区老年服务的领导者，他协助推动一连串措施，将萨拉索塔的资源予以分类，挑选出对老年居民重要的部分，用来协助那些服务老年居民的事业与组织。老年移民经常表示，他们选择这个小区是因为它提供的活动水平超越其他小区。[1]迁往佛罗里达州的83%的老年移民表示，他们是为了阳光与温暖的天气搬到佛罗里达州去的，而且也为了想在阳光下从事户外活动。

垮掉的一代

"在北方，如果你晒不到太阳，很容易罹患'季节性情感障碍'（SAD, seasonal affective disorder）[2]，"巴伦说，"这里的人穿着粉红与酸橙绿的衣服。女性外出服大多是珊瑚色、明亮的粉红与粉蓝色。上了年纪的男人穿着他们在家乡伊利诺伊州罗克福德（Rockford）绝不会穿的狂野T恤。把这些衣物一起穿在身上，人

---

[1] "活跃老龄化"（Active Aging）是一个热门话题，大量出现在公共卫生文献、老年人自助书籍，以及商社推销"活跃老龄化小区"的宣传手册上。虽然保持活跃的好处不可胜数，但绝大多数的美国老年人要不是不想活跃，就是活跃不起来。疾病控制中心（Centers for Disease Control）的报告指出，美国65岁以上人口只有五分之一有固定活动。

[2] 季节性情感障碍，又称冬季忧郁症，这种病的确会侵袭老年人，不过罹患的可能性似乎随年龄增长而降低。罹患季节性情感障碍的人最常在冬季（也就是日照时间最短的时候）受到影响。如果日光的照射不足，那么一年四季随时都可能发作。整天待在办公室的员工容易罹患这种疾病。明亮的人工照明是治疗的方法之一，可以改善病情。

生确实变得不一样了。"

沿着环绕当地礁群的广阔沙滩,各类打击乐即兴演奏团体集合起来向太阳欢呼,在太阳落下之际,向太阳道谢。黎明时的团体人数不多,但声音很大。黄昏时的仪式吸引了数百人参与。白发稀疏、头皮晒得通红的男人们穿上纱笼,或胡子留到肚脐,他们一边打鼓一边欢呼,对着神明(他们就是为了追求阳光才来到佛罗里达州)高声咏唱。有些人动作灵活,有着令人印象深刻的体魄;有些人则任由自己的肚皮垂在缠腰布上。

各个年龄层的人都来参加这场仪式,老人把铃鼓递给大学兄弟会、孙子辈的孩子,以及美丽的女孩,并且指着太阳。年轻女性穿着比基尼或宛如出自《大方夜谭》(*Arabian Nights*)的流苏薄纱,她们应和着鼓声旋转摇摆身子,不同年龄的旁观者也以她们为中心,自然地形成一个圆圈。三名看起来头重脚轻的女士,与一名瘦骨嶙峋、晒得十分黝黑的朋友,她们虽然已经七八十岁,但还是加入舞蹈的行列。这群女人有着同样蓬松的白发,脸上戴的墨镜大小有如少女胸罩,身上穿着柔和浅色的衬衫与短裤。她们挤到最前排的位置,用铝制折叠椅堆成堡垒,坐了下来,椅脚深陷在沙里。这四名女士来自安大略省的一个小镇,她们摇晃椅子,挥舞手臂,她们的头上下狂点,眼珠猛转,笑容非常得意。一分钟后,她们即席编出了一曲充满活力、完全跟得上节奏的宝莱坞舞蹈。

萨拉索塔海滩上的打击乐即兴演奏,抛开繁文缛节,尽情地拥抱阳光、蓝天与空气。他们也提供免费的音乐治疗。在中场休息时刻,一名鼓手被问道,是什么原因使他天天带着巨大的斑马皮非洲鼓来到海滩。他表示,自己非常喜欢即席演奏提供的社交良药,这种音乐不仅让人心情平静,也能拉近人与人之间的距离。"读读奥立佛·萨克斯(Oliver Sacks)吧!"他呐喊着,然后再次拍击鼓面与鼓缘。

萨克斯是著名的神经学家与畅销作家，他在《恋音乐：音乐和大脑的故事》（*Musicophilia: Tales of Music and the Brain*）中写道，音乐（以萨拉索塔的例子来说就是打击乐）具有"重新梳理大脑活动的力量，能让精神有时错乱或苦于不停抽搐与冲动的人重获平静与专注……"。萨克斯也认为，打击乐即席演奏有助于"与其他人缔结音乐与社交的纽带关系"。原本由一群孤立与自我意识强烈的人组成的大杂烩，却在一瞬间转变成具凝聚力的团体。萨克斯表示，打击乐即席演奏对于阿尔茨海默症患者也有疗效，因为打击乐"要运用到基础大脑皮质之下的层次"。换言之，打击乐可以穿透意识层面的思想与抑制，直达纯粹的生理层次："节奏可以修复我们生命的具体感受，以及对行动的原始感受。"[4]

有一次在参议院听证会上，萨克斯与死之华合唱团（Grateful Dead）鼓手米奇·哈特（Mickey Hart）一同做证说明音乐与节奏对老人的好处。哈特是一名多产的音乐学者，同时也是音乐与神经功能研究所（Institute for Music and Neurologic Function）的理事。哈特告诉参议员："由于现代科技将我们带离自然韵律，所以打击乐器在治疗的运用上也变得比以往更具潜力……打击乐是一种已广受承认的做法，不仅有助于集中注意力，也能协助人们摆脱日常生活的烦闷与压力。当我们谈到这类型的打击乐时，我们便触及更深刻的领域，在这个领域中，无所谓好坏，也无所谓现代或原始，这里面没有任何区别，有的只是一种纯粹来自感官的冲动，这股冲动把活着的情感事实转译成……某种你能随之起舞的事物。"哈特说，打击乐与舞蹈能够排遣寂寞与疏离，可以扭转老年人长时间待在电视机前的倾向。打击乐与舞蹈让老人直接与年轻人接触，就连健康状况不佳的人也能因此受惠。"在打击乐的即席演奏中，非言语的沟通是人与人彼此联结的方式。"它提高了自尊，使人萌生创意，而且有助于集中注意力。

寡妇知道什么？

过去一个世纪以来，萨拉索塔一直为这种热情与高度个人化的再创造提供契机。这座城市与沉稳的北方中西部各州之间的关系，可以从最初它是一处度假胜地说起。1910 年，萨拉索塔的居民不到 900 人，但其宣传魅力的广告却登满芝加哥各大报。有篇广告吸引了芝加哥最知名的社交名媛伯莎·帕默（Bertha Palmer）的注意。她是商人、开发商与旅馆业者波特·帕默（Potter Palmer）的遗孀，波特于 1902 年去世，据说留下价值 2500 万美元（相当于 2010 年的 15 亿美元以上）的遗产。一看到报上的广告，帕默夫人就觉得自己找到了脱身的机会。

帕默夫人带着儿子和父亲一同搭乘私人火车前往佛罗里达州。来年，她开始收购土地，最后总共取得了 50 多万亩的土地，相当于六个曼哈顿。[5] 帕默家抵达萨拉索塔后不久，其他大亨也偕家带眷蜂拥而至。到了 20 世纪 20 年代初，萨拉索塔开始大兴土木。一名萨拉索塔早期历史的研究者表示，在早期佛罗里达州土地市场景气的时代，许多城镇开始兴起，但萨拉索塔是"唯一根据审美的理想兴建的城市"。[6]

萨拉索塔的开发商在木造房屋上涂抹灰泥，增建西班牙式与摩尔式的拱形建筑，并且漆上橙红与白色，这些做法为以不实交易闻名的佛罗里达州创造出永恒的气息。[7] 20 世纪 20 年代的美国人沉迷于地中海风格的矫情艺术形式，好莱坞大片里的鲁道夫·瓦伦蒂诺（Rudolph Valentino）和道格拉斯·范朋克（Douglas Fairbanks）扮演的乱世豪侠，经常拔剑相斗，在阳台间跳来跳去，在阿拉伯风格帐篷或者宫殿里缠绵。受雇的建筑师创造出一幅旧世界的外观，以与新居民熟知的新英格兰与中西部风格有所区别，让住腻了中西部建筑而来到萨拉索塔的家庭感到新鲜。一名曾为格里菲斯（D. W. Griffith）工作的舞台设计师被请到萨拉索塔协助建设。1924年，萨拉索塔的黄页电话簿列出15家房地产公司的号码；1926年就增列到200家。

另一名中西部人将这出地中海狂想曲推升到白热化阶段，这个人就是马戏团经理人约翰·林灵（John Ringling），20世纪20年代中期，他是世界上数一数二的富豪。到了1926年，林灵已经取得这座不断成长的城市的中心地段与珊湖海岸地区，占地上万亩。他在这里建了两座大酒店，而且在萨拉索塔湾开辟220亩的土地，兴建威尼斯风格的豪宅供自己与妻子居住。他还在这片土地上兴建一座收藏旧世界大师画作的博物馆，其中包括鲁本斯（Rubens）几幅大型画作与其他欧洲珍宝。"它（林灵家）是萨拉索塔帝国的中心，"林灵博物馆前管理人迈克尔·麦克多诺（Michael McDonough）表示，"而且是萨拉索塔最大的建筑宣传。"[8] 萨拉索塔的房地产景气在1926年破灭。开发逐渐降温，最后当经济大萧条来袭时，萨拉索塔也跟着进入寒冬，并且倒退到原先贫瘠的农业经济状态。"从1926年到20世纪50年代下一波景气开始为止，除了基础设施变得破烂不堪外，这座城市几乎没有什么变化。"萨拉索塔作家暨地方史家拉赫德表示。在遭遇失败后，林灵仍努力挽救。为了让萨拉索塔起死回生，他将马戏团的冬季总部设于此地。然而林灵终究还是破产了，并且在70岁时撒手人寰。他的艺术收藏是他仅剩的财产，最后他把自己的博物馆与收藏品全捐赠给佛罗里达州。

记忆中的马戏团

林灵的地产一直是萨拉索塔的心灵支柱。这个地方容纳了一座小马戏团与马戏团博物馆。美术馆陈列了一座巨大而精雕细琢的林灵兄弟马戏团（Ringling Brothers Circus）完整模型，这是某位志愿者花了五十年的时间才完成的。此外还有用来举办音乐会与表演的华丽礼堂、咖啡厅，附近还有一间间艺术品展厅。无论何时，此处的各个建筑物总是挤满牵着儿孙来此参观的祖父母。然而这里不只是观光景点，它在小区里也扮演近乎完美的跨世代沟通桥梁的角色。在这些小区里，退休后移居此地的人经常与故乡的家人分隔两地。

这个地方为老一辈提供了一个窗口，使他们能与年轻参观者一同回到自己的年轻时光，马戏是彩色电视或网络出现前的一种跨界、多媒体、异国情调、间杂一点情色的娱乐。网络上无法看见骆驼粪清洁工，但祖母记忆中曾经看过而且闻过那种味道，或许她可以宣称自己确实有过这种经历。马戏团博物馆让老一辈的萨拉索塔人有机会填补自己的人生，并且描述他们在退休成为祖父母之前，也就是他们还是移民、浪漫主义者与亡命之徒时所扮演的角色。一名虚弱的老人拄着一根拐杖，拐杖上头还漆着充满节庆气氛的墨西哥粉红与绿色。老人站在一张高空特技演员家族的海报前面，举起拐杖指着那张海报，向随他前来的两名年轻女孩介绍20世纪最有名的高空特技演员瓦伦达家族（the Wallendas）。"他们来自我的家乡附近，靠近波茨坦（Potsdam），"他说，"他们跟着家人一同来到美国，而且来过俄亥俄州数次。我曾经想加入瓦伦达家族。我在两棵树之间绑了一条离地约3米的绳索，并且尝试在上面行走。我摔倒了好几次。瓦伦达家族也不例外。①"其中有些人还摔死了。"站在著名的流浪汉小丑埃梅特·凯利（Emmett Kelly）肖像前，许多祖父母一边看着，一边描述有关小丑、流浪工人与经济大萧条的故事。

将近650名老年志愿者担负起各展览馆的所有工作。当然，他们负责的主要是摊位与商店，但也负责导览那些充满自身回忆的展场内容。要成为博物馆讲师需要两年的训练，比维护广大花圃或驾驶电车的志愿者所需的训练来得短。这些志愿者包括一群退休的木雕师傅。"他们是一群高技术团体，每星期聚集一次而且携带工具前来，"博物馆志愿者协调员荷里·科比特（Hollie Corbitt）表示，"我必须说，他们当中有些人年纪已经很大，每当他们使用动力工具时，我都会提心吊胆。"这些木雕师傅为镀金的古老马车雕刻替代品。他们也创作新的木雕马戏团动物。"团体里有一名牙医。当他们雕刻老虎时，虎牙是他的责任范围，他绝对不许任何人接近虎牙。"科比特说。

由于学生与年轻志愿者的数量不多，所以绝大多数的工作都落到老年志愿者身上。科比特表示，老年志愿者的平均年龄是72岁。650名志愿者投入的时数加总起来，等于31名全职员工的工作时数。他们为机构省下数百万美元。"他们处于极关键的地位，"科比特说，"没有这些志愿者，我们就无法开门营业。"负责导览收藏品的讲师，过去几乎都曾担任过老师与教授。有一名电车驾驶是退休的陆军将领。"许多志愿者可能居住在有年龄限制的小区里，这里

---

① 在博物馆中回忆往事的老人，可能还记得自己年轻时梦想成为瓦伦达家族的一员；与此同时，瓦伦达家族却以实际行动显示他们人老心不老。1970年，65岁的卡尔·瓦伦达（Karl Wallenda）在高230米的高空钢索上行走穿越塔鲁拉峡谷（Tallulah Gorge），他这么做是为了推广佐治亚州的观光业。八年后，73岁的卡尔在波多黎各进行相同的大胆尝试时，却因未绑妥安全索而摔死。

是他们能与其他年龄层交流的地方。"

科比特补充说，一旦志愿者被录取，他们会一直持续这份工作，直到体力不允许为止。志愿者们的顽强让机构感到有些苦恼。"我们正进入一个阶段，"科比特说，"对我们的工作人员来说，健康逐渐成为一项挑战，尤其我们有些长期志愿者已在此工作二十年。他们与各馆长以及所有工作同人建立了深厚的情谊。这里是他们第二个家。但目前的情况是，有些志愿者需要我们的程度，远超过我们需要他们。"

科比特表示，对于那些难以胜任工作的志愿者来说，挑战来自于身体层面，而非认知或行为层面。"他们的身体受到很大的限制，或许还需要看护或护士的照顾。这是个严重问题，因为从其他方面来看，他们对我们也很重要。举例来说，他们可能是慷慨的捐款人。我们需要想办法协助他们跳脱目前的角色，但同时也得让他们持续投入。这将是一段困难的对话，而我们还不擅长于处理这种事情。"

当一名志愿者离职、基于健康因素离开或去世，整个团体会产生强烈的失落感。科比特一定会出席他们的告别式。"最近我参加了不少。"她说。

生前最后的居所

哈利·霍布森（Harry Hobson）是萨拉索塔历史最悠久的连续照护退休小区（CCRC, continuing care retirement community）的经理。与他一起走过普利茅斯港（Plymouth Harbor），有点像在慈善晚会上逐桌敬酒。在1月到4月的旺季，萨拉索塔的市民组织与慈善团体会举办大约100场活动。普利茅斯港是美国2000多处连续照护退休小区的其中之一，这些小区总共容纳约60万名居民。绝大多数的小区规模不大。普利茅斯港位于市场的最顶端。它拥有配套完善的生活设施，允许居民在健康良好的状况下迁入与拥有自己的公寓。往后当居民的身体日渐衰弱时，他们可以继续待在普利茅斯港，选择在自己的房间接受照护，或搬到另外的公寓，以便在日常活动（如沐浴与饮食）上获得协助。如果他们的健康出现障碍或手术后需要复健，这里也有全天照护的单位。对绝大多数居民来说，普利茅斯港与其他连续照护退休小区一样，是他们生前最后的居所。事实上，这是一项超顶级的长期照护保险政策，以豪华高层公寓的形式呈现。

普利茅斯港居民的平均年龄是 85 岁，他们的平均财产净值位于财富金字塔的最顶端。要住进这个小区，代价非常昂贵，而且每月还要支付极高的金额。医生、高薪律师、华尔街金融业者、专利权人、拥有大量存款与优渥退休金的教授、企业主管、有钱的寡妇、卖掉别处昂贵住宅的人，以及其他幸运儿将这个地方当成自己的家。这些人闲聊的内容可以上溯一个世纪，全部加起来则是可达数千年的集体记忆。霍布森受到小区居民的热烈欢迎。他善于引导居民说出自己的人生故事，而且勤跑各处大厅、聆听一桩桩活历史。霍布森驻足于一张桌子前面，旁边是一名坐在轮椅上、身材高瘦相貌庄严的男子。这个人会说中文，在"二战"期间，他服役于美军，是小罗斯福总统（Franklin D. Roosevelt）派往中国直接听命蒋介石指挥的美国军官团成员。他正向同小区的一名居民谈到今日的中国，而霍布森从旁做了介绍。原来这个人曾目睹毛泽东与蒋介石在日军投降时举杯祝贺。他说他看见他们举起杯子，只见他们啜饮几口，不久，两人就兵戎相见。这是个令人惊奇的故事，霍布森说他总能讲出令人惊异的事情。霍布森私下告诉我，这名坐在轮椅上的高大男子正与晚期癌症奋战，少了他大家一定会很难过。

接下来，霍布森拜访了一位曾在世界最大消费产品公司任职的大人物、一些实业家、前外科医生以及前《财富》五百强公司高管的年迈父母。简单地说，这些人已列入名人榜，他们总会收到厚厚一叠邀请函，都是一些需要穿着正式礼服参加的募款餐会。

普利茅斯港只是这个地区诸多老年住宅的其中之一。《老年生活选择黄页》（*Yellow Book of Senior Living Options*）有178页，登满了适合爱好活动的老人与不那么爱好活动的老人居住的小区广告。这些广告大部分使用极为平凡且能任意更换的照片，例如微笑的银发女性穿着清爽的短上衣，戴着人耳环与胸针。而且绝大多数小区的名称也可任意代换，例如"橡树"这个，"松树"那个，"日落"或"棕榈"某某。许多广告展示的房间与安乐椅实际上并不是那么舒适，但还是让狐疑不定的衰弱老人禁不起诱惑。在佛罗里达州西部，争取居民的竞争相当激烈，各小区很容易获得入住者的高度评价，因为这些人喜欢待在南方，他们的意见成为来此购物的潜在消费者必需的信息来源。

根据退休小区的不同，居民拥有的生活设施也有很大的差异，这取决于小区设立的年代、设立时的法规与市场力量，以及小区所服务的顾客年龄与需求。有些小区完全是营利性质，有些则是基金会与捐款人管理的慈善组织。还有一些小区精心混合了盈利与慈善两种性质。老年住宅的产业为那些粗劣结合营利与非营利部门的人士创造巨大财富。举例来说，建设计划可能牵涉某家开发商，由这家开发商负责建设老年住宅，并且将其出售给非营利的慈善团体（其实这个团体是开发商自己设立的），然后再通过其他（同样还是开发商设立的）企业签下以"慈善"为名的独占服务契约，将居民牢牢绑死在（依然是开发商设立的）营利组织提供的餐饮计划、医疗与其他核心服务上。如果事情演变到很糟的状况，迫使居民提起诉讼，那么居民会发现他们诉讼的对象只是个空壳公司，没有人需要负法律责任。这种合法的诈术非常复杂，居民很难看穿它。

银发小白鼠

此外，萨拉索塔有数百家公司，协助老人能在自家生活，不需入住比较正式的老年生活住宅。这个地区成了提供老年服务的硅谷，群集了一批企业、社会服务与学术中心，不断创造新的方式来服务老年客户。相关企业数量之繁多，意味着专门针对老年市场的企业模式、服务与科技正不断地创新发明。

普利茅斯港成立于1996年，它出自联合基督教会（United Church of Christ）一名牧师的构想。普利茅斯港一直与教会维持合作关系，但并非只嘉惠教友。教会认为，即使是顶级的老年住宅，也是宗教与慈善使命的一部分。但美国的税务官员怀疑，出售价值百万美元的住宅给富人究竟能满足什么慈善目的。到目前为止，教会与其他宗教组织一直保有令人羡慕的免税资格，他们主张自己的使命也包括照顾富人，至于赚得的额外金钱则用来扶助穷人。

"很多人是在五六十岁的时候第一次来到萨拉索塔，他们喜欢这里的冬日生活。随着年岁渐长，他们开始考虑在此度过余生，并且寻觅连续照护退休小区。他们发现这种小区并非单纯的疗养院，而是一种全新的生活。"

或者可以说是再次投入他们想过的生活，最重要的是，这种生活还能保有社交性。有些活动包括了由职业艺术家开设的学院演说与艺术课程，这么做不是附庸风雅，而是为了加强身体的活动。小区附近有座小岛，上面有座小码头，居民（平均年龄85岁）可以从普利茅斯港的20艘小船中任选一艘，自行沿着岸边划船，或许有机会能近距离观看当地的海龟与海牛。

霍布森向一对走过大厅、身穿网球装的夫妇招手，他小声对我说，那位提着网球拍的先生已经快 90 岁了，而且动过两次髋关节手术。连续照护退休小区的经营者经常拿出数据表示，他们的居民比一般人平均多活八年。这使它成为世界上最长寿的小区之一。但并非每项数字都很完美。有些研究显示，搬进老年小区的人寿命会缩短，原因主要是生活变化带来的压力。[9]大部分小区并不处于市场的顶端。像普利茅斯港这样的退休小区是专为吸引富人而设，富人本来就可能比一般民众活得久。富人在入住普利茅斯港时，早已超过平均预期寿命，而且健康还没出过严重问题。在他们需要全天照护之前，还有好几年的时间能保持活跃。就算他们真的生病或行动不便，旁边总是有人待命协助。

继续往普利茅斯港的大厅走去，我们看见另一种类型的居民。一名萨拉索塔市的资深女艺术家，身穿黑色小洋装，脖子上戴着一串形状不规则的银饰、水晶与玉石项链。霍布森说，她在萨拉索塔从事艺术已经三十多年。在普利茅斯港，有 20 个志愿者委员会以此为根据地，但绝大多数活动却在萨拉索塔市以外举办。这是萨拉索塔市的社会风尚，而普利茅斯港的居民也很了解这类慈善的做法。

老人小区的艺术活动

苏珊·达尼斯（Susan Danis）说："萨拉索塔的艺术社群可以追溯到 20 世纪 20 年代，它拥有的艺术质量相信能让居住于大城市的北方人宾至如归。"身材娇小、讲话像连珠炮的达尼斯是萨拉索塔歌剧院的执行董事，在萨拉索塔的文化之海中，这家歌剧院宛如一艘航空母舰。"以歌剧院为中心，周遭围绕着完整的服务产业。人们来此观赏艺术，但他们也希望这里有好餐厅，有一流的医疗，以及能让他们获得更完善照顾的各项设施。"美国其他城市的歌剧院吸引的是年轻观众，但萨拉索塔吸引的则是60岁以上的观众。达尼斯说，我们的歌剧院指挥总是尽可能忠实传达作曲者的意图，萨拉索塔的老年人口刚好与指挥的品位一致。指挥的保守风格使每一场表演座无虚席，吸引对于表演极为挑剔而且希望表演忠于原作的老年捐款人与志愿者。萨拉索塔当地的捐款人非常投入于音乐，他们甚至出资成立年轻音乐家培训计划，让有前景的二十多岁歌手能来这里，以一季的时间学习古典乐曲。"我们非常重视年轻有才华的音乐家，在几家重要的歌剧院中，只有极少数愿意让年轻歌手独挑大梁，我们的指挥是其中之一。"歌剧院利用年轻演员来教育观众且拉近与观众的距离，此外，他们也加强了金主与公司的关系。

萨拉索塔的老人为歌剧院的运作奠立了不可或缺的基础。该市有数千名捐款人，其中有数百位的捐款绝对排得上最顶端的位置。移居萨拉索塔的威廉·施密特（William Schmitt）捐款400万美元，以整修这座1926年兴建的地中海复兴式风格（Mediterranean Revival）音乐厅，威尔·罗杰斯（Will Rogers）与猫王都曾在此演出过。歌剧院的董事会与委员会年龄比例有点儿失调，因为它的成员要比其他歌剧院的董事与委员年纪大得多。"在萨拉索塔生活的好处之一，是你永远可以找到年纪比你大的人，"达尼斯说，"董事会有一名同人已经70岁，但跟别人比起来简直跟婴儿没什么两样。另一名董事退休时已经100岁了，他每次开会时总是盛装打扮而且充满活力，不过他的记忆力也开始减退。我们还有一名前董事会成员，他高龄103岁，还能讲述20

世纪 20 年代纽约州民主党坦慕尼协会（Tammany Hall）的贪污事件。我们歌剧院的经理助理已经 93 岁，他的本事可比你们大得多。"

歌剧院拥有 300 名老年志愿者。有许多女性志愿者在戏服部门服务。"这是一支庞大的缝纫部队，"达尼斯说，"她们懂得刺绣缝褶，成品好得没话说。这份工作也能满足她们社交的需求。"

歌剧院的整修必须审慎进行，以确保满足老年顾客的需要与期待。"观众的舒适是最重要的，要让身体障碍者能毫无问题地进入厅内，"达尼斯说，"如果你能让轮椅毫无阻碍地进到厅内任何地方，那么所有人都会前来。"公司增多公共厕所的数量，而且将空间扩大，便利需要助行器与轮椅的人使用。马桶间要能容纳看护一起进入，洗手台下方必须有额外的空间可让轮椅推进去。装设能自动喷出的洗手液分发器，卷筒纸巾设置在洗手台旁，这样就不需要多走几步路。"我们必须考虑到，即使在观赏表演的过程中，观众也可能往返厕所与观众席数次，所以我们必须做好安排，让整个过程变得更容易且更快。"

老年观众有些行为与偏好是整修时无法满足的。达尼斯谈到《我的朋友弗利兹》（L'amico Fritz）开演的情况："昨晚有人心脏病发作，我们必须叫救护车过来。""曾经有一名老妇人的眼镜从楼座上掉落，砸到楼下观众的头。我们也遇到有赞助人把其他观众打倒在地。最棘手的难题是，有些赞助人无论发生什么事都不愿意错过表演……他们不让你帮忙寻求协助。我不得不过去跟他们沟通：'夫人，你的脸色发青，让我们叫救护车吧！'救护车在两分钟内就能到达并把病患送往医院，我们不需要停止演出。我们吩咐歌手继续表演。歌剧院准备了很多氧气筒与适应轮椅，特别是在演出的下午场时。"

崭新的你

萨拉索塔每个人拥有的非营利服务团体的数目,要比美国同等规模或者规模更大的其他任何城市都要多。当然,它也胜过世界上其他任何一座同样规模的城市。每年萨拉索塔都会涌进新一波的富有居民,这些人刚与原居地的事业与社会生活脱离联系。普利茅斯港有个不成文的规定,来到萨拉索塔的人最好不要喋喋不休地炫耀自己过去如何风光,因为在这座城市里,到处都是曾经叱咤风云的退休者。

罗伯塔·舒莱福尔(Roberta Schaumleffel)说:"无论你之前的事业有多成功,从你踏进萨拉索塔开始,一切都已归零,你必须重新创造自己与再次证明自己。"罗伯塔曾在俄亥俄州的哥伦布市(Columbus)从事商业与教育工作达28年,之后才来到萨拉索塔,她表示:"你不能期望别人一定认识你。"

罗伯塔来到萨拉索塔之后,就开始在林灵博物馆担任志愿者。为了在晚餐时有话题可聊,她决定在萨拉索塔建立新的社会关系,使自己成为活跃的萨拉索塔人。有些人拥有资产与精力,他们来萨拉索塔,依照自己的想法设立了一些新组织,这些人极为活跃,希望在生命的最后一个阶段能总结与回馈自己的人生,并思索该如何让这个世界变得更好。我们可以将这种投入称为个人的再创造。

英国人类学家卡罗琳·奥利弗(Caroline Oliver)谈到英国退休人士纷纷搬到西班牙阳光海岸养老,她表示,"迁徙者有意识地通过"这种迁徙行为来"反思与改写一般人对老年人抱持的刻板印象:不把他们当成正常人、对他们视而不见,以及将他们边缘化……迁徙者从旅行、文化与年老中产生了各种想法与向往,使他们想在大限来临之前实现各种愿望,这牵涉到对自己的身体与年纪、社交能力与文化认同的运用"。卡罗琳仔细研究这些退休人士如何克服心中的恐惧，而愿意迁移到地图上某个不熟悉的地点，她认真思考这些老人在新家的生活具有哪些积极面。[10]

萨拉索塔人的慷慨绝大多数表现在推广艺术、保护环境与照顾当地幼童上面。这种帮助孩子的冲劲，似乎与萨拉索塔这座既老又富的城市格格不入。萨拉索塔"老人之友中心"（Senior Friendship Centers, Inc.）是一座位于市中心的全天服务老年中心，会长兼首席执行官鲍伯·卡特（Bob Carter）也提到这种讽刺的情况：在萨拉索塔，捐款很少捐给与老人相关的计划。捐给孩子的钱很多，但小区里明明绝大多数是老人。卡特说，年纪大的捐款人把钱捐给跟他们同年龄或更老的人会产生很糟的感受，让他们觉得自己日后的境况就是如此。但每个人都很乐意帮助孩子。

对孩子慷慨，对父母吝啬

捐助给孩子的金钱与时间的确相当慷慨。斯蒂芬妮·菲尔茨（Stephania Feltz）主持的"女孩发展中心"（Girls, Inc.）是萨拉索塔的一个慈善组织。该组织针对女孩设立了夏季与课后计划，这些女孩有许多是来自低收入家庭的少数族裔小学学童。尽管这项计划的成本相对低廉（每人每月115美元），却只有近半数参加此一计划的女孩获得资金援助。萨拉索塔的服务业薪资是全美国都市地区中最低的，需要使用女孩发展中心的家庭对于价格非常敏感，因此有一次当每月价格涨了40美元时，便有很多女孩退出计划。菲尔茨因此必须特地举办募款活动，将价格降到这些家庭可以负担的水平，并且提供更多援助。

"我们的女孩只有三成与自己的亲生父母同住，"菲尔茨表示，

"许多女孩与自己的祖父母或养父母一起生活。另外也有与单亲妈妈同住,她们的母亲一般从事健康护理工作,薪资微薄,或者同时从事两份工作,清扫房子、在餐厅或旅馆工作以维持生活。有些甚至是非法移民。"

菲尔茨把萨拉索塔形容为"双城记"。穷困的工人被吸收到低薪的服务业中,而当地雇主无论如何都会让薪资维持在低档。"与此同时,萨拉索塔却又是人们所见过最具慈善精神的城市。"那些不愿支付生存所需薪资给成人的雇主,却大方捐钱给穷困工人阶级的小孩。帮助孩子能让捐款人产生一种未来的心理支持;支付低薪给孩子的父母则是为了保障捐款人自己的未来。萨拉索塔一名市民活动领袖将这座城市比拟成第三世界经济。"让退休者能享受漫长假期的地中海俱乐部(Club Med)经济,构建于绝大多数由低薪者构成的服务经济之上。住房的成本很高,所以工人必须从城市边缘的低房租小区远距通勤。"

服务业劳工的低成本有助于延长萨拉索塔退休人士存款的使用年限,但对某些人来说,小区里的生活(与死亡)只是一段日渐贫穷的过程。小区的年龄分布也反映在性别分布上。女性在每个年龄层都占了较多的人口比例,但 70 岁以上的年龄层,比例的差距更是大幅拉开。对萨拉索塔来说,这意味着居民中有很大的比例是女性,而这些女性将有较长的时间仰赖退休金过活(前提是退休金能连续的话)。退休金的不确定性通常对女性更为不利,特别是她们的另一半罹患长期或医疗昂贵的疾病时。女性不仅经常要花时间照顾生病的另一半,她们的银行账户也因为医药费和专业看护而见底。在当地的基督教青年会(YMCA),早晨的运动课程总是挤满了七十几岁甚至年纪更大的女性,她们做着阶梯有氧运动、举重或游泳。基督教青年会主任表示,不只是因为女性知道良好的健康对她们有好处,许多人之所以运动是为了让自己更强壮，以照顾病弱的丈夫。

做点膳食，让老年生活更健康

目前，美国主流的志愿者模式不同于萨拉索塔。虽然许多研究显示，老人担任志愿者可以减少疾病延长寿命，但令人惊讶的是，还是很少有老人担任志愿者。正式而有组织的计划较容易让人担任志愿者，这点造成很大的不同。

圣路易斯（St. Louis）华盛顿大学社工系教授南希·莫罗-豪厄尔（Nancy Morrow-Howell）指出，美国有许多志愿者计划，特别是招募无薪员工从事定期工作的计划，主要集中在年轻志愿者上。对于年龄从高中到二十几岁的人来说，有无数机会可以从事服务学习计划与慈善实习工作。在美国规模较大、知名度较高的志愿者团体中，老年志愿者的比例是偏低的。至于派遣美国人到海外低收入国家从事工作的和平工作团队（Peace Corps），其中50岁以上的志愿者只占了7%。在有需要的美国小区中生活与工作的美国志愿者团队（Ameri Corps）里，60岁以上的志愿者只占了3%。[11]

南希也指出，年轻与老年志愿者的目标通常有着根本上的不同。年轻志愿者寻找通往成人世界的道路；他们想获得个人成长、训练与经验、冒险与社会网络，这些会对他们的职业产生帮助。大致来说，能吸引年轻志愿者前来的志愿者计划，除了满足工作目标外，至少也有助于志愿者本身的发展。从更广泛的角度来看，这类计划通常是为了发展志愿者的人力资本而设，目的是要让他们更能适应社会的成熟角色。

相反地，招募老年志愿者的计划，受益者主要是志愿者帮助的对象。这些计划也关心年轻人的发展，老年志愿者可以做年轻人的导师。计划成功与否，取决于接受帮助的年轻人的进展，而非老年志愿者本身。如果说年轻志愿者可以从中取得经验与技术，那么老年志愿者则是在实际工作中付出了经验与技术。不过，南希提到，就算是老年志愿者（特别是低收入老人）也会利用志愿者的工作来累积自己的技术，并且转而寻求付薪的工作。这种机会通常不多。此外，志愿者的水平也会随年龄提升而下降，在65岁之后下降得尤其剧烈，因为这个年纪的人通常都患有慢性疾病。

花光积蓄

"萨拉索塔松林"是一座疗养院，在"福利"一词成为人人喊打的字眼之前，它原本叫作萨拉索塔福利之家。萨拉索塔松林建立于1948年，用来收容六名萨拉索塔孤苦无依的老人。今日，它收容了300多名无家可归的萨拉索塔老人。这些人的平均年龄是87岁，他们一般会在院内生活三年。与20世纪70年代的疗养院相比，目前的院民年纪更大，病痛也更多。今日，稍微年轻一点、身体状况较佳的老人有更多疗养院可以选择，这意味着入住到萨拉索塔松林这种机构的人都是状况最糟的居民。在这里，大多数人需要24小时的照护。萨拉索塔松林绝大多数的居民是女性，很多都为了照顾过世的丈夫而花光积蓄。

"我们曾经看过年老的父母及其子女同时住在这里，"萨拉索塔松林院长兼执行长约翰·奥佛顿（John Overton）表示。奥佛顿原本在加拿大经营辅助生活住宅，后来搬来萨拉索塔。他与妻子第一次来到萨拉索塔时，买下一栋家庭式的大房子，并且设立了小型的辅助生活设施，供自行付费的居民入住。这个地方不同于机构化的萨拉索塔松林，松林虽然环境整洁、将老人照顾得无微不至，而且工作人员已经尽可能让环境充满生气，但里面的居民却清楚地给人一种迈入终点站的感觉。在一次访问中，我看到看护与老人戴着花环，女孩在餐厅里跳草裙舞，几个院民正在用菠萝做装饰。然而整个气氛看起来并不是特别喜气。

对于父母需要照护的子女来说，普遍的策略是挪动与隐藏父母的资产，好让政府审计员误以为他们毫无财产。身无分文的父母有资格获得政府的医疗补助。就算老人付不出钱来，萨拉索塔松林也不会把他们送走，有些小康家庭甚至利用院方的慷慨来保存自己的财产，他们这么做或许是为了日后自己的照护费用。

奥佛顿说："我们基于'急需医疗补助'的理由接受了这些老人。有时我们会受到欺骗，有些子女将母亲的财产掏空之后，再将母亲送来这里。尽管受到欺骗，我们却不能把他们赶出去。罹患阿尔茨海默症的院民不可能好转，而且萨拉索塔其他院所也越来越不愿收容他们。"

奥佛顿所描述的骗局其实是一种法律策略，在萨拉索塔有一种规模小但发展迅速的产业正为这种策略煽风点火。律师与投资顾问主动且大胆地营销保护资产的妙方。有些策略用复杂的信托文件加以呈现，并且流传于收费高昂的法律事务所与民间银行家之间。另一些策略则出现在佛罗里达州公路旁的广告牌上，感觉就像帮人处理伤害罪的律师，或是帮人交保的保证人在做宣传。

然而，"贫穷"对于这个地区85岁以上的老人来说是个真实的议题，而救助穷人也是萨拉索塔松林的主要任务。85岁以上的萨拉索塔人，十人有七人是女性，她们比65岁以上的年龄层更可能陷于贫困。

当地人以为萨拉索塔松林收容的是流落街头的人，但奥佛顿表示，绝大多数院民都曾为退休详细做过规划，但最后还是身染重病或花光了配偶的积蓄。事实上，松林的收容者中完全没有流落街头的人。萨拉索塔多的是年迈的照顾者与受照顾者。这个地区60岁以上的人，每五人就有一人自称是照顾者。照顾父母的人几乎跟照顾配偶的人一样多。

当被问到富有的萨拉索塔人捐助萨拉索塔松林的意愿时，奥佛顿摇头抱怨说："我们在策略会议上针对这个问题谈过许多次。当地人就是不感兴趣，我们想不出办法让有钱人捐款。即使目前我们的状况比以往更为艰难，但要说服人们捐款却也比过去来得困难。人们想知道，他们的钱日后会用在什么地方。有些人只愿意捐款给对自己有利的组织。当你帮助的是阿尔茨海默症患者时，你很难找到庞大的校友会出钱。这个行业令人恐惧的地方，在于老龄化过程的种种现实。人们可能对本地有机构负责照顾状况最糟的老人感到欣慰，但他们不愿意深入了解我们在做什么。即使跟我一样同属专业照护者的人士，也很难接受自己有一天将会老化至此。"

战后婴儿潮一代的老人特别活跃？

在设立令人羡慕而活跃的老年小区时，祝福中也掺杂了另一种意涵，那就是缺乏活动反倒令人鄙视。如果社会普遍对那些青春永驻的人表示赞美，那么反过来说，未能青春永驻的人就成了负面的代名词。刚步入老年的萨拉索塔人普遍感受到这股压力，迫使他们必须保持活跃、健康与具吸引力。这一点可以从萨拉索塔充斥着各种抗老医疗与美容服务看出来。

纽约州伊萨卡学院（Ithaca College）老年医学研究所主任约翰·克劳特（John A. Krout）表示："虽然以积极进取的心态面对人生是自然而有益的，但一味地要求老年人投入活动似乎有一定的危险性。并不是所有老人都拥有资源、机会、身体或心理的能力，或性格上喜欢从事高度投入的活动。有些老人患有重病、经济困难或非常需要照顾，这些人不可能成为活跃的老年人。"

克劳特认为，广告中频繁出现的理想老人类型，充分说明大众文化所期望的崭新而活跃的老人形象："高空弹跳、跳伞、担任志愿者、绘画与……打太极拳。"他怀疑社会可能会给那些较不活跃的老人贴上失败的标签，并且创造出两种阶级。抹去老人虚弱、活动力低下与贫穷的形象是一种不切实际的做法，老人有着多样类型，不仅就活动力来说是如此，其他方面亦然。克劳特担心，战后婴儿潮一代可能无法抗拒普遍流行的活跃老龄化观点，因为一般观点总认为，这些人步入老年之后应该要比他们的父母更活跃，而且也应该较能跳脱一般人对老人的刻板印象。

克劳特表示，许多战后婴儿潮一代的老人似乎是在迫不得已之下，抗拒年老与拒绝认同过去老年人的行为。"他们与上一代的老人划清界限，认为自己可以保持年轻，或至少不会变老。他们的做法是将中年的范围延长到70多岁乃至80多岁。目前流行的一种说法是，人活到60岁，其实算是崭新的40岁。"[12]

比婴儿潮期间出生的人更早移入萨拉索塔的人，他们的做法早已预示了克劳特所预言的阶级分野，这反映在他们不服老的行为与慈善活动上。反抗老年的刻板印象可以赋予人们活力，但若因此否认比较不活跃的老人有其需求，那么在一味追求新的老年形象下，社会终会付出代价。

重新界定自己与所属团体

萨拉索塔的老人普遍担任志愿者，这种志愿者文化使得该市成为活跃老龄化运动的急先锋。在活跃老龄化运动可以找到支持与相互提携的小区（例如萨拉索塔），老人会觉得退休对自己来说是一项契机，能重新拓展新视野，而非变得更加狭隘。亚利桑那大学社会学家与营销学教授霍普·延森·绍（Hope Jensen Schau）表示，退休并非自我发展趋缓或终止，而是生命在时机成熟时产生的转折，就跟青春期、大学、婚姻、为人父母与获得一份新工作一样。霍普调查数百名已经退休，但仍保持活跃的美国各地65岁以上人士，并且追踪他们从事的各项活动。

霍普表示："这些人做了不可思议的事。有人骑自行车从休斯敦到太平洋，然后沿海岸北上，跨越美国北部边境，再南下纽约市。有些妇女在年轻时没有机会从事任何能让她们流汗的活动，现在她们已经七十几岁，却首次参加网球锦标赛或开始打篮球。"霍普从营销学的角度观察这些老人的行为，她认为，这种重新开创的倾向是一种协同消费的形式，通过这种方式，一群老人可以重新界定，一个规模更大的团体会如何利用自己的时间与金钱来行动或选择。由于萨拉索塔有相当数量的人重新开创自己的人生，因此重新开创便成了一种理所当然而且可取的活动。重新开创是一项时尚。霍普认为，某方面来说这些老人重新开创的想法要比年轻人坚定得多。"我们研究的活跃老人非常努力地保持和提升自己的文化资本，对当前的信息、电影、展览等娓娓道来。这是他们发展自我认同的一环。"

虽然霍普研究的对象绝大多数是活跃的再开创者，但她也认为"要这些人重操旧业是不可能的。他们绝对有充分的理由退休。要不是认知衰退，就是情感上无法再从事原来的工作"。

"我们帮助人们维持最佳状态"

在萨拉索塔，保持活跃成为许多人奉行的想法，该市的连续照护退休小区也奉此为圭臬。位于帕玛兰奇的格兰里吉（Glenridge on Palmer Ranch）是普利茅斯港及当地其他高级连续照护退休小区的竞争对手。这座占地550亩的小区坐落在曾属伯莎·帕玛名下的广大地产上。广告宣传单把该小区广大的建筑群形容成"拥有美丽景观的度假饭店"，除了有四层楼的公寓大楼，也有单层的别墅。宁静的小区以一排排高耸整齐的棕榈树加以区隔。小池塘边竖立着警告标语，提醒来此散步的人当心水中可能埋伏的鳄鱼。这不是开玩笑：没有人会坐在池塘边。从正午到日落时分，很少有人会顶着烈阳漫步于精心铺设的小径上。几名服务员穿着印有灌木花样赏心悦目的制服，遛着毛发已经整理过的小狗。这些宠物的主人已经无法带着它们散步。

广大的公共区域是这座小区的核心：餐厅、冰淇淋店、小咖啡馆、礼品店与贩卖部。阅览室让人想起昔日大学图书馆宁静的一角，藏书有数千册，包括当前的畅销书。大厅里的巨大楼梯围绕着五米高的圆柱玻璃水族箱扶摇直上，水族箱里满是色彩斑斓的鱼类。鱼儿在清澈的水中悠游的景象，对于阿尔茨海默症患者颇有疗效，能让他们恢复专注与平静，并且引发他们对周遭世界的兴趣。老年小区都会放置水族箱（在比较寒冷的地区则改放鸟笼），似乎是个不成文的规定，但很少有小区的水族箱比得上格兰里吉所展示的珊瑚礁，这些珊瑚礁都是由邻近的海洋研究所负责维护照顾。水族箱对面有一处可以用来转换心情的场所——蓟厅。这是格兰里吉的鸡尾酒吧，也是午后活动的地点。穿着背心打着领结的酒吧侍者利落地为常客倒上他们最爱的饮料，并且相当专业地让每只玻璃杯与酒瓶保持晶亮闪耀。

"除非你是（年老的）比尔·盖茨（Bill Gates）或唐纳德·特朗普（Donald Trump），否则我无法想象有任何地方的生活方式会比这里更好。"霍华德·克罗威尔（Howard G. Crowell）说。克罗威尔是退役的美国陆军中将，也是格兰里吉的首席执行官。他已经七十几岁，看起来高大而健康，一头浓密的棕发修剪得极为整齐，俨然一副大将的架势。即便在炎热的夏日，克罗威尔还是穿着深色保守的西装。虽然他说话时仍带有统军将领的威严（他曾担任美国欧洲驻军参谋长），但他的笑声极为爽朗，而且令人吃惊的是，他相当坦率地谈起自己的工作、居民，以及美国老人的状况。克罗威尔是个强悍的老好人。"身家在 1000 万美元或以上的人，即使他们付得起，也会发现要管理自己的医疗是非常困难的。如果社会的目标是提供跟我们一样的服务给一般的老年民众，"克罗威尔认为，满足这项要求是应该的，"那么你必须提供正确的老人生活所需饮食、照护与供养。"

克罗威尔表示，要做到这点，就需要年轻人的参与，但对此他不表乐观，因为格兰里吉在这方面便遭遇困难。格兰里吉的居民从入住那一刻起，就在地理上与自己的家人分离，而且时间长达十年以上。"这里是人们二次退休的地方，"克罗威尔说，"他们搬到萨拉索塔已有很长一段时间，他们在这里拥有自己的生活，也喜欢这里。"即使他们的子女不喜欢。"我认为父母搬进格兰里吉是给子女的最好礼物。"子女从此不用担心父母的照护问题，克罗威尔说。无论是居民还是家人，都不用为了看护来来去去而烦心。"这对家人来说不是一项简单的工作。你必须不断提供消遣，让居民打发时间……有些居民就像孩子一样，对于眼前的环境感到不满，仿佛得不到玩具或得不到自己想要的玩具一样。就社会意义来看，他们如同幼儿园里的幼儿。"

克罗威尔认为，解决的方法是将活动排到满档。他回忆有一次在一星期之内，格兰里吉有三名居民失去了他们的妻子，死因全是癌症。"第一位曾经是一名牧师,他从失落中学习。第二位之前是一名政治人物,他有着丰富的人际关系。第三位则是非常富有的人士,但只身一人。他们打网球、担任志愿者并且参加聚会。他们越投入活动,走出丧妻之痛的时间就越短。"克罗威尔摊开双手,"伤痛会过去的。"

格兰里吉的目标是什么?克罗威尔自问自答地说:"我们帮助人们'维持最佳状态'。"他用这个常见的说法来比拟阿尔茨海默症与死亡。"你越能维持最佳状态,你的生活会过得更好,你孩子的生活也会跟着变好。现在,年龄处心积虑想让你日渐衰弱,你该如何维持在最佳状态?我们的做法是让居民尽可能活动,以维持他们的健康水平。"

从现实的角度来看,克罗威尔把"让居民保持活跃"当成一项庞大的军事后勤来处理,小区里的剧场、课程、运输、餐饮、健身与复健、医疗与庭园整理、安全与宗教资源都必须时时保持运转。他对格兰里吉需求所做的描述,推而广之,可以说是任何老年小区的写照,所有的老人都应该"维持最佳状态"。在萨拉索塔,85岁以上人口有72.1%需要基本照护活动的援助,而由于萨拉索塔是美国85岁以上人口最多的城市之一,所以该市的做法可以成为美国各地的借镜,尤其是85岁以上人口日后将急速增多的状况下。

克罗威尔说,社会"不想面对老人。如果你住在家里,而且你是那个街区最老的人,你会发现你成了大家的眼中钉。但是,如果你身处的环境都是跟你同年纪的人,他们能分享你的经验,了解你的失落,而且还有俱乐部和活动,那么你就能面对老年的来临"。克罗威尔表示,蓟厅是"小区里"人气最旺的地方,大家都来这里晚餐与社交,七八十岁的人在此感到自在,而且也能放心与人来往。他引用了内部的研究资料,说明小区的设施与社交活动能让居民增加三到四年的寿命。

与格兰里吉居民交谈后,你会发现克罗威尔所言不虚,这些老人搬到这里有部分原因是不想造成子女的负担。他们不愿剥夺子女的家庭生活。85岁以上的父母,其子女通常都受过教育而且从事专业工作,时间与花费将为他们的生活带来压力。这些父母不想让子女照顾他们。虽然他们很感谢格兰里吉(或其他的退休小区)的工作人员,但他们觉得照护并不是一份体面的工作,因此不希望子女从事这类工作。

独立生活的日子

我到市郊一栋两居室公寓拜访一对90多岁的老夫妇[戈登与玛吉·彼特勒(Gordon and Maggie Bitle)],他们62岁的女儿也从西岸过来探望父母,于是大家一起喝咖啡、吃蛋糕。戈登是退休教授,玛吉之前是学校老师,他们对当前政治与科学的看法充分显露出他们的睿智。他们是格兰里吉的知名人物,也广受爱戴,部分是因为他们已经在萨拉索塔住了20年以上,结交了一批情感深厚的朋友。玛吉的髋关节在行走时会剧烈疼痛,因此只能靠轮椅行动,晚餐通常是由戈登带回来。戈登自己先在楼下与朋友一同用餐。但朋友也经常与戈登一同返家,他们一边在房里陪玛吉吃晚餐,一边喝着咖啡或饮料。彼特勒夫妇的子女都住得很远。有个女儿与丈夫住在南美洲,在当地推动环保运动。还有个儿子关节出问题,目前住在芝加哥当家庭主夫。来探望他们的这个女儿一年大概来个一两次。她已经六十出头,而且跟她的父母一样健谈与投入。

但这位来访的女儿却有一些失常的举止。她跟访客说话时有些急躁,父母提出自己的看法时总是被她打断,她在椅子上一直显得局促不安，眼神飘忽不定。即使在格兰里吉这样一座"豪华的度假饭店"，老人只要稍微表现出昏聩的样子，就足以让负责、善良的成年子女失去耐性。有一句名言用来形容来萨拉索塔高级退休小区探望的子女与孙子女："他们来了让人高兴，但走了更让人省心。"

有钱人有的是资源让自己过独立生活，但老人独立生活的欲望不只是富人的专利。如果人们有机会不依靠孩子生活，他们通常会毫不考虑地选择那条路走。美国老人十人中至少有九人表示，独立生活是他们最优先的选项。[13] 获得格兰里吉的帮助对居民来说算是另一种形式的自给自足，他们因此不用担心自己构成家人与朋友的负担。

把轮椅藏起来！

格兰里吉主要的用餐场所充满活力，但略显小题大做。当居民进到餐厅时，餐厅领班会马上过来招呼。如果居民使用轮椅或助行器进入餐厅，只要他们一入座，侍者就会立刻挪走他们的用具。这些用具会暂时存放在餐厅后方的寄物区里。克罗威尔不希望公共场合有任何东西让人想起，这里是病弱者的小区。这对居民来说不仅相当刺眼，而且也不是他们预期中最后一个家该有的气氛。居民比较想看到的是拥有 300 个座位的剧院排满了各种节目：演说、表演与歌舞秀。他们希望看到委员会正常运作，想确认巴士始终会载他们离开小区到萨拉索塔，与当前的文化和社会生活产生联系

在全球信用危机与美国房地产市场崩溃之后，退休者的前景变得很不乐观。仰赖房地产、股利或资本利得的退休人士发现自己的收入锐减。这种忧虑反映在 2009 年 3 月的调查上。调查显示，已退休或即将退休的美国人预期要花七年的时间，才能让自己的投资

回复到危机前的水平，[14] 更别提他们现在还必须从日渐缩水的账户中提领出现金。①

佛罗里达州受到的冲击尤深。2005年，萨拉索塔的建筑起重机多到像森林一样，此时却深陷于房地产的大萧条中。老年公寓小区的所有人，其房产被银行拍卖。有些投机客与房东因为找不到买家或租户，只能放着公寓不管。有些住户搬回故乡，留下空荡荡的公寓。虽然萨拉索塔仍能吸引新的买家前来，但他们完全不考虑这些人去楼空的小区，因为他们担心在没有住户分摊维修费的状况下，自己会陷入烧钱窟窿。一般而言，老年买家不会想搬进未来数年"可能"回复原来价值的地方。从2008年到2009年，萨拉索塔跌破了以往的成长模式，数十年来首次出现人口减少的现象。佛罗里达州与全国的老年住宅产业也陷入危机之中。美国老人想卖掉房子、转买崭新的退休小区变得不太容易了。

有一项忧虑是，一旦新的老年人口无法入住现有的机构设施，那么老年住宅产业的商业模式将会崩溃，那些为了老年住房与照护而购买保险的人也将沦为市场崩溃的受害者。老年小区的大开发商濒临破产，使全国各地住在这类小区的民众陷入恐慌。在萨拉索塔，原本获得退休人士喜爱的公寓与小区，经济危机时期有许多居民强烈地想将这些住宅转售出去。这么做不仅能让他们赚取多余的金钱（或许价值一台电视或一辆高尔夫球车），更重要的是，能用来填补可能吞噬他们的财务漏洞。

"经济危机对萨拉索塔老人生活的影响，逐渐蔓延到整个小区，其结果让许多人感到吃惊，"巴伦说，"许多老人原想入住照护水平

---

① 根据CarrerBuilder.com追踪的资料，虽然美国经济在2009年到2010年逐渐改善，但老年工人还是感到悲观。该资料发现，有将近七成的老年工人希望延后退休，主要原因是他们的财务状况不允许他们退休。抱持这种想法的人比前一年多了10%。

较高的住宅，现在却发现自己无法负担这笔费用。他们甚至连原本的照护费用都付不起。许多低薪工作被裁减。与此同时，我们的家庭照护机构却开始吸引高学历与远超过条件需要的员工前来，即使我们提供的薪资每小时只有 8.5 美元。我们接到许多远超过条件需要的应征函，例如退休老师，他们想得到这份工作是因为缺钱。"

诈骗集团与小偷，骗子与促销手法

无论景气或不景气，绝大多数为满足老人需要而推出的经济产品都带有不堪一击的倾向。位居市场顶端的格兰里吉与普利茅斯港，他们的顾客全是一些富人，但这些人也同意我们的看法，因为即便是这些小区里的居民也无法逃脱掠食者的攻击。在格兰里吉与克罗威尔交谈时，有一名打扮入时、戴着银色珍珠项链的银发妇人打断了我们的谈话。

"霍华德，"她的语气充满了紧急，"我必须跟你谈一下。"

现在不行，他对她说，现在正跟人谈事情。

"霍华德，这事很紧急，我真的必须跟你谈一下。"

克罗威尔见惯了许多看似紧急但最后只是例行公事的谈话要求。或许是空调出问题，或许是他们的要求未受工作人员重视。克罗威尔已经习惯请他们稍等一下，不过这回他察觉到这名银发妇人语气似乎比以往更紧急，而且神色也更慌张。他走到一旁了解一下情况，然后告诉她三分钟后在办公室里详谈。妇人告诉克罗威尔，她的财务顾问在众人起疑的状况下，突然离开了萨拉索塔，她无法从他身上得知自己账户的消息。庞氏骗局（Ponzi schemes）于 2009 年曝光，萨拉索塔的居民受害严重。伯纳德·麦道夫（Bernard Madoff）的网络吸收了客户 650 亿美元，而且把绝大多数萨拉索投资人的血汗钱骗个精光。另外还有一位"小麦道夫"阿特·纳德尔（Art Nadel），他在萨拉索塔担任顾问期间，捐了不少钱给当地的服务组织与文化机构，例如萨拉索塔歌剧院。纳德尔骗了不少当地人，包括许多顶级退休小区的居民，总计诈骗金额达 3.5 亿美元。当克罗威尔在大厅被打断谈话时，已有传闻指出纳德尔留下一张自杀便条，之后便不知去向。但最后他还是被逮捕归案。

如果小区里住的都是病弱但有钱的老人，那么出现专以欺骗老人为能事的骗子一点也不意外。2006 年，两名可疑的保险业务员设立了一家专门提供长期照护保险的公司，宣称能提供客户居家看护与医疗。然而他们出售的保单却表示，该公司只提供看护名单与医疗渠道而非实际的服务。如果要获得相关服务，每年还必须缴纳 5040 美元的保费。

2008 年，萨拉索塔一名皮肤科医生迈克尔·罗辛（Michael A. Rosin）被判处 22 年有期徒刑，并支付 1100 万美元的罚金。三年前，罗辛是萨拉索塔仅有的几位可以操作莫氏手术（Mohs surgery）的医生之一，他能切除皮肤癌肿瘤，并且保证只留下最小的疤痕。在热带度假胜地，退休者治疗皮肤癌的需求想必相当高，但对罗辛而言，这样的需求还无法满足他。他之所以被捕，在于他给所有病人都做活组织检查，而且让每个病人的活体切片检查得出阳性结果，但事实上有些病人并未罹患癌症。不管病人有没有癌症，罗辛一律对他们进行手术。有些病人被动了好几回手术，其中一位病人甚至为了不存在的癌症动了七次手术。有些可能罹患（也可能没罹患）癌症的病人动的手术更多。有 13 名病患接受了 20 次以上的手术，其中一位动刀 122 次。罗辛的职员开始起疑，而且对频繁的手术感到作呕。他们把一份咀嚼过的口香糖样本送到实验室化验，结果居然还是得出阳性反应。这些职员于是揭发了罗辛的恶行。

萨拉索塔每年必有的热带风暴让承包商财源滚滚，这些人从各方面来看都是骗子。他们典型的诈骗手法是，高估房子在风暴过后造成的损害，然后故意混淆与蒙骗年迈住户，让他们以为便宜无好货。承包商最典型的骗术是，风暴过后，欺骗老人他们的房屋很容易被陌生人闯入或遭受水灾的破坏。另一种常见的手法是，故意在房屋外表粉刷过量的油漆，任其流淌几天，把房屋的外观破坏殆尽之后，再要求屋主支付更多的修缮费用。这些诈骗手法不断重复，因为受骗上当的人几乎不会告发。有些受害者虽然愿意报警，却无法提供详细的证据，警方也无计可施。

法律的灰色地带

这类诈骗案件多不胜数，佛罗里达州首席检察官在萨拉索塔成立"老人诉犯罪"（Seniors vs. Crime）办公室，以清除掉那些坏分子，并且鼓励老年受害者克服羞赧，前来报案。这是一项遍及全佛罗里达州的计划，而且雇用老年志愿者侦探进行调查。在萨拉索塔实施这项计划的一年之前，老人诉犯罪办公室已经在佛罗里达州各地处理了3500件案子。该计划填补了许多漏洞。许多退休的执法专业人员担任该计划的工作人员。"我曾是奥兰多警局的警官。"戴维·布莱克洛克（David Blacklock）说道。这名神情愉快的男子，有着红润的脸颊、蓬乱的头发，下巴上蓄满了白胡子，现在的他让人觉得他应该来自于森林古堡，而非警局。在老人诉犯罪办公室，布莱克洛克负责协调志愿者团队，搜集警察不愿受理的案件。"我们只处理民事案件，不接受刑事案件。绝大多数都是小案子，这些案子警察都不愿意浪费警力。"

这份工作令人再满意不过，布莱克洛克说道。他合作的团队除了少数人外，几乎全是志愿者，包括退休的凶杀案侦探、前邮局检查员、前纽约市地铁警察，以及"许多企业与政府的中层管理人员，他们知道如何处理事情"。志愿者负责管理数十个小区办公室。绝大多数的办公室一日办公四小时，一星期两天。位于德尔雷比奇（Delray Beach）的办公室，一星期办公五天。"那里有许多犹太裔老太太。她们非常富有而且总是被敲竹杠。这是一间非常忙碌的办公室。"

到目前为止，这项计划已经为老年受害者取得数百万美元的赔偿金。这些行动未花费纳税人一毛钱。所有费用全由和解的金额来抵销。佛罗里达州最大的一家连锁药局被指控未依处方笺提供老年顾客足够的药品，也就是在药品买卖上偷斤减两，该公司必须支付大笔金额给老人诉犯罪办公室，才能与佛罗里达州首席检察官达成和解。由于老年志愿者与州执法人员及检察官密切合作，他们的行动影响力因而放大，使他们拥有真正的力量来对抗加害人。"我们让老人有机会成为超人与女超人。"布莱克洛克说道。

每天锱铢必较

2008年到2009年的市场衰退造成的经济后果，改变了西佛罗里达州每个阶层退休人士的生活方式与计划。大街上的餐厅在春季挂上"停业调整"的牌子，但从此未曾开张。店铺失修使得原本繁华的购物中心看起来千疮百孔。当地学校每个月都会少掉几百名学生，连支持学校运转的纳税人也跟着消失。说到雇用老年员工，萨拉索塔算是美国最开放的几个小区之一。老年员工随处可见。在通往格兰里吉路旁的赛百味餐厅，点餐柜台上出现了说话略带印度口音的年轻人与不少老妇人，他们都是这里的员工。其中一个枯瘦而被晒得黝黑,另一个胖嘟嘟像长了白发的棉花球,两人并肩站在台前准备三明治。在美国其他地方,人们可能理所当然地认为,这名肤色黝黑的移民是老年白人雇主的员工,但在萨拉索塔,人们的想法却刚好相反。这名老妇人是领取最低薪资的员工,另一个人则是拥有这家店的家族成员。在繁忙的午餐时间,赛百味的队伍可以排到门口,而人龙里多半是老人,几乎所有人都会点5美元的30厘米的加长三明治,在店里吃掉一半,再将另一半打包带回家。"还蛮惊人的,不是吗?"队伍中一名看起来七十几岁的妇人说道,她正在等待已经中年的女儿,"一年前来这里吃的人还没这么多。"

大众超市(Publix)是当地的连锁超市,该公司数年来持续不断雇用老年员工,因此赢得大家的赞许。在经济衰退之后,只要一招聘,就会收到数百份已过退休年龄的应聘信。当地雇主面对的一项难题是,当老年员工不像过去一样到一定年龄就离职时,该如何让公司引进年轻人。当地报纸报道,现在老年员工连请病假的天数都比过去少很多。

植发、改善静脉曲张与花钱打针

萨拉索塔纪念医院(Sarasota Memorial Health Care System)是这个地区的第二大雇主,也是佛罗里达州的第二大医院。有750名医生与4000名职员在这所非营利医院及其附属机构工作。只有市属的各级学校才拥有比它更多的雇员。美国最大的民间雇主沃尔玛(Wal-Mart)在这个地区拥有几间规模相当大的商场,但雇用的员工却不到纪念医院的一半。大众连锁超市在当地的雇员比纪念医院少了1000人。纯品康纳(Tropicana Products)是百事集团(Pepsi)旗下的公司,也是世界销售量最大的品牌果汁公司,它设在邻近地区的总部拥有的当地员工总数是纪念医院的一半。萨拉索塔纪念医院获得相当高的评价。它之所以拥有这么多雇员，并非因为它是萨拉索塔病人唯一的选择，也不是因为病人认为它是当地最好的医院。事实上，对于数百名医生及其病人来说，营利性的医院才是他们比较喜欢的去处，而在萨拉索塔已经有好几家这类型的小区医院。大约有1300名医生在此地区工作，其中每三名医生中有两名以上是专科医生，薪资超越了全国平均水平。[15]

萨拉索塔纪念医院占地广大的总院院区矗立着两座明亮的白塔，看起来不像市区的医学中心，倒有点像是度假饭店。院区四周种植了棕榈树。内部的现代大厅充满平静柔和的光线，有些地方则有着热带色彩的装饰。虽然院区旁边有41号公路这条交通繁忙的干道经过，萨拉索塔纪念医院里却异常安静。既无人车喧嚣，也无刺耳的救护车警笛。这完全归功于设计的巧思。虽然医院每年接受近80000件急救案件，但救护车绝大多数都在不引人注目下进入院区中心，连警笛声也降低音量。

外表的宁静掩盖了萨拉索塔纪念医院在当地经济中最重要组成部分——医疗中的核心地位。如果萨拉索塔无法提供老年居民需要的医疗，这些居民就不会选择在此居住。由于建筑市场的崩溃，医疗市场成为当地经济的第二大引擎。加上服务业如广告公司、律师与会计师这些辅助医疗部门的机构，以及医疗器材制造商与实验室，还有医疗服务，这些行业成为萨拉索塔经济的主要驱动者。这是一股将外界金钱引进小区内部的巨大力量，经济学家称之为"出口"收益，主要表现在联邦医疗保险对萨拉索塔65岁以上居民的医疗结算上。医疗保险占了萨拉索塔纪念医院2008年营收的55%。[16]低收入户医疗保险是美国政府另一项重要的医疗保健计划，它占了营收的7%。之所以将联邦保险给付视为"出口"收益，是因为这笔钱发放给萨拉索塔，但其财源大部分却出自萨拉索塔以外的税收资金。老年小区经常借助医院与其他医疗服务来寻求经济成长，希望以医疗保险给付来弥补其他产业（例如原本作为当地经济火车头的制造业）的损失。萨拉索塔因此加倍幸运地成为医疗的"输出地"。它吸引联邦补助的老年病人在达到能获得医疗保险保障的年龄时来此地居住。这说明了萨拉索塔何以会有比例高得离谱的专科医生。讽刺的是，在这个世界平均年龄最老的小区里，老年科医生居然严重缺乏，原因就在于政府对老年科的保障金额非常少。

联邦政府资助的钱只是萨拉索塔医疗经济的一部分。有些以医治自费病人为主业的专科医生，在萨拉索塔也同样如鱼得水。该市有76家皮肤科诊所登记在工商黄页电话簿上。相较之下，人口六倍于萨拉索塔的匹兹堡却只有82家皮肤科诊所。伊利诺伊州罗克福德的人口是萨拉索塔的三倍，登记的皮肤科诊所也只有22家。北达科他州俾斯麦（Bismarck）是重要的地区医疗中心，仅有5家皮肤科诊所。萨拉索塔有90家美容牙科诊所。俾斯麦有17家。罗克福德有22家。

41号公路从萨拉索塔闹市区行经纪念医院的这段路，是一条典型的宽广而分区松散的商业通衢，在其他城市，很可能沿路早就开满汽车经销商店。在萨拉索塔，国道两旁多是药局、银行，最常见的是医疗与半医疗性质、内有医生驻诊的执业场所。沃尔格林药店（Walgreen's）是一家庞大的连锁药店，每隔几百米就开一家分店。整形外科医生自己拥有一整栋大楼，里面足以容纳一所小型学校。还有一栋"眼科中心"大楼与另一栋高度相仿的"视觉中心"大楼分庭抗礼，至于另一家护眼中心以及其他两家眼科中心则是相形见绌。"诊所"听起来肯定是有点儿冷冰冰；几乎每一家大型的医生执业地点都自称为"中心"。血管成形中心在招牌上宣传他们有六名医生。沿着国道继续走，你会看到女性专用医学中心、脂肪重塑中心、激光视力矫正中心、血管成形中心、整形外科中心、综合一体化医学中心与萨拉索塔整容中心。想找按摩医生、针灸师或美塑疗法减重中心（针对身体的肥胖部位进行"传统或顺势疗法的显微注射"）吗？想试试增生疗法（为了消除身体的疼痛，注射能激发出炎症的溶液）或亚洲各种民间疗法吗？或者，还要寻找更多的美容牙科医生吗？再走几步路就有了。

罗宾森医生在萨拉索塔纪念医院的老年医学科任职，同时也在普利茅斯港与萨拉索塔松林疗养院担任医学主任。罗宾森认为，萨拉索塔的医疗选项之所以如此多元，原因在于在此退休的人有的是钱，他们对于医疗有着消费偏好。这些人想买到最能让自己健康的医疗，即便金钱实际上并不能买到他们想要的健康，但他们还是愿意花钱。

"萨拉索塔的医疗遭受的挑战是，"罗宾森说，"有钱的老人发现，他们的钱在诊间里没有办法产生作用。大部分医生看诊时，必须根据政府规定的各种程序与诊疗方式，才能得到政府的医保，医生被禁止同一种疗法施行两次，或从病人身上获取额外的金钱。健康保险计划也是一样，这种制度规定医生对每个病人的治疗方式必须完全相同。我给病人做过各种治疗。我曾在疗养院、连续照护退休小区与医院工作过，就算病人愿意给钱，我也不能给予他们想要的东西，也就是更多的时间与更多的治疗。"

然而在萨拉索塔，有钱人为了自己的健康，总能找到其他的花钱渠道。有些医生团体设立了"医疗精品店"，只要支付一大笔年费，病人的要求几乎都能得到满足。医生的电话24小时接听，看诊时间充足，家人随时可以询问年老父母的状况。

"有钱人可以花钱滥用医疗体系，但如果你想让所有的老人都能享受富人的医疗,你不仅要把所有的军事预算拿来从事医疗,甚至还要举行慈善义卖才行。"罗宾森指出,想得到高水平医疗的人也想获得较佳的服务。奇怪的是,正是对服务的需求造就了萨拉索塔的低薪经济。"服务业的薪资偏低,许多工人因此没有保险。"罗宾森表示,萨拉索塔的年轻工人完全没有医疗保险。"在觉得自己没有享受到良好医疗的富人,与完全没有接受医疗的穷人之间,存在着紧张关系。"

富人也愿意尝试只能以现金支付的各种另类医药与疗法。有些接受传统医学训练,但现在倾向超越主流的医生愿意提供这类疗法。另外还有一些非传统的治疗者可以提供这类治疗。

"许多抗老产品,"罗宾森说,"其实完全是零售医疗:植发、改善静脉曲张、各种皮肤医学……皮肤科是个黄金专科……萨拉索塔是抗老医生大展身手的地方。许多有钱人对于内科医生每次只花十分钟在他们身上感到不满,而直接收费的抗老医生却会花很多时间为他们看诊。"

于是,移居萨拉索塔成了永葆青春的代名词。随着全美平均年龄逐渐与萨拉索塔的高龄接近,各地小区将必须决定,是否要像萨拉索塔一样拥抱自己的老年人口,是该以坦然接受的心来面对老龄化,还是背过身去避而不谈。对于身处于这个老龄化世界的人来说,萨拉索塔居民对老年生活的投入,代表着一种正面看待余生的观点,也为老人们带来光明与希望。

第二章
长寿简史

2000 年，全球的百岁人口有 18 万人
2010 年，这个数字增加到 45 万人
2050 年，预计将达到 320 万人

在美国西南大城市一家希腊餐厅里，坐在桌子对面的这名男子，我称呼他为道格拉斯，我们的桌上摆着一盘烧烤的蔬菜。他点了烤鱼，上面除了柠檬，什么也没加。道格拉斯说，他不介意自己的故事冠上真名，甚至对于讲述自己的故事感到兴奋。他唯一担心的是，如果人们知道他的年纪，可能会对他嗤之以鼻。

"我不可能继续做我现在做的事，"道格拉斯说，"如果我泄露了年龄，将会毁了一切，包括我的私人生活与事业。"道格拉斯竭尽可能地隐瞒年龄。他有着结实的肌肉与浑厚的肩膀，以及支撑光头的强壮脖子。他经过锻炼的紧实额头，使他淡红金色的眉毛周围鼓起了肌肉。道格拉斯一谈起事情，仿佛事先经过排练似的，他的动作充满活力，但似乎有点跟不上说话的速度。道格拉斯的举止，让人想起家族婚宴中表现得过度亢奋的祖父，老先生总是一马当先

冲进舞池,却一直跟不上拍子。但是,如果聆听者愿意配合道格拉斯的节奏,将会发现他的步调虽然缓慢,却坚定不移。他对生命的热情让人印象深刻。

虽然道格拉斯现在看起来精力充沛,但十年前的他却与可怕的胃轻瘫或"胃不全麻痹"奋战。病毒或有问题的食物或可能对药品过敏(医生们找不出原因),都会让他住院或被病痛折磨半年。一旦犯病,他几乎吃不下任何东西。长期疗养与清淡的食物让道格拉斯活了下来。他努力工作以抛开这段痛苦的过去。他亲手设计了一套高度限制的饮食,勤打太极,一个星期工作 60 个小时,借助这些方式,他重新恢复了活力。尽管如此,他毕竟已经年迈,有些藏也藏不住的老化迹象。

举例来说,繁忙的午餐时间,希腊餐厅里杯盘交错人声鼎沸,嘈杂的声响把道格拉斯轰得头昏脑涨。听力丧失是无法隐藏的,人老了不免如此。但问题不只是出在内耳;脑部的变化会让人难以分辨周围的声音,而当所有声音一股脑儿撞进脑子里时,人们会变得无法集中注意力。

原本一头红发红光满面的道格拉斯,现在皮肤开始发白,渐渐布满雀斑,变得松松垮垮。他的脸与脖子的浅色疤痕显示,他曾动过精细的皮肤癌移除手术。他没提起这些疤痕。如果道格拉斯准备透露自己的年龄,他会先要求听者发誓保密,然后倾身向前,低声地、宛如商议阴谋似的在你耳边说:"72 岁。"这应该是实话。他小声地透露出年龄,因为他对于自己还是个男人感到自豪(无论他实际上多么老迈),而且也对于自己能在过去那场危机中击败病魔感到自傲。他很健康,但外表看起来并没有比 72 岁或 75 岁年轻多少。道格拉斯的秘密根本算不上是秘密。

两个女朋友

　　道格拉斯知道自己已经走到一个阶段,他必须对生理逐渐老化的事实无动于衷或顺从接受,而非一意顽抗。不过他的身体也维持得相当健康。老年是充满骚乱的时期,道格拉斯对此心知肚明,因此他倾尽全力,希望尽可能延缓自然的过程。他这么想是对的。饮食、运动(特别是有助于提升体力与平衡感的活动)与对生活的投入,这些仍是延续身体、认知与情感健康的不二法门。然而,这并不能反转老化的过程。道格拉斯自己也从过去的病痛中了解,他的胃是一枚定时炸弹,随时可能将他炸个粉碎。

　　道格拉斯即将启程前往亚洲各发展中国家,这是他两年内第16次旅行。他递了张纸给我看,上面详细记载紧凑的行程:17天内要前往越南、中国与蒙古的六座城市。道格拉斯这辈子经营了不少事业,但到最近为止,他的重心一直放在美国市场。他在美国先后创立了四家企业,并且将它们出售,为自己赚进大量财富。不过,近年来道格拉斯在美国的发展并不顺遂。他说,部分问题出在美国对年轻人存在着迷思,不懂得欣赏像他这种人的价值。他虽然已经年老,却还能创造工作与财富,而且实际上还充满魅力与精力。

　　"美国不再是一个珍惜新观念的国家。"道格拉斯说道。他的内心对此感到苦涩。直到他转往亚洲寻找新的创业机会,整个人才得以振作。道格拉斯表示,在亚洲,他的年纪反而是长处。在当地,老人可以与年轻人进行互动。

　　"那里的孩子求知若渴。他们仔细聆听我教给他们的东西。他们认同我的成就。而我的确完成了不少事。"

有一件事道格拉斯的确做过，那就是他交了一名年轻女友。或者是两名，或者更多。他并未公开此事。但人们可以从他的话里隐约感受到这一点，例如他觉得自己充满男性魅力，身体强壮而且精力旺盛。道格拉斯在亚洲有两项事业，其中之一是协助地方消防单位分类建立档案。他自称这是他的生计来源。另一项事业是他的情感所系。道格拉斯先前的疾病使他不信任西方医学。他说："西方医学无法让人身体健康，只会让人病入膏肓。"他认为现代医学已被一些闲杂人等团团围住，这里面尽是些无情的药商、利益冲突的腐败医生、过度专门化、过度仰赖机器，以及非个人化的照护。他受到东方传统医学的吸引，赞扬东方医学能促进人一生的健康，使人保持精神与身体的平衡，并且让人的内在自我与外在宇宙相结合。他所修习的中式冥想强调和谐。道格拉斯在亚洲还有一家新办的企业，经营草本补品的生意。他贩卖的商品使男人可以坦率地追寻活力与精气的来源。

现代人更容易长寿

然而，有一件事是这位精神矍铄、顽固得让人觉得可爱的道格拉斯没搞清楚的。那就是身为 21 世纪的七旬老人，为什么他有闲工夫来隐瞒自己的年龄？或者，为什么他能活到这把岁数？或者，中国人比过去要少依赖传统医药，为什么他们现在活得比过去健康？或者，最让道格拉斯的信念难堪的是，为什么他为了长寿而努力调整饮食、服用中药与运动，但最终顶多让他的生活质量提高，却无法真正延长寿命？

道格拉斯之所以能乐于长寿，是因为无数原因串联起来改变了这个世界。原本人类经常在少数杀手袭击下突然死亡，现在却能控制这些危险而活得更久。教育、公共卫生、都市生活与人权的进步，以及传染病的消除，这些因素构成了现代生活的基调，它们使人类免于早死，给予人类长寿的喜乐与悲伤。当然，人终究会死，但唯有到了最近，死亡才退到一旁，挪出一块空间让数十亿人得以活到五十几岁乃至更老的年纪。

剑桥大学的生化学家盖伊·布朗（Guy Brown）专门研究人类生病时细胞如何失灵，他极富哲思性与科学性的作品《死亡的演变》（*The Living End*），通过衰老追溯死亡的历史。[1] 布朗考察人类历史后发现，衰老实际上与死亡密不可分。在文明致力改善公共卫生与现代医学开始对抗传染病之前，健康生命的终结通常以快速死亡的方式呈现。布朗说，存在具有二元性。就像电灯开关，生命在这个时刻亮起，在下一刻熄灭。"生命的短暂，意味着死亡也很短暂。人们要不是在幼年，就是在壮年时死亡，因此老龄化衰老与老人相当罕见，"布朗写道，"最常见的死因是传染病、暴力与分娩……总括来说，死亡是快速的，生死之间几乎没有灰色地带。"

布朗指出，文学与历史对临终的描述，要不是"全身发烫的灵魂痛苦地发出呓语……最后在呼吸微弱中死去"，就是突然死亡。"死亡"被当成不祥之物，它横行世界，攫取生命。阴沉、戴着头罩的幽灵来到临终者榻前，将镰刀挥向受害者，灵魂与肉体当下即分。

现在，死亡被更精确地描绘成一瓶药效缓慢发作的毒药，这种毒药使受害者受到充血性心脏衰竭或晚期发作时间长达数年的糖尿病的折磨。进入现代之后，过去的死亡描绘逐渐成为古怪的景象，然而当艾滋病、SARS、猪流感与禽流感这类疫病大举肆虐时，这种死亡形象又再度生动地浮现在人们面前，重新以昔日手法威胁健康的人群。暴力事件如战争、谋杀与自杀，仍是世界上最不可小觑的杀手，平均每天带走约 5000 条人命。（每 10 件暴力死亡，就有

4 件是自杀,老人是最常见的受害者。)

我们都知道过去曾存在着哪些致命杀手。每当我们填写标准的健康问卷时,总能轻松完成。麻疹、腮腺炎、肝炎、肺炎、结核病、破伤风、哮喘、糖尿病、癫痫。这些疾病中,有些仍然致命,而且确实造成死亡,但死亡率已不像过去那么高。在公共卫生措施完善的地方,疾病的传染不再是死神之歌。

过去许多杀手甚至不再出现在医生的表格里。历史学家威廉·麦克尼尔(William H. McNeill)详细指出 20 世纪以前的人主要的死因。这些因素包括老鼠、田鼠和虫子身上的细菌与病毒威胁;还有霉菌、细菌与原生动物。(医生,尤其小儿科医生,通常会探听一个家庭住的地方附近是否有熊、蛇、人型猫科动物或致命的爬虫类动物。)败血症发炎,肠胃炎与其他腹泻疾病,骨折与牙科疾病产生的并发症,甚至肌肉扭伤都可能加速死亡。[2] 即使是用来疗养身体的地方也会要了大家的命。举例来说,罗马的公共浴池在白天某些时候吸引患者前来寻求治疗的力量,而在另一些时候则是吸引身体健康的人来寻求休养与安宁。[3] 但是这些浴池很少刷洗,泡在池里就像在巨大的细菌培养皿里头打滚一样。

与今日相比,过去的人通常活到多大岁数?布朗指出,16 世纪的伦敦,五分之一的孩子活不过周岁,再有五分之一的孩子活不过 5 岁,直到 10 岁之前,孩子的死亡率都相当高。[4] 10 岁到 40 岁,人们相对健康,但过了 40 岁,死神将再次上门。从童年晚期到中年,过去的人在这段时期固然比较健康,但还是比现代人容易死亡,相较之下,现代人可没有这么容易丧命。

在 16 世纪的伦敦,有些人的确能活到六十几岁或甚至更老的年纪,但这种情况并不常见。过去就跟现在一样,一个人只要活到一定岁数,就可能活得更久。17 世纪的英格兰人如果能活到 25 岁

（只有一半左右的英格兰人能活到这个岁数），大约有6%的机会可以活到80岁，[5]这已经接近当时寿命的上限。人们看见85岁的长者，恐怕就像看到独角兽一样稀罕。[6]过去，孩童与40岁以上的成年人是属于容易死亡的一群，这种现象就像灾难性的天候或喜怒无常的统治者一样，大家已经司空见惯。生命必须不断地适应死亡。

生对时代，生对地方

与打太极拳、饮食挑剔的道格拉斯一样，我们喜欢思索如何才能让我们活得更久且更好。我们思考如何饮食、运动与放松，如何选择或忽视某些医生，如何挑选生活或工作的地点，如何确立储蓄、投资或消费的方式，以及决定如何爱人与被爱，我们相信这么做可以让自己更长寿。个人的选择固然重要，但选择本身毕竟是在全球体系内进行，与身为个人的我们采取的绝大多数步骤相比，全球体系对衰老进程的影响显然大得多。老龄化是全球性的产物，也是全球性的行动。

遗憾的是，除了告诉我们应该彻底戒除坏习惯外，科学界还无法提出任何有意义与可行的明确延寿方法，使人们一做就能明显延长寿命。① 老烟枪、酗酒者、吸毒者、暴饮暴食者、骑车不戴安全帽的人、与神秘陌生人进行无防护性行为的人，这些人如果改变自己的习惯，也许可以活久一点。然而，许多不健康的行为几乎不会影响寿命。举例来说，体重过重的肉食者大概只比体态轻盈的素食者少活几个月。他们的生活质量也许比不上健康的人，但他们存活在世上的时间大概是一样的。

---

① 一项可能的例外是，大量减少每日摄取的热量达到近乎挨饿的程度。恪守极度低热量的饮食，需要罕见的自我约束或强制限制才能做到。但是，谁愿意这么做呢？

要说有什么事能让健康的人活到七十几岁或甚至更大年纪,那么这些事大概也能让绝大多数人活到同样岁数。放眼历史,考察曾经存在的每个文化,检视一切科学作品与自助书籍,你会发现只有一个能确保让人延年益寿的模式:人类出生的年代最好在迈入20世纪之后,此外,虽非必要,但若能出生在富裕的发达国家就更万无一失。没有别的办法比生对时代、生对地方能让人活得更久。

直到最近这一百年,世界开始有能力提供丰富而可靠的粮食,此后,维护民众健康的复杂而可用的体系才在社会里建立起来。处理废弃物与提供干净饮水和安全食物的公共系统在19世纪开始成形。随着公共基础设施的扩建,对疾病成因的科学理解也开始建立,民众养成了维持个人卫生的习惯。现代医学在20世纪中叶之后获得突破性的进展,逐渐控制住了传染病,这些传染病是过去人类无法活到老年的主因。在发达的工业国家,针对公共卫生所做的努力涵盖的范围极广,一般民众不可能注意到所有细节,但这些努力同样默默创造了奇迹。预防接种计划为民众注射疫苗,但让计划得以运作的却是一个看不见的网络,由它训练人员设计、执行与监控接种计划。包罗万象的公共卫生体系掌管着数十种职能。[①]

阅读标签

光凭较佳的饮食、公共基础建设与进步的科学,不足以让我们

---

① 延长寿命的公共卫生体系是发达工业国家的一项特征,但这些体系也出现在一些低收入国家。詹姆斯·莱利(James C. Riley)指出有15个较不富裕的国家,其中包括中国(即使在它的经济还未名列前茅之前)、斯里兰卡、哥斯达黎加与牙买加,它们通过发展地方卫生体系而相当成功地延长了预期寿命。莱利认为,这些国家的特别之处在于,它们致力于提供公共卫生与教育这类基本服务。无论国家富有与否,要提供这些服务潜在上是可能的。

的预期寿命增加一倍，除非每个家庭都能适应这些进展。为了做到这点，人们需要一些基本的能力来学会健康的生活方式。事实上，人类历史上最明显的寿命延长现象之一，就是过去这个世纪识字率的提升。[7]

为什么？在媒体发达的国家，健康信息充斥着消费者的眼睛与耳朵。健康新闻与健康指南不断从报章杂志、电视与网络倾泻而出。在美国，健康议题在新闻头版、电视新闻秀与广播谈话节目的报道主题中排名第八位。针对地方与全国新闻节目进行18个月的研究后发现，每12分钟就有一分钟是健康新闻，几乎每个晚间新闻节目都会提到与健康相关的报道。① 健康议题获得报道的长度是教育或交通的三倍，但远少于政治或犯罪。健康信息渗透到大众娱乐之中。青少年把父母、朋友与最喜爱的电视节目视为重要的性知识来源，但他们还是将学校排在首位。[8] 小学的健康课程也许无聊，但确实有用。

来自四面八方的健康信息与安全指示多到难以计数，我们需要教育才能消化这些信息。思考这些来源：产品标签与警告标示；药店与医生交给你的使用说明；食物上列出的说明与成分，例如如何冲泡婴儿配方奶粉，瓶装酱料能保存多久，如何阅读过敏原标签；警告标识，交通指示，如何安全使用机器的指示，以及家庭化学药剂的使用标示（解释如何对意外中毒的人施予急救）。如今，网络将整座医学图书馆搬到了使用者的台式电脑、

---

① 皮犬研究中心（Pew Research Center）的"卓越新闻计划"（Project for Excellence in Journalism）从2007年1月到2008年8月进行的研究显示，"特定疾病如癌症、糖尿病或心脏病报道最多，占了41.7%。其次是公共卫生议题，如食物污染、疫苗污染与酗酒，占了所有健康报道的三分之一。与卫生政策或美国医疗卫生体系有关的新闻紧追在后，占了报道的27.4%"。

笔记本电脑与手机之中，网络逐渐成为与医生一样重要的健康信息来源。最近的研究显示，使用网络求诊的病人，其医疗知识远比过去的病人广博，这意味着他们会向医生提出更深入的问题并得到更好的照顾。

历史学家詹姆斯·莱利指出，读写能力使人们得以使用陌生人的信息。读写能力也赋予人们开阔的观点，协助人们判断各种来源的信息，不仅能负起照顾自己的责任，也能负起照顾别人（包括子女）的责任。识字的社会经过教导之后，可以从事达成共识的提升公共卫生的活动。因此，读写能力可能是生命获得的一件最重要的礼物。教育具有改善人类生活的力量，曾有研究将教育的力量与其他重要因素做对比，例如经济发展的程度或公共卫生基础建设的情况，结果显示教育比这些要素都来得重要。教育使人懂得运用社会进步的成果，使其对自己与家人产生帮助。教育是健康与长寿的核心，只需少许教育，就能让直到这个世纪为止仍只用祈祷来解除疫病的落后地区得救。莱利回顾过去三十年来的研究，发现学校教育与儿童死亡率的降低之间有着一贯而强有力的联系。年轻女孩只要多上一年学，就能为下一代减少7%—9%的死亡率。在家庭几乎无法得到医疗服务的地区，额外的教育能产生最显著的效果。即使在欠缺医生与诊所的地方，读写能力也能让家庭成员学会现代的卫生习惯。

城市生活是万灵丹

现代城市是让人类长寿的另一项利器。世界卫生组织（World Health Organization）指出："人口老龄化与都市化是过去这一世纪以来人类成功发展的巅峰。"⁹世卫表示，城市是都市与农村人口福祉的核心，因为城市是"一座温室，可以培育出影响世界的新观念、产品与服务"。

然而在过去，城市却是培育另一种东西的温床。几个世纪以来，城市居民要比乡村居民更容易生病与早死。富有的城市人为了疗养，会前往乡间晒晒太阳或到山里呼吸新鲜空气。乔凡尼·薄伽丘（Giovanni Boccaccio）《十日谈》（*The Decameron*）里那些14世纪讲述故事的人，他们在黑死病流行期间逃离佛罗伦萨（Florence）的混杂与污秽，远离城市前往乡村别墅。薄伽丘介绍《十日谈》时提到，这场杀死意大利半数人口的瘟疫如何快速毁灭城市生活，以及迫使城市富人有组织地出逃。在那个时代，欧洲城市很小。佛罗伦萨在瘟疫发生前是欧洲三大城市之一，大约拥有12万名居民。这座城市拥挤与污秽的程度足以让原本糟糕的卫生条件更加恶化，并且加速瘟疫流行。

19世纪，早在卫生系统、冷藏技术或医学有能力处理稠密人口与致命工业污染物之前，都市工业中心已经大量出现。伊利诺大学芝加哥分校公共卫生系教授杰伊·奥尔善斯基（S. Jay Olshansky），与他的研究伙伴俄克拉荷马大学（University of Oklahoma）生态统计学者布鲁斯·卡内斯（Bruce Carnes）指出，在工业革命初期，霍乱、白喉、流行性感冒、小儿麻痹症、天花与破伤风在新都市居民中大肆流行。食物在未密封的发霉木制冰箱里腐臭变坏，但人们还是将这些东西吃进肚子。人类、马匹与小动物的尿液和粪便，使城市成为一座化粪池。医院非但无法防堵传染病，反而将之散布。儿童疾病的毒性周而复始地让孩子比父母早死。到了20世纪，这些威胁仍相当具影响力。

今日，即使是在公共卫生基础建设属于中上程度的国家里，子女也很少比父母早死，除非他们的父母活过90岁。① 同样地，与过去相比，今日的城市已成为更卫生的生活场所——有时远比现在的乡村（或一直以来的乡村）更卫生。不只是大城市本身，连市郊与远郊地区都是如此。这项转变是最近才发生的。

从城市的负担来看，城市可能不如外表看起来那么卫生。城市是国内与国外移民人口的住处。移民通常是刚刚都市化的农村人口，他们来自于经济秩序的最底层。许多城市成为富人迁出的地方，这些富人要不是迁往邻近郊区，就是搬到其他更有活力的城市。欧美过去许多曾繁荣一时的城市正不断面临产业出走与富有市民流失的窘境。2008年8月，《福布斯》（Forbes）列举美国一些正在衰微的城市；这份城市清单读起来就像是对美国中西部与东北部二线工业中心的追悼词。[《福布斯》称克里夫兰（Cleveland）是"衰退最快的城市"。] 欧盟执行委员会（European Commission）[10] 委托进行的2007年欧洲城市报告发现，在接受调查的258座城市中，有三分之二人口正不断减少。数十座城市，尤其是中欧与东欧城市，正处于严重衰退中。现代瘟疫，如人类免疫缺乏症病毒（HIV，简称艾滋病毒）、药物滥用与污染造成的哮喘，均与城市生活息息相关。[11] 即使是世上最穷的城市也能吸引乡村民众。贫穷的农村地区为不断扩大的贫民窟提供人口来源，

---

① 当然，对幼童而言，大多数发展中国家仍相当危险。在撒哈拉以南的非洲，每5例死亡就有2例是5岁以下幼童；而在发达国家，5岁以下幼童每100名有99名存活。60岁以上的死亡人口提供另一项强烈的对比。在撒哈拉以南的非洲，每100例死亡有15例是60岁以上或年纪更大的人，但在发达国家，每100例死亡有80例是60岁以上。在发展中国家，儿童占的死亡比例正在减少，但老人比例却不断增加。西半球的发展中国家，所有的死亡者中有一半是60岁以上，在中国，这个数字达到七成。发展中国家的死亡者遍布于每个年龄层，但这并不能使它免于遭受老龄化世界的挑战。发展中国家的人口成长非常迅速，就连撒哈拉以南的非洲这类高死亡率地区也是一样，因此，贫困国家的老年人口单就数量来说会比富裕国家成长得更快速。

第二章 长寿简史

这些贫民窟容纳了世界三分之一的人口。在雅加达（Jakarta）、孟买（Mumbai）、里约热内卢（Rio de Janeiro）与内罗毕（Nairobi）这类城市里，简陋的城镇尽管贫困，却比居民远离的乡村提供更多机会。贫民窟的儿童死亡率居高不下，暴露于传染病的环境下使得人人自危。

然而，贫民窟的经济衰退、人口流失与恶劣生活条件，并不足以否定现代城市在延长寿命上所扮演的角色。城市儿童的死亡率偏低，使得人的预期寿命提高，这让城市成为世界上健康状况比较良好的核心地带。[12]都市人认为自己比乡村的远亲来得健康。以全世界来说，25岁以下年轻人的死亡率，城市比乡村低。在发展中国家，城市儿童比乡村儿童长得高壮，而且饮食较好；即使以贫穷的城市儿童与同样贫穷的乡村儿童相比，这样的差距依然存在。[13]在中国，政府调查显示，乡村出生的儿童有三成营养不良，相较之下，城市儿童只有1%营养不良。[14]中国的农村儿童大约比城市儿童体重轻了10公斤，身高矮了10厘米。[15]

城市能给予穷人在城市中心以外地区无法享有的服务。穷人能使用的城市服务如安全饮水、卫生下水道与教育。住在邻近医疗服务的地方，也许有助于提升每个人的卫生意识。城市还有政治上的权力和影响力，可以要求当权者提供各项服务，也具备资源以满足当地人的需求。[16]一份比较中国城市与乡村居民健康状况的报告发现，城市每一项指标都胜过乡村，包括寿命长短。①然而，中国各地城市的医院数量，与各地居民的健康和长寿并无太大关联性。[17]

---

① 上海社会科学院进行的调查预测，平均寿命与日本相当的上海，将成为世界上老龄化程度最高的大城市。

在纽约市，这些差异同样令人吃惊。纽约市的预期寿命增加幅度，超出了美国全国的预期寿命增幅。光是在 2004 年，纽约人的预期寿命就增加了五个月，而美国全国只增加了两个月。平均而言，纽约人要比其他地区的美国人多活九个月。寿命的增加有部分来自低生育率的统计函数；部分来自纽约年轻人死亡人数的下降（艾滋病不再是年轻人的杀手，而杀人案件也日渐减少），另外还有一些来自老年人寿命的实际延长。[18] 南欧与东亚许多大城市居民，他们的寿命比国家平均寿命高出更多。

健康的宝宝

过去有一段时间（其实距离今日还不算久远），婴儿与幼童的死亡率非常高，世界绝大多数地区的家庭都面临这种现象。但时至今日，即使是最穷的国家，其婴儿死亡率也远低于几世纪前最富有的国家。过去居高不下的婴儿死亡率，影响了今日人们看待预期寿命的方式。当有人引用数据，指出今日的平均寿命已经增加到过去的两到三倍时，我们应该注意，这些平均数字之所以攀升如此之快，是因为相较于过去，今日有更多孩子能够活过童年早期。美国的婴儿死亡率不是世界最低，但 20 世纪童年早期死亡的减少，使美国的平均预期寿命推升了 33 年。换句话说，童年死亡减少是"平均"寿命增加的主因（虽非唯一原因）。

所以，如果美国人的平均预期寿命想再增加数十年，已无法从极低的幼儿死亡率下手，而要想办法让老人活得比现在久。[19] 人民平均可以活到六十几岁或更大年纪的国家，也面临相同的问题。平均预期寿命不可能出现巨大的统计跳跃，除非大量六十几岁与年纪更大的人口找到能够多活几十年的办法。例如，奥尔善斯基指出，寿命增加的速度已经减缓。他做了一个比喻，要增加已经相当长寿之人的预期寿命，就好像带着一颗石头走上陡峭的山丘，越往上走，石头就越来越重。[20] 尽管如此，今日的中年人会比过去的中年人更长寿，而成年人的生命仍不断延伸当中，大约每隔十年就能增加一年到两年半。

到处都是百岁老人

今日，世界各地出现了许多百岁老人。最老年龄层的急速增加不会对世界人口统计造成波动，但这个族群若与过去的数量相比，其增长的速度确实相当可观。联合国人口司（United Nations Population Division）估计，2000年，全世界约有18万名百岁以上老人；但到了2050年，这个数字将成长到320万人。波士顿大学医学教授托马斯·珀尔斯（Thomas Perls）与德拉拉·特里（Dellara Terry）共同主持了《新英格兰百岁老人研究》(New England Centenarian Study)，他们广泛考察波士顿地区45名百岁老人的生活状况。珀尔斯与特里在研究这些极为长寿的例子时表示："百岁老人数量的急遽增加，很可能是因为晚近（过去这一个世纪以来）公共卫生措施改善的结果，要是没有这些措施，人们可能在童年或成年之前就死于可预防或可治疗的疾病，而无法活到老年。"他们也指出，较早年龄（其实已可算是老年）死亡率的降低，也使百岁老人的数量增加，因为公共卫生措施与医疗介入，可以让人类在遗传上更有机会活到百岁或百岁以上。

然而，我们将在下一章看到，当社会拥有数量庞大且不断增长的老年人口时，问题也将随之出现。老人需要年轻人的活力，当社会上年轻人太少时，社会将不得不做出改变，而且改变的过程往往出人意料。

道格拉斯也许会悲叹，进步的医学过度强调治疗而忽略整体自我，话虽如此，他毕竟活到了 80 岁。进步虽然常常带来害处，却也给予人类最渴望的事物——延长在世上的时间，而且创造出像道格拉斯这样的现代老人。

第三章

老年失忆症：在西班牙发现老龄化

西班牙女性出生时的预期寿命：84.4 岁

在欧盟中排名：第一位

2050 年，预期西班牙人 65 岁或以上的人占人口比例：37%

2000 年，在国外出生、定居西班牙的人占人口比例：2%

今日，在国外出生、定居西班牙的人占人口比例：12%

马科斯·鲁伊斯（Marcos Ruiz），一名健壮的西班牙人，他把第二根烟放在餐厅烟灰缸上，然后为自己斟了一杯紫红色的利奥哈红酒（Tinto Rioja）。只有在这短短几秒钟的时间，马科斯才停止吞云吐雾。马科斯是西班牙一家大出版社的编辑，也是个烟不离手的老烟枪。当手上的烟抽完，他随即从烟盒敲出根烟来，然后点着。马德里的餐厅早已颁布禁烟的新规定，但在下午两点的繁忙午餐时间，根本没人有空管你。香烟与红酒使马科斯的音调与笑声格外有分量。蓬松的棕色刘海、诗人的胡子与锐利的深色眼睛，为他的博学评论增添了一点超凡脱俗的权威。

虽然马科斯才四十出头，但国家的老龄化进程已对他造成影响。

事实上，老龄化影响了全西班牙，民众的老龄化似乎已变成普遍而近在眼前的现象，而且成为固定不变的公共议题。如同全球变暖、石油峰值的回落、左右派的政治敌视、源源不断的移民潮与移民对伊斯兰教的坚信、西班牙足球联赛的激烈竞争，以及赢得2010年世界杯的西班牙国家足球队，老龄化一直是人们茶余饭后的话题。然而，大家关切的不只是老龄化本身，还包括老龄化对整个社会的影响。

"西班牙的新闻几乎可以涵盖任何主题，"马科斯评论说，"但最后无论如何都可以扯到人口老龄化。"这样的例子有一长串。其中一例是从2007年开始的房地产崩盘。直到2010年的年中，尽管价格已跌到谷底，仍有160万套房无法卖出。这个数字大概比惨淡的美国房市少了五分之一，不过美国的房市人口是西班牙的九倍。[1] 西班牙无法从经济泥淖中脱身或解决庞大国债问题，人们经常提出的一项理由就是西班牙老龄化与逐渐增多的依赖人口。西班牙家庭的财产有八成是房地产，因此当房价暴跌而市场上住房数量攀升时，西班牙老人的财产便大幅滑落。希腊债务危机期间，西班牙的工人社会党试图进行改革，以避免危机蔓延到本国；改革的内容包括将退休年龄从65岁提高到67岁、冻结退休金与放宽公司的解雇条件。政府遭遇广泛的抗议，有些抗争事件差点导致马德里瘫痪。

或者，以另一个例子来说，报纸与电视的新闻论坛热烈讨论西班牙移民的问题，他们认为新移民的大量涌入，与西班牙老年人口需要年轻而廉价的劳动力有关。西班牙本地人的平均年龄大约43岁，但前来西班牙的移民平均年龄是32岁。这种年龄差距使人们普遍相信，宽松的移民政策可以增加工作年龄人口，并且有助于减少预计从2030年开始的沉重的老年人口退休金负担（20世纪60至70年代的婴儿潮人口将集中在这个时期退休）。[2] 西班牙银行（Banco de España，西班牙的中央银行）的研究指出，外籍劳工大量而突然地涌入,短期内将对"劳动供给造成巨大冲击",而且将大幅降低劳动力的技术含量。全球化的劳动市场因此被引进到西班牙的国内经济之中。

外国人过去相当罕见

今日,西班牙人口中有12%出生于外国。然而,外国人在现代西班牙却是个全新的现象。历史上,西班牙把大量民众送往世界各地。第二次世界大战结束后,西班牙人受雇到其他欧洲国家从事农业、工业与家务等低薪工作,这些工作类似于今日许多移民前来西班牙从事的职业。20世纪五六十年代,120万西班牙工人,无论男女老少,绝大多数非常穷困,因此不得不离乡背井寻找工作。[①]外国雇主会定期到贫穷的农村招募西班牙人。数千名愿意到德国工作的民众搭乘包租火车直接前往工厂,或是到城市的火车站,在那里会有家庭接他们回家工作。

20世纪六七十年代,在保守而热烈提倡家庭观念的独裁者弗朗西斯科·佛朗哥(Francisco Franco)统治下,西班牙的年轻人多到可以分给别的国家使用。政府积极推动工人输出,希望以此来获取外汇。南欧今日的讽刺,在于每个家族记忆中总有某个亲戚或同乡因家乡太穷太挤难以维持生计,只能离家到外地工作。对他们而言,涌入西班牙的新移民潮正重复他们当初的故事,只是结局充满讽刺与扭曲:西班牙曾是欧洲最年轻、生育率最高的国家,现在却成为最年老与最不愿意生育的国家。

与佛罗里达州一样,西班牙经济的荣枯数十年来主要取决于观光业与来此过退休生活的人。西班牙开始认真吸引外国退休人士是

---

① 20世纪60年代,西班牙人口是3050万。

在 20 世纪 60 年代佛朗哥统治期间。政府将当地的阳光转变成一项资源，以吸引观光客与退休人士前来，同时也为西班牙争取外汇。佛朗哥于 1975 年去世，紧接着出现一股建设热潮，到了 1980 年，建筑业以及为满足退休人口需求而兴起的服务业也欣欣向荣。今日的西班牙已是 30 万名英国退休人士与大批来自德国与斯堪的纳维亚地区（Scandinavia）的退休者的家。现在，有些年老的外国人本身也陷入贫困，他们前来定居使西班牙成为日渐老龄化的国家。

1953 年，每 500 名西班牙居民只有一名出生于外国。到了 20 世纪 90 年代初，比例提升到每 100 名居民有一名出生于外国。然后，突然间，移民开始大量涌入。每年有数十万南美人、非洲人与前苏联社会主义阵营国家寻找工作的民众来到西班牙。西班牙的人口成长几乎全源自于这些外来人口，同样地，西班牙这段时期强劲的经济成长也归功于他们。陆续抵达的工人使西班牙本地年纪较长的民众得以爬升到经济食物链较上层的位置，留下低生产力与低薪的工作给那些年轻的外来人口。移民为西班牙恶名远播的固化劳动力提供解套的机会，而西班牙人也愿意接受这项交易，把低层次的工作全交给移民，高层次的工作就留给西班牙人。马德里都会区仅次于伦敦与巴黎，是欧洲第三大都市群，它突然成为欧洲最国际化的人口中心之一。外国移民现在构成了马德里近三分之一的人口。（根据联合国教科文组织的记录，洛杉矶拥有移民的比例是世界最高的。）整体来说，西班牙每八人就有将近一人，也就是 560 多万人，现在登记为外国人。考虑到未登记者与自然移民未计算在内，这个数字可能还会增加 100 多万。[3]

离开农村

西班牙农村老龄化的速度比欧洲任何地区都来得快，年轻人接二连三地离开小镇，使村落一个个步入毁灭。在农业仍维持劳力密集的地区，如阿拉贡（Aragon），无论丰产还是歉收都需要采摘水果的人手，然而人口外流、老龄化与城市的繁荣使得劳力缺乏成为常态，直到外籍劳工来到西班牙才解决这个问题。但是，当2008年至2010年的失业率一直徘徊在20%左右时，西班牙第一代城市人却回到被新一代人遗弃的农村。[①]原本需要大量外籍劳工的数万个辛苦而低薪的农场工作，现在却再度出现西班牙本地人的身影。[4]

涟漪效应是巨大的。因人口减少而对社会服务做出调整的各种社会团体，此时突然面临大批西班牙家庭的求助，而这些团体还得负担失业外国人的需求，这些人在家乡的家人需要他们的支持。

经济景气的时候，像西班牙这样的老龄化社会需要新工人；但在经济衰退的时候，要让这些工人有工作做是一件困难的事。在经济压力下，老人增加储蓄减少支出，尽可能延缓退休，有必要的话也会寻找低薪工作。他们对外来者的宽容度降低，不愿意花费税金在移民及其子女的社会服务上，并且希望这笔钱能用在西班牙的老年人口身上，这些人现在也有昂贵的需求。

萎缩的家庭

年复一年，西班牙的人口问题越来越严峻。过去25年来，西班牙65岁以上人口增长了75%，每名生育年龄的妇女平均生育1.35名孩子，几乎接近世界最低水平。西班牙妇女通常在30岁才生第一胎，这在欧洲也是最高龄的。

[①] 25岁及以下的工作年龄人口，其失业率一直维持在44%左右，年轻移民尤其容易成为失业的受害者。

无论从哪个角度比较西班牙的老人与年轻人，都可以看出相同的趋势。西班牙 65 岁以上的人口比 14 岁以下的人口多了 100 多万，随着生育率下降与人口萎缩，这个差距还会继续扩大。预计到了 2050 年，西班牙的人口将比 2009 年时减少 300 万。[5] 需要年轻人持续参与的各个社会领域正陷入危机。西班牙人上大学的比率提高了，但在连续数年出生率下降之后，西班牙的大学年龄人口也日渐减少。

西班牙与南欧的家庭人口不断减少，批评者对此有许多嘲弄与埋怨，他们担心生育率下降会使这个地区沦为美国华盛顿战略学者所说的"在战略上无关紧要的地区"。这种观点并非毫无根据。加拿大保守派评论家马克·斯泰恩（Mark Steyn）在 2006 年的作品《孤单的美国》（America Alone）中表示，欧洲这段"被阉割的时代"将在"一个世代之内创造出在政治与文化上带有半伊斯兰色彩"的大陆，而到了这个世纪末，整个欧洲"将宛如被中子弹轰炸过一般：富丽堂皇的建筑物依然屹立不摇，但建造这些建筑物的人将一个不剩……早在马尔代夫群岛（Maldive Islands）被'上升的海平面'淹没之前，每个西班牙人与意大利人都将长眠于九泉之下"，他们将因出生率不断下降而从这个世界上消失。

西班牙与欧洲的人口批评者将人口变迁归咎于利己主义、懒散与消极。然而这种说法完全偏离事实。西班牙的人口变迁源自个人与国家所做的坚定选择，而这样的选择仍在持续进行中。这些衡量并非轻易为之，人们每天都会估量长寿与小家庭的利弊。西班牙与欧洲绝大部分地区的人口变化并非自暴自弃，而是自我决定。

士兵都到哪去了？

年轻人的减少，连带造成西班牙符合兵役条件的人数减少。

2004年，萨帕特罗（Zapatero）领导的新社会主义政府从伊拉克战场撤军，西班牙人口状况的改变是根本因素之一。首先，西班牙萎缩的年轻人口与小家庭，使年轻的西班牙人的生命变得更珍贵，与西班牙好战的过去比起来，不那么禁得起牺牲。其次，西班牙年轻人口中有越来越高的比例是新近移民进入西班牙的穆斯林。如果西班牙的盟友与伊斯兰国家交战，将使西班牙后方的情势更加复杂。马德里的象征阿托查火车站（Atocha Station）矗立着一座玻璃塔，用来纪念2004年3月马德里火车系统因10枚炸弹爆炸造成191人死亡与1800多人受伤的悲惨事件。政府调查后发现，主嫌犯是一名受基地组织唆使的摩洛哥人。摩洛哥人是西班牙最大的移民族群。超过65万名摩洛哥人居住在西班牙，其中绝大多数是1999年以后才移入的。

经济不景气时，对处于就业年龄移民的焦虑引发各种讨论，有人认为移民抢走了西班牙人的工作、对天主教西班牙构成威胁，而且促成"欧拉伯"（Eurabia）①的兴起。西班牙政府开始出钱让移民返国。西班牙各地都在讨论移民问题，西班牙人的生育率与长寿也吸引人们对此事的关注。当然，最普遍的观点是，如果西班牙与过去一样多子多孙就不需要移民了。

盛行外食的饮食国度

在老龄化的阴霾下，新闻总是弥漫着一股忧郁。但环视马科斯用餐的地方，原本对老龄化忧心忡忡的西班牙人，在这里显得心情愉快。餐厅里人声鼎沸，在两个钟头的午餐时间里，这样的热闹

---

① 由"欧洲"（Europe）与"阿拉伯"（Arabia）组合而成的新词。——编者注

景象一直持续着。前来用餐的客人,年龄的组合令人印象深刻。瘦小的白发男子,穿着剪裁得宜的西装,动作敏捷地带领一群晚辈围坐讨论。朋友经过马科斯的桌旁,总是停下来与他来个拥抱并热情地握手。马科斯一一与他们分享消息——少许的八卦传闻、对即将来临的选举的看法,以及坐在三张桌子开外那名潇洒的智利外交官最近出版的诗集。而这些访客也投桃报李,好让彼此的社会网络更加紧密。

如果世界上最可能长寿的做法是严格的低热量饮食,那么这则新闻显然无法打动西班牙人。西班牙是欧盟最长寿的国家。男性的预期寿命是 77.7 岁,女性是 84.4 岁。西班牙百岁以上的人口(1万人)是法国的 3 倍(法国人口是西班牙的 1.5 倍)与意大利的 2 倍(意大利人口比西班牙多了三分之一以上)。即使西班牙人平均用餐的时间比欧洲人多了四成,但十年来西班牙人的预期寿命仍延长了将近三年。西班牙人典型一天五到七餐的用餐习惯,使人们维持很好的能量补充与社会关系。

马科斯居住的马德里与西班牙其他城市一样,工作与生活的步调全围绕着用餐时间起舞。吃在西班牙是带有浓厚社交意义的活动,就连酒吧也会提供早餐。西班牙全国各地有 20 万家酒吧;每 200 名西班牙人就拥有一家酒吧。酒吧引诱西班牙人流连忘返,而且是从早餐开始。西班牙人、意大利人与爱尔兰人在饮食上的花费占收入的比例是全欧最高的。对西班牙男性来说,外食是最重要的休闲活动;对女性而言,也许不像男性那么看重,但也不可小觑。[6] 上午 v10 点左右,咖啡厅已人满为患,朋友与同事在此聚会,顺便喝一两杯浓咖啡。接下来的午餐在下午 3 点左右,地中海的饮食奇观尽在此时展现。鱼类与其他海鲜食物是西班牙人最喜爱的蛋白质来源。悠闲的一到两个小时,新鲜蔬菜、豆类、绵羊与山羊奶酪一道接着一道慢慢端上来,搭配着润口的葡萄酒与咖啡入喉。黄昏时的点心也许是一道海鲜冷盘，一片马铃薯蛋饼，或一块三明治，分量只要足够撑到晚上9点、10点或更晚的晚餐就行。小盘盛装的开胃菜提供各种地中海主食。葡萄酒是少不了的，或者是雪利酒，是必备的佐餐酒。①7

在马科斯的餐桌上，一名侍者送上两片薄薄的法式长面包，将它们直接摆在餐巾上。接着端来的是一系列开胃小菜，以及一份切得像纸一样薄的火腿。马科斯知道这是产自西班牙西南部的火腿，而他刚好清楚这种火腿的来龙去脉。如果向马科斯问起西班牙蔬菜、葡萄酒、雪利酒、鱼或奶酪的事，他可以说是这方面的百科全书，而且还会不断更新知识。

西班牙菜的品质令西班牙人引以为傲。饮食与健康书籍推崇西班牙菜是世界上最能有效延年益寿的保健品。这个国家的饮食予人长寿、健康与愉悦的希望，但它的有益健康也让西班牙陷入困境。"这些该死的地中海饮食，"马科斯一边嘟囔一边将面包浸到一碟深绿色的橄榄油中，"就是不让我们死。"

为了活着而吃

地中海饮食因有益健康而广受赞扬与接受，过去二十年来，地中海饮食甚至列入医生的药典，用来治疗体重过重与减少罹患糖尿病、心脏病与癌症的风险。市面上有数十本作品，把古典地中海菜

---

① 晚餐之后，晚上11点或午夜时分，马德里人步行回家，到处可见步行的民众。西班牙人比其他发达国家的民众花更多的休闲时间在运动量比较大的活动上。2008年，经济合作与发展组织（OECD）调查18个发达国家的民众如何分配一天的时间。法国人花在餐桌上的时间最多，将近140分钟，西班牙人则不到110分钟。然而，在所有发达国家，休闲活动的第一位都是看电视。

肴重新改写成处方式的便笺形式。

2005年,《英国医学杂志》(The British Medical Journal)公布针对欧洲9个国家74607名60岁及以上健康男女所做研究的研究结果。这些受访者根据他们的饮食与研究者选择的地中海饮食版本的接近程度来加以评分。地中海饮食拥有丰富的蔬菜、豆类、水果与谷类,不同版本的地中海饮食拥有从中等数量到极丰富的鱼类。乳制品略少,肉类与饱和脂肪相当少,但不饱和脂肪(主要是橄榄油)则很多。越接近地中海饮食方式的人越容易长寿。[8]

然而,喜欢摄取红肉与奶酪的人,或许不认为寿命缩短的代价很高。统计显示,饮食方式与地中海饮食差异最大的60岁男性,与完全符合地中海饮食的60岁男性相比,平均寿命只少一年。对一些地中海国家来说,在饮食方式一般被认为相当危险的国家之间进行寿命差异的比较,结果几乎是毫无意义。

地中海饮食可以减缓的健康风险足以列成一份清单,而这份清单似乎随着医学期刊的每月定期出刊而不断增加。怀孕的母亲选择地中海饮食可让孩子增加抵抗力,避免哮喘与过敏。地中海饮食会让女性随着年龄增长骨骼仍能维持强健。可以让人避免罹患心脏病与各种癌症。各种版本的地中海饮食均包含丰富的坚果类食物,可以帮助代谢症候群患者更有效管理健康问题。它也能避免帕金森症与阿尔茨海默症。

2009年出版的为期四年针对一万名民众所做的调查显示,维持地中海饮食的人比较不容易有自杀倾向或罹患忧郁症,不过这项研究并未考虑到受访者是否生活在社交频繁、阳光充足的地区,而新鲜渔获与农产品丰富的地区也有助于让情绪保持平衡。[9]在地中海地区,各种疾病与各年龄层的死亡率都是最低的。[10]

此外,地中海饮食的力量仍带有些许神秘的色彩。广泛的共识

（但最近似有减弱趋势）认为，地中海饮食的好处，在于加工食品与饱和脂肪较少。此外，它富含纤维素与复合糖类，而且食物中有大量的抗氧化剂、维生素与矿物质。[11]这些论点相当有说服力，然而一旦要探究地中海饮食广泛流传的原因，则仍存在许多未解之谜。萨拉米香肠（salamis）与火腿就是一例。这种肉类食品在西班牙很受欢迎，而且也出现在马科斯的餐桌上，但绝大多数健康饮食书籍却将这类食品视为反例。

肉食者的两难

香肠含有肉类与脂肪，这种食物在西班牙厨房中很常见，但标准的地中海食谱中却少有香肠。各式以红辣椒腌渍、上面布满脂肪纹路的粗大香肠（chorizos），挂在餐厅与饭馆的通风处，这是西班牙的家常菜。除了这类香肠，还有白色外皮与血红肉馅的"salchichón"，与填充得非常紧实，膨胀得像个肉球的"sobrasada"，这些香肠都是西班牙人引以为傲的食品。香肠连同奶酪、橄榄与烤面包一起放在小碟里送上来，也可以加到汤、豆类料理与小砂锅里。香肠无所不在。

西班牙风干制成的火腿，是比香肠更常见的肉类食品。除了西班牙首都之外，还有什么地方会有连锁餐厅在橱窗里放上数百条风干的火腿作为宣传，还自称是"火腿博物馆"（Museo del Jamón）？西班牙一年晾制4000万条火腿，相当于一人一份。西班牙人几乎是世界上火腿与猪肉吃得最多的民族。①

对于要求病患遵守理想地中海饮食的医生来说，脂肪过多的

---

① 丹麦与捷克一些显然与地中海饮食无关的节食者也吃了比较多的猪肉。

火腿对治疗有害无益，因为腌制猪后腿时使用了大量硝酸盐。批评者表示，过多硝酸盐会破坏身体吸收氧的能力，而使用硝酸盐也是地中海饮食拥护者对加工肉类制品不满的原因之一。他们责难加工肉类制品时，总是认为加工肉类制品是罹患肠癌的主因，却很少提及其他疾病。

浮士德的交易，肉品被妖魔化？

休斯敦得克萨斯大学的内森·布莱恩（Nathan Bryan）表示，有些科学社群认为加工肉品的化学成分具有危险性，这种观点其实相当陈旧，与最新的科学看法不符。"民众以为亚硝酸盐与硝酸盐是致癌物质，但实际上并非如此。许多研究基于非常薄弱的流行病学统计，就认定亚硝酸盐和硝酸盐与癌症有关。如果亚硝酸盐与硝酸盐对我们有害，那么我们就不应该食用绿叶蔬菜或吞咽自己的唾液，因为这些都富含亚硝酸盐与硝酸盐。"布莱恩说，一小杯石榴果汁的硝酸盐含量是一根热狗的100倍。火腿、香肠乃至热狗中，仍有一些未发掘的有益健康成分被理想版本的地中海饮食所遗漏。布莱恩表示："一氧化氮（腌制与加工的肉品，以及许多水果与蔬菜都含有这种成分）是人体中一种重要的传达信息的分子，可以调节无数的生理功能，包括流向组织与器官的血流。"他的研究显示，富含亚硝酸盐与硝酸盐的食物，有助于增加血流来防止与治疗心脏病。

科学仍未达成定论，但新的发现显示，西班牙人与意大利人长寿的原因之一，很可能是他们嗜吃腌制的肉品。一项为期六年针对西班牙人所做的研究指出，食用大量西班牙腌制火腿的人，与那些摄取微量火腿的人相比，罹患心血管疾病、高血压或肥胖症的概率并未增加。[12] 有关饮食与长寿的研究，就像香肠的研究一样，通常会让人混淆，而且经常颠覆既有的说法。

吃的社会意义

西班牙的饮食与其他国家有很多不同之处，如果不加区别混为一谈，无论对西班牙还是其他国家的饮食来说，都不是公允的做法。西班牙人的长寿与饮食的关系相当复杂。西班牙的气候、农业的多样性与邻近海洋，使西班牙人容易取得新鲜水果、蔬菜与动物蛋白质。在地中海以外的地区想拥有地中海式的饮食，主要的障碍是高成本与不便。即使是西班牙人也必须花上比较高昂的价格才能取得自己喜爱的食物，[13] 但他们倒是不难找到这些食物。

如果地中海饮食有助于健康与长寿，那么原因可能不只是选择食物的问题，还包括围绕着饮食的生活方式问题。哈维尔·梅迪纳（Xavier Medina）是巴塞罗那地中海欧洲研究中心（European Institute of the Mediterranean）的人类学家，他认为西班牙人与家人共享食物的情感需求，使他们成为欧洲最重视社交的饮食者。"我们很少看到一个人单独在餐厅用餐或在酒吧喝酒……这种情况少之又少，"他说，"在西班牙，单独吃饭就跟没吃饭一样。"

医学家与社会科学家虽然不至于宣称社会网络可以反转或延缓老龄化，但他们不断主张，拥有紧密社会网络的人精力较为充沛。维持紧密的社群联系、家庭关系与深厚的友谊，虽然无法减少生病或染上慢性病的可能，但社会纽带比较紧密的人，确实较不容易发生意外或选择自杀。此外，染上重病的人若拥有紧密的社会网络，会比孤独的人恢复得更快更充分。① 孤单的人免疫反应似乎比较弱，因而难以调节血液中的荷尔蒙，而且这样的人心血管功能往往较差。[14]

卡洛塔返乡

你可以在马德里的咖啡厅里谈论西班牙的老龄化，但想真正看到老龄化，你必须离开首都到乡村去。卡洛塔·德尔·阿莫（Carlotta del Amo）在18岁时为了读大学，离开了位于西班牙卡斯蒂利亚-拉曼恰地区（Castilla-La Mancha）瓜达拉哈拉省（Guadalajara）锡古恩萨（Sigüenza）的山区小镇。她从未搬回去住，但仍与锡古恩萨有着紧密的联结。卡洛塔几乎每个周末都会从马德里返乡探望双亲，她的母亲大约65岁，而父亲已快70岁。西班牙的老龄化趋势，使她与老家保持紧密的联系。

"没有年轻人留下。一个年轻人也没有。"卡洛塔说这句话时表情带着困惑，仿佛每个人对于西班牙乡村这种众人皆知的现象都该感到惊讶。她邀请我到锡古恩萨一游，实际看看当地的老龄化情况。只要沿着A2这条西班牙交通干线，出马德里往东北约90分钟的车程就能抵达。

卡洛塔在马德里从事广告业。身材苗条的她，有着一头乌黑浓密的卷发，穿着令人信赖的制服，流露出国际都市女性的自信与沉着：黑色宽松长裤，黑色短上衣，纽扣扣得恰到好处，外面套上一

---

① 举例来说，有证据显示，拥有紧密社会网络的人罹患心肌缺血与大脑血管疾病，会比那些比较不融入团体的人拥有更好的预后。俄亥俄州立大学遗传学者马修·达林（Matthew Daring）发现，出现癌症肿瘤的实验室老鼠如果与鼠群放在一起而且给予它更多玩具，老鼠通常能自发地缓解症状。他的研究发表于2010年7月的《细胞》（Cell），其研究报告指出光凭身体活动无法让老鼠出现同样的改善程度，与其他老鼠互动是关键。在社会关系比较紧密的环境里，老鼠的肿瘤缩小的概率能达到77%。

件轻便的黑色皮夹克。她的世界主要围绕着电视制作中心与西班牙各地的杂志办公室。卡洛塔有一种讨人喜爱的朴实魅力。她是在城市工作的乡村女孩,每一件工作都处理得井井有条。

回到锡古恩萨,在老朋友与家人环绕下,卡洛塔收起工作时的锋芒。牛仔裤与她喜爱的宽松灰色套头毛衣取代了都市穿着。她双手插在口袋里,一副轻松的模样。她摇晃着身子,耸肩,笑着,噘嘴。她与每个认识的人打招呼,亲吻对方的脸颊两次。镇里的社交圈非常小,每一个返乡者都成了地方上的名人。卡洛塔的家人经营锡古恩萨最显眼的旅馆与餐厅,它们就位于镇中心外的主干道旁。她的父亲、母亲与叔叔亲手建造了这个地方。她的家人说,这里是旅客的中途站,而非终点站。尽管如此,在此驻足购物或在充满熟食的柜台前点三明治,或坐在旅馆餐厅里吃午餐的人们,却有一种故地重游的感觉。容量1升的宽口瓶里,装满了锡古恩萨美味而充满花香的金黄色蜂蜜,这是相当受欢迎的伴手礼,整齐排列在架上。旅馆每一处摆设都让人联想起家的舒适。卡洛塔的父亲安杰尔使用暖色调来装饰内部,铺上屋瓦以搭配当地的灰泥房舍。连猫咪也安静地蜷伏在客房的窗框外。巴塞罗那建筑大师里卡多·波菲(Ricardo Bofill)曾在此住过一晚,他赞美这处建筑是一家"完美的旅馆"。

安杰尔现已退居幕后。西班牙的退休规定使人有强烈诱因在65岁退休。安杰尔个子不高,体格强壮。他的头发已经花白,有着拳击手般的鼻子。虽然已经不管事,但他仍时时留意旅馆的一切,经常向卡洛塔的母亲"问起"旅馆的营运状况。

"我虽然退休了,但偶尔还是会管点闲事。"安杰尔说道,他就坐在旅馆餐厅某张桌子前面。他已经察觉到,人在过了60岁之后身体很容易出状况。"我跟我的弟弟一起工作,但他做了部分肝移植之后，现在绝大多数时间都躺在医院里。"

安杰尔手里拿着烟，身子靠回到椅背上，眯着双眼，衬托着他那硬汉般的弯曲鼻梁。然后，他完全显露出一副说故事人的表情与动作，引领客人进入他的世界。

整座城镇换了一批人

"1988年，锡古恩萨引进了第一批移民。我弟弟到多米尼加的圣多明各（Santo Domingo），发现当地的侍者相当优秀。他答应带三个人回锡古恩萨。当时，公路正在铺设，托建设的福，我们的旅馆生意兴隆，但我们在本地找不到足够的人手帮忙。从20世纪70年代初期开始，每个年轻人都往马德里、巴塞罗那或巴伦西亚（Valencia）跑。起初，他们不上学，跑到开业的工厂去当工人。他们觉得当工人比当农民好。"

"刚开始，人们会说：'哦，你找黑人来这里工作。'但不久他们便发现这些人是好工人。现在，这里到处都是'黑人'。我知道他们其实不是黑人，但他们的肤色比我们这里的人黑得多。人数甚至超过了白人。"

安杰尔说，20世纪90年代末期，移民开始把他们的家人接来，当时这一点还算容易做到。移入西班牙（不同于移出）在当时完全是违反规范的，国家实际上根本毫无法律条文处理这类问题。"当锡古恩萨的居民年纪越来越大，他们的子女全在外地城市工作，于是就由这些移民的妻子与母亲照顾家里的老人。照顾者通常年纪跟被照顾者差不多！这样的状况还会持续下去。"

安杰尔回忆，1999年是转变最大的一年。"我们开始从世界各地引进移民。我们有厄瓜多尔人，他们会把钱存起来寄回给家乡的亲人。我们曾经雇用一名罗马尼亚的女侍者,但她每晚都喝得烂醉,然后到处露胸部给人看。所以我以后不再雇用罗马尼亚人。一旦你或你的朋友对某个族群有不好的经验,你不会想再找这些人帮佣。我曾经雇用来自印度与孟加拉国的员工,但不久我明白,如果我需要帮手,最简单的做法是找孟加拉国人,他们总能提供更多帮助。"

锡古恩萨的孟加拉国移民多半来自乡村。他们来西班牙,首先在巴塞罗那低薪的纺织与成衣厂工作,但他们觉得城市令人感到焦虑。一名孟加拉国人搭便车到了锡古恩萨,他用生硬的教科书英语说,他和几名孟加拉国人在离锡古恩萨几公里远的一处无人农舍里擅自住下。他在旅馆对面的加油站工作。这名孟加拉国人表示自己成长于农村,在巴塞罗那工作经常觉得有压迫感。于是他来到西班牙的乡间,与他在锡古恩萨的朋友会合。

西班牙的移民群体与其他地方一样,有着鲜明的群体认同,有些是基于偏见,有些是基于西班牙当地人彼此流传的实际经验与传言。安杰尔说,厄瓜多尔人想在家乡为自己的家人盖栋房子,他们在西班牙工作七八年后,便会返回故乡瞧瞧他们寄回去的钱盖出什么成果。多米尼加人与秘鲁人倾向留在西班牙,并且把家人接来同住。至于哥伦比亚人,安杰尔说,有些人会留在西班牙,有些人不会。"这很难说,因为有些哥伦比亚人跟毒品纠缠不清。来自前法国殖民地的非洲人非常勤奋,他们在操纵机器方面很有一套,无论是洗碗机还是洗衣机都难不倒他们。此外还有西班牙员工。我有一名西班牙员工带有一点种族主义倾向,我必须坚定地要他改变。"

随着移民取代离开或退休的锡古恩萨镇民,安杰尔与镇上其他雇主必须思考,哪些移民族群最适合跟他们一起工作。安杰尔最喜欢的是孟加拉国人,他发现孟加拉国人温和、聪明而且忠实。安杰尔是个可靠的好雇主。对孟加拉国人来说,这个赌注很大。如果他们搞砸了，可能会毁了整个群体的名声，特别是那些与安杰尔的人际网络有关联的孟加拉国员工。

老龄化的社会迫使人们在地方上进行全球化（例如在工作场合与家里），至于比较广泛的经济领域，则是以全球为范围进行全球化。有些地方工厂搬到低成本的国家，另一些地方工厂引进低成本的外籍劳工。外籍女侍者与来自地球另一边的外籍男侍者同居。一位从伊斯帕尼奥拉岛（Hispaniola）来西班牙与她的儿女同住的多米尼加祖母，搀扶着锡古恩萨一位西班牙祖母的手臂，后者已无法在自己出生的这座小镇街上平稳地行走。外地人与当地人成为好友，产生某种联结，当你有困难时，他们会挺身而出；他们从事你的子女不愿或没有能力从事的工作，而与此同时，他们又能帮助你的亲友创造出更大的事业。

"尽管出现这些改变，"安杰尔思忖着说，"我觉得自己并没有改变。我告诉我的移民员工，他们必须适应。我的员工通常在工作六到十年之后，当他们的孩子逐渐长大，他们就搬到城市去住，但他们仍然会打电话给我，听听我的意见。我会说说我的看法，然后彼此聊聊天。我现在拥有来自各地的朋友。我在马拉加（Malaga）有个孟加拉国朋友。我有个来自圣多明各的好友，当我想教训某人时，只要一个电话，他随传随到。"

僻静清幽的锡古恩萨

僻静清幽的锡古恩萨现在已成了情侣周末假日的好去处。外地人浸淫在锡古恩萨的历史中，赞赏当地留存的12世纪城堡，天主教会过去曾将这座城堡当成主教宅邸，一直细心维护着。然而，这些令游客觉得充满魅力的特点，却无法吸引当地的年轻人，他们宁可选择到马德里或其他大城市居住。

星期日中午，有些本地人会步行到镇中心，绕着小公园散步。卡洛塔常去的酒吧挤满了人，大家在这里谈天说地。许多酒客是周末才从外地返乡的本地人。20世纪80年代，卡洛塔当时还是个小女孩，这些酒客中有不少是她的同学。那段时光已成过去。近年来，来酒吧的客人几乎没有兄弟姐妹、侄儿或侄女或者儿孙辈在当地学校念书。不到一代的时间，镇上的学校原本有两千多名当地西班牙孩童在教室里挤着上课，现在却几乎空空如也，只有从邻近几个村庄过来的两百多名孩子就读。这些孩子中，大约有一半是移民劳工的子女，其他则是外籍孩子，后者没有固定的家，全是通过教会救助计划，将他们安置于锡古恩萨的学校里。

学校的孩童组成无疑将再度出现变化，但会变成什么样子很难说。锡古恩萨的学校就像世界各地乡村小镇的许多学校一样，将有更多非本国籍的孩子就读。随着锡古恩萨有越来越多的外籍姑婶、叔舅与家族朋友来此定居，并且支持晚辈在此读书，这种状况迟早会发生。或者，当移民家庭也搬到西班牙与欧洲其他城市时，锡古恩萨的学校将会更为冷清。

全球经济的地方色彩

外国人抵达西班牙，对他们自己的国家也造成影响。安杰尔旅馆的每一名员工都把家人留在国内，家乡的年龄结构因此失衡。厄瓜多尔人口约1450万，现在却有70万壮年人口居住在西班牙。华盛顿的移民政策研究所（Migration Policy Institute）统计，从1982年到2007年，有10%到15%的厄瓜多尔人移民国外。2010年，有150万人，也就是每十名厄瓜多尔人就有一人在国外。这些身在异乡的厄瓜多尔人平均年龄是33岁,他们通常会将父母与子女留在国内。1998年以前,西班牙国内几乎没有厄瓜多尔人。厄瓜多尔人是西班牙境内人数最多的移民,而这种现象也对厄瓜多尔的经济产生深远影响。安杰尔正确地提到厄瓜多尔人拼命汇钱回家的习惯。2007年,西班牙政府估计,境内的移民每月平均所得大约是1080美元,平均每年汇钱回家的金额约360美元。然而,厄瓜多尔人的汇款金额居然将近650美元。海外汇款是厄瓜多尔国内生产总值的第二大来源,仅次于石油。[15]

与此同时,厄瓜多尔国内人口空缺的部分,转而由秘鲁与哥伦比亚移民填补。这么多厄瓜多尔人移往国外,以及有这么多外国移民移入国内,已成为厄瓜多尔政坛的首要议题。厄瓜多尔总统拉斐尔·科雷亚(Rafael Correa)是一名经济学博士,他在2009年总统大选时大声疾呼,为什么厄瓜多尔无法让一整个世代最能干的工人留在国内打拼?虽然厄瓜多尔的生育率遥遥领先于死亡率,但短期内大量年轻人口外流,等于提早让国家进入老龄化社会。现在,厄瓜多尔的老年人口比例已经与欧洲和东亚几个最老的国家不相上下。[16]科雷亚胜选之后,他的政府推动了"欢迎回家"计划,希望能吸引数量超越以往的民众返国。这项计划给予返国者免税优惠,让他们从国外携回家具与设备且免课关税,此外,还提供给他们创业基金在国内开展事业。

"这个计划是希望恢复……人力资本,即使你(在国外)没上过学或从未接受正式教育,你还是能学到不同的做事方式,"厄瓜多尔移民部发言人表示,"我们希望这些人在厄瓜多尔能有发展机会,这样他们才能学以致用。"厄瓜多尔政府下了赌注,认为民众在国外取得的人力与知识资本,其价值远超过他们每年汇回国内的金钱,而厄瓜多尔的经济将可从这些人力与知识资本中获益。此外，为了满足某个老龄化的欧洲国家的需求，而让厄瓜多尔的经济与人口快速衰退，这样其实是得不偿失。一年后，有8600个厄瓜多尔家庭返国[17]参与"欢迎回家"计划。年龄套利的政治学现在已与经济民族主义以及全球化混杂在一起。

随着西班牙人返回小镇与乡村，各地经济移民也发觉回国才是最保险的做法。从西班牙返国的厄瓜多尔人绝大多数是男性，他们在建筑市场崩溃后丢了工作。从事照护工作的厄瓜多尔女性不急着返国，老龄化的西班牙仍需要雇用她们，这对厄瓜多尔鼓励民众返国的计划构成阻碍。最近这十年，从拉丁美洲前往西班牙的移民，有极高的比例是西班牙语系国家的妇女。从老年化人口的需求来看，理由似乎相当明显。西班牙需要看护人员，而来自其他西语系国家的妇女，与她们照顾的西班牙人有相同的语言、宗教及文化背景。老年照护完全是女性的职责，当照护的需求增加时，女性的角色重要性也凸显。2005年，西班牙进行一连串的尝试，想让移民"合法化"，22万名外国人填写了家庭帮佣的申请表。求职者清一色来自拉丁美洲，其中84.3%是女性。

家庭帮佣的需求开启了新一波前往西班牙的女性移民热潮，特别是来自拉丁美洲的移民。绝大多数的妇女最后在西班牙城市找到工作。西班牙当地女性涌入西班牙城市不至于对城市的性别平衡造成影响，因为今日的乡村人口数量太少，已不足以构成差异，而随着老龄化社会的出现，来自拉丁美洲的女性成为新一波生力军，使西班牙城市更加女性化。

女性歧视在西班牙依然相当普遍吗？当然。西班牙人希望女性待在家里打理家务与照顾老人。这点并不新奇亦不独特。但令人惊讶的是，来到西班牙的女性并不认为这趟旅程是一种屈辱，相反地，她们可以借此掌握自己的经济命运。如果她们还待在国内，那么这条路是封死的,因为家里的经济大权完全掌握在男人手里。西班牙的厄瓜多尔人比其他移民汇更多钱回国,因为绝大多数厄瓜多尔人是女性,她们借此"巩固"在家中的主导地位。[18]

移民(即使是无技术的移民)在促进西班牙经济全球化上扮演的角色,也同样受到西班牙的重视。老龄化而负债的西班牙需要以它所能想到的一切机制来创造新的商机与工作机会,并且改组劳动市场。年轻移民来到这个老龄化国家,可为死气沉沉的部门带来新的活力。在马德里,20万厄瓜多尔人的跨国金融需求,将该城打造成拉丁美洲人眼中最重要的银行中心。便捷的汇款是一项高获利的业务,却一度受到西班牙大型金融机构的忽视。小型金融机构与汇票公司从这项交易谋取利益,对跨国转账收取15%的手续费,甚至伪造汇率,再从移民的汇款金额中搜刮3%—5%的金额。当西班牙的银行开始分食这块市场大饼时,他们改变了游戏规则,这套新的系统仰赖信用卡、电子转账以及与国外分行及附属机构联机。这些银行收取低廉而均一的手续费。根据马德里移民中心的研究显示,在马德里生活的移民,有三分之二希望长期在此定居。厄瓜多尔政府也许无法按照预期快速吸引绝大多数厄瓜多尔人从马德里返乡,但在此同时,马德里市议会正与厄瓜多尔的城市进行所谓的"共同发展"计划,希望能创造出有利于两国经济的商业模式。某个国家与全球企业口中所说的"合作",在另一个国家(以及经济与政治民族主义者)看来,就像吸收合并一样。

人员与金钱的全球流动,不断进出老迈的西班牙;变迁的经济与西班牙人和新来者之间的紧密接触,这股巨大的力量也搅动出一出愚蠢而荒诞的公众戏。2009年夏天,艾弗琳·杜纳斯(Evelyn Dueñas),巴伦西亚一名28岁的厄瓜多尔籍家庭帮佣,在两个流量庞大的在线拍卖网站留言,因而在西班牙与厄瓜多尔掀起轩然大波。杜纳斯在网站上表示,她罹患阿尔茨海默症的老母亲需要昂贵的照护费用,因此她决定以15000欧元的代价出售自己的初夜。"这是很大的牺牲,但我这么做是为了我的母亲,"杜纳斯向电视记者表示,"我知道这不能解决所有的问题,但它可以让我的财务稳定下来。"杜纳斯为这项交易设下的条件比好莱坞影星的婚前协议还严苛,而且最后并未成交,但她的行动已经在媒体引起热烈讨论,人们将她比拟成其他台面下的女性,她们每天贩卖自己的肉体;也认为她反映了其他移民的苦况,这些人被迫卖肾、肺,还有身体其他部位,为的是筹钱解决家中急难。厄瓜多尔政府也注意到杜纳斯的状况,而且在压力下不得不公开考虑国家能为她的母亲提供何种帮助。性、移民、器官贩卖、殖民主义与福利国家的政治学,全围绕着年龄的政治学展开。

数十万名搭船前来的偷渡客

南欧(西班牙、意大利与希腊)的海岸已经成为移民前往欧陆的入口,移民喜欢选择这里,也给此处带来沉重负担。来自北非、西非与东非的民众,怀抱着希望链而走险,他们不断尝试自己的运气,但最近有一批来自亚洲的新族群也加入他们的行列,这些人通常得到了人口贩子的协助。希腊的拘留中心围上有刺的铁丝网,这个机构负责收容与处理这群来自阿富汗的新移民,这些人付了人口贩子三万美元的代价,暗中把他们运到移民经济的庇荫之下。南欧国家抱怨,由他们来吸收移民的冲击是不公平的;移民只是利用南欧国家的地理位置,把他们当成后门,进入欧洲的其他地区。

人口贩子与他们的客户普遍采取的一种相当折磨人的策略是,搭乘摇摇晃晃的船只(他们上船前通常已经历了一段漫长艰困的陆上跋涉），他们的目标是希腊、西班牙或意大利领土的某个小岛。在移民涌入的高峰期，西班牙的加那利群岛（Canary Islands），位于摩洛哥最南端海岸的西侧，收容了一船船满载的移民，他们分别来自加纳（Ghana）、利比亚（Liberia）、塞内加尔（Senegal）与非洲其他国家。他们搭乘一种长约10米，名叫"cayucos"的开放式木制渔船，但这些船早已过了使用年限，船身简陋破烂。这些船只最后一趟旅程就是载运这些移民。虽然如此，船身还是仔细漆上塞内加尔国旗的三个颜色——绿、黄、红，而且每艘船也装饰了各种象征。有些船漆上了长睫毛的眼睛，用来协助他们找到正确的方向。不是所有的偷渡客都会遭到拦截，有些人可能不幸落水而亡。而在2006年，这是特别繁忙的一年，西班牙当局拦截了三万名试图前往加那利群岛的偷渡客。[19] 观光业是加那利群岛上的度假海滩的主要产业，然而每天都会有数十艘破旧船只抵达后被遗弃在海滩上。

2004年，德国与意大利提出一项计划，在北非设立专门遣返非法移民的机构。欧洲各国先是郑重其事地讨论，而后又放弃了。西班牙原本热情接受这些偷渡的外国移民，但在经济崩溃后态度却一百八十度转变，西班牙政府拒绝了这项提案，理由则是基于人道立场。随着失业率上升，西班牙的社会党政府推动修法加强边境管控，而且让西班牙各区拥有更大的权力，限制移民四处流动寻找工作。

挑选自己需要的移民

西班牙有着复杂的地区与语言政治，不同的地方与不同的选区各自拥有自己的议程。南美人涌入巴斯克自治区（Basque Country）与加泰罗尼亚（Catalonia），对于说当地语言的居民构成严重威胁，他们长久以来一直对抗西班牙语这个主流语言的入侵。然而，移民对当地语言的影响与我们的直觉完全相反。在巴斯克自治区，移民的流入反而激励各个小区强化对地区语言的学习，当地人前往讲巴斯克语的学校（不同于双语学校）登记入学的人数大为攀升。[20] 巴斯克也推动与非西语系国家——例如摩洛哥——学生的交换计划。他们让摩洛哥的年轻人每年夏天来到巴斯克，除了学习巴斯克文化外，也接受学校、职业训练，并且与巴斯克寄宿家庭一起生活。对地方主义者来说，重点当然是用地方语言来教育移民——而不只是使用西班牙语。西班牙于2009年年底修法，允许各地方依据自身的经济与文化议程，来决定是否对移民提供服务或限制。新的全国性法律也允许各地方自行挑选"最符合需要"的移民。

对逐渐老龄化的人口来说，一方面要吸引与留住这些体力正值巅峰的外籍劳工，另一方面又不让他们把需要抚养的家属接来同住，似乎是一种相当狠心的做法，但在经济上却有许多好处。国家因此不需支付移民家庭的教育与医疗费用，也不用保护他们的安全或补贴他们的住房，更不必在经济不佳时为他们支付日常费用。更重要的是，如果移民与自己的家人分隔两地，那么当他们年老需要照顾时，可能会选择回到自己的故乡。[21] 如果他们生病或遭受意外伤害，也可能希望返乡与家人团聚。

总之，让移民与他们的子女和父母分隔两地，可以让接受移民的国家一方面善用移民的工作能力，另一方面又能省下为满足移民家庭需求所需花费的开支。对一个逐渐老龄化的国家而言，这样的安排（如果可以施行的话）可以让国家的财富更有机会用于满足人数日渐增多的老年民众需求。

新修订的法律也提到老龄化国家即将面对的一项严峻现实：随着人口老龄化，一国的文化根基也将跟着倾颓。人们担心，这群怀抱异教信仰与仪式的外国人将填满欧洲每个空屋,届时欧洲将免不了被伊斯兰化。

艾尔瓦斯家

回到酒吧,卡洛塔介绍我认识艾尔瓦斯家(Hervas family)的成员,包括72岁的父亲马里亚诺(Mariano),卡洛塔说他是锡古恩萨最聪明的生意人。他正与两个儿子——42岁的哈维尔(Javier)与36岁的佩德罗(Pedro)——喝酒。

马里亚诺拿着一杯啤酒,他的手指粗大厚实,像是做过粗活的手。马里亚诺是锡古恩萨最大的民间庠卡,他开了一家专门制作拼花地板的公司。建筑业景气的时候,马里亚诺经常为了寻找愿意留在锡古恩萨的可靠员工而伤透脑筋。此外,他还拥有一栋建筑物,那是镇上新落成的老年住宅。

"20世纪30年代,我在维拉科萨(Villacorza)出生,"马里亚诺说道,他从艰苦的西班牙内战岁月开始讲述他的故事,"那是个农村,农民拥有小小的田地。我的父母养了两头骡子帮忙耕地。这个村子实在太小了,连学校也没有。我每天要走12公里的路,穿过山岭,才能到学校上课。这条路现在已经成了树林,因为早已无人行走。"马里亚诺有六个兄弟姐妹,其中两人早夭。"家庭,"他眉头紧皱着说:"总会发生许许多多的事。"

西班牙最小的几座城镇,人口不超过千人,这些城镇人口流失的速度远快于其他地区。[22]从官方区划来看,大锡古恩萨地区有27个小卫星小区,然而其中一些小区就像马里亚诺的故乡一样,已经渺无人烟。

"1951年,我搬到马德里念书工作。1965年,我攒够了钱,在马德里帮父母买了栋公寓,然后把他们从村里接来。这大概是当时每个年轻人都会做的事。然后,我决定自己开业,我认为应该要从锡古恩萨开始,因为这里的工人比较便宜,而且他们跟我一样是在农村长大,他们是非常勤奋的人。"直到 1997 年为止,马里亚诺说他底下的员工清一色是西班牙人。"现在,我的员工通常是大主教区送来的难民,因为当地主教非常努力在安顿这些人的生活。"

"你一定无法相信我的员工来自几个国家,告诉你,总共 30 个。"马里亚诺列出伊朗、摩洛哥、俄罗斯、波兰、哥伦比亚与多米尼加。"他们跑来找我,乞求有份工作。我付钱训练他们,也花钱修理他们弄坏的机器。我付钱让他们合法工作、取得许可证。当他们能离开锡古恩萨时,他们就前往城市。"

他们到城市去,那里的薪水可能比较高,且也较可能与来西班牙工作的同乡团聚。然而这样的历程在经济衰退期间就难以为继。

马里亚诺的地板生意在建筑业衰退时变得相当清淡,移民在不容易找到工作的状况下,只要一有工作,他们会有较强的意愿坚守岗位。尽管许多西班牙人愿意离开城市,进入工厂的装配线,或回到家乡从事粗活,但高失业率还是显示出老龄化的西班牙的另一面。晚近受过教育的新一代西班牙人,不愿低就,因此坚定地拒绝各种工作,宁可让自己处于失业状态。家庭规模变小,是这些青年敢于拒绝的原因之一。只有一两名子女的双亲,有能力支持他们等待更好的工作出现。家庭也为这些年轻、受过教育的员工提供了安全网,使他们敢冒险接受不稳定的工作。西班牙有所谓"派遣"员工,也就是受雇但并非长期聘用的员工,这类员工占了总劳动力的三成。雇主倾向于以派遣的方式雇用年轻员工,因为企业不希望负担(或已经在负担)年老、长期聘雇人员的高成本,而且这些长期人员很难解雇。老龄化的西班牙在欧洲债务危机中之所以面临年轻人高失业率的问题,理由之一是这些年轻的派遣人员可以轻易解雇,而那些年老员工却怎么样也赶不走。尽管如此,年老员工也面临压力,而他们也有诱因在 65 岁之前离职。

马里亚诺那个年代的青年离乡背井到城市或国外工作,他们从赚得的微薄薪资中省下一笔钱,汇回家为父母买房子。现在则完全相反,老一辈的人还是花钱,只是钱都花在子女身上。西班牙最近出现的小家庭、大学教育的日渐普及,以及生活水平的提升,这些都改变了金钱在家庭内部流动的方式。富裕的父母愿意且有能力出钱,维系子女较高的社会地位。这种对子女的支持,实际上或可作为一种分期付款的头期款或保险,因为父母也期盼,将来在有需要时能仰赖子女的支持,无论是情感还是金钱。[23]

心宽体胖

马里亚诺拒绝在 65 岁领取退休金,他说:"只要我的膝盖、手与脑袋还能用,我就要继续工作下去。"跟他一样年纪的朋友都感到不解。"只有我到了这个岁数还继续工作。其他人都在 65 岁退休,现在他们要不是整天坐在酒吧里喝酒,就是到马德里帮忙照顾孙子。每个人在领到退休金之后,就整天无所事事,然后整个人胖了一圈。"

马里亚诺清楚提到同辈的退休念头,西班牙大型金融集团"la Caixa"的研究呼应了他的说法。该研究发现,一般来说,西班牙的员工不想在工作岗位上待到超过 60 岁;50 岁以上的员工,只有四分之一考虑工作到 65 岁。[24] 令人惊讶的是,研究也发现,即使对西班牙未来经济感到深刻忧虑,老西班牙人还是坚决不延长退休年限。然而,在西班牙的退休金制度中有一项结构特征,影响了民众的选择。面对西班牙的经济衰退与人口的快速变迁，退休金制度可能有修改的必要，但反抗的声浪绝对会非常猛烈。就连马里亚诺与安杰尔这种自己做生意的人，也面临退休的压力，因为在当前的制度下，如果他们坚持工作，对他们的退休金反而不利。对于听命老板的员工来说，这种压力更大：不只是退休，而是提早退休。

虽然欧洲几乎所有国家都在提高（或者正考虑提高）法定的退休年龄，但雇主通常会想尽办法减少公司里的老员工（很多人其实并不是那么老）。即使在西班牙欣欣向荣、极为景气的时代，西班牙与欧洲其他发达国家相比，算是比较不愿意雇用55岁以上员工的国家。2005年，经济合作与发展组织指出，西班牙55岁到65岁有能力工作的人口，只有五成多有工作，这使西班牙排名倒数第13位，与捷克、斯洛伐克、法国与希腊同一水平。这项比例在匈牙利、比利时、奥地利、波兰与意大利等国更加糟糕，55岁到65岁的人口将近65%没有工作。在美国、日本、瑞士、新西兰与除了芬兰外的所有斯堪的纳维亚国家，该年龄群组约有三分之二仍在工作。

劳动力逃避劳动？

对马里亚诺与安杰尔这一辈的人，也就是65岁以上的西班牙人来说，这个年龄还就业的人少之又少。因此，西班牙在这个年龄群组的排名是倒数第五名，大概每100人只有两到三人工作。与此相对，在韩国与墨西哥，65岁以上人群中每100人有30人工作。经济合作与发展组织调查的国家中，65岁以上人群的平均劳动参与率大约是12%。[25]

欧洲劳动参与率的变化也很剧烈。"在20世纪60年代初，60

岁与60岁以上的(男性)参与率在每个国家都在七成以上,少数几个国家到了八成。"威尼斯大学经济学家阿加·布鲁加维尼(Agar Brugiavini)表示。到了20世纪90年代中期,这项比例在比利时、意大利、法国与荷兰降到两成以下,在德国是35%,在西班牙则是40%。[26]

降低法定退休年龄是相当普遍的做法,欧洲几乎每个国家都是如此。在德国这个"发明"法定退休年龄的地方,2006年规定的退休年龄是65岁,但实际上男性的退休年龄是62岁,女性是61岁。在法国,男性倾向于在58岁退休,女性是59岁。退休年龄下降的原因很多。有些退休金计划以提早给付为号召。还有一些退休金计划,使人丧失过了法定退休年龄还继续工作的意愿。

马里亚诺说得很对,退休者的时间很多,他们到处闲坐然后发胖。在发达国家,退休者平均能再活18—20年。与1970年的退休者相比,现在的退休者多活了三分之一的时间。[27]在西班牙,可能出现更长时间的退休生活,因为人们倾向于早点退休且都很长寿。这是造成西班牙债台高筑的原因之一。对于当前这一代的大量退休者来说,往后二十年的退休岁月,每天吃吃喝喝将是非常实际的选择。有些退休者可能开玩笑说,想再度进入职场,但是从过去的经验来看,只有极少数退休者会重拾经常性的工作。①

对布鲁加维尼来说,欧洲劳动参与的大幅滑落,造成的影响就跟人口年龄结构的转变一样不可小觑。而且这两种趋势也彼此互动。当民众比较早退休时,他们不仅减少了身为生产者的时间,也增加了身为无生产力的消费者与依赖者的时间。(姑且不论老人对

---

① 经济合作与发展组织指出,在50岁到65岁的人当中,只有5%在离职后的一年内再度进入职场。(Live Longer, Work Longer, OECD, 2006)

家庭与小区也能做出不支薪的贡献，而且这些贡献往往极具价值。）每年提前实际退休年龄，使欧洲经济蒙受巨大损失。最明显的后果是，退休员工会造成劳动力萎缩，已经有人预测欧洲劳动力在2021年底，将损失七分之一。如果退休年龄提前，劳动力将更加萎缩。

当然，如果人们提早退休且长寿，他们可能有更长的时间需要仰赖某人资助。这笔钱或许是他们自己的储蓄，也可能是国家或前雇主为他们划拨的金额。它可能是某种债权形式，同样可能是他们自己私人的债权，也可能是政府或前雇主积欠他们的债务。或许，他们可以仰赖家人的抚养，或是朋友慷慨的接济。或许，投资或企业利息不无小补，甚至使人富足。这里面存在着各种可能。更可能发生的是，提早退休的人会活得比预期还久，因而超过他们原先盘算退休可能需要的金额。对于自己的家人，人们总是极为慷慨地给予与调适，因此许多退休者在家人接济下日子还过得去，只是他们的生活水平将被迫降低，连带也拖累了家人。

有些国家的退休金计划有效避免让老人陷入极度穷困之中。2009年，德国、法国与荷兰的退休金计划在经济衰退期间表现得极为卓越。其他国家则惨不忍睹。其中，英国的65岁以上人口有三成生活在贫困线下，[28] 西班牙也有28%陷入贫困。高贫困数字是经济衰退的明显指标，但最让欧盟政策观察家忧虑的，却不是不景气带来的短期痛苦。他们发现，人口老龄化对经济的影响要比经济衰退更令人恐惧，因为他们已经很难想出办法，让欧洲人在过了60岁或65岁后还愿意重回职场。总要有人出钱养这些人，但谁来出钱，没有人知道。

遭遗弃的老人

锡古恩萨有一处历史悠久的养老院，不过它经营的模式远较马里亚诺经营的老年住宅古老得多。在离教堂不远的山边小街上，一道开启的门通往一处有着山墙的院落。这是"关心遗弃老人女修道会"（Las Hermanitas de los Ancianos Desamparados）主持的养老院，是由当地神职人员于1872年在锡古恩萨建立的，没有家庭的老人只要拿出积蓄，就能在此地获得永久的照顾与灵性的反省。这所民间福利机构早在欧洲福利国家成立前就已出现。它的经营模式与现代企业经营的老人照护产业有些许共通之处，两者都要求人们以世俗的财物换取不可侵犯的长期照护保险。然而，女修道会要求的条件具有浓厚的旧世界遗风。一旦院民决定入住养老院，他们将完全失去离开此地的动机，因为从走进大门的那一刻起，他们将丧失自己在世间的所有财物。女修道会要求院民转让他们的社会保障金。健康的院民可以领回其中的两成，一个月约80欧元，足够每星期到院外商店买几回啤酒、可乐、零嘴或香烟。养老院也负担修女们的花费。这些修女也放弃了俗世的生活，选择在养老院终老。

我们实际走访了锡古恩萨这所养老院，它看起来的确维持着多年不变的传统。敲门的声音惊醒了在柜台打瞌睡的妇女。她按门铃，然后打了通电话。她说，卡曼修女（Sister Carmen）会带你们参观养老院。不久，修女出现了，虽然身着正式的修女服装，但看起来还是相当娇小：紧覆头部的白色布帽，外面套着宽大的黑色头罩，往下低垂盖住了她的前额，抵住了她眼镜的上缘。卡曼修女沉稳娴静、熟稔院务，而且平静中带着愉快的气息。

卡曼修女是在1943年，也就是18岁那年成为修女。在此之前，她的人生经历了西班牙暴乱、内战与个人的创痛。"我父亲死的时候，我11岁，我的妹妹才1岁，"卡曼修女难过地说着，"暴力使我难以平复。我在关心遗弃老人女修道会中找到平静，但是即便在修道会里，也无法永葆太平无事。"1955年到1957年，她在闹革命的古巴工作，这场革命最终使得菲德尔·卡斯特罗（Fidel Castro）掌权。之后，她陆续到了墨西哥与菲律宾。而最近三十年来，卡曼修女一直都待在锡古恩萨的养老院。如今她已经82岁。当被问到在养老院工作，每隔一段时间就会看到许多人虚弱与死亡，是否会让她想到自己的未来时，她不假思索地回答："我尽量不去想这件事。"

每个房间的床铺上方都挂着基督像，院里的房间通常只有这么一点儿装饰。没有单人房。卡曼修女说，简单朴素可以让老人专注，减少紧张。有些人有小电视。交谊厅里也高高挂着一台年代久远的电视机。一群老人看起来极为瘦弱，他们穿的衣服吊挂在身上，仿佛玩起装扮游戏的孩子。这些人有气无力地坐在椅子上，微弱的眼神往上直盯着电视的游戏节目。

"我们有75名男性与75名女性，"修女说，"女性想跟男性分开，所以我们让男女分住在不同的院区。男性似乎也喜欢这样的安排。原本有一对夫妻同住，但其中一位过世之后，另一个人就回到男女区隔的院区居住。在这里，男人与女人并没有太多相处的时间，除了上教堂与从事一些公共活动。我们会在小礼拜堂放映电影。"养老院的院长负责挑选影片；卡曼修女会再检查一次，确定这些电影适合观赏。

在院内，院民依照健康状况分住不同的房间，有些人数十年来一直住在封闭的小房间里。交谊厅里有一名身形萎缩的男子，他自称已经认识修女三十年了，照此推算他应该有95岁。身体极度衰弱的人居住的地方，放着一排轮椅，每张轮椅上都坐着身躯瘦小微颤、头颅显得庞大的老人，院里的工作人员必须一匙一匙地喂他们吃饭。

在庭院里有一座茂盛的玫瑰花园。"这是我们的冥想花园。"卡曼修女指着花朵说。院民会协助照顾花园吗？"不会，"修女说，"他们不是园丁，而且他们也老了。"

比遭遗弃的老人好过一点

"阿拉米达老年住宅"（Alameda Residencia para Mayores）是刚在锡古恩萨落成的老人之家，访客来到这里，首先会穿过一道巨大的玻璃门，然后进入明亮宽敞的大厅。这是马里亚诺建造而且自有的住宅，整栋建筑物似乎相当符合他的想法，退休的人不应该无所事事。29岁的比阿特里斯·加西亚·尤斯塔（Beatriz Garcia Yusta）坐在开敞的长柜台前，她是受过训练的社工，搬回锡古恩萨与她的家人及男朋友一起生活，并且在这间新老年住宅工作。直到最近，西班牙对养老院的需求一直遭到忽视，与其他发达国家相比更是如此。在大城市以外的地区，现代的老人照护机构并不多见。人们普遍认为，照顾老人是家庭的责任。然而，西班牙的人口变迁使家庭的规模缩小，成年子女的工作地点往往离父母非常遥远，而寿命的延长也创造出养老院的需求。

阿拉米达的居民绝大多数不认为自己是被遗弃的老人。修女主持的养老院仿佛是个对外封闭的世界，但阿拉米达设立的目的却是将外在世界引进到住宅内，而住宅里的人也能走出去参与外在世界。每到周末，许多探亲的家庭穿过巨大的前门来到阿拉米达。值班的比阿特里斯第一件事就是引领访客来到宽敞的中央会客厅，数百平方米的明亮空间正好从比阿特里斯的柜台延伸出去。角落电视放映的精彩足球赛，吸引了探视的孙子们与成年儿子们的目光，有些人穿着整齐的上衣，另一些人穿着运动服，他们把宴会椅排成两排，坐着看球赛。有些祖父也跟着观看，但在这栋老年住宅里，祖母的人数远比祖父多，她们比较喜欢和女儿及孙女或朋友的女儿及孙女聊天玩牌。一小群盛装打扮的妇女在交谊厅里或坐或站。年纪比较大的女性看起来好像特地穿上节庆的正式服装，但比阿特里斯说她们每天穿着都如此华丽。她们绝大多数来自附近的村庄与小镇，当她们出门办正事时，总是习惯穿上花呢套装与织物，戴上项链与耳环。来交谊厅探亲可以算是办正事。当比阿特里斯努力穿过人群时，妇女们总是热情地向她打招呼，可以想见她跟这些人的关系有多密切。这里的工作人员多半是女性，绝大多数是西班牙人，少数来自南美洲或非洲。

阿松森（Asunción）看起来七十出头，比阿特里斯正向她介绍阿拉米达住宅的现况。在佛朗哥主政时期，阿松森成长的村落无法给她工作机会。她与兄弟姐妹以及朋友一样选择出国。阿松森在巴黎某个家庭里做女仆，一做就是十二年。她与哥哥及嫂子住在同一栋公寓里，但那里的生活不利于步入婚姻，更甭提拥有孩子。尽管佛朗哥强调家庭价值，但西班牙妇女结婚的比例却从1950年起逐年降低。[29] 西班牙结婚率的降低，与妇女能独立工作以及妇女的教育水平提高有关。对阿松森来说，是工作影响了她的婚姻，而非教育。西班牙结婚率的降低，也导致该国儿童减少。

比阿特里斯与阿松森相隔了两代，但身为西班牙人口变迁的参与者，她们扮演着类似的角色。阿松森从村落迁徙到国外，然后在西班牙的大城市住了一段时间，接下来又搬回西班牙小镇。（搬回出生的村庄是不可能的。阿松森说现在那里只剩下11个人。）她赚钱维持生计，储蓄，现在则成为锡古恩萨最佳的新工作发动机（阿拉米达老年住宅）的参与者（以消费者的身份）。比阿特里斯离开锡古恩萨到外地求学，但她把在大学里学到的技能带回家乡，并且在锡古恩萨的新工作里运用所学并教导他人。

乡村男孩与城市女孩

半个世纪以前，乡村人口开始减少，西班牙这波乡村外移潮主要是由女性主导，即使到了最近几年，女性还是比男性更愿意移居城市。现在，在西班牙的乡村地区，男性的人数超越了女性，而且差距还在增加。[30] 这项事实与我们的直觉差异甚大，一般认为，乡村地区也是老龄化快速的地区，西班牙女性平均寿命比男性长得多，按理女性人口应多于男性，不过实际上显然并非如此。西班牙乡村性别的悬殊程度已经等同甚至超越了某些性别悬殊的国家，这些国家的父母重男轻女，经常会根据性别来筛选孩子——手段是堕胎或杀婴。（亚洲乡村地区女性外流的数字也较高。）西班牙乡村的女孩也许有一天会回来，但当她们年纪大到可以离开乡村时，她们比男性更乐于离开，因为在现代机械化农业下，乡村男性比女性在生产工作上更有前景。

由于乡村女性缺乏，因此人们可以预期，若有女性愿意待在乡村，那么这些女性对于想结婚的男性来说将特别具有吸引力，而这些男性将会花更多工夫打理自己，包括受教育、存钱，凡是让自己在婚姻市场中看起来更有价值的事他都愿意做。然而即使如此，也难以提升结婚率。乡村结婚率下降的程度，远非可婚配女性外流所能解释。乡村的年轻与中年单身汉完全过剩。

就西班牙和整个欧洲来说，与上一代人相比，男性与女性结婚的数量少了很多。2008 年，欧盟各国的欧洲人结婚数量与 1975 年相比少了三成。而男女结婚的年龄则比 20 世纪 70 年代大了两岁半。当然，晚婚意味着没有足够的空档生小孩，而西班牙人决定晚婚所产生的效果，跟整个欧洲的情况是一样的。虽然欧洲其他地区的儿童有很高的比例不是婚生子女，但晚婚终究还是造成孩子减少的主因。当西班牙女性选择发展自己的能力，无论是受教育还是独立工作时，如果没有移民在西班牙担任女仆或看护，那么她们将很难在家庭、教育与工作之间维持平衡。[31] 低薪、低技术的新移民解放了西班牙女性（与男性），使她们得以学习技术与从事高价值工作。

就乡村女性来说，她们在农村和小镇扮演的传统角色，是完全没有工资也没有社会安全制度保障的，因此这些女性想离开乡村也不令人意外。即便到了今日，西班牙乡村女性参与付酬劳动的比例，仍只有城市的一半。

我们总结这些因素（妇女离开小镇和农村，晚婚或不婚，单身男子过剩，人口老龄化）便得出了西班牙人口学家担忧的结论："人口衰减的恶性循环。"[32] 这些典型的趋势也见于老龄化的发达国家与东亚国家。这些因素使城市与乡村同样面临老龄化，不过两者老龄化的速度略有不同，因为城市一开始会因为年轻人的涌入而获益。然而，城市不可能永远跳脱这场恶性循环；事实上，城市反而是驱动人口衰减的力量。此外，因人口外流而老龄化的乡村，有一项不寻常的特征：世界的老龄化是一种"女性化"的过程，但乡村的老龄化却是"男性化"。

在全球城市化的时代里，男人还必须面对一个令人忧郁的事实：小镇与乡村女性在城市男性中相当抢手，但小镇与乡村的男性就算搬到城市，也必须与城市男性竞逐城市女性的芳心。

想生更多孩子

"西班牙女性想生孩子，但实际上却没生那么多，"位于马德里的西班牙科学研究委员会（Spanish Council for Scientific Research）

首席人口学家玛格丽塔·德尔加多（Margarita Delgado）表示，"我们调查了一万名女性，提出一系列有关孩子、家庭、婚姻与相关主题的问题。从中浮现出来的答案宛如数学公式一般，足以说明西班牙为什么不可能恢复过去几代人的高生育率。女性生育的时间太晚。当问起有关孩子的话题，女性总是说她们想生孩子，但不想生太多。平均而言，她们想生两个孩子，但因为她们开始生育的年龄是30岁，因此通常没有足够的空档生第二个小孩。我们的调查显示，经济因素是造成此一限制的主因。她们的薪水太少，而西班牙的家庭政策并未对母亲提供足够的援助，而且也没有足够的公立学校来照顾幼童。"

德尔加多抱怨，西班牙有许多作家误导大家相信，西班牙需要大量移民来解决低生育率的问题。这种观点奠基在这样的谬误上：西班牙只要不断地吸收移民，就能让生育率回到2.1，这是人口不衰减的正常更替水平。她表示："要达到这个水平，需要的人口数量相当庞大，西班牙的劳动市场不可能把每个人都吸收进来。而且以西班牙现有的移民数量来看，移民女性恐怕要生一堆孩子，才有可能将全国的平均生育率拉到正常的更替水平上。"德尔加多与同事计算之后，发现每位移民母亲平均要生11个孩子，才能让西班牙人口保持不衰减。

德尔加多认为，西班牙想解决人口问题，最简单的做法是，让西班牙女性想生多少就生多少。这意味着要有更多的托育机构、更长的产假，以及男性在家中能充当更重要的角色。"西班牙的雇主认为女性想生孩子，所以她们不可避免会离开工作岗位。但现状并非如此。女性实际上必须比男性更努力工作，而且她们的工作并不比男性轻松。雇主没搞清楚的是，"她说，"如果我们不恢复生育率，雇主自己也会受影响，因为劳动力将会萎缩。他们也应该了解，西班牙的人口正在老龄化，而我们终究会成为毫无生产力的老人。我们只是还不到那个时候。"

然而，德尔加多也强调，我们不可能让人口停止老龄化，现在唯一能做的，只是提出因应的对策。就算将生育率提高到与正常更替水平的生育率相同或更高，也只是为已老龄化的社会人口结构注入一点年轻的比重。

虽然经济压力与事业心压得女性喘不过气来，使她们无法想生多少就生多少，但我们也不用幻想西班牙女性或来到西班牙的移民女性（她们很快就会发现，自己也跟西班牙女性一样无法轻松生育子女）会放弃自己的独立地位、回到传统的女性角色。妇女，尤其是子女较少的妇女，是今日西班牙劳动力的骨干，随着国家老龄化，整个社会更需要大量女性参与劳动。2008年，每十名没有子女的工作年龄女性，就有七名投入职场。拥有一到两名子女的母亲，约有半数有工作。然而德尔加多发现，从养育两名子女增加到三名子女时，将出现重大差异，西班牙女性一旦拥有三名子女，就不可能兼顾工作与家庭。西班牙拥有三名子女的母亲，每一千人只有四人有工作。

难怪西班牙家庭认为，少生一点最符合自己的利益。随着社会迈向老龄化，有些家庭或许会懊悔当初生育的子女太少，但西班牙人应该会与世界上其他老龄化社会一样，不会因此放弃教育、经济力量与个人自由的好处，尽管这些好处造成了老龄化。

数百万人需要照护

2004年，西班牙劳动与社会保障部发布了一份普查报告，提到西班牙有多少人日常生活无法自理而需要照护服务。[33] 报告宣称有 112.5 万人，其中三分之二是老人，陷入失能而无法照顾自己。他们需要全天候的照护，协助他们饮食、吃药、盥洗、购物或上下床。另外还有 170 万人需要定期但可靠的照护，协助他们从事基本的日常活动。总计，在西班牙 4300 万人口当中有 270 万人，或者说每 16 个人当中就有 1 人需要照护。

这是一种另类的"照护比"（dependency ratio）。它不是拿工作年龄人口比上太年轻或太老而无法成为劳动力的人口，而是拿工作年龄人口比上实际需要他人帮助的人口。这种照护比计算的是需要帮手的人口比例，而这些帮手在照护的过程中，付出的是时间本身，而不是时间以外的某种活动，例如具教育性、娱乐性（消除压力）或生产性的活动。当相对于总人口的老年人口增加时，需要基本照护的人口比例也跟着增加，这些增加的依赖人口所需的照护人口比例当然也跟着提升。

联合国人口司估计，到了 2050 年，西班牙 65 岁以上人口比例将超越世界上其他任何一个国家，从 2000 年的 17%，到增加为原来的两倍以上，也就是 37%。欧洲没有一个国家能够增加年轻人口的比例。瑞士 65 岁以上的人口比例将增加 104%，意大利 94%，德国 73%，英国 56%。[34] 西班牙 65 岁以上的人口，尽管有移民移入，它的增长仍然是最快的。

如果把这些数字转化成多少人需要基本照护，那么西班牙看起来就像是个残障国家。除非医学进步到可以让数百万人免于人所必经的病弱命运，否则每六到八名西班牙人，就有一名需要另一个人协助他行走、如厕，或从事其他以往认为理所当然、现在却难如登天的基本活动。如此一来，照护者与被照护者的比例究竟是多少？会是一比一吗？二或三比一？十比一？基于人口结构的压力，照护的方式也必须跟着调整。

从 2004 年的数字展望未来，西班牙劳动与社会保障部预计西班牙全民即将被照护需求所淹没。然而对许多西班牙人而言，这种扶养的压力已经在家庭内部浮现。这些压力主要都由女性担负，而且从她们还在工作年龄时就已开始。2004 年，每 20 名看护就有 17 名是女性。她们的平均年龄是 52 岁，离西班牙的退休年龄还早得很，而且主要是家庭成员：女儿、妻子，甚至于母亲。她们领不到薪水，也没有社会保险。事实上，许多女性的劳动地位，等于倒退到过去在农村辛勤工作却无薪水的妻子，不同的是她们现在是城市的看护，在农村帮忙至少还可以增加家庭收入。同时，她们还因此失去赚钱的机会。

如果 21 世纪的前十年已经预示了未来的景象，那么到了 2050 年，西班牙大概每个家庭都需要一名看护。如果你无法雇用看护，那么就必须仰赖家中某个成员牺牲自己的时间（乃至于放弃工作），来照顾家中的老人。

"当我们老的时候，势必将成为包袱"

皮拉尔（Pilar）与丹尼尔（Daniel）一刻也坐不住。自从要求皮拉尔描述他们照顾 92 岁母亲的经验以来，他们整天魂不守舍，甚至焦虑了一个星期。她确实想解释这一切，她需要把所有的情绪宣泄出来。她保证自己说的全是实情，尽管听了会让人不舒服，但每个人都应该知道这些事。当丹尼尔打开这栋两房公寓的大门时，他双手紧握着我，使劲握手。他穿着一件磨损的毛衣，隐约可见圆滚滚的肚子。他有一头花白浓密的头发，随性地往后绑了马尾，俨然一副艺术家的样子。丹尼尔松开手，示意我到皮拉尔坐的地方，她的手按着桌子，整个人跳了起来。皮拉尔向我打了声招呼，然后开始端上晚餐，但她话还没开始说，整个人的情绪就已经出现很大的起伏。在她倾诉心中所有委屈之前，恐怕很难恢复西班牙女主人的优雅举止。

"我再也受不了了。"她脱口而出。"这简直是地狱，我告诉你，活生生的地狱。这跟坐牢没什么两样。你没有别的选择，只能适应，但这件事不是那么容易，而且任何事都无法称心如意。总之，当你活到92岁，就像我妈一样（我爸93岁过世，我公公也是同样岁数过世），所有的事都取决于你是怎么活到那个岁数，还有你跟你的家人是否能承受这个事实。以我的例子来看，老实讲，"她说，无疑地，她的确非常坦诚，"我不会选择像我妈这种活法。我不希望自己活这么久，也不希望拖累家人。我必须每天早、中、晚喂她吃饭与帮她盥洗。我觉得自己被软禁在家里。真的，至于她把自己弄脏的情状我就不细说了。"

皮拉尔与丹尼尔的公寓不见久病老母的身影。舒适的屋内随意摆放着手工毛毯，还有夫妇俩和他们的成年儿子周游世界带回来的纪念品。皮拉尔与丹尼尔已经退休数年。从2005年以后，他们就没有经常性的工作。皮拉尔过去是杂志批发商的管理人员。丹尼尔曾是水电工，经常从这个工地转移到另一个工地。"我工作，"他说，"而且非常努力。现在我退休了，却比以前更忙。我从老客户那里得到零星的工作，但我绝大部分真正的工作是在这里。"即照顾岳母以及与皮拉尔分摊家务。

皮拉尔没有跟母亲同住，因为皮拉尔需要自己的空间。照料母亲的地方其实是在转角的一间公寓里。

"那是我们的公寓，如果租出去，一个月应该可以拿到1200欧元，"皮拉尔说，"但我看到母亲这么脆弱，觉得很可怜。"她感到两难。"我们不考虑找个全职看护。坦白说，我们没有能力负担。

而且就算负担得起,我也不忍心把她交给别人照顾。她总会因为某些事不高兴,她总是说:'太热了,太冷了,电视太大声。'"皮拉尔又说,晚上母亲睡觉时,她的大儿子必须留在公寓陪外婆,这样她母亲才不会觉得自己被人扔下不管。

"我也相信,"皮拉尔说,"子女跟父母过去维持的关系是很重要的。你对父母的记忆与经验,会影响你日后愿意做出多少牺牲。我的父亲是个充满同情心且精力充沛的人。这或许是因为他受过教育的缘故。"皮拉尔湿了眼眶,脸也开始泛红。丹尼尔环抱着她。此时她突然抽抽噎噎地哭起来。但她拂去泪水,继续讲她的故事:"我有什么事都跟父亲商量,却从未跟母亲好好说话。这是很大的差异!父亲天生就少一只手。或许这也是他们价值观不同的原因。父亲非常努力,总是积极乐观。母亲嫉妒父亲的性格,而他也因此付出代价。当你对一个人充满正面的回忆时,你可以为这个人做出牺牲。每当父亲需要帮忙,我从不觉得辛苦。"皮拉尔说,尽管她跟母亲之间的相处并不融洽,但她还是尽力照顾母亲。"我们把她当成园圃里的花朵,因为尽管她的性格如此,她还是以她的方式疼爱我们。"

皮拉尔抱怨,国家对于像他们这样的家庭几乎未能提供任何资源。"所有的事情都要看他们对老人的评估结果。"政府找了两个机构评估皮拉尔的母亲,而两个机构评估的结果却有很大的差异。一个说她母亲有轻微的老年痴呆,另一个则认为情况非常严重。最后,他们同意每个月给皮拉尔与丹尼尔200欧元。这笔钱可以让他们偶尔找人来照顾母亲几天,这样他们就可以离开家,两人能一起出游喘口气。此外,国家也提供经费,让这些家庭每年可以雇用一个月的看护。这能让他们度个小假。

"我已经73岁,"丹尼尔说,"但内心里我觉得自己像三四十岁。我有很多想做的事。我打算出钱让岳母搬到养老院去住。每年八月我们跟儿子外出旅行时，我会让她住进诊所。我很清楚，当我们年纪越来越大，我们会成为包袱。我不想拖累自己的孩子，所以我打算住进养老院。"

"如果我有钱，"皮拉尔说，"而且我的脑袋也还清楚的话，我会找人来照顾我，然后让孩子过来探望。如果他们不肯，我真的会感到幻灭。但我不希望他们跟我一样得照顾自己的母亲。我不希望他们日复一日做着这种事情。我们的成年子女住在城外，我们几乎无法脱身去看他们。"

"我不应该提这件事，"皮拉尔说，"但我听说社会党政府提出安乐死的议题。人民党（社会党的反对党，立场中间偏右）对于这项议题甚至连讨论都不愿意。西班牙需要讨论安乐死。如果他们实施安乐死，我会第一个签署同意书。没有必要活那么久。我宁愿死也不愿像植物一样。"

不想成为别人的负担

西班牙当然有这样的地方，可以合丹尼尔与皮拉尔的意，让子女省去照顾他们的麻烦。

三年前，当荷塞普·马里亚·马斯（Josep Maria Mas）的母亲伊莎贝尔·索拉（Isabel Solà）98岁时，他必须将她送进巴塞罗那的赡养中心。荷塞普现年66岁，他前去为母亲庆祝101岁生日。他住在拥挤狭小的公寓里，并且将其中一间卧室租给寄宿者，设法让损益两平。在他人生的工作阶段，他一直住在国外。荷塞普年轻时曾在瑞士与英格兰当过侍者。之后他开了一家店，专门制作装饰用的传统金属制品。但还没到达法定退休年龄，他就失去了最后一份工作。他在一家生产意大利面制面机的公司做事,但这家公司最后倒闭了。除了母亲之外,荷塞普几乎跟家人没什么联系。

走进巴塞罗那老年中心的赡养之家,荷塞普看到不同年龄层的老人。这里的一楼房间满是喧闹,一些看起来年纪没有比他大多少的老人正在打撞球与玩牌,他们笑得很开心。转角舞蹈课与运动课的音乐不断在室内回荡着。到了二楼与三楼,房间里住的是稍微失能的老人。他们可以走动与清楚说话,但有些人身体虚弱或精神有点错乱。三楼被称为终点的前一站。走廊排着一排轮椅,上面坐着眼神空洞的老人。有个女人问荷塞普知不知道她的晚餐在哪儿。他甚至还没走到母亲的房间,心情就很沉重了。进到房内,他大声而友善地问候母亲。她已经瞎了,也许已经聋了。荷塞普低头看着她那毫无表情、因没有牙齿而干瘪的脸庞。母亲看起来就像教堂画像里,在炼狱中匍匐的骷髅鬼魂。

"她不认得我。"他说。上次来探望母亲时,他准备了许多家族照片给母亲看,或者应该说是讲述照片的内容给她听。"她的日子也许所剩不多,但还是祝她生日快乐。"

几分钟后,荷塞普离开房间,寻找负责照顾母亲的护士,他想知道母亲的状况,或者是他们认为母亲大概还能活多久。他找到那名护士。她叫妮娜(Nina),来自秘鲁。"我很了解你的母亲,"她说,"我甚至知道她每一次的排便时间。"

他问起房间里是否还有人年纪超过百岁,妮娜说,这间房间收容的都是百岁以上的老人。她指着三名100岁到104岁的女性,然后又指着另一名再过三个多星期就满100岁的女性。"不过,我还没看过有人活到105岁。"她并不避讳让那名104岁的女性听见。妮娜提到她有个罹患自闭症的孙子,由她的儿子在巴塞罗那的家中照顾他。她将他们从秘鲁接来这里,因为秘鲁的医疗设施无法医治像她孙子这样的男孩。

另一名院民坐在会客厅靠墙的椅子上,她穿着美丽的衣裳,头上的白发也齐整地梳成发髻。

"你来这里看谁?"她问。她不认识伊莎贝尔·索拉,因为她才刚从另一家养老院转过来。"我在一家我很喜欢的养老院住了三年。我在那里有很多朋友,"她说,"但那是一家民间养老院,收费很昂贵,我想那对帮忙出钱的侄子是很大的开销,所以我研究了一下,发现这家政府经营的养老院,然后我就搬了过来。"她从手提袋里拿出几张照片。上面是她已故的丈夫与当时还是孩子的侄儿们的合照。"在那所养老院里,我还蛮受欢迎的。他们甚至还给我取了小名:'小可爱'。有时候我的侄子会来这里接我回去探望朋友,每个人还是跟以前一样热情地招呼我。"她开始哭泣。浅蓝色的双眼噙满了泪水。

护士继续喂着其他百岁老人。这些人是西班牙硕果仅存最老的民众,他们经历了内战、世界大战、专制政权与国家艰难的时期。他们知道的与热爱的那个西班牙已成过去,很快地他们也将成为历史的一部分。

"我想念他们,""小可爱"回忆着她珍爱的亲人朋友与已逝的过去,她的头低到已经快碰到皮包,"我想念每一个人。"

第四章
我们如何不断地走向衰老？

有一天，当你年老，脸上充满皱纹而丑陋不堪；当思索在你的前额刻上深痕，而热情以令人厌恶的火焰在你的嘴唇上烙下痕迹时……你会感觉到一阵恐怖。现在的你，无论到了何处，总能迷倒众生。但这样的好事岂能永久？……你有着美丽俊俏的脸庞，格雷先生。不要皱眉。你当之无愧。美也是一种天赋——事实上，美超越了天赋，因为美无须解释。美是显而易见的事实，就像阳光，或和煦的春日……你笑了？啊！当你失去美貌时，你就笑不出来了……你只有几年的时间可以活得如此真实、完美与充实。

——亨利·沃顿爵士（Sir Henry Wotton），

《道林·格雷的画像》（*The Picture of Dorian Gray*）

奥斯卡·王尔德（Oscar Wilde），1890 年

奥斯卡·王尔德显然了解老年的心理，但他不可能知道老化的分子科学，因为他的时代这一学科的面纱还未被揭开。

我们为什么会老化？不是因为时间嫉恨青春，而是我们的肉体在分子层次上进行自我摧毁。

细胞逐一生锈

每个人都知道自己会老,但很少有人真的知道老化是怎么发生的。这个主题引发研究者浓厚的兴趣,许多人的研究基础是一般人熟知的自由基衰老学说。该理论认为,老化的原因是身体产生了氧自由基,也可称为一种氧化剂。当动物消化食物时,身体将食物分解成分子,然后送进细胞内部。吃一块全麦面包,身体会将其分解成葡萄糖,然后再结合成葡萄糖的分子链。一旦进入细胞,分子就被线粒体代谢为可用的能量。线粒体是一种像细菌的细胞器,通过生化反应,它能产生分子,成为身体主要的能量来源。这个转换过程需要氧将能量从葡萄糖中释放出来,才能供细胞使用。葡萄糖与氧作用之后,产生了能量、二氧化碳与水。能量驱动身体,二氧化碳借由呼吸排出,水则扮演着不同角色,几乎可以支持身体的每一种功能。绝大多数的氧结合成水,但有些氧分子则并非如此。这些氧分子在代谢过程中溢出,成为具有破坏性的氧自由基。南加州大学戴维斯分校老年病学与生物学教授凯莱布·芬奇(Caleb Finch)——曾与罗伯特·里克莱夫斯(Robert Ricklefs)合著深具影响力的作品《老化:一段自然史》(Aging: A Natural History),他描述自由基是一种"化学火花",因为它们将分子中的电子与原子撕裂开来。而这个过程会产生更多的自由基,于是开启了连锁反应,并且产生更多的氧化剂(身体中每个细胞最多能产生一兆的氧化剂)并进一步削弱更多的分子。史蒂文·奥斯塔德(Steven Austad)曾与芬奇合作,他将这段过程比拟为生锈。正如铁钉暴露在氧气中生锈变弱,当氧自由基逐一摧毁动物 DNA 并且造成细胞死亡时,人就开始老化并且走向衰竭。[1]

我们的细胞会产生抗氧化剂，来对抗自由基持续攻击下造成的损害，但我们的细胞无法防堵所有的损害。就连每天的活动都会为自由基的活动添加柴火，并且让身体抹除自由基的尝试变得更加困难，从而加速自由基的摧毁工作。以吸烟为例。一根烟可以将自由基的暴风吹进血流之中。嗜吃甜食、饮食过量、放射线治疗、感冒、流行性感冒与其他的传染疾病、许多常见的污染与某些药物，这些都会刺激自由基的产生。身体与情感的压力也有相同的效果。[2]

不过，自由基假说并不能作为老化的最终解释。自由基不光只是耗损我们，它也能保护我们，而且功能不可小觑。自由基是免疫系统对感染的一种反应，它能不断攻击与去除入侵人体的外来微生物。然而，当自由基持续进行攻击时，它也连带伤害了健康的细胞。因此，这项假说终究只是描述了一项身体功能，它就跟造成细胞死亡的其他原因一样，只是在偶然间产生致命的影响。

伊莉莎白·布莱克本（Elizabeth Blackburn）与她在加州大学旧金山分校的同事发现，高度的压力会破坏"端粒"（telomere）。端粒是 DNA 蛋白复合体，可以保持染色体的完整性。每当细胞分裂一次，端粒就会萎缩一点。最后，端粒会短到无法含有足够的 DNA，而细胞也就无法复制。不同的细胞有不同的寿命，它们的端粒萎缩的速率也不同。有一种称为"端粒酶"（telomerase）的酵素，这项酵素的发现使布莱克本与卡萝尔·格雷德（Carol W. Greider）及杰克·索斯塔克（Jack W. Szostak）共同获得 2009 年诺贝尔生理学或医学奖。端粒酶设定了端粒衰退的步调，从而决定了细胞生命与组织健康衰老的步调。

氧化的压力，也就是当自由基处于超速驱动的状态时，会使端粒缩短。布莱克本观察有心理压力的病人，发现他们的端粒缩短到相当危险的地步。她也将压力与端粒的长度以及一些疾病如心脏病配合在一起。由于到目前为止，研究的对象只有心理压力而不包括生理压力，布莱克本怀疑，压力本身可能会使人减少数年的寿命。

我们所有人都受制于细胞产生的累积变化，随着年龄增长，我们的身体越是虚弱。我们不断与入侵身体的外来者对抗，而且取得成果不一的胜利。猛烈的攻击与意外、身体耗损、情感创伤，以及我们阴暗的心理倾向，都会在累积一段时间后击倒我们。年轻人在荷尔蒙的驱动下显得朝气蓬勃，青少年与二十几岁的青年通过从事冒着生命危险的活动获得乐趣，不管是在车上、酒吧里、床上还是在住家附近。在生命的另一端，引力成为老人致命的敌人。坚硬的地板是世界上最危险的地方。而且每个环境都构成威胁。我们出生在现代公共卫生与医疗进步的时代里，光是这点就有很大的影响，尽管如此，我们的细胞每天都在死亡。而且，虽然存在许多个别差异，但每个人老化的过程仍具有一般性，通观整个世界都是如此。

每十年可以老化多少？

我们不仅从身体内部，而且也在外在环境影响下开始老化。接下来让我们仔细观察，衰老是怎样一步步真实地出现。以下约略以十年为期进行描述，追踪人们在时光流逝下，"倾向于"出现什么变化；但并非每个人都会出现相同的变化，而且变化的时间也不一定完全一样。大多数人年过六十时，身体的状况还算不错，但大多数并不代表全部。成年以后，认知能力的衰退是一段持续的过程，但对有些人来说非常缓慢，有些人则相当快速。以下有许多常见状况可以轻易处理，但也有不少状况难以恢复原状。有些退化是各自独立的事件，我们可以在解决之后继续前进。但其他的退化，例如免疫功能的混乱以及像代谢症状这类疾病（包括糖尿病），则会引发多种并发症，而这些疾病往往彼此混杂结合。

接下来我们不妨了解一下。

三十几岁时:

- 变得更容易拉伤肌肉与扭伤肌腱。需要快速活动的运动,可能让你突然听见腿部啪的一声;或者让你在旋转之后,看到的不是篮筐,而是地板。
- 发现代谢速度变慢。我们变得更难保持苗条。对男性而言,肚子很容易变大,因为身体开始堆积脂肪与失去肌肉。
- 丧失肌肉的质量与强度。对大多数人来说,这种衰退需要好些年的时间,但对于从事重劳动工作或有密集身体活动习惯的人来说,他们会发现自己开始比不上年轻人。职业足球员与田径选手需要强度与速度,他们通常到了 30 岁就准备退休,因为他们在肌肉强度上的自然衰退,使得精力不再充沛。
- 有了新的理由避免多糖的饮食与单一碳水化合物:罹患糖尿病的风险越来越高,即使对于未超重的人也是如此。
- 已经过了脑力的高峰期,这段高峰期通常是在二十头的时候。心智能力的衰退从 27 岁左右开始,不过是渐进的。最快的(但仍然相当慢)衰退会影响我们的前额叶或颞叶的大脑皮质,这两个部位控制我们的执行功能,包括我们的判断、计划与策略思考能力。到了三十几岁时,我们的情景记忆(记得我们人生中发生的种种情景的能力)开始缓慢衰退。在往后的 30—50 年,这种能力的丧失将会影响我们处理信息的方式。从好的角度来看,我们的确持续获取信息,而大脑功能的转变实际上会增加我们筛选信息与获取"成熟"视角的能力。我们开始进入癌症罹患率每十年不断升高的人生阶段,直到 75 岁为止,届时罹患率将趋于稳定。年老是罹癌的一项风险要素,每过一天,概率就变高一些。往后的人生,每天的对话与朋友的消息，都会让人觉得我们活在一个不断恶化的癌症大爆发中。美国国家老龄化研究所的资料有助于解释其中原因。到了35岁时，每10万名美国人有90人罹癌；到了40岁时，每10万名有206人罹癌；到了55岁，数字跳到574人；到了65岁，攀升到1301人；到了75岁时，每10万人有2234人罹患癌症。

• 开始觉得周围的男性越来越少。男性人口从这个时期开始减少。各个年龄层的男性都比较容易罹患疾病，而且一旦得病，病情也较为严重。男性比较可能遭遇严重的暴力攻击而死亡。男性进入二十几岁之后，同年龄的女性数量开始超越男性。两者数量的落差将随着时间而逐渐扩大，主要是由于男性在身体、认知与情感上受到的伤害较为严重。男性年轻的时候可能死于车祸；年老的时候，男性因髋关节骨折致死的概率远高于女性。

四十几岁时：

• 变得比较容易罹患三种常见的眼疾：白内障、青光眼与老年视网膜黄斑病变。（稍后详述。）

• 很容易感到疲倦。这可能是身体欠缺活动或不良饮食的结果（或者反过来，疲倦是造成身体欠缺活动的原因），也可能是体内荷尔蒙分泌的改变（例如更年期与男性更年期）而让我们疲倦。疲劳可能是更严重疾病的前兆。疲劳最近才成为密集研究的焦点，但目前仍无量度疲劳的标准。根据某种基准，38岁以上的人有5%—20%被疲倦困扰，女性的人数是男性的两倍。

• 开始四处寻找好的理疗师与外科医生。到了40岁，我们的关节更容易受伤，特别是肩膀、手腕、膝盖与脚踝。一旦我们年届四十，关节手术的数量就开始大增。

• 开始帮我们的旧裤子重新缝制折边。时间每十年就会让我们的身高缩短 2.5 厘米。英国研究人员发现，四五十岁身高减少 3.6 厘米以上的男性，在未来二十年内死亡的概率，是同时间身高减少 1.27 厘米以内的男性的 6.45 倍。

• 觉得自己的关节变僵硬。有些人开始罹患关节炎。

• 开始看见白发，或者是希望有头发。有些人的头发开始斑白，另一些人的头发则开始退休。一边脱发的同时，剩余的头发也开始变白。面对这种状况，你也只能坦然接受。

• 看见眼袋日渐明显。浮肿是皮肤普遍而快速地失去弹性、青春色泽与组织的结果。之所以如此，部分归咎于我们的淋巴结。当我们年过四十，淋巴系统逐渐失去排毒的能力。当淋巴结功能不彰时，我们就开始"浮肿"。

• 出现看起来不是那么可爱的酒窝。那其实是脂肪团。男性与女性的皮下脂肪细胞，开始在皮肤上留下涟漪状的橘皮组织。对女性而言，这种变化最常出现在臀部与大腿；对男性来说，脂肪团可能散布在脖子与腹部。

• 身上可能出现的重大变化是性特征。以女性来说，这段过程始于更年期的出现，实际的更年期最常开始于 50 岁左右。女性对更年期有各种不同的体验，生殖能力与月经的消失只是最普遍的一项特征。某些族群的女性，会在更年期出现较严重的生理与心理影响。非裔美国女性觉得更年期对她们的健康与心理状况影响特别大，但中国与日本女性似乎对更年期没有那么强的感受。加州大学洛杉矶分校研究人员发现，处于更年期的女性，大约有半数出现记忆与学习能力衰退的现象，然而一旦过了更年期，她们的认知功能又回复了。[①] 女性

[①] 荷兰伊拉斯谟医学中心（Erasmus Medical Center）的最新研究成果显示，较早进入更年期的女性，例如 45 岁左右，比较有可能提早出现阿尔茨海默症，死亡的可能性也增大。

在经历这段"巨变"时,热潮红、盗汗、失眠与易怒是普遍但暂时的不适现象。持续比较久的问题是体重增加、身高减少、胆固醇攀高与骨质疏松。许多女性会出现名称听来相当恐怖的"阴道萎缩"现象,这是因为雌激素的减少导致阴道壁变薄,失去湿润感,而且出现发炎红肿。这种情况下,难怪性生活会受到影响。性交变得令人不适,甚至造成疼痛、流血。性高潮变得微弱、难以捉摸,或者觉得没什么不同。对激情与浪漫的追求也变得不那么热切。2009年,一项由产业支持的调查,访问了2500名正处于或已经历更年期的美国女性,结果发现每十名女性有将近七名表示,她们的症状对于个人的健康与幸福产生负面影响;十名中有六名表示,更年期伤害了她们的性生活;而大约有半数提到,更年期会对重要的人际关系产生不利的结果。这些女性表示,性生活的变化是最令她们惊讶的。然而,有些女性正面看待这种转变;许多女性发现,经历更年期使她们在性方面更解放。

男性也因性荷尔蒙的减少而出现问题。睾丸激素减少对男性的影响,通常称为"男性更年期"(male menopause)。然而考虑到"menopause"这个字源自希腊文,意思是指女性停经,不免让人觉得男性更年期这个词相当荒谬。近来,人们改用"andropause"(较佳的希腊文用法)与"man-o-pause"这两个词,来描述男性所经历、类似女性更年期的转变。男性终其一生都会不断地分泌睾丸激素。睾丸激素在青春期开始大量分泌,到了接近20岁时达到巅峰。这样的巅峰水平可以维持二三十年,然后到了40岁左右,睾丸激素分泌的水平开始以每年1%的速度下降。即使整体的水平仍高,但老人身上可用的"自由"睾丸激素将会减少,而不可用的、与蛋白质结合的睾丸激素仍维持高浓度。这使得测试睾丸激素浓度成了一件困难的任务,因为光是浓度本身,无法显示身体如何使用荷尔蒙。而睾丸激素的这项特性,也让男性更年期成为争议来源。一个令人混乱的因素是，男性更年期的肇因不光只是睾丸激素而已，还有其他荷尔蒙的浓度也会造成影响。大部分（虽然不是全部）的男性都必须面临睾丸激素减少所带来的影响。有些男性即使到了老年，也不觉得性荷尔蒙的改变对他们造成影响。男性更年期的展开也比女性更年期缓慢得多。40岁以后，男性开始肌肉减少、骨质疏松（通常会让他们变矮），而他们的红细胞数量也会变少。安大略皇后大学泌尿科教授杰里米·希顿（Jeremy P. W. Heaton）医生引用了六项男性荷尔蒙减少的临床变化：性欲降低、勃起不全、智力降低、肌肉减少、体毛与皮肤出现变化、腹部的内脏脂肪增加，提高了糖尿病、高血压、心脏病与中风的风险。调查对象是二十几岁到七十几岁的男性，结果发现，五十几岁的男性会对于勃起不全与射精量减少感到沮丧。然而，尽管荷尔蒙的浓度下降，男性产生的睾丸激素仍足以对老龄化的身体造成损害；原本可以产生力量与繁殖能力的物质，现在却成为引发老年疾病如心脏病与癌症的因素之一。

五十几岁时：

• 我们更容易受到最具影响力的风险因素威胁：高血压，高血糖，高胆固醇，体重过重，过度饮酒、抽烟（一直都是），心脏异常与未婚（对男性而言）。近来对5000名以上夏威夷男性进行的调查显示，没有这些风险因素的男性，活过85岁的机会是拥有六项以上风险因素的男性的六倍。

• 更容易骨折。与一般人想法不同的是，不只是女性才有骨折的风险。

• 考虑换个新关节。类风湿性关节炎与退化性关节炎开始让许多人痛苦不堪。每五人就有一人罹患风湿病。往后十年，大多数人会开始使用类固醇、止痛药或干脆置换关节,来减轻手、手臂、腿、脖子与背的剧痛。

• 牙龈开始后缩,越来越容易蛀牙,可能出现牙周病。我们也越来越容易掉牙。

• 无法留住水分,身体变得比较干,流的汗变少,体温容易升高。

• 体重不易增加,尤其很难增加肌肉与无脂肪组织。

• 嗅觉与味觉不像过去那么敏锐。

• 更有可能罹患心脏病。更年期以后的女性,原本雌激素可以降低心脏病的罹患率,现在雌激素的减少使她们成为新的高风险群。

• 肚子越来越大(女性),因为我们的身体重新分配脂肪,而且肌肉也不断减少。如果我们吸烟,我们会提早老化,而对肺脏的损害也会让人减少约十年的平均寿命。此外,吸毒与酗酒也使我们丧失对抗压力的能力。美国心脏协会(American Heart Association)的报告指出,"中年与年纪更大的大麻吸食者,会增加罹患心脏病的风险,尤其在吸食后的一小时内,概率会提高 4.5 倍以上"。长期酗酒者将加速与提早老化,即使他们现在戒酒也无法改变这项事实。严重酗酒的人很容易出现身体退化的现象,而身体退化又进一步加速老化。他们的运动神经严重受创,步履蹒跚且平衡感失调,一旦跌倒就有可能致命。

• 开始出现骨质疏松的现象,女性尤其严重。在发现骨质疏松后数十年的时间,这种情况只会更加恶化,骨头也会变得容易碎裂。女性骨质疏松的问题比男性严重。

• 开始忘东忘西。我们"知道"的字,嘴巴却说不出来。我们忘了自己要做的工作,就连前一天发生的事也想不起来。之所以如此,原因之一在于,位于大脑中央主管记忆的海马体(阿尔茨海默症造成病变之处)开始萎缩。[3]

- 许多人的眼睛开始出现问题。白内障是造成眼盲的主因，但现今的手术已能有效解决白内障问题。青光眼也会造成眼盲，但重要性尚不及老年视网膜黄斑病变。在关节炎/风湿病与心脏病之后，视觉的丧失最有可能影响70岁以上老人的日常活动。

- 开始成为退化性关节炎的高风险群，退化性关节炎是世界上最常见的关节疾病。它最可能出现在膝盖、臀部与手的小关节上。以全球来说，它几乎影响了全球50岁以上人口的四分之一。体重过重的人在年老时尤其可能罹患这种疾病。退化性关节炎使美国65岁以上人口有一半以上饱受疼痛之苦与不良于行，但在中国香港，70岁以上人口却只有三分之一有相同的困扰，原因至今不明。

- 只要是男性，在坐着的时候总是担心自己是否得了癌症。当我们五十几岁时，我们的前列腺有可能肥大。十名男性有九名在50岁之后会出现良性的前列腺肥大。在影响排尿的同时，却又造成尿频。不仅麻烦，也让人痛苦。人们会祈求自己不是得了癌症，但最好的方法还是去检查一下。前列腺癌是男人最常见的癌症。男性早期接受诊断，预后通常良好，但许多男性却太晚去检查。还有一些人没有出现早期症状，因此未去就医。结果：前列腺癌也是男性最大的杀手之一。

六十几岁时：

- 我们担心我们的心脏。年龄是心脏病的头号风险因素，而心脏病是世界第一杀手。在发达国家，心脏病是主要死因，但在低收入与中等收入国家，八成的死因都是心血管疾病。在美国，65岁以上人口有83%死于冠状动脉疾病。以全球来说，接近三成的死因是心血管疾病。现在已有8000万名美国人患有心血管疾病，其中包括中风。有些人的病情处于高度可控制状态，有些人则极度衰弱。

- 如果是男性，则前列腺还会继续肥大。受前列腺肥大之苦的男性比例逐年提升，这种病影响男性夜间的睡眠，也让他们每天上厕所的次数极为频繁。

- 开始感觉到皮肤的变化。皮肤变得比较薄，而且失去一定的屏障功能，既无法保湿，又无法防止外物入侵。皮肤就像身体其他部位一样，痊愈的速度越来越慢，对化学物质（包括药物）也越来越敏感。开始出现老人斑，而皮肤对癌症的抵抗力也逐渐减弱。

- 我们的鼻子与耳朵看起来好像变大了，部分是因为环绕在鼻子与耳朵周围的脂肪减少了。

- 丧失了一定程度调节体温的能力，而且比以前更容易感觉寒冷或是中暑。

- 成为癌症的高危人群。如果自己未罹患癌症，那么几乎可以确定朋友或家人有人得癌症。根据美国国家癌症研究中心（U.S. National Cancer Institute）统计，美国65岁以上人口占了癌症病患的六成；死于癌症的人当中，65岁以上人口占了七成。国家癌症研究中心表示："65岁以上人口经年龄调整后的癌症发生率，要比65岁以下人口高出十倍……65岁以上因癌症死亡的人口，有三分之二到四分之三罹患下列癌症：胰腺癌、胃癌、直肠癌、肺癌、白血病、非霍奇金淋巴瘤（non-Hodgkin's lymphoma）、肝癌、肾癌与卵巢癌。因癌症死亡的人口中，75%以上是泌尿系统癌症、结肠癌与子宫体癌。乳癌通常被认为是更年期之前的妇女常见的疾病，其实有一半的病例是65岁以上的女性。前列腺癌的死亡率独树一格，92%的死亡病例发生在65岁以上的男性身上。将近五成的脑癌死亡病患与六成的头部与颈部癌症死亡病患是65岁以上的老人。"[4] 特别糟糕的生活方式，当初也许乐得逍遥，现在却带来极大的伤害。肺癌开始大量夺走六十几岁人口的生命，主要是因为经过长年累积的吸烟量之后，造成的损害终于超过了临界点。

• 可能会逐渐丧失听觉。耳朵与大脑辨识声音的能力，这两项机制通常会随年龄而退化。听力损失最常见的形式是"老年听力衰退"，不仅影响耳朵，也减损了聆听各种声音的能力。65岁以上人口有四成患有听力衰退的问题，85岁以上则有八成。男性衰退的速度是女性的两倍。

• 走路的速度逐渐变慢。健康老人正常的走路速度大约比年轻人慢五分之一。老人步行的距离不会因年老而有太大的变化，但他们的步伐会缩小。他们手臂的摆幅变小；髋关节、膝盖与脚踝延伸的距离也会缩短；脚步看起来像是有扁平足似的。在城镇中行走、在红绿灯转换信号前穿越马路、在横冲直撞的城市生活里左闪右躲，这些都对老人造成挑战，同时也限制了老人掌控日常生活的能力，特别是那些听力与视力都已经恶化的老人，恐怕生活更难以自理。

• 先前提过，老人要面对地心引力带来的危险。根据克里夫兰医疗中心的研究，跌倒是造成老人致命与非致命伤害的主因。在美国，每年有三分之一的65岁以上人口出现严重摔伤，通常地点是在家中。英国广播公司（BBC）报道，英国人在家中跌倒死亡的人数比车祸死亡的人数还多。英国每年有两千名老人在家中跌倒死亡，有30万人因此受伤。年老妇女的风险最高。跌倒关系着各种健康状况。因跌倒而受伤，将使老人陷入社会孤立，他的健康将因此快速恶化。因跌倒而摔断髋关节的老人，有三分之一在一年内死亡。对跌倒的恐惧也构成一项严重问题，它减损了老人独立生活的能力。

七十几岁时：

• 我们遗忘更多事物，而且处理信息的速度也变慢。人不免记忆会出错，而且我们有解决与弥补这类错误的好方法。然而，如果你担心自己可能罹患阿尔茨海默症，现在已有新的测试方式，可以明确判定你现在是否已经得了阿尔茨海默症，或未来十年是否将罹患阿尔茨海默症。更能将经验与学识融合成自身独到的见解，而且也更能专注于正面的情感上。与此同时，也出现了几种老化现象，包括荷尔蒙的变化与认知能力的衰退，这些可能导致抑郁症。

• 控制排泄的能力逐渐降低。膀胱壁变得较无弹性，因而降低了原先可以储存的尿量。我们的膀胱肌肉变得无力，因此越来越难清空膀胱内的尿液，进而导致尿失禁。65岁以上的老人，十人有一人有膀胱控制的问题。以女性而言，膀胱还会下垂或移位，严重时会堵塞尿道而难以排尿。以男性来说，肥大的前列腺可能会堵塞尿道。肾功能开始减退，意味着过滤血液的速度变慢。这使人变得更容易受到毒素伤害，也更难承受各种药物治疗。

• 逐渐丧失感官能力。到了七十几岁，我们的视觉与听觉逐渐退化到足以影响生活的地步。70岁以上的老人，六人有一人视觉有严重问题，到了八十几岁，这个比例会增加一倍。70岁以上的老人，四人有一人听觉有障碍。听觉丧失的人当中，有三分之一可以利用助听器来缓解问题。行动开始不便。70岁以上的老人，十人中超过七人难以保持平衡，而三人中大约有一人双脚已失去知觉，造成步行困难。

八十几岁时：

• 如果我们还活着，有些身体较不健康的人从五十几岁、六十几岁与七十几岁开始染上的疾病，此时也纷纷找上门来。此外，我们越来越可能罹患阿尔茨海默症。从65岁开始，每过一年，罹患阿尔茨海默症的机会就提升一倍。85岁以上的老人，有一半的机会罹患阿尔茨海默症。[5]

• 皮下脂肪的流失，使我们的皮肤变薄、下垂与容易瘀青。流失大量身体脂肪的老人，会觉得自己的皮肤直接挂在骨头上。

九十几岁时：

• 我们几乎比所有同年出生的人都要长寿。活到这个年纪的人，每年去世的比例不断上升，但就某方面来看，九十几岁的我们往往比许多朋友在八十几岁时还要健康。这个岁数的人对于疾病通常有着惊人的抵抗力。

如果我们活到100岁，或许会对于自己居然还活着感到惊讶；更令人惊讶的是，活到100岁的人还不在少数。

医生眼中看到什么？

从前面这段以十年为期、依次进行的描述中，我们可以看出衰老是相当无情的。不过，我们当中有些人似乎衰老得较快，有些人则较慢。究竟哪些人会比较年轻？哪些人会特别苍老？我们每个人心里都有一把尺，随时可以拿来衡量。首先，我们从外表来判断，然后我们聆听与嗅闻。我们的感官对于衰老的特征非常敏锐，有些可以当下立判，如发线、弯腰驼背、一口烂牙、皮肤与嘴巴散发的怪味，这些都不会给人正面的印象。尽管善意的说法提醒我们这些判断不可取，但我们几乎不可避免会做出迅速而肤浅的判断，更甭提有些想法是根深蒂固难以动摇的。只要读读本章一开始引用的《道林·格雷的画像》中王尔德笔下那位纵情享乐的亨利爵士告诉主人公的话，"只有肤浅的人才不会以貌取人"。

他是对的。问问专门治疗老人的医生，他们主要还是靠双眼来判断,当然,他们拥有的是充满信息的双眼。我约了一名从事老年医学的朋友到芝加哥湖边小区散步,这里住着许多年老的退休人士。当我们走在人行道上时,我请他说说他的看法。

"我看到很多潜在的病人,"他微笑说道,"当他们擦身而过时,我总忍不住观察他们。"

一名穿着时髦的老妇人兴致勃勃地朝着一群朋友走去,那群人看到她时似乎非常兴奋。

"那名苗条而健康的七十多岁的老太太,应该还能健康活个二十年,"他一边看着她一边说着,"像她这种活跃、动作灵活、充满朝气,而且有很多朋友的女性,几乎满足了长寿的所有条件,而且从她的外表来看,几乎不具有她这个年龄可能出现的致命风险。"

继续沿着这条街望去,他看到了令人不安的景象。那是一名男性,光是他的性别就足以构成老年的警讯。

"那个人有早期阿尔茨海默症的征兆。"

最明显的特征是,他颤颤巍巍地拿着一本笔记本,脸上的微笑颇不自然。"他的家人最好尽早带他来我这里诊治。如果早点治疗,至少可以减缓衰退的过程,但不会像药厂宣传的那么有效。"

不过我的医生朋友随后又更正了说法,这名男性的问题可能出在,他因为其他疾病而服用太多药物,鸡尾酒疗法使他陷入混乱。

"我们看到的每个病人,几乎都有药物的并发症。数百万老人出现这些现象,有时可能致命。有时候这些并发症会让病人走路的样子看起来相当可笑,或做出自己也无法理解的行为,因此使医生以为他们得了阿尔茨海默症。于是导致更多的治疗与更多的药物,当然也就出现更多的问题。如果我让一名同时服用 15 种药物的病人少服八种药物,他也许就不会让人以为他有失智的问题。他的医生想让他免于衰老的摧残,却反而让他提早衰老。"

第四章 我们如何不断地走向衰老?

我们继续往前走，看到了一个家庭，60多岁的女儿推着坐在轮椅上的老父亲，他看起来85岁左右。两名成年的孙子女也跟在一旁散步。女儿表情丰富地说话，虽然她的父亲驼着背，使用氧气筒呼吸，氧气罩还罩在鼻子上，但他仍专心聆听而且点头称是。

这名女儿可以让他的父亲多活几个月或几年，我的医生朋友说。无论如何，有社交关系的人较健康，而且认知能力也能维持比较久。他也提供了某种民间建议，并认为这在临床上是禁得起验证的。"如果你想活得久一点，"他说，"找个会孝顺父母的另一半。"

就在前面，出现了类似的场景。一名身形娇小的大约90岁的老太太坐在轮椅上，她的双眼专注直视前方，但眼神空洞。推轮椅的是一名打扮合宜的女性，看起来55岁左右，可能来自东欧。芝加哥地区是前苏联国家数十万移民的移居地，而她们参与美国经济的方式通常是担任看护。这名稍微年轻一点的女性有着一头褪色的头发，深色而高耸的眉毛显然是用眉笔画出来的。她的脖子上挂着两圈珍珠项链，手指上则有好几枚闪亮但略嫌陈旧的戒指。看护对着老妇人说话，而且不时轻拍她的身体。

"人们为了得到照护，往往会做出各种交易，"我的朋友说，"我在猜，她身上的项链、戒指会是谁的。"

眼睛透露一切

想了解自己如何衰老，其中一个方法是特别留意我们眼睛的变化。眼科医生说，几乎每个人到了43岁左右，就需要某种辅助器具来阅读书本与报章杂志，以及其他需要详细观察的工作。眼镜可以协助使用者克服因老化而逐渐无力的肌肉。艾奥瓦大学眼科医学教授，同时也是世界知名的黄斑病变专家詹姆斯·福克（James

Folk）医生表示：“你的眼睛通过收缩与放松水晶体，而能聚焦于不同距离的物体上。我们之所以必须开始戴上老花眼镜，原因在于我们逐渐丧失'调节'的能力。你的眼睛里有一种名叫'睫状肌'的肌肉，它收缩时可让眼睛的水晶体增厚，因而能看清近处的物体。逐渐地，睫状肌失去了收缩的能力。你因此出现老花眼，需要老花眼镜。"[①]

福克相信，这种变化与整体肌肉强度减弱有关。"也许相同的理由也能用来解释，篮球运动员为什么到了40岁就不容易灌篮。"然而，福克说，眼睛的肌肉与运动员的肌肉和技巧不同，再多的运动或技巧都无法改善眼睛肌肉的退化，因此我们的眼睛注定很难看清近处的东西。

"没有证据显示，从年轻时开始调整力道或留意使用眼睛的方式，就能对视力有所影响。猴子和人类一样，有着相同的退化现象。人们总以为年轻猴子帮老猴子整理毛发，但老猴子却不帮年轻猴子整理毛发，是因为整理毛发是表示尊敬的行为。但现在看来只是因为老猴子挑不出小东西，例如虱子。老猴子需要老花眼镜。"

福克说，眼睛最能反映身体衰老的过程。"人们可以尽可能过着健康的生活方式，例如不吸烟、避免累积腹部脂肪、食用大量鱼油与其他抗氧化食物、运动、以牙线洁牙，但这些仍无法完全控制眼睛的老化。"福克解释说，衰老不一定会让你有个糟糕的心脏与双眼。与癌症和心脏病一样，眼疾的产生混杂着遗传与环境的因子，我们很难厘清是哪种原因引发疾患。"如果你有好的基因、好的环境，而且你也运动与保持好的生活习惯，那么你很可能有很

[①] 睫状肌收缩会使让眼睛水晶体保持原位的小带纤维放松。小带纤维放松，会使水晶体增厚，眼睛因而能够看清近物。

长一段时间拥有绝佳的视力；相反的状况亦然：如果你的基因不佳、居住环境恶劣，而且你吸烟、只吃培根煎蛋、总是躺在长沙发上，你可能会罹患心脏病与糖尿病，然后在50岁或55岁眼睛也出毛病。绝大多数人不会这么极端。我们有好的基因，也有不好的基因。有些人即使勤于跑步多吃蔬菜，却还是在50岁得了心脏病。我们只能说这些人的基因不佳。"

福克也提到发炎（发炎也会引发其他的老年疾病）与眼睛健康不佳的关联性。他说："如果你通过显微镜观察黄斑部病变，你会发现发炎的症状，而发炎会影响眼睛细胞的生命周期。"他建议的预防方法，与其他医生建议人们减少潜在中风或心脏病危险的做法是一样的：一天服用一颗阿司匹林。

身体的耗损是从基因的层次上开始的，而这种耗损也改变了人们的视力。修复的机制并不完善。人们大概是从60岁开始罹患白内障，也就是眼睛水晶体出现混浊的现象。白内障是老龄化的自然结果，大多数人到了快90岁时会出现这种现象。白内障的成因，部分源于眼睛的蛋白质暴露在阳光下遭破坏所致。但根本的原因仍未获充分说明。其中一项原因可能是，当阳光损坏健康的蛋白质时，其他的蛋白质会移入修复损害，但时间一久就留下了蛋白质的残余碎片，最终使水晶体变得混浊。

即使身体努力修复自身，仍不免造成耗损。"老化过程与你将自己的DNA复制了几次有关，每当你复制DNA并且开始形成一个新的分子时，就会出现某种DNA交互连接的现象，因而形成不可逆的结果。还记得名叫多莉（Dolly）的那只克隆羊吗？它是由已经复制过的老细胞复制出来的。多莉只活了六年左右，这显示它在出生时大约已是中年，因为它拥有的是老DNA。我认为，所有在身体与眼睛发生的老化现象，全是耗损、发炎与修复时产生副作用蛋白质的结果。如此可以合理解释,为什么人会在60岁时得白内障。如果你拥有糟糕透顶的基因,你可能40岁就得白内障;如果你有绝佳的基因,你可能到90岁才有这种问题。"

福克又说:"当人们衰老时,身体各个部位都会失去细胞,可能在肺脏,也可能在脑部。视网膜亦然。一般而言,老人的视力不如年轻人那么好,因为老人失去了一些视锥细胞与视杆细胞。但如果人们到了七十几岁仍没有罹患疾病(而且戴着眼镜)的话,大多数人还是能拥有较好的视力。"

福克从自己的执业经验中看到,绝大多数人要到70岁或75岁之后,才会"真的开始(快速)衰老"。"他们维持着良好的身体状况,能做许多自己想做的事,但到了75岁左右,他们的身体似乎开始崩解。"

有一种疾病会破坏视力,它是自然老化的典型现象,这种疾病就是视网膜黄斑病变,而它也是福克主要的研究焦点。人们一般都是在六十几岁时罹患视网膜黄斑病变,不过也有极少数人在更年轻的时候就出现问题。60岁到70岁的人当中,每20人就有一人出现视网膜黄斑病变。而且罹患的概率会随年龄而增加。到了八十几岁时,每四人就有一人出现视网膜黄斑病变。最后,只要活得够久,就一定会得这种病。黄斑病变使人无法看清楚正前方的事物,只剩下有限的周边视力。这种疾病有两种类型,湿性与干性,不过人们可能同时受到两种类型的影响。福克解释,湿性源自于视网膜细胞的"相继死亡"。人们生来就拥有多余的细胞,因此细胞的减损不足以影响患有黄斑病变的人的视力,然而一旦过了75岁,情况就有了变化。福克的实验室正在寻找引发视网膜黄斑病变的基因。目前已找到一些可能的选项,但福克说,与视网膜黄斑病变有关的基因非常多,有些会加快疾病发生,有些则会阻止疾病发生。

他怀疑，视网膜黄斑病变其实是"一群不同的疾病"，当人们还年轻的时候，其中一些疾病就已经发生。

视觉丧失改变了老化经验，但福克注意到，每个病人的反应就像光谱一样，从这个端点分布到另一个端点。"在光谱的这一端，人们努力对抗视觉丧失的影响。他们仍然相当活跃，拥有良好的支持系统，有很多朋友，而且使用视力辅助仪器。他们在一两年内就能有非常好的表现。他们告诉自己，'这实在糟透了，但我会接受这个事实。我可以使用电子放大机等器材来看报纸'。在光谱的另一端，有人将自己孤立起来，完全不做任何补救。这些人看着电子放大机，然后说：'不要，我不喜欢这种东西，而且我也不会用。'这些人很容易陷入忧郁。这些反应多半取决于他们平日的社会互动关系。也就是说，适应方式的不同，反映出他们是哪一种人。当他们走进房间时，你几乎可以看出他们会有什么反应，他们是否会接受自己遭遇的不幸，或者他们会孤立自己。"

眼睛也是其他老年问题的前哨站。福克发现，有些病人认为自己的眼睛生病，但这些人其实得的是其他老年疾病，是这些疾病影响了他们的视力。"女儿带着父亲来看病，后者一直抱怨自己的视力，结果他罹患的是阿尔茨海默症。"病人可能说自己无法看清时钟。福克做了简单的测试，他要求这个人用手指将指针拨成4点半。如果他磨蹭了半天就是做不到，那么你马上可以确定这个人不是视力出问题。神经疾病也会影响视力。"眼睛连接着大脑，所以你必须先确定视觉丧失的现象与中枢无关，并且留意患者是否有别的疾病，例如中风或肿瘤。"

除了影响视力的疾病外，正常的老化也会影响视力，从而影响人们的日常活动，无论是工作、外出还是居家。"视觉是最重要的感官，我们最常使用它，如果视力恶化，我们将越来越难取得信息。阅读报纸、开立支票（与其他日常任务）都会使大脑活跃，如果人们因视觉减退而无法从事这些事务，那么人们慢慢地就会越做越少了。"

福克因此建议："养成良好的生活习惯，尽可能维持自己的视力，这一点极为要紧。我母亲说得一点也没错，'用进废退'，确实是如此。"视力不良也会导致摔伤、创伤与忧郁。"视力不良的人最常抱怨的，就是他们无法认出谁在跟自己打招呼，因此叫不出对方的姓名。他们担心朋友会因此认为自己冷落了他们。他们也无法一边看着对方的脸部表情，一边跟对方说话；他们失去了视觉线索，完全无法融入情境。"

为了打破老年疾病的限制，人们需要社会互动，但老人常因感到羞耻而无法迈出这一步。老年人陷入寂寞与孤立，这是一种悲哀。[①]而寂寞与孤立又加快了老年疾病的发生。针对五十几岁自认为寂寞的人进行调查，结果发现这些人更有可能出现动脉狭窄的问题，严重的可能引发高血压。寂寞也可能造成身体的耗损，这点不令人意外，因为加重了一些炎症的程度，增加了人的压力水平。寂寞使罹患阿尔茨海默症的风险提高一倍。[6]寂寞的人比不寂寞的人死亡率要高。他们比较容易旧疾复发，包括心血管疾病、病毒感染、髋关节骨折与癌症。[7]寂寞与孤立也会改变我们的基因构造，因而造成不利的影响。

加州大学洛杉矶分校医学院研究员史蒂夫·科尔（Steve Cole）表示："社会孤立造成的生物影响可以深入我们最基本的内在过程，也就是我们的基因活动。"科尔的团队发现，长期处于寂寞状态的人，"他们免疫系统的基因表现具有特定的模式"。他们发现，这些寂寞的人的基因有过度表现的倾向，因而引发免疫系统的活化与发炎现象。[8]

---

① 2007 年，心理科学学会（Association for Psychological Science）提到，1985 年，一名美国人通常有三名知心好友，但到了 2004 年，接受调查的人声称一个知己也没有。对于快速老龄化的社会来说，这个数字的减少令人吃惊。

日常生活活动

前面描述每十年一期的老化过程,在解读时不应该僵硬地恪守时间的分界。老化是一种累积效果的动态混合,它不仅逐渐削弱人们的力量,也导致身体各方面机能的快速失调。用来衡量老人幸福指数的一项最广泛使用的标准是"日常生活活动"(Activities of Daily Living,ADLs),它涵盖了人们步行、上厕所、着装、沐浴、梳理打扮与饮食的能力。然而,在日常生活活动功能良好与充分参与生产活动之间,存在着某种差异。此外,成为劳动力、志愿者团体或忙碌家庭中的有价值成员,与只为维持个人生活而忙碌不休(尽管这种生活内容也丰富而充实),存在着更大的差异。人们也许无法再拿着工具与其他志愿者一起在萨拉索塔马戏团博物馆中雕刻旋转木马,但不表示你不能参与海滩上的打击乐团、担任委员会顾问,或参与家人及邻里的活动。

在老龄化的世界里,人们期盼老人工作与经济独立的时间能够更长,因此许多差异变得非常要紧。老人可以发挥何种水平的功能,对于那些已经过了传统退休年龄的人来说相当重要,他们其实需要而且希望继续工作下去。萎缩的家庭与过度延伸的政府,两者都必须支持老人的生活,因此老人的发展也与它们息息相关。此外,老人能否发挥功能也与退休金计划及税收脱不了关系。老人关系着国家的经济竞争力,特别是(例如在西班牙)在商业、政府、宗教组织与市民组织方面,老人的劳动力可以填补少子化所造成的创意与生产空缺。

明尼苏达大学老年中心主任,同时也是世界知名的老年医学专家罗伯特·凯恩(Robert L. Kane)医生表示:"老龄化与慢性疾病相伴而行。你的年纪越大,罹患的慢性疾病就越多。过去,你只要心脏病发,几乎就回天乏术。现在,你有75%的机会获救,但未来你可能遭遇充血性心脏衰竭。如果你中风获救,你可能身体虚弱而且丧失认知能力。如果你得了肾脏病,你可以靠洗肾维持,然后进行换肾。现在我们可以置换关节,但置换的人工关节绝不可能像原先的关节那么好用,而且每十到十五年,就必须再动一次置换手术。大多数人害怕的还是丧失认知能力。总而言之,人只要一老,坏事就跟着来。"

"老龄化的标准模式,是多重疾病彼此互动,"凯恩补充说,"觉得呼吸困难,是因为肺有问题。觉得走路有困难,是因为关节出问题。衡量老化的方式之一,是对压力的响应,以及回复原状的能力。人到了老年之后,事情会一件接着一件。老化不代表身体一定虚弱,但只要疾病持续发生,你一定会更虚弱、更有依赖性。届时你不仅无法控制自己的车子,连自己的肠子也管不了。"

凯恩说,平均而言,身体机能局限的清单会随着年龄增长而增加,但不会达到百分之百。80岁的老人,大约有六成在日常生活活动上会出现限制。然而,早在老人的日常生活活动受到限制之前,其他人已经在留意老人是否出现衰退与依赖的特征。

"六七十岁的人多半已经离开职场,有各种理由可以解释这种现象。"凯恩表示。一般认为,年老员工的成本较高。人们普遍相信年老员工比较不可靠,而且经常需要休假。然而,工作场所的数据却呈现出混杂的景象。一方面,这些数据只涵盖实际正在工作的人,而不包括那些被开除或自行辞职的人。①此外,有关年老员工的统计结果也很混杂。根据美国劳工统计局的数据显示,所有工人平均每年缺席的日数是八天左右,55岁到64岁的工人是12天,

---

① 根据乔治敦大学(Georgetown University)老龄化协会中心的统计,45岁到64岁罹患两种以上慢性病的人,有41%完全没有工作。

65岁以上是18天。但年老员工缺席的比例却比44岁以下的员工要低。这项信息显示，年老员工比较不愿意请假，但只要他们开始请假，就要面临难以迅速返回职场的挑战——可能是自己的健康出问题，或者是必须照顾别人。然而，最担心自己无法回到工作岗位的并不是年老员工，家中有子女的年轻员工压力才是最大的。

尽管如此，从认知能力的各项衡量标准来看，普遍被接受的看法是，人的能力开始急速衰退是从50岁左右开始。在充满挑战的职场，人们在变老过程中还能发挥多少功能，取决于他们刚开始进入职场时发挥了多少功能。在认知记忆的研究中，50岁的人一般来说优于80岁的人，但要对80岁的人的能力做出最佳预测，应该根据同一个人在50岁时的表现，而不是一群50岁与一群80岁的人之间的一般性差异。换句话说，随着时间流逝，一个人会比较像经过一段时间后的自己，而不是与他同一个年龄层的人。

凯恩举航空公司的飞行员为例。他担心，外表看似健康的老飞行员，是否有心脏病发的风险。"你必须以他们的技术来衡量，技术是可以检验的。如果他们的技术高超，那么让他们继续飞行才是有利的，只是旁边要跟着一名年轻的副驾驶员。"

凯恩说："这一点非常重要，我们不能把年龄当成数字。有些人的年龄是伪预测变量，它隐藏了许多有关这个人优秀还是拙劣的信息内容。统计上而言，某些人可能有很高的死亡风险，但实际上他们仍然相当能干且优秀。"

我们从西班牙的例子看到这点，而我们即将看到的另一个地方，它将出现更具戏剧性的例证。当一个社会正以百万计的数量沿着前述的分期逐渐老龄化，以及当这个国家被迫要与拥有大量年轻人的国家竞争时，剧烈的变迁于焉而生，强大的震撼将席卷这片土地与影响每一个人，特别是年轻人。

第五章
日本，消失的下一代

1963 年，日本百岁人口数：153 人

2007 年，日本百岁人口数：3.23 万人

预计到了 2050 年，日本百岁人口数：100 万人

日本 65 岁以上人口占总人口比例：21.5%

预计到了 2050 年，日本 65 岁以上人口占总人口比例：40%

预计从 2008 年到 2050 年，日本劳动力的衰退幅度：三分之一（从 6650 万人减少到 4200 万人）

预计到了 2050 年，日本人口将减少：4100 万人

目前在中国境内经营的日本公司数量：2 万家

东京是世界上老人最多的城市，我们几乎可以肯定地说，过去三百五十年来一直都是如此。17 世纪，也就是海军准将马修·佩里（Commodore Matthew Perry）逼迫日本门户开放之前的两百年，东京已是世上人口最多的大都会。当时东京的人口超过 100 万，大约是当时伦敦人口的两倍。今日，住在东京邻近地区的居民已达到 3550 万人，涵盖了日本全国四分之一以上的人口。东京

大都会的人口是世界其他大都会中心的两倍：墨西哥城、上海、孟买、圣保罗与纽约，这些城市各拥有约1800万居民。这是相当庞大的人口，但令人惊讶的是，这还比不上日本即将消失的人口。

2005年，日本成为第一个不是因战争或疾病而人口开始减少的现代工业国家。[1]日本政策研究所（隶属于日本中央政府的智库）的藤正岩预测，到了2050年，日本将减少4100万居民，实际上等于回到1950年以前的人口水平。

日本人口老龄化的速度和人口减少的数量一样吓人。日本有21.5%的人口超过65岁，10%超过70岁，它与意大利、西班牙、韩国及中国台湾构成世界上最老的国家与地区群。到了2050年，日本8500万人口将有四成超过65岁。[2]

想象走在2050年的东京街头。学龄儿童、办公室员工与工厂工人都待在各自岗位上，看不见他们的人影。至于商店里、人行道上乃至开车的人全是两代退休人士：六七十岁与八十出头属于比较年轻的退休族群；另外则是更老的一代，他们是人数快速增加的85岁以上且即将迈入百岁的退休者。即使在周末，他们也占据整个街景，因为他们的数量远超过这个国家的年轻人。

未来，老人会活得比今日更久，而且或许会比今日同年龄的老人活得更健康。虽然日本人现在是世上最长寿的民族之一，但流行病学家指出，过去许多日本老人罹患的慢性病，现在罹患的比例变少，而且染病者也能活得更久。更健康的老年人口显示，我们即将迈入人口统计学家所说的"流行病转型的第四阶

段"①,在这个阶段,"退化性疾病延后发生"³,甚至连一般认为老龄化不可避免的致命病痛也越来越晚出现。⁴

现代日本人不像其他发达国家民众一样容易罹患心脏病。饮食可能是日本人心脏特别健康的主要原因。与心脏病相比,癌症是更主要的死因,但日本人明智地戒除两项特别致命的坏习惯:如吸烟,这会导致肺癌与其他癌症;另外则是摄取大量盐分,这会造成胃癌。⁵

随处可见百岁老人

在日本,遇到百岁老人的机会远高于其他国家。与西班牙一样,日本正处于曾祖父母大量增加的时期;百岁老人人口正以每年11%的速度成长。⁶日本第一批百岁以上老人人口记录出现在1963年,总计有153人。2007年,这个数字超过了3.23万人。⁷到了2050年,预计日本将成为拥有100万名百岁老人的国家。⁸而在日本这个人口不断减少的国度,这群百岁老人的人数仍将继续扩大。虽然获得越来越长的寿命,但享受高寿的日本人却发现,越来越难找到人照顾他们。尤其家庭成员将处于短缺的状态。

人口统计学是一门可以为预测未来提供相当可靠的视角的社会

---

① 流行病转型的概念首先由阿布德尔·奥姆兰(Abdel Omran)于1971年提出。奥姆兰是北卡罗来纳大学(University of North Carolina)流行病学教授,他提到死亡率模式会随着社会与科技发展而变迁。奥姆兰描述了三个阶段。在第一阶段,人类容易因瘟疫(传染病与寄生虫)、饥荒与战争这些灾难的打击而死亡。人类的生命在这个阶段是不堪、残酷与短暂的。在第二阶段,生命质量获得改善而且活得更长久,此时社会掌控了营养、卫生与医疗知识。传染病的死亡病例开始减少,人们因步入老年而罹患慢性退化疾病的数量增多。在最后一个阶段,慢性退化疾病与社会引发的疾病,如心脏病、癌症与糖尿病,成为主要死因。奥姆兰没有提出慢性病与人为疾病将被克服的第四阶段,不过从目前日本与其他国家的人口统计可以明显看出,这个阶段似乎指日可待。

第五章 日本,消失的下一代   157

科学，而以五十年为期进行推估（这些推估落在人类平均寿命的范围之内），也与其他任何有关人类社会的预测一样相对准确。当然，创伤事件（如战争、疾病、自然灾害与其他各种重大破坏）足以推翻所有的预测。日本的人口推估并未考虑到地震与饥荒。[9] 尽管如此，预测仍对日本的各项自然与社会未来观点构成挑战。若与世界其他地区的人口趋势相比，则这些预测看起来更加严峻，因为世界其他地区的人口成长率与日本的人口减少率约略相同，这使得未来日本人口相对于世界总人口将更显稀少。2050 年，日本人口将倒退到一百年前的水平，而与此同时，全球人口却从 26 亿人成长到 93 亿人。如果美国经历日本式的反转过程，那么到了 2050 年，美国人口将会是 1.5 亿，而非美国人口普查局（U.S. Census Bureau）所预测的 4.2 亿。[10]

所有的工业国家，连同世界上绝大多数的国家，最终都将步上日本的后尘。这个岛国之所以重要，在于它是少数几个引领潮流的国家。日本将向世界显示，日渐萎缩的人口统计数字、年轻人口的短缺，以及不断增加的老年人口将导致什么样的后果。

持续到中年的青春期

东京与日本其他地区一样，人口正不断减少之中；近来东京居民的死亡人数已经超越出生人数。这座城市的中心地区也面临人口外流的问题。事实上，早在 1967 年，东京就已开全国风气之先，几乎每年都出现人口减少的现象。然而最近几年，东京人口却有反转向上的趋势。全国经济的萎缩，使得东京逐渐吸引经济不景气地区的居民前来。2008 年，日本各地至少 8.3 万人移入东京居住，数量已超越东京损失的人口。[11]

虽然新近移入的居民来自各年龄层，但东京的人口仍比全国略为年轻，东京人口的中位年龄在39.5岁左右，而全国人口的中位年龄却比东京大了4岁。①12

不过，东京的人口只有在与今日的日本相比时，才能算是年轻。若以全球的标准来衡量，东京人口其实相当年长，而从东京本身的历史来看，那它现在的人口已经可以算是老古董。20世纪前半叶，东京是世界上最年轻的城市之一，它的中位年龄大约是22岁，几乎只有今日的一半。尽管如此，今日的东京还是予人一种年轻的感受。今日，39岁的东京人生育的子女数目，可能比1950年22岁的东京人还少；他们大多维持单身，宁可流连于东京鳞次栉比五花八门的酒吧与餐厅，也不愿回家吃晚饭。与世界其他地区相比，日本人是最晚婚的。[13]

司空见惯的单身男女

在日本，"单身寄生族"（parasite single）引发的危机成为热烈讨论的焦点。单身寄生族指的是从年轻到中年的单身成人，他们既不搬出父母的房子，也不维持家计。而人们最关切的是，二十几岁或年纪更大的单身女性，有92%仍与父母同住。尽管如此，男性也可能成为单身寄生族。从另一个角度来看，日本有19%的老人与成年单身子女同住，这个数字简直让人过目难忘，而且还在持续增加当中。[14]

对单身族来说，与父母同住的好处显而易见。一方面，日本政

---

① 今日，根据国际货币基金组织（IMF）的数据，日本是11个年龄中位数超过40岁的国家之一；到了2050年，年龄中位数超过40岁的国家将有89个，其中44个是今日的发达国家。到了2024年，日本的年龄中位数将是50岁。

府是世界上最公开支持家庭传统的政府。它推行各项措施,鼓励数代同堂。另一方面,这些措施与许多刺耳的家庭政策一样,结果反而加速传统家庭式微。日本提供了多世代房屋贷款,这项看似善意的措施,事实上反而更使人不愿结婚。这类房屋贷款的利率极低,但贷款年限持续五十年,有时还会更长。政府也提供鼓励数代同堂的税收优惠措施,理论上是为了鼓励夫妻与父母同住,实际上反而提供更大诱因,让成年单身子女继续待在父母家里。[15]

除了政府的优惠措施,单身族与父母同住还有其他好处。单身族自己赚的钱,想存就存,想花就花。他们可以投入更多时间于工作或娱乐或两者兼有,而不用分神于家务,且他们绝大多数能住在比他们有能力负担(靠自己租或买)的房子更好的地区。媒体总是以负面角度报道这些依附父母的单身族,视他们为堕落的象征。这种报道方式要比正面描述更能吸引大众的注意,然而实际上,这种依附父母的现象却显示,家庭支持成年子女在社会与经济上获得解放。目前女性的劳动参与是一个世代前的三倍,而工作场所对女性的要求与男性相比毫不逊色。两性之间的薪资落差也大幅缩减。

然而,随着女性在大部分领域获得与男性平等的地位,人口统计层面上却付出了代价。这个代价显然就是婚姻的耽搁与家庭组成的延后。研究者小川直宏、罗伯特·雷特佛德(Robert D. Retherford)与松仓力弥也表示,婚姻在日本就跟在西班牙一样,与夫妻计划马上生育孩子息息相关,绝大多数夫妻在婚后一年半之内生育第一个孩子。极少未婚生子的情况(这种情况只有2%),再加上日本人比其他国家更为晚婚,因此家庭的规模不仅受限于双亲繁重的经济负担,更局限于女性可生育的时间。

由于担心单身寄生族造成日本太多女性不愿生育,因此立法机构不断讨论,如何才能诱使这些寄生族搬离父母的房子。其中一项提案是，针对拒绝独立居住的成年人课税，但这项措施必须足以抵销鼓励父母与子女同住的税收优惠。

少子化对高等教育的冲击

与世界各大城市相比，东京人的青春时期持续最久；同时，东京也是一座时间流逝飞快的城市，当东京人从青春时期醒觉之时，往往发现自己已在不知不觉中迈入中年。东京人，还有那些向往大都会的人，他们渴求东京永不止息的忙碌生活、各色各样的商业活动以及便利。在遭遇老年人围城的日本，东京成为一个城市保护区，在青春、创意与世界的关注下，东京仍维持活力；反观东京以外的地区，其生命力和能量都在一点点消退。

走进赤门——东京大学本乡校区入口，令人熟悉的校园生活顿时映入眼帘。除了一整排在阳光下闪闪发亮的未上锁的自行车外，这座林荫校园乍看之下竟与波士顿、法兰克福或堪培拉的景致没有太大差异。绝大多数的建筑物有四十年以上的历史，崭新且建筑风格大胆的实验室正向即将到来的学生与年轻学者示意科技的进展。星巴克也在这座校区里拥有一处据点，为了争取学生，这个小巧的舒适环境是必要的。

日本生活有一项历久不衰的真理，那就是能进入东京大学念书，便代表了卓越与优秀，也是人生的荣耀。要挤进东大，必须在课业上勤奋努力。母亲们无论愿不愿意重拾儿时书本，都会花数年的时间陪伴孩子念书做功课。许多日本中小学的学生，每天晚上与周末仍需到国内知名的"补习班"上课，这些补习班的学费一年可能要数千美元。想上大学的人，必须花费数年时间辛勤准备入学考试，"填鸭死背"在所难免。孩子需要额外上补习班，表示家庭要投入时间、金钱，甚至要牺牲家庭情感。穿梭于东京大学校园里的学生，他们是母亲花费数千个小时、家中支出数百万日元，加上父母与子女共同承受压力努力念书下的成果。

在大学校园里看到的年轻学子，在家中几乎都是独生子女，顶多另外还有一名兄弟姐妹。在日本，要让三个孩子上大学的成本，加上母亲为教导他们必须牺牲的时间，总计代价非常高昂。2005年，日本经济产业省估计，日本家庭要把一个孩子养到21岁，需要花费的金额在1300万日元到6000万日元之间。对于许多日本家庭来说，抚养与教育两到三个孩子的成本，已经超越他们的所得，更别提这当中还包括让孩子的母亲不参与劳动的机会成本。

当日本从极为年轻转变成极为年老的国家时，孩子不仅变得比过去更昂贵，也更为稀少，因此，在日本需要他们的地方，孩子也变得更有价值。参加大学入学考试的学生数量大减。从2004年到2005年，参加考试的学生减少了1.7万名。听起来相当严峻，但以现今日本18岁人口数比20世纪90年代中期少了50万人来看，这样的减少似乎是小巫见大巫。今日，日本高中毕业生有四分之三会继续接受高等教育，[16]创下历史上最高的比例。进入学院与大学就读的年轻男女比例不断提高，但到目前为止，最大的变化是女性。今日，每三名女高中毕业生就有一名继续接受教育，大约是她们母亲那一代的三倍。[17]当家庭规模缩小，家庭往往愿意投入更多金钱让孩子接受更高等的教育，这种做法有助于让日本女性学习专业与从事其他需要大学学历的高薪工作。尽管如此，学生的绝对数目正在减少，想上大学的高中毕业生比例也只能攀升到这么高。在不久的将来，日本的高等教育将可完全吸纳日本的高中毕业生。

为了吸引学生，日本600所大学与学院无所不用其极地进行宣传与降低入学门槛。有些学校干脆采取开放入学的方式，废除入学考试，只要求学生缴交小论文并面试。这种策略不一定管用，因为大学文凭现在已经非常普遍，所以那些无法让毕业生表现更为杰出的学校只能在竞争中被淘汰出局。2006年，东和大学这所私立工科大学宣布将于2009年废校，因为160个招生名额只有140名学生申请入学。该校校长绝望地说："[日本大学]已经没有未来。在事情恶化到难以收拾之前，最好趁早退出。"日本文部科学省在报告中表示，每十所大学就有四所面临招生不足的问题。有些大学已经出现赤字。标准普尔（Standard & Poor's）一名信用分析师形容，日本高等教育的财务困境正面临"生死关头"。[1]据估计，十年后会有200所以上的大学关门大吉。有一所大学为了打败竞争对手，甚至开设"高尔夫文化"课程，请来职业高尔夫选手担任"教授"。这所学校，也就是获国际大学，最近申请破产。它的重整计划有部分是引进一些老人照护课程。[18]

讨论"大型垃圾"与"潮湿落叶"的圆桌会议

在这种情况下，对入学学生素质依然精挑细选的学校，显然对外释放了一个明显的信号：我们拥有优秀的学生。东京大学与其他顶尖大学的入学许可仍广受各方推崇，而且竞争十分激烈。这些大

---

[1] 日本商界现在也开始担心，自己在这个人口不断萎缩与老龄化的国家里是否还有未来。2008年4月，路透社（Reuters）报道，东京迪士尼乐园已经开始担心园区在2055年的经营问题，届时日本人口将有四成超过65岁。这对迪士尼来说可不是一项好预兆，因为目前它的游客只有15%在40岁以上。"人口的减少[对东京迪士尼乐园来说]绝对不是一件好事。"摩根士丹利（Morgan Stanley）一名重要的分析师提出警告。因此，尽管目前东京迪士尼每天仍有年轻人愿意排两小时的队伍等待入园，但园方已经开始贩卖老年人使用的年票，另外也陆续举办花卉展览与马戏团表演，以吸引年纪较大的游客。

学招收的学生也确实极为优秀。

在晴朗的三月午后，正值春假期间，三名社会系学生与一名教授聚集在刚落成的新大楼会议室里开会，这里正是东京大学人文社会系研究所所在地。凡是文化、阶级与种族认同出现变迁与冲突的地方，社会科学就特别繁盛。过去一个世纪以来，东京与世界各大城市同样经历了重大变迁。东京有形的基础建设曾两度遭遇严重破坏，一次是1923年的地震与大火，另一次是1945年的大轰炸。大轰炸夷平了30万栋建筑，造成东京七分之一的居民伤亡。大战结束之后，东京一直处于改建与重新规划的状态，即使面临长期的经济不景气，也未停止重建的脚步。

与世界各先进国家的城市相比，东京人口一直维持高度的同构性。看一看欧洲各大城市，尤其是北美城市，来自不同背景、语言与文化的新移民浪潮，为城市带来了巨大改变。但东京的改变却是在相同而持续的文化与种族环境下进行的。[19] 尽管如此，日本本身的多样性已足以让社会科学在此兴盛发展。事实上，日本拥有的移民，远比其公开承认的来得多样。然而，日本基本上一直顽固地想保持种族的同构型。所以，当学生们与教授一同聚集在房间里讨论东京老龄化的现象时，他们得出的概括性解释相当具决定性，而且从种族政治的角度来看，也能清楚得到证明。

菅原育子是一名年轻的东京大学教授，她召集这些学生一同进行讨论。她的研究探讨日本人在成长过程中，如何与人建立和维持友谊。结果发现，日本人的友谊与家人之间的相处方式有着非常密切的关系。日本这一个世纪以来的进步，从根本上改变了朋友与家庭的关系。这项发现令人难过的地方在于，随着日本社会的老龄化，许多过了退休年龄的日本人突然发现自己没有朋友。女性的老年生活过得比男性好，尤其是那些家庭主妇，而非职业妇女。家庭主妇的世界很容易建立牢固的社交圈,她们在养育孩子时结交的朋友与群体,在她们步入老年之后仍能维持紧密的关系。男性是日本企业的主力,他们可能担任工厂工人或白领上班族。男性在退休之后,除了离开职场,也离开他们的社交圈。日本丈夫平均一天只花五分钟在家务上,照顾孩子的时间不超过半小时。[20] 他们退休之后待在家里,俨然像外人一样。菅原提到,许多妻子觉得,这些老男人退休后待在家里反而造成她们的困扰。男人无法参与女人的社交世界,而夫妻也很少拥有其他的夫妻朋友(日本人没有找朋友来家里聚会的习惯)。有两个绰号生动捕捉了退休男性在家里是多么不受欢迎:"大型垃圾",退休男性就像坏掉的冰箱或磨损的沙发一样,既不能冷藏食物(不酷),坐起来也不舒服(不体贴),而且因为太巨大而无法当成一般垃圾来处理;"潮湿落叶",因为他们形容枯槁、行动不便而且躺着不动。

日本男性的晚景只能用"凄凉"二字形容。日本内阁府进行的一项调查指出,65岁以上独居男性,每五名就有两名表示自己没有关系亲密的朋友,每四名就有一名表示他们从未见过自己的邻居,这两项结果都比女性糟得多。日本报纸报道,日渐增温的自杀潮造成每年三万人死亡,其中老人占了三分之一。而自杀者当中,男性占了73%。日本男性自杀率远高于其他富裕国家。[21] 许多男性在富士山附近一处树林里上吊自杀,该处因此有了"自杀森林"的称号。日本的自杀率于20世纪90年代出现令人担忧的攀高现象,[22] 而其中有极高的比例是老人。在一个自古以来以老人作为道德标准的国家,老人自杀的趋势似乎引发了毁灭性的影响。专家表示,老人的自杀率激起了日本青少年与成人对自杀的崇拜。[23]

森田乃江(音译)是菅原的学生,她就读东京大学工科。现在的工科比过去更属于实务性质的科目,而且几乎可以确定是有利可图的选择,因为日本产业界非常需要年轻的工程师。尽管如此,现在的学生却比较少选择工科,多少年的经验因此在未获得传承下,就离开国家厂房走入退休。

如果森田好好将工科念完,将有一堆雇主抢着聘请她。然而,当森田成为交换学生到纽约念书时,她改变了方向。她在哥伦比亚大学遇见一名老年医学家,两人成为朋友。森田与老年医学的接触使她惊觉日本即将面临的难题,她认为,满足日本实业家的人才需求,远不如解决日本老龄化的问题来得迫切。在美国导师的鼓励下,森田回到东京并且转而投入人口老龄化的研究。

这项选择并非完全不切实际。在日本,学术研究比较保守,欠缺企业家积极进取的精神。与老龄化相关的领域非常广泛,而且有待界定。森田的研究是比较日本与丹麦的老龄化现象,日本有许多人将丹麦视为老人生活质量的世界标准。

"日本与北欧对于谁来照顾你有不同的假定,"森田说,"在日本,我们认为家人会是陪伴我们的人,但事实上,在我们身旁的通常不是家人。在欧洲,人们认为自己可以仰赖的是朋友构成的网络。在日本,男性甚至连探病都不愿意。"

对男性而言,唯一的例外是他们的童年好友。日本男人常说,从小一起长大的朋友才是灵魂伴侣。菅原从一份针对800名50岁以上民众进行调查的结果发现:"这些朋友可以让男性从工作与家庭的社会要求中暂时获得喘息。""这些男性表示,当他们与灵魂伴侣在一起时,他们的互动仿佛又回到小时候。"但是,他们很少跟这些灵魂伴侣见面。就算有,一年也只不过一两次。然而他们却认为,这些人才是他们最重要的朋友。东京各地的公园、宴会厅与饭店,到处都看得到一群群亢奋欢笑的老人。这些多半是多年不见的老友聚会,由某个人自愿担任召集人,将小时候一起念书或大学的同学、好友全组织起来。

对老龄化的态度充满了互相矛盾的地方。菅原说，当老年人染上疾病时，老友不去探病并不是因为他们无情，而是他们认为生病是件敏感的事。他们觉得朋友可能不愿让别人看到他憔悴的样子。这种恶性循环造成进一步的孤立。有些生病的老人因为有家人的照顾，于是便一直窝在自己或子女家里，从此与外界断了联系。

"今年我的祖父去世，"另一名自愿来参加讨论的研究生稻增一宪表示，"他不想让别人看见他的样子，而且坚持一定要家人照顾他。"跟其他同辈一样，稻增期望自己（而且家人也这么期望他）能在照顾父母上扮演最重要的角色。这些学生说，他们这一代仍然抱持这种保守观点。然而，当这些学生谈到未来将负起照顾的责任时，脸上带着听天由命的神色，甚至还有些忧愁，他们很清楚这个责任有多沉重。谈到家庭责任，人们总是把保守的期望挂在嘴边，然而等到他们的人生迈入新的阶段时，他们会头也不回地走上不同的方向。

日本父母对于当自己年老或需要依靠时，子女会怎么对待他们，大致有一套比较符合现实的观点。《每日新闻》曾对受访的日本家庭提出一连串问题，以此观察整个国家的价值随时间变迁而出现什么变化。调查显示，成年人希望自己能得到子女照顾的比例大幅下降。在1950年，有三分之二的日本女性希望子女能照顾她们；今日，这个数字已降到10%。

然而，传统态度仍持续着，因为日本放弃家庭传统的速度远比其他先进工业国家慢得多。传统的日本住宅总是数代同堂，60岁以上的日本人，45%与成年子女同住。就发达国家来说，这是很高的比例，发达国家大约是每五名老年人有一名与成年子女同住。以这个趋势线为准，日本也会越来越往这个比例靠近。1970年，每十名日本老人只有两名未与子女同住。离婚率上升、小家庭、羞愧以及丧偶，这些都造成普遍的独居现象。在日本，有400万老人独居，而且通常是处于完全与家人及社会隔绝的状态。在第二次世界大战结束后兴建的毫无特色的公寓小区里，住着一群年老的东京人。他们当中混杂着一些极为贫苦的老人，这些人因为低廉的房租才搬到这里。这群年老居民分派了一个特别的任务编组，负责发现邻居死后的尸体，以防止独居者的尸体在无人闻问下一连放置数月而腐烂。[24]

　　日本人也以其独特的方式来解决独居老人的危险问题。小型的机器狗配备了精巧的动物机器人装置，不仅能让机器狗的持有者产生陪伴的感受，也能监控持有者的生命迹象，当感应器察觉危险时，机器狗就会发出信号，通知家人或医疗人员前来。此外，还有在加热时可以传送可靠信号的茶壶，以及有人走过时会通过网络发出信息的地毯，这种装置可以让不在场的家人确认亲人正常地过着日常生活。

东京的青少年

　　日本首都的规模使它带有某种独特性。无论哪一种兴趣，不管主流还是小众，几乎都能找到足够的拥护者，借此支持以该项兴趣为中心（通常规模庞大得令人惊讶，而内容也发展得极为复杂）的商业发展。这里有专为年轻人设计的巨大购物中心与娱乐场所。涩谷总是挤满熙来攘往的青少年与年轻人，因此也成为东京市内最容易吸引电影明星前来的地方。日本年轻人的文化虽然不是针对老年化社会的一种猛烈响应，但力道也不容小觑。年轻人穿着流行的服饰上街，公然表现出青春的可爱稚气。在其他国家，追求时尚的青少年与年轻人借助大胆服饰将暴力色情化,以此在成人世界争得一席之地,至于街头时尚则采取了黑暗色调,暗示一种借助力量或性主张而施加的控制。在日本,时尚比较像是激烈地背转身去,尽可能地闪躲成人世界的规范甚至是帮派的帮规。从极度呆板到极端卡通化,从充满玩心到隐士装扮,涩谷与日本其他年轻人聚集的流行时尚,使年轻的日本与日本的老龄化趋势区隔开来。时尚也侮辱与剥削了成熟群众的时代精神,但它无法改变日本未来的人口结构。就算能够改变,日本最年轻世代的主张也只是加重了日本的老龄化。

在这些年轻人专属的区域里,日本年轻人寻求他们自己的故事。有些人以最新的时尚示人。涩谷的常客率先穿起了泡泡袜,将普鲁士风的学校制服推到极端。涩谷地区也诞生了帮派之间火并的青少年崇拜。其中之一是"颜黑"[ganguro,日文"黑脸"的意思,但发音近似英语的 gang girl(小太妹)]。这些日本年轻女孩将头发染成金黄色,而且花很多时间躺在日晒床上将皮肤晒黑。漂白的牙齿、全黑的服饰、金白色的头发与高得离谱的松糕鞋,这些装扮让人一眼就能注意到她们。回到 2000 年,当时这种装扮也是风靡一时。这些黑脸辣妹引领了当时的流行风潮,产生大量的模仿她们外表与生活方式的流行明星、杂志与漫画。涩谷现在比较少看见黑脸辣妹,但现在的青少年已经引领时尚、突破所有的限制,女孩们像表演艺术家一样穿越行人徒步区与窗明几净的咖啡厅,她们悖逆了老一辈所有的文化价值。从她们的外表可以看出,她们完全拒绝乌黑秀发与肤若凝脂的审美观。她们看起来脏脏的,身上好像有股怪味,仿佛好几天没洗澡似的。日本是个重视清洁的社会,沐浴的人必须搓洗掉身上每一粒尘土或角质之后才能进到澡盆泡澡。她们经常是一整群想法类似的女孩聚在一起,给人四处游荡随意滥交的印象。她们寻找男人只是为了玩玩，既不是为了交朋友，也不是为了下一代共组家庭。

三十拉警报

把自己弄得肮脏邋遢，甚至仿效美国帮派文化，年轻人以这种方式来表现反叛并不令人意外，但是将自己的衣服缝上花边、绑上缎带，在头上别着一朵巨大的丝质夏威夷花朵，这样的装扮能让日本的代沟产生怎样的裂变呢？黑脸辣妹的时尚逐渐演变成一种更黝黑的"山姥造型"（Yamanba）。山姥的战斗服是一层层粉红与橘色相衬的塔夫绸缝制成的，充满了青春气息。山姥的战斗迷彩则是熊猫妆，她们在脸部涂上亮白的口红与眼影。头发与衣服上佩戴着各种可爱的镯子与小饰物，当她们到处游荡时，这些饰物也跟着摆荡摇曳。山姥的头发要不是弄成狂野的鬈发造型，就是邋遢到让人退避三舍，就像遭遇台风劫后余生的洋娃娃一样。有些山姥仍选择染成金发，但另一些人则顶着一头蓬松乱发，染成缤纷色彩。黑脸辣妹与她们的后继者夸示着全身上下的装扮。这种极端的时尚崇拜可不便宜，父母对于孩子的行为感到迷惑，尽管如此，他们还是愿意出钱支持独生子女发挥创意与热情，年轻世代因此得以继续制作这些极度夸张的服饰。

时尚在日本就跟在其他地方一样，变换十分快速，也许在日本还要更快一些。今日反叛的青少年，明日可以穿上伊丽莎白时代的长礼服、和服、香奈儿、科幻小说或动物的装扮服饰。令人吃惊的是，在这个独生子女的国度里，尤其在日本这个不鼓励个人过于显眼，而希望所有人行为一致的国家，这类反叛居然吸引了许多人的注意，甚至引发了文化变迁。在本章写作之时，俗艳华丽的黑脸辣妹风格正逐渐转变成更凸显女人味的打扮，她们强调奢侈昂贵的服饰与配件，而这种礼服装扮正是一种反抗既有权力的象征。

现在，这群辣妹的风格也逐渐跨界到男性时尚，而日本男青年的典型特征是背着大皮包、身材瘦削。过去，日本的工作伦理不断将学生逼到绝境，而繁重的课业与经济竞争也要求年轻人必须极度勤勉，但现在，东京的年轻人却有钱有闲磨炼他们的反叛力道。即使反叛者被烙印上（也包括自我烙印）挥霍、肮脏与放荡的罪名，但孩子们仍极受宠爱而未蒙受任何苛求，他们可以走自己的路。涩谷这群特立独行的辣妹好像向世人大喊，仿佛成人的世界一时还不能将她们收妥进去，至少暂时是如此。然而，即使是行事激进的青少年也知道，自己总有一天会长大，但如果这一天能晚点到来，对他们来说会是相当棒的一件事。

如果有人问日本青少年，他们怎么看待自己的未来，特别是他们的家庭，答案几乎都很类似。举例来说，在涩谷的一家快餐店里，两名黑脸辣妹描绘了自己的中年景象。

"到时候我们还是需要稳定的工作。"其中一名辣妹勉强挤出一句英语，但她随即转身用日语问朋友该怎么说才对。她说，她在附近的服饰用品店工作。"我希望能交到男朋友，希望他能爱我，然后跟我结婚。我真的希望有这么一天，这对我来说很重要。但我在30岁前应该不会考虑结婚的事。"

朋友用手肘推了她一下，以白色熊猫眼做出夸张的皱眉表情，仿佛在说："不要改变，不要说那种无聊的话。"

不过这名辣妹还是继续说着："我想要小孩，最好是一男一女。但到时候我可能还是跟父母同住，或者说是他们跟我一起住。这就是日本。"

她必须把握时机，这一点很重要。东亚女性只有短短几年的时间经营男女关系,好让她们的期望能符合未来家庭的现实。就像这名辣妹一样,绝大多数日本女性都认为,自己的适婚年龄是在二十几岁接近30岁的时候,再晚个几年,男人就会认为她们已经老到(其实也不过30岁上下)不适合结婚了。[25]

漫咖社会

东京的年轻人与老人以一种令人意外的方式混合在一起。这两种人会合(说是会合也不尽然)的地点是24小时营业的漫画咖啡厅。东京有数百家这类场所。全年无休的漫咖为想看日本漫画与动画片的人提供一处安静的避难所。这些漫咖绝大多数是连锁加盟店,所有的陈设与外观都是用事先生产好的配件组装起来的。店员在招呼你时基本上都没什么精神。只要你一进到池袋车站附近的几家漫咖就能了解为什么如此。每日进出池袋车站的旅客约有250万人,当中许多人似乎对上班意兴阑珊,但有更多人是不想回家。这些人于是成了漫咖的常客。漫咖通常位于一楼与地下室,入口不大,客人必须一路曲折地走进狭窄的个人小间。(有些新漫咖比较具开放感,装潢也较为现代。)一走进漫咖,招呼你的通常是昏昏欲睡的青少年。他会卖你一张票券,凭票便能享用店内的零食与非酒精饮料,而且可以无限利用店内所有的漫画、录像带与计算机游戏。沿着狭窄的走廊走下去,可以看到图书区。右方是日本男性的漫画区,摆满了成排的书架,包括一些已经出了好几百期的连载漫画,这些漫画已经连续出刊了数十年。在男性专区的一端,可以看到青少年丛书、幻想故事与笑话集。走过一排排的书架,适合阅读的年龄也逐渐提高。有些书名对青少年来说显得过于猥亵与暴力;有些是专供男性阅读的恐怖故事;最后则是成人的色情专柜,里面放满了满足各类性癖好的色情动画，如被捆绑的女高中生、巨乳女护士与各种赤裸裸的肉欲影片。

穿过走廊之后就是女性顾客专区。杂志明显变得整洁而且似乎较少被翻阅，但书籍的数量还是相当丰富。这里可以找到爱情故事，以及许多女孩离家被男人玩弄或玩弄男人的故事。此外，还有拥有力量的公主、女巫与动物的故事。这里的漫画主角多半是追求时尚却又充满叛逆与力量的女孩，她们有时是英雄，但耐人寻味的是，她们更常扮演恶棍的角色。然而无论是正派或反派角色，读者都能从中获得乐趣。

继续往前走，我们来到漫咖最隐秘的地点——各式大小不一的个人小间，里面配备了一到两张椅子、计算机与DVD播放机。这里是寂寞男孩与年轻男性逃离学校与工作的避难所。这些人不外出约会，他们完全沉溺于日本庞大的幻想世界里。如果有需要，他们会自己解决生理需求，也许是靠色情书刊，也许是上网浏览色情网站。

幻想世界引起了日本民众的关注，人们谴责真实世界里女性的种种不满，认为女性必须吸引男性的注意，不要让虚拟与漫画世界成为男性排遣性欲的地方。漫咖里住着一群过着孤独生活的独生子女（男孩与年轻男性），他们令外头的独生子女（女孩与年轻女性）感到灰心。当年轻人不需要或不想工作时，他们会购买时间，而待在日本4500间漫咖里的男孩与男人确实买了很多时间，只是全用来独处。令人不安的是，最近的研究显示，日本漫咖有八成成了某些顾客的家，他们夜里都待在漫咖里，很少去别的地方，甚至有少数人连白天也待在漫咖里。对许多人来说，当他们错过最后一班电车时（或连续几天错过最后一班电车时），漫咖就成了廉价的旅馆。漫咖大概每两层楼就有一层设有淋浴间，有时还会有小床。不要急于问出这些小床是拿来做什么的，总之那是老人会花上一段时间的地方。

第五章　日本，消失的下一代

电车男

  这些独处的人是常态吗？应该不是如此。在日本，边缘化的年轻人存在着各种形态，漫咖只是其中一种。另一个群体御宅族，他们是对科技充满狂热的动漫迷，集中栖息在东京的电子购物区，亦即对他们而言有如仙境的秋叶原电子商圈。秋叶原长久以来一直是购物者云集购买各种电子商品的地方。

  想要一个能喂祖母吃饭的机器人吗？在秋叶原数十家电子百货外的人行道上，你可能看到有一具机器人正将太空食物端出去给另一具机械有机体。就在附近，你也可以看到御宅族穿上精心定制的服装，实际重现他们最喜爱的漫画角色。原宿车站附近与涩谷街上打扮时髦的人，在他们略嫌夸张的时尚衣物上花费大笔金钱；御宅族则是在"角色扮演"的服装、电子用品，以及他们最喜爱的娱乐上不惜血本。就某个意义来说，御宅族位于日本最强大与最受欢迎的流行文化机器的核心，但他们太沉迷其中，反而使他们远离了主流文化。

  由于在秋叶原举目所见尽是御宅族，社会学家因此将这个地区比拟成外国城市里的某处种族聚居地。几年前，有一名御宅族（或许是虚构故事）因为在电车上阻止另一名无礼男性骚扰漂亮年轻女性而声名大噪。电车男的故事在许多媒体上掀起热潮，也成为漫画、电影与电视剧的灵感来源。

  电车男（灰姑娘般的御宅族借助传统的美丽女孩而让自己驶进主流世界）在各个媒体大受欢迎，原因或许是，在一个对强调个人特色（无论是否合理）感到芒刺在背的国家，这样的故事可以让人安心。日本过去的历史曾有过激进的时期，年轻人结党成群，以暴力的方式让自己登上新闻版面。20世纪30年代与60年代都是最明显的例子。当前的革命是一场宁静的革命，它无声地渗入家庭组织之中。年轻人在行动时没有兄弟姐妹的钳制，他们让父母感到失望、困窘，甚至反抗父母。而父母什么也不能做，因为他们的未来还指望孩子。

对于往后的成人世界与家庭生活，御宅族或许比涩谷的辣妹更恪守日本传统的梦想与期待。人们对御宅族的责难，不在于他们不想和女性交往，而在于他们无法与女性交往。向这些御宅族问起有关未来的问题，他们的回答就跟涩谷辣妹一样保守。他们想要有孩子，而且希望能有机会照顾自己的父母。有个人正在巨大的友都八喜电子购物中心的计算机DIY楼层闲逛，走在这里就像走在计算机里一样，他略带勉强地表示自己的看法："我在这里花父母的钱。我想他们应该会希望我孝顺他们。"

别忘了，与过去相比，日本年轻男性接受高等教育的比例越来越高。绝大多数的御宅族都有大学学历或准备上大学，但这不表示他们已经社会化。而在一个独生子女的文化里，独自生活的人与叛逆者一样，仍将在形塑日本未来上扮演重要角色。他们将与更传统的大学男女同学共同创造日本的人口趋势，因为他们也将晚婚与拥有小家庭，或者没有家庭。

购买红色内衣裤，可以带来好运

在东京，有另一个群体聚集于另一个地区。她们绝大多数是女性，但不是因为这个地区吸引了时尚或特立独行的辣妹。这个地方是巢鸭，供奉地藏菩萨的高岩寺就位于此处。巢鸭吸引许多老人与病人来此许下恢复健康的心愿。高岩寺地藏菩萨的治愈能力据说在某些日子特别灵验，因此，在这少数几个特别吉祥的日子里，寺庙周边地区总是挤满了老人。

这条街道，正式名称是巢鸭地藏通商店街，长度不到1公里，是一处步行街，拥有200多家店铺，来店的几乎清一色是老人。道路旁的镶边石还刻意弄低，以利年老的行人行走。从远处看来，整条街如同白发构成的起伏海面。与脱离时尚的人、御宅族或主流的购物者与奢侈品的买家一样，这些老人也移往自己专属的巨大城中之城采买。东京的规模使老人专属的购物区成为可能。

商店街两旁的店铺特别吸引老人注意，这些商店展示了雕饰与上色精细的手杖、帽子、传统糕点、寝具与睡衣。小摊贩卖的是怀旧的传统点心，许多是当场制作的。有一些甜点会烘制成菩萨的外形，还有一些类似幸运币的可口派饼。但这里也有法式咖啡厅与面包店，以及日式餐厅。这条商店街不是东京老人用来比较哪一家的如厕辅具、老人纸尿布或其他显示自己已经衰老的器具价格更便宜的地方。这个地区充满活力，这些商店令老人想起过去的快乐时光，以及他们现在还能过什么样的生活。商店街有许多店铺贩卖艺术与工艺用具，混合了传统与现代时尚的T恤与外套。还有一些店铺贩卖婴儿服与精心缝制的绒毛动物玩具，这或许是世界上最精致的婴儿服与玩具。这些用品应该与维多利亚时代贵族的婴儿床相当搭配，而这些小东西的价格当然也异常昂贵。

在家庭规模远较过去萎缩的社会里，老人更愿意花钱宠爱孙子。有好几家店专门贩卖样式过时、火红如同消防车一般的内衣裤与秋衣秋裤，听说这种衣物可以讨个吉利。老人买这些衣物，是为了等到子女或孙子女应试或找工作当天让他们穿上，希望能招来好运。

在询问之下，商店街的麦当劳表示，他们同意顾客携带外食，这样可以让客人在没有超出预算的压力下，舒服地跟朋友坐在店内喝咖啡。或者是让这些客人少花一点在自己身上，多花一点在儿孙身上。这是日本唯一一家允许携带外食的麦当劳。商店街的店员绝大多数是十几、二十几岁的女性，她们必须学会有耐心。

"你必须学习沉着冷静，"一名穿着粉红色罩衫的18岁女店员表示，她的说法就跟佛罗里达州结账柜台的店员一样，"老年人动作总会慢一点，而且会问东问西。有些人个性很好，有些人会耍点心机。你不能把这些事都放在心上。整体来说我还是很喜欢老人。"

巢鸭成为70岁以上老人购物的集中地，其实是最近的事。它的发展是自然产生的，随着前往高岩寺的香客年纪越来越大，这里也就理所当然成为老人的购物天堂，这种现象正反映出不断增加的日本老年人口数目。

今日，巢鸭的转变仍在持续。寺庙周围开始出现住宅与辅助性居住设施。老年住宅在东京算是时髦的产物，巢鸭就是其中之一。想在附近购入一处辅助性居住设施需要一两百万美元，看来大概只有退休公司主管与其他富人才有办法入住。

看到这群来到巢鸭的老年人，使人了解日本的长寿与东京对老市民的吸引力。许多购物者利用东京复杂的电车与街道网，独自前往巢鸭。地铁和街道蜿蜒曲折，毫无规则可言。如果老年人认知能力的健全，取决于每天让大脑接受挑战，那么住在东京显然要比每晚解一次数独有效得多。东京的紧张感来自于它是个持续变动的拼图，但它很安全，老人就算迷路也不会感到自己受到威胁。

"东京让我们保持苗条。"巢鸭地藏通商店街一名与丈夫一同前来的妇人表示。他们是文子与秀树。文子68岁而秀树70岁。"为了搭电车，我们沿着楼梯爬上爬下。这座城市有一些小山丘，所以我们可以借机做点运动。而且东京总是充满新事物。"这对夫妇花了40分钟的时间，先搭通勤电车再转乘地铁来到巢鸭。他们来拜访一名住在附近养老院的朋友，而他们也顺便邀请我一同前往。

有几个街区的距离，文子与秀树来到了养老院，这是一栋外表看来并不显眼的新建筑。他们说这是一栋辅助性居住设施。走进院内，前方的会客厅聚集了一群妇人，她们看起来十分苗条且有相当的年纪。养老院院长过来跟我们打招呼，他三十出头，并不多话。院长也证实了我们看到的这些老妇人都已经超过 90 岁，其中还有一位抓着墙边的扶手走路，身边有一名护士搀扶着，她已经 102 岁高龄。

我突然察觉有什么地方怪怪的，只是一时间说不上来。所有的看护都是日本人。也就是说，由日本人来照顾日本人。他们拥有相同的语言与文化历史，且能仅借助表情或肢体动作精确掌握对方的意思。当护士与助手用敬语呼唤院民时，我终于了解这种安排有其道理。在世界各国多半将照护工作交给移民时，日本的同构性实在相当罕见。

文子与秀树的朋友是秀树以前的老板，他曾是东京一家大报的编辑。他花了 120 万美元入住此地，而且爱上了这里。当问到如何排遣时间时，他说他正在研读古典佛经，而且使用的是中国的古文。为什么呢？因为每年他都会跟孙子到中国旅行，参观许多历史与宗教遗迹。今年，他还跟 35 岁的孙子去登长城。我问，如果他可以到中国登长城，为什么还需要辅助性居住设施？这位老编辑说，他需要有人帮他煮饭与铺床。他已经丧妻。难道他不考虑跟儿子或女儿同住？不，他说，他们应该过自己的生活。但是，孩子不是应该奉养父母，毕竟这是日本的传统？他说，传统不一定符合现实。"在日本，年老是一件好事，"这位编辑表示，他的说法清楚显示，他是有能力享受这些好处的老人，"日本老人在世界上是最健康的；我们有钱，而且享有和平与安全。我们的人生没有遗憾。"

家族的历史

韦克·兰卡德（Wake Lankard）是一名任职于日本公司的美国人，他在偶然间成为一名企业家。韦克的金属成型事业，居然是从在东京担任英文老师开始。他原本立志要从事儿童教学工作，因此最早是在私立学校任教。一年后，他开始教成年人英语。韦克身高1.83米，脸上经常戴着马特·达蒙（Matt Damon）式的开朗笑容，他不介意让人看出自己的笨拙，有时也会自嘲，但他也从来不自轻自贱，因此使拘谨的日本人愿意亲近他。其中有一个人特别受到韦克的吸引，她就是芝山直子。直子当时刚从大学毕业，说是女学生爱上英文老师应不为过。她好几次计划要与韦克不期而遇，结果都没有成功。最后，直子终于在一家她知道韦克经常出现的咖啡厅外遇见他。现在他们已经结婚。

韦克的岳母高桥节子在年轻时就遭遇了一场不幸的婚姻。虽然生下一子，但这场婚姻还是离婚收场。一文不名，加上还有小孩要抚养，她只能到酒吧去当陪酒小姐。而节子也因为工作的关系，结识了直子的父亲高桥政直。他是一名年轻而思想独立的工程师，在家人开的小金属成型工厂做事。父母反对他与陪酒小姐交往，认为她配不上他们家。或许是自尊心作祟的缘故，节子从未表明自己的家族过去也曾是拥有荣耀的贵族。

然而，高桥先生最后还是娶了节子。在他的领导下，家族企业大盛工业随着日本汽车产业的成长而兴盛。大盛工业是日本汽车产业的钢材供货商之一。这层合作关系使高桥家族能过着优渥的生活，拥有日本现代上层阶级的地位。今日，大盛工业每年卖出价值数百万元的钢材，而且雇用220名员工。[26]

韦克最后在镰仓成家立业，这是一件相当幸运的事。

"我的家族，"韦克说，"是日本老龄化的缩影。2008年10月，我跟我太太把她92岁的姑婆美奈子接来同住。美奈子在六个月前中风，身体的左半边完全失去功能。她住在家中客房，我们匆忙安装了闭路夜视摄影机，这样我的岳母就能在另一个房间留意姑婆的动静。美奈子还有个哥哥，在104岁时过世。"

韦克的日式房子拥有三到四间卧室，这栋房子坐落在一处美式的郊区，以日本的标准来看算是相当宽敞。姑婆住的客房，原本是为了照顾仍有联系且有需要的家中长辈而刻意空出来的。日本传统要求媳妇要照顾公婆，必要的话，还包括公婆的父母与姑婶叔伯。对于愿意承担这份责任的人来说，几乎总有需要照顾的年老亲戚。高桥太太从她还是十几岁的孩子开始，就一直照顾年老的亲戚到现在，中间几乎未曾间断过。高桥太太一开始是照顾自己的祖母，然后是父母与丈夫的父母，之后则是叔叔。

现在，高桥太太再度担负起照护工作，不过这回有女儿直子分忧。日本传统的负担沉重地加在她身上。在日本数代同堂的家庭里，每一代人或多或少都曾给予与接受家人照顾。老人照顾幼儿，年纪较长的孩子照顾很老的家人。听起来也许像是一个家庭的自然秩序，但实际上这种情况很少出现在发达国家。

日本家庭规模的缩小，对于日本家庭的跨世代性质也产生很大的影响。女性嫁给独子的可能性大为增加。由于传统上年老的父母都与长子同住，而目前日本的男性因为独子的关系几乎都成了长子，所以现在日本年轻与中年的已婚妇女有很大的机会与公婆同住。而如果女性是家中唯一的孩子，那么她很有可能跟自己的父母同住。

日本传统与新的人口形势混合之后，意味着每三名已婚妇女，就有一名生活在三代同堂的家庭里,夹在子女与父母或公婆之间,成了三明治。无疑地,这个比例应该会越来越高,除非日本女性基于明显的理由,强烈反对生活在三代同堂之家。现在已经出现使家庭规模越来越小的恶性循环,主要是因为女性(她们不愿将人生最精华的时间花在照顾孩子与老人上)推迟结婚或生育孩子的时间,甚至不婚不生育。

高桥太太的经验似乎显示,一旦人们接受了这项义务,责任将会无穷无尽地持续下去。在高桥太太的例子里,每当她完成一件照顾年老亲戚的义务时,另一项义务就会不请自来。她的家人还期盼她能照顾下一名正在排队等候的老人。

从照顾姑婆的例子来看,爱当然是其中一项因素。晚餐时,高桥太太弯下身仔细听姑婆说话,她专注而温柔地点头,尽管这名老妇人含糊不清的声音几乎每天都如此。高桥太太经常带着姑婆在镇上闲逛。她向朋友打听哪些地方适合姑婆,老妇人也许会很高兴见到一些人。在看过几处死气沉沉的成人看护中心之后,高桥太太更深入挖掘她的社会资源,寻找有家的感觉的地方。当她听说镰仓有一间由一名五十几岁的离婚妇女主持的传统日式养老院时,她计划让全家带着姑婆一起到那里实际看看。在那家养老院,一名 91 岁的老太太弹着钢琴,另一名 90 多岁的妇女练习以法语和客人交谈,还有一名短小精悍、以"志愿者"自称的八旬老人,他游走各处与更老的男性下围棋。美奈子喜欢这个地方,她惬意地坐着,对于她看到的每一桌都略感兴趣。

"这已经是第八个了!"

高桥太太现在已经 60 多岁,她比以往都更熟悉该怎么进行照护。"我一直在照顾老人,"她生气地说,"这已经是第八个了!"经验使她能一边留意姑婆的状况,一边自由地做别的事。安装摄影机监控姑婆的情况就是她的主意,如此她就能在屋里任意走动。高桥太太以一种温柔但略带强制的效率,将美奈子抬到桌旁、厕所,甚至偶尔外出用餐时也是如此。高桥太太眼光锐利的意志力也具有说服力。仿佛光凭直觉,美奈子就会不由自主地根据高桥太太的信号做出响应,配合家中每天固定的节奏。

难以置信的是,美奈子中风的六个月后,在没有接受医疗的情况下,她开始重获活力,再次恢复胃口,而且能使用筷子。此外,尽管阿尔茨海默症日渐严重,她还是能想起且实际演练茶道的所有步骤。这种经过精心安排的冥想仪式,是日本文化生活的核心之一,美奈子在盛年时曾是最高级别的茶道讲师。

这名老妇人喜爱位于镰仓的养老院。其他的日托中心,不可避免地装饰成幼儿园的样子,美奈子被动地坐在长桌旁,看着其他人演练着他们在孩提时期首次学习的各种技能——折纸鹤或剪裁纸人偶。在家庭式的照护中心,高桥太太告诉院长,美奈子曾是茶道大师,于是一名助理马上准备了茶用具:高雅的陶制茶碗、竹制的茶筅、木制的茶勺,以及用热水冲泡的抹茶。美奈子于是拿起用具,以专家的手法搅拌着抹茶,此时工作人员与其他客人全围坐一旁,称美奈子为"先生",这是"老师"的敬称。高桥太太觉得这家中心相当不错。它没有把姑婆当成孩子看待,而是营造出一种气氛,让她不只受到照料,还受到尊重。

美奈子陷入老年记忆丧失的吊诡之中:她能想起数年前的事件与行动,却无法记住不久前获得的新信息。如果要美奈子描述她在1941年一场气氛紧张的会议中上茶的情况,她几乎可以说得很清楚。那场会议发生在轰炸珍珠港之前,参加的人有她的哥哥,一名热切的反日本军国主义者,以及东条英机,日本好战的战时首相。美奈子描述了关键的细节:谁在房间里,他们坐的位置,以及双方恶言相向的大概内容。然而,当她第四次站在午餐桌旁,急着想找厕所时,我们告诉她,她才刚去不久,而她却完全不记得这回事。

幸运的是,在这段忙碌的日子里,美奈子一直保持着善解人意的脾气。她甚至可以跟韦克与直子的两岁半女儿蓝华玩得很开心。两人一起玩绒毛动物玩具,两人都在自己的床上高高堆起了厚绒布小熊与小兔子。这两个人都无法维持长久的专注力,美奈子喜欢在屋子周围漫无目的地游荡,蓝华也是如此。高桥太太有时要待在家里,有时必须出门办事。此时就由直子来照顾这一对四处游走的老人与孩子,但是直子就跟她妈一样,渴望得到喘息的时间。她可能一连好几天都无法休息。

这栋房子住了四代人仿佛还不够似的,美奈子还拥有由政府补助的轮班看护,他们也加入了照护行列。有一名通宵的看护,她是一名离婚妇女,一个星期来两晚,稍微为这个家减轻一点负担。①政府的补助使许多家庭无法仰赖单一的 24 小时看护。决策者知道家务责任对日本女性构成很大的负担,于是将家庭照护分别交由数名看护来做,借此让无法轻易拒绝家人要求的看护免于遭受剥削。

---

① 在日本,家庭照护的成本由中央政府、地方县市政府,以及接受者及其家人共同分担。这项计划部分属于保险方案,但保费与实际费用有一段差距。这项计划的产生,是为了响应公众要求协助日本女性的呼声,日本女性一直承担着照护责任,但她们自己也到了应该接受照护的年龄。照护的水平依照对接受者的评估来给予,依严重程度共分成六级。美奈子因为已经从中风的身体损伤中恢复,所以没有资格得到全天照护。1997 年,当这项计划开始施行时,日本政府过度低估实际需要照护的人数。获得协助的人是预期的两倍,然而因为老龄化人口是整个人口结构中增加最快的一群,因此原始估计数字与现实之间的落差预期还会更扩大,造成日本的财政危机。

专业洗澡人

接着是下野先生，他对这家人非常重要。下野先生曾是一名法律系学生，但前景并不看好，于是他成为快餐连锁店的经理。他表示："我不喜欢这份工作，刚好当时餐厅里另一名员工有一本招聘广告。其中一则广告谈到日本的人口老龄化，并且表示他们正在征求看护。我想，如果日本正在老龄化，那么这份工作应该很有前景。我本来以为这份工作需要执照，结果并不需要，只需要四天的训练就够了。没有医疗方面的训练，只有帮人洗澡的步骤与方法，以及如何协助无法步行的人。"

下野先生的教育背景与性别，使他成为看护业的异类。他说，他的妻子从未真正支持过他的决定，但这份工作的确很有前景。日本居家照护制度的独特性，在短期内创造出几家规模庞大的公司，他们派遣大量看护到民众家中。下野最早接触的两名病人是一对夫妻，两人都已超过95岁而且无法行动。丈夫有糖尿病而妻子的髋关节骨折。

"我初出茅庐就遇上这两名患者，这份工作确实不容易。除了我之外，还有一名雇工负责他们的饮食。在日本的制度里，看护是不许负责烹饪的。还有一名清洁工，另外这对夫妻还有两名住在附近的成年子女。"

这两位老人在他开始从事工作后不久就去世了。下野一次负责约十个家庭。他与病人的关系通常很短暂。

下野表示，他的目标是拥有自己的看护公司。日本政府建立的看护制度，不让家庭拥有单一的看护来照护接受者的所有需求，因此出现了一群轮班的看护人员，每个人各司其职。这种做法背后的理由是，要使照护工作专业化，让看护不至于因长期照护同一名病人而产生情感上的牵绊。此外，这种安排也使看护免于遭受家人过分的要求。"在目前的规定实施前，有些家庭什么事都要看护去做，包括遛狗。"下野说，诸如此类的怨言，促使政府制定更严格的法令。

光是洗澡这件事，就足以对病人产生支持的效果。就算是男性，这也是一份值得从事的行业。过去八年来，下野已经为8000名以上极度病弱、行将就木的老人洗澡，他们分属5000多个不同的家庭。下野说，有很长一段时间，他曾想过换个职业。他尽力做好手上的工作，但总觉得自己与服务的对象或与他们的家人少有联系。但经过一段时间之后，他发现洗澡这件事意义重大。

在日本，洗澡具有一种精神上的面向，下野自己或许很清楚那种感觉，但他从未设身处地体会为那些人洗澡时，对方的感受。下野是在为一名老太太洗澡时初次感受到这点，逐渐了解洗澡对于将死之人有着极特殊的意义。这个家庭令下野印象深刻的地方在于，老太太不断问起，下野什么时候要来帮她洗澡。下野为老太太进行日式沐浴，让她整个身子都浸泡在温暖的浴缸里，那天刚好是她临终的日子。事后，下野收到老太太家人寄给他的一封感谢信，信里衷心谢谢他的帮忙，而且提到洗澡对老太太来说有多么重要，她一直担心自己到死都无法好好洗一次澡。当大限将至，许多老人最后的心愿就是享受一次日式沐浴。当他们察觉自己可能无法得偿所愿时，往往极为绝望。

当下野对洗澡的看法有了改变时，他洗澡的方式也出现变化。现在，他经常收到家属的感谢信，除了谢谢他的服务，也提到洗澡对于临终的亲属而言有多重要。下野说："这些信使我了解，生活中看似微不足道的小事，对于我服务的人来说却极为重要，因此，没有什么事是可以视为理所当然的。"他说的不仅仅是水也不仅仅是人与人之间的接触。

家族事业

韦克的岳父高桥政直开始到大盛工业工作，是在 1963 年，当时他 23 岁。"我开始到公司上班的时候，工厂里每个工人年纪都比我小，"高桥先生回忆说，"只有五个经理年纪比我大，而他们也不过 35—40 岁。我们雇用的员工没有超过 40 岁的，因为我们可能管不动他们。每年我们会雇用约十名新人，年纪在 15—18 岁。他们是来自乡村的男孩，就像现在中国工厂里的工人一样。他们中学毕业，但没有一技之长。他们一般会在厂里待个十年，然后重新考虑自己的未来，再跳槽到大公司或直接前往东京。"

1973 年，日本遭受石油危机的打击。石油输出国组织（OPEC）中的阿拉伯成员国，停止输出石油给在赎罪日战争（Yom Kippur War）中支持以色列的国家，包括日本。随后，石油输出国组织又将油价提高为原来的四倍，日本因此遭受重创。

这场危机使日本快速从低成本经济转换成"高价值"经济。当商品与劳动成本攀高时，日本产业更加紧脚步进行生产自动化。此时加入装配线的不再是乡村男孩，而是机器人。

在日本的努力下，石油危机反而让日本因祸得福，使日本专注于发展高技术劳动力，并且使用高生产力与低耗能的科技设备。

然而，在这场转变中还存在着另一项因素。20 世纪 70 年代，日本的工作年龄人口，即 15 岁到 65 岁的人口，开始停止增长。与二战后其他工业化国家相比，日本的战后婴儿潮格外短暂，只在 20 世纪 40 年代末期持续了四年。1948 年与 1949 年，日本制定并修正了臭名昭著的优生保护法，使日本女性毫无限制地进行合法堕胎,[27]而且女性与男性都能接受绝育手术。这项法律部分受到美国优生学理论的激励,另一部分则是受到纳粹德国提倡基因优良种族的影响。其中一项目标是,让战后占领期与外国士兵交合受孕的日本女性能够堕胎。

今日,优生保护法仍因其立法动机而争议不断,但这项法律无疑已改变了日本。一旦给出机会,日本人便抓住机会,现在日本的出生率已降低四成。在20世纪70年代中期,日本年轻工人的数量已不如以往,而平均年龄也不像过去那么年轻,此时的日本社会已开始走上"老年化"。

高桥先生表示,年轻与年老员工各有所长,大盛必须学习在两者间求得平衡。大盛于20世纪70年代初开始引进计算机辅助设计,产品的精细程度超越以往,许多老员工不愿意或没有能力学习这项必要技能。公司需要具有高技术而且年轻到足以对日新月异的科技驾轻就熟的员工。市场上所有商品与技术在供给短缺时,价格就会上涨;对大盛而言,能承担新任务的年轻员工就跟商品和技术一样珍贵。目前在大盛内部仍有许多老员工,因为他们拥有的高超技术无可取代。但高桥对这些员工相当谨慎。"我的政策是,凡是超过60岁的员工,我不会把重要工作交给他,因为他随时可能离职。尽管如此,我仍然很倚重这些老员工。"

有工作能力的老员工,对日本公司来说算是物超所值的商品。大盛的雇员到了60岁时(法定的退休年龄,或至少不再担任全职)会收到一大笔退休金,而且是一次支付。小厂商支付的退休金大约是日本大企业(如大汽车厂或大电子企业)的一半。大盛的长期员工可以领到8万到10万美元,但丰田汽车的员工也许可以领到16万到20万美元。这笔钱连同员工职业生涯的储蓄,通常员工会选择以年金的形式发放。这是一项保守的金融策略,用意在于通过投资来获取收入，同时也能避免遭受日本金融市场残酷力量的打击。[28]此外，年金制也能防止金融服务业的图谋不轨，金融业过去一连串的丑闻严重伤害信赖他们的退休者。退休者也能从日本的社会安全制度领到退休金。

当老员工达到法定退休年龄时，大盛会提供一个机会，让他们以较低的薪水继续留在公司工作。这种做法在日本相当普遍，有三分之二的企业提供类似的安排。小公司的退休金较少，它们重新雇用退休者的成功概率较高，因为小公司的退休者比大公司的退休者更需要额外收入。这是个双赢的交易。返聘的薪资，加上他们的退休所得，几乎等于他们退休前在公司的全职薪资。这项安排显然特别适合大盛的老员工，因为他们绝大多数都留下来继续工作。

日本人知道自己很长命，即使到了六十几岁或甚至更大年纪，他们还是继续储蓄。如果没有工作，就不可能把钱攒下来。[29]

日本的雇主与雇员要比其他国家更愿意维持彼此的雇用关系。在日本，每十名55岁到65岁（这个年龄范围已经涵盖绝大多数国家的法定退休年龄）的男性就有六名以上还继续工作。在欧盟15个原始成员国中，每十名55岁到65岁的男性只有四名继续工作。[30]把年龄层分得更细一点，可以看出日本人在55岁到65岁这段时期，几乎每个阶段工作人口的比例都比其他工业国家来得高。55岁到59岁的日本男性，20人当中有19人有工作，是法国同一个年龄层的四倍。[31]60岁到65岁的男性，四成仍在工作。日本政府成功实验出一套方法，让年老员工成为对抗劳动力萎缩的最前线。

大盛工业的老员工有男有女，如果雇主有其他选择，那么这些员工几乎不太可能会成为他的首选。当然，这些老员工谈到自己的技术，也表达只要老板需要，他们都愿意留下继续工作。尽管如此，看到这群老人，仿佛看到一群为保护祖国而穿上军服进行最后殊死战的年老百姓。有些人看起来还很强壮、充满干劲，随时可以投入生产；有些人则显然不是第一线的料。老员工还很有力量，但能否仰赖他们让国家继续保持领先，在劳动力萎缩三分之一，年轻人口持续减少的日本，一切仍有待观察。目前日本的作战计划，是将法定退休年龄从60岁调升到65岁，这项变革已在进行中，而且要为已经或即将退休的员工提供各项训练计划。此外，有越来越多的公私立机构，专门提供职位给年老的工作者。

这些初步的努力对于想寻觅新职的老人来说，似乎不像被老东家重新雇用一样乐观。一家专为老人寻觅新职的新就业机构，有5700名老人登记，但该机构却发现，其中只有五分之一能找到工作。而往后需要工作的老人还会更多。经济学家马库斯·雷比克（Marcus Rebick），同时也是牛津大学圣安东尼学院亚洲研究中心主任，专门研究日本老人的贫困现象。雷比克指出，日本老人的贫困率在经济合作与发展组织国家中是最高的，而日本穷人的故事几乎清一色是老人的故事。

雷比克表示："日本穷困老人的比例已经缓慢下降，但他们的数量会随着日本老龄化而增加。"

雷比克说，最脆弱的族群是那些个体户，或为退休金计划微薄的公司工作的人，其中又以丈夫的退休金不足以支持她们漫长晚年的寡妇处境最不利。

在为年老工作者寻找就业机会的机构里，申请者非常渴望得到工作。而机构主管提到，有数量多得吓人的老人表达自己有前往发展中国家工作的意愿，[32] 因为当地的生活成本较低，可以雇人帮忙打理家务；有些人则说，他们可以将自己的技术传授给当地人。

许多例子显示，退休后继续工作也能让老人有收入支持自己的大家庭。有时他们会帮忙支付孙子女的教育经费，但通常还是用作八九十岁父母的照护费用。一名69岁的工人表示,他希望还能再工作几年,"光靠退休所得过活是不够的,我必须继续工作"。他为母亲选了一处离家近的养老院,方便下班后过去看她。他说,他知道这种情况还要持续好几年。

有条件地引进外籍员工

大盛有些老员工身体看起来相当硬朗,即使他们已工作50多年。有个工人已经70岁,他也姓高桥。过去他在一家米店上班,负责挨家挨户送米,二十年前退休之后,就转来大盛工作。高桥在米店工作时,每天要载6吨重的白米出门,然后从卡车上卸下每袋60公斤的米袋,挨家挨户送到民众家里。高桥的个头不高,顶着一头蓬乱的白发,但体格精壮结实。当我请他展示一下肌肉时,他的眼睛闪烁着,一边微笑一边自信地点头,他的两排牙齿仍然完好而健康。高桥卷起袖子,弯起手臂,两块坚硬如石的二头肌倏地浮现出来。

"我的父亲93岁,母亲86岁,"高桥说,"我有长寿的血统。我很多朋友都已经退休了,但我很高兴自己还能工作。每次来这里,我都不会感到疲倦。"

现在,高桥先生担任的是样品焊工,与十年前相比,这份工作的压力已经没那么大。他也负责训练年轻员工,不过这份工作对他来说却是一项意外的挑战,因为大盛工业很难找到年轻的日本工人,于是开始引进更多的外籍员工。

每年,大盛会引进五到六名外籍工人。日本官方规定,移民工人的额度在1%左右。这满足了日本人保存人种、种族与文化凝聚力的普遍期望。想在日本获得永久居留权(公民身份几乎不可能),

相关的规定从世界各国的标准来看极为严格。随着日本经济与文化的全球化，这种政策依然能够存在，说明了日本是多么想维持民族纯净。在一个劳动力停滞乃至于萎缩的老龄化国家里，这种要求与家庭及企业的实际需求产生冲突，因为日本明明需要移民来填补照护与生产人员的空缺。然而，除了移民政策外，劳工政策也存在限制。劳工政策允许企业从特定国家引进外籍劳工，而所谓特定国家指的是，日本觉得该国公民可以适用于低薪资（通常是长时间与几乎无休假的工作），而该国公民所属的亚洲文化或地区，经年累月一直有亚洲人（包括日本人）移入，因此是容易亲近的（至少从日本人的角度来看）。

内心不愿意，但实际上又需要外人

在新文化中生根并不容易，对于要在日本定居的外国人来说尤其困难，因为这个国家对外人极不信任。移民工人通常签的是三年的"训练"合约，不过他们基本上从事的是非技术性的工作，他们不需要训练，也得不到训练。其他以日侨身份"返国"的外国人可以无限期在日本居住，如果没有这层身份，就只能违法居留。无论这些移民以个人或团体的方式抵达日本，他们都为日本经济的凝聚提供不可或缺的黏合剂。

有一名学者针对日本在外籍劳工方面采取的推拉政策提出一套个人与专业的观点，这名学者就是戴夫·艾德温克尔（Dave Aldwinkle），他出生于美国，目前在日本的北海道担任教授。[33] 艾德温克尔另外取了一个日本名，叫作有道出人，而他也是日本极少见的取得日本国籍的外国人。有道出人为《日本时代》（*Japan Times*）撰写文章，提到目前日本整个产业界都仰赖外籍劳工。企业界有些重量级人物也表示相同看法，如丰田汽车董事长兼日本经济团体联合会会长奥田硕就宣称，日本必须提出正式的政策，以更好的劳动条件来吸引外籍劳工。[34]

对高桥政直来说，日本带有剥削性质的种族中心论已让国家恶名昭彰。日本的做法或许有其道理，但放诸全球这种做法是得不偿失的。他的家人长久以来一直是国际主义者。20世纪90年代初期，高桥夫妇到巴厘岛旅行，遇见一名饭店侍者，对方表示很想到日本工作，但没有钱前往。高桥夫妇并未将对方的请求当成心怀鬼胎的当地人耍弄的诈骗伎俩，反而仔细地考虑一番。

"亚洲各国普遍对日本存有恶感，我觉得自己必须改善外人对日本的印象。世上也有慷慨与开放的日本人，日本不是只住着坏人，日本是个好地方，"高桥说，"我有地方可以收留他，而我也有能力提供他想要的工作。"

第二天，高桥夫妇给那名印度尼西亚人500美元现金，告诉他这是去往东京机票费用的一半，如果他筹到另一半，就可以来住高桥家，而且到高桥的公司上班。

大约一年后，高桥家得到这个人的消息。他已经筹到钱，准备前来东京。他在日本待了八年，有一段时间住在高桥家。他学习日文，回到印度尼西亚以后在巴厘岛担任日语导游。"他获得很高的评价，"高桥先生自豪地说，"每个人都对他赞不绝口。有一家知名的观光杂志评选他是印度尼西亚最佳的日语导游。"

走在厂房里

大盛工厂的外表谈不上具设计感。它的外观跟邻近工业区的工厂没什么两样。前排大楼是极其简单的办公室，处理白领的工作，经理们穿着与工厂工人一样的连身衣裤。办公大楼后面是工厂，生产主要客户（一家日产公司供货商）需要的产品。

参观厂房的美国访客也许感觉不到这家公司有雇用外籍劳工的需要，甚至可能完全没注意到这里有外籍劳工。他们看到的第一批工人很难辨识出来。这些人是日侨，种族上是日本人，或者拥有部分日本人血统，他们的祖先曾经移往南美洲从事农业。这些早期移民绝大多数成为种植园工人。日本当初约有25万人前往巴西，但他们最后遍布在整个拉丁美洲地区。

日本人来到新世界，反映了当时的人口危机。20世纪初，日本人普遍认为国内无法养活5000万人口。乡村存在着太多无业年轻人，他们绝大多数不是长子，无法继承家中的农地过活。这些"多余的"男性成了家族的负担，也成为日本现代化的绊脚石。在政府协助下，大量日本人在南美洲获得新生。作为农场工人，他们相当受欢迎。当时世界对南美洲农作物（咖啡与棉花）的需求极为旺盛，因此劳工奇缺。今日，南美洲的日裔人士已传承到第六代。

目前，南美洲的日裔居民大体上已不再是种植园工人，而且也摆脱了佃农身份。举例来说，巴西最大的农业种植团体有些掌握在日裔手里，而南美各国的专业人员也有极高比例是日裔人士。与日本20世纪初在亚洲邻邦留下的恶果相比，这项遗产毋宁更为理想。因为日本当初殖民东亚与东南亚，也是以缓和国内人口危机为主要理由。

日本过去为解决人口问题而实施的军事与殖民政策，为亚洲邻邦带来了伤害。今日，日本仍努力在政治上与这些国家寻求和解。

经过一个多世纪，日本与南美洲的人口出现反转现象。现在，正如厄瓜多尔把工人送往西班牙，南美洲也把工人送往日本。曾因"人口过多"而拼命舍弃人口的日本，在国内移民劳工不断增加之时，特别愿意接纳来自南美的移民。20世纪80年代末，当时日本经济正值巅峰，而巴西经济则萎靡不振，日本特别为日裔巴西人放宽居留条件，于是"返回"日本的移民开始增加。汽车与电子部门愿意大量雇用这些移民；今日，日本国内大约有27.5万名日裔巴西人。[35]

不安全、不卫生、不容易

大盛工厂里的日裔劳工来自巴西与秘鲁。仔细一看，他们的长相与他们的日本同事不太一样，甚至可以说差异颇大。有些人一头红发；当长官走近时，他们不会做出恭敬的动作；他们看起来像是来自南美城市的梅斯提索人（mestizo）。①

走过日裔劳工的工作地点，我们看到三名戴着护目镜、身穿工作服的中国人。我们无法看清楚他们的脸，但当他们说话时便显露出国籍。语调与动作证明他们不是本地人。这些中国工人与大盛签订了三年的训练计划，不过实际上不会真的训练三年。公司太需要工人，而且没有公司甘冒风险投入心力训练以及让工人适应日本，然后在工人可以工作时失去他们。2008年，为了满足制造商的急迫需要，政府开始针对延长训练计划到五年进行辩论。一旦讨论开始，开放几乎无可避免。逐渐地，移民劳工乃至于更多外国移民的障碍开始撤除，外国人移入的趋势变得越来越快。与西班牙相比，日本更致力于吸引与日本人有文化联系的外国人，但跟西班牙一样，日本雇主也担心这样的联系如果太密切，恐怕这些移民影响的范围将不只是在工作场所。

---

① 欧洲人与美洲原住民的混血儿。——译者注

大盛一名高阶经理多田先生认为，外籍劳工可以在国内停留更久，是好事也是坏事。"如果他们待更久，工人更容易惹麻烦。他们会买房子、建立家庭，他们的生活会变得更复杂。"

68岁的多田先生虽然忧心，但也认为有必要接受这类麻烦。"以我现在这个年纪，在三十年前绝不可能继续再待在这家公司。但现在政府补贴我们雇用六十几岁的员工。这对我们有好处，因为我们雇不到年轻的日本人。"

年轻一辈的日本人教育程度越来越高，他们不愿从事所谓"三不"工作。"三不"这个词是用来形容日本年轻一辈不愿接受的工作条件：不安全、不卫生、不容易，尽管雇主愿意付钱给他们。

"对移民劳工来说，这样的工作正是他们要的。"多田表示，在训练计划中，外国人赚取的薪资是日本人的一半。如果外国人通过一连串日语水平测验，公司也会发奖金给他们。

在中国人的管理上，大盛的成功只能说是忧喜参半。在第一批的六名中国学员当中，有三名未能完成训练课程。有一名中途溜走，此后再也没听到他的消息。他逃走之后，从此只能成为日本的地下移民。新闻报道，日本的非法移民数量在22万到25万之间，而且以每年一万人的数量持续增加。这个数量还不到日本人口的0.25%，而且在与日本经济规模相当的国家里，这样的数量就连雷达上的光点都谈不上。美国人口的4%是非法移民，几乎是日本非法劳工的50倍。英国与法国的人口不到日本的一半，非法移民却是日本的两倍以上。那些继续留在日本的非法移民，做什么事都得偷偷摸摸，不仅是自己，还包括朋友与雇主。在日本，日常的执法必须仰赖无所不在的辖区警员与愿意通报邻里异状的民众。就算在大盛受训时生活处处受限，但这些人一旦逃跑，几乎肯定会陷入一个充满无尽虐待与艰苦的工作世界。

2004年到2005年,《圣荷西信使报》(San Jose Mercury News)撰稿人野口夏侬(Sharon Noguchi,音译)在富布莱特奖学金的资助下,着手研究日本的移民社群。她尾随日本非法劳工的脚步,跟着他们不断更换工作,追踪他们到小工厂、食品加工厂与雇用他们的服务业。她追踪的一名工人11年间换了13份工作。这条坎坷的道路是各地非法劳工的必经之路,但在日本,非法劳工通常被视为罪犯而且受到大众的疑惧,雇主知道他们可以对这些毫无保护的非法劳工予取予求。

即使是合法来日的劳工,也很容易落入受剥削的陷阱。外籍劳工一抵达日本,就必须将护照交给新雇主,这项做法使新雇主几乎完全控制他们的行踪。除非工人不要这些文件、擅自逃走,然而这只会让他们更容易遭受日后老板的剥削。一旦沦为非法劳工,他们的薪资将是合法劳工的零头。如果这些人是女性,她们很可能被迫成为性工作者。此外,非法劳工当然无法享有社会安全与医疗福利。

大盛另一名未完成训练的中国学员,他在东京遭警方逮捕,理由是未携带外国人登录证明书且四处游荡,最后遭到驱逐出境。日本近年来犯罪率提升(其实仍相当低),外国人经常被当成罪魁祸首。各种歇斯底里的说法纷纷出笼。日本前法务大臣、知名政治人物鸠山邦夫利用民众的恐惧,表示他将加强"移民管理"来降低犯罪率。[36]一名日本国会议员表示,日本国内有100万名外国人,这些人组成了杀人与窃盗帮派。东京市长说,外国人"全是鬼鬼祟祟的小偷",[37]全国人民应动员起来,留意国内的外国人是否拥有适当证件。即使拥有证件但只是忘了带在身上,也会遭受严厉的惩罚,包括驱逐出境。

大盛已经在中国设立一处营运据点。到目前为止,这个据点主要扮演着设计功能,并未从事任何生产制造。但这种情况很快就会改变。高桥先生相信,大盛将会继续经营国内市场,为日产汽车供应零件，专门服务日本的消费者。到目前为止，大盛生产的汽车仅供内销。但他补充说，日本人口的萎缩，将会迫使像大盛这样的公司构筑全球性的市场与员工策略。石坂泰政是莲花投资管理公司（Lotus Capital，日本一家私募股权基金，专门为最大的机构投资人提供服务）的执行董事，他表示，老龄化的人口结构迫使日本必须大胆地投资年轻国家，一定要利用这些年轻国家的经济成长动能才能带动老迈的日本。大盛供应的汽车大厂已经斥资数十亿在新兴市场设厂，以对抗国内日益萎缩的生意。即使在2009年与2010年经济不景气的时期，拉丁美洲与近东地区仍获得巨大的投资承诺。工业、金融与消费产品公司全走上了新兴市场的投资道路，以取代原本稳健（而停滞）的国内市场。"日本公司正注视着更具异国风味的市场，"2010年7月《金融时报》（*Financial Times*）表示，"日本老龄化的人口与改变的消费行为仍将使国内前景持续低迷。"难怪高桥先生认为，像大盛这种中等规模的制造商未来应该不会像现在一样，在日本经济上居于重要地位。

"我在制造业有许多朋友，"高桥先生说，"绝大多数都已退出这个行业。他们把厂房卖了，把钱拿去投资房地产，他们认为这么做要比经营企业更有利可图。在日本生产商品时，很少有人愿意每天操心员工问题、与政府打交道，以及从事全球性的竞争。"这股趋势令高桥先生感到难过。"制造业可以生产具有真实价值的商品，而且能让人拥有好工作。这一点似乎很少有人能够体会。日本未来的模式将是在外国设厂赚钱，而实际工作的将是那些外国人。"

日本公司进驻中国

随着工人供给的萎缩，日本年轻技术工人的经济力量也跟着提升。雇主无论如何都要找到解决人口短缺的方法，他们最后决定到国外雇用较便宜的年轻工人。今日，有将近2万家日本公司在中国开设，雇用的中国工人总计达100万人。

但这个数字只暗示了日本产业想把"危险、肮脏与困难"的工作转移到中国，以运用当地丰富的年轻人力。中国工人的劳动成本低，他们的热情很容易被美好的经济前景所点燃。支撑这些日本工厂的是数千家中国公司，他们是日本公司的供货商。这些供货商绝大多数是中国企业家创立的，他们提供零件与服务，最后组装成日本的中国工厂所生产的成品。这些新企业在中国重新创造了一批有如新版的日本供货商网络，正是这种供货商网络在20世纪构成日本产业兴起的心脏与灵魂。像中国这种拥有大量充满活力的年轻人的国家，正是建立这类新产业群聚最好的地点，而年老的日本也可借此保有它已享有的一切成果。

高桥先生有时会应邀向日本年轻人发表演说，他谈的主要是制造业对于日本国力的重要性。然而，在他的呼吁背后存在着一个黯然的现实：即使这群年轻人甘冒"三不"的风险，但所有的产业早已连根拔起，日本公司为了回应人口减少的问题，已经将厂房移往海外。日本大学生攻读工程与其他科技相关领域的比例，平均每年下降10%，在一个首席工程师宁可寻找外籍工程师来取代国内高薪劳动力的经济体制下，这样的选择毋宁相当合理。就连父母也对于鼓励孩子选读工科感到犹豫，因为他们知道中国、印度与巴西工程师的起薪大约只有日本的十分之一到三分之一。总务省估计，日本光是数字领域就短缺50万名工程师。[38] 日本各产业协会努力引诱年轻人前来填补空缺的职位。他们制作浮夸的广告，极尽所能地美化工程师。个别厂商则提供签约奖金，给愿意抛弃原来的公司前来效力的优秀员工，这种做法在不久之前不可能存在，因为日本向来以跳槽为耻。

然而,国家与企业无法逃脱他们自己创造出来的趋势。随着人口萎缩,学生变得更有价值,许多人转而攻读法律与医学等较不肮脏的领域,或许更重要的是,这些领域比较不容易受到产业外移的影响。

如果能够看出全球工作的移动是因为国外成本较低或新兴经济体的工人特别勤勉,那么就能得知更完整的日本全球化动态图像。人口的变迁改变了工作与工作者的价值。先进国家的优秀员工不会失去价值,而是增添价值,但他们在市场上的抢手地位却会推动全球化的降低成本浪潮,反过来减损他们的价值。

这个主题经常反映在日本大企业的企业营销上,他们把敲响人口警钟视为自己的使命。大型影像公司柯尼卡美能达(Konica Minolta)在2007年企业责任报告书中强调,他们不仅将致力于让中国雇员符合该公司的最佳标准,也将提出策略解决日本的人口减少问题。[39] 日本原本只专心于发展自身经济,现在它却将自己的命运与其他国家牢牢绑在一起,特别是那些能缓和日本人口减少问题的国家。然而,这项策略也可能导致国内产业更快速外移,甚至包括日本的服务业与创意产业。本田是第一家将完整厂房设于中国的日本汽车公司,它生产的车辆最后通过外销回到日本。2009年8月,《华尔街日报》(亚洲版)报道,印度科技与外包公司长期以来一直被日本本土产业拒于门外,此时突然增添了数千名雇员来服务几家日本"全国排名第一"的公司,如日立、富士通与日产汽车(可能影响高桥家的命运)。该报也表示:"有鉴于日本人口不断老龄化……印度公司认为未来将有更多商机可期。"日本公司也快速移往中国。中国新闻报道,在大连市有1.4万名会说日语的软件工程师正努力编写程序代码,从重型机器、日本计算机到电视游戏,有些销往日本，但更多是销往有成长远景的外国市场。

新的家族事业？

回到镰仓，高桥家正思索着该怎么处理过世的叔叔留给他们的老房子。高桥太太最新的构想，是把这栋房子改建成老人照护中心。在自然环境与传统日式房舍的围绕下，在此生活的老人可以获得有尊严的照护。考虑到日本老人会越来越多，高桥太太觉得这会是一桩好生意。同样地，这栋大房子也可能是适合退休的好房子，即使是三代同堂也绰绰有余。

第六章
欺骗死神

当我们还在子宫时,便已经开始走向死亡。这种观念相当吊诡,怎么可能如此?

部分的解释是,早在出生时,我们已经获得现代医疗的好处。同样重要的是,我们生存的世界在健康与长寿的分配上仍然很不平均,取决于一个人在何地、何时与如何出生及成长。环境的影响不一定显而易见或容易预测。与同时代的人相比,我们的心灵与肉体在老化过程中维持得有多好,必须考虑祖先赋予我们的基因("如果你想长寿,你要选对父母")、出生与成长的环境带给我们的压力,以及我们选择的生活方式。

母亲怎么对待肚里的胎儿,将影响孩子是否能健康活到成年。一个人在 80 岁罹患癌症,或许与母亲怀他时的生活环境有关,基因的扳机早在当时就已定好了启动时间。伦敦大学学院儿童保健研究所艾伦·琼斯(Alan Jones)把出生前与婴儿期称为"机会之窗",在这个时期,基因可以通过表观遗传学(epigenetics)"设定"为健康(或不健康)。琼斯表示,表观遗传学是基因与环境之间微妙的互动关系,并且强调表观遗传学与人的一生有着密切关联。[1]

当表观遗传出现变化时，DNA会与化学群产生反应，这些化学群拥有活化或钝化基因的力量。表观遗传变化无法影响一个人的基因构成，但能影响我们活化、钝化基因的方式，或改变基因的功能。

环境通常是触发表观遗传变化的主因。例如，假若一名母亲让胎儿接触到合成荷尔蒙（也许是经由医生处方或每天的食物），那么婴儿日后可能会对天然荷尔蒙产生异常反应。母亲的压力（会产生额外的反应神经系统）或饥饿（会导致身体囤积热量，将热量储存成脂肪而非形成肌肉），也会对胎儿造成终生的影响。遭受情感虐待的母亲，她的子女也可能会有受虐的后遗症（容易罹患忧郁症，这是老年人的杀手）。

好消息

但是，如果我们在子宫里开始步入死亡，我们也可以在子宫里开始延长寿命。前提是，我们能在出生前幸运地拥有良好照顾。因此，想延长寿命必须趁早。曾经无可动摇的命运，现在已能借助医学介入加以转变。

出生之前与出生的那一刻，是决定一个人能否长期健康的关键。这段时期原本对母亲与孩子而言是一生中最危险的时刻，但在医学介入下却成为一项转机，大幅改变了人的寿命与健康。

接受B型链球菌简单检验的母亲可以服用抗生素，以避免新生儿可能产生的并发症。感染B型链球菌的成人不会出现任何症状，但会导致新生儿出现脑膜炎，并且造成脑瘫。简单的血液检验可以辨识出50种新生儿疾病。婴儿出生后不久，医生或护士会用针扎婴儿的脚底，取一滴血放在小片滤纸上。实验室分析样本，检查是否出现极为罕见的情况，而这些情况若不治疗，就会影响孩子一生的身体健康或者精神健康，甚至导致孩子夭折，或两者皆有。

"我会说这是我行医二十年来最大的一项变化，"芝加哥儿童纪念医院小儿科医生莉贝卡·昂格（Rebecca Unger）说道，"我刚开始执业时，我们只能检验五种疾病。现在已经是原来的十倍，而且我们也能处理检验出来的这些疾病。"如果血液检验发现，婴儿罹患每四万名新生儿才有一例的"短链脂肪酸去氢酵素缺乏症"（SCAD），其实只需要简单的饮食调整就可以帮助婴儿恢复健康，否则孩子将一辈子面临癫痫的死亡威胁与严重的呼吸问题。从脚底采血检验，可以检查出每2200名新生儿就有一例的甲状腺功能低下症，这种疾病会导致呆小病，使身体与心智成长迟缓。

"如果实验室检验的结果是阳性，那么这些疾病必须尽快加以治疗，"昂格说，"无论我们身在何处，实验室总是能加以追踪，告诉我们问题所在，要求我们马上做出调整以符合婴儿的需要。这种做法对于遭遇这类疾病的孩子与家庭的健康，将产生巨大的影响。"

直到最近，人们普遍存在一种合理的忧虑：挽救早产儿（也就是在怀孕第37周前出生的婴儿）的科技进展得太迅速，结果早产儿的命虽然救回来，却经常出现严重的健康问题而需要终生照顾。早产儿比正常婴儿更可能罹患各种疾病，包括脑瘫与心智迟缓。维持这些孩子生存的成本极高，而且需要长久持续的治疗。早产儿经常有呼吸困难的问题。全世界有5%—10%的新生儿需要急救。过去经常以氧疗法来为婴儿弱小而容易衰竭的肺提供辅助，但氧会带来一系列危害，过多的氧将使婴儿出现一连串严重并发症，包括癌症。

今日，早产儿拥有更好的机会。举例来说，倘若能提供早产儿肺表面活性剂（如同洗洁剂里加强泡沫的化学物质）来巩固婴儿的肺泡，使其保持圆形与膨胀状态，那么早产儿通常能自行呼吸。

"我过去认为自己的工作最困难的部分，在于看着病房里的早产儿挣扎呼吸的样子，"昂格说，"我恨透这种景象。但现在绝大多数的婴儿都能自行顺畅地呼吸。"

医学不仅协助婴儿健康地来到这个世界，也让他们日后走上长期健康之路。在发达国家，平均寿命持续延长。今日，早期的医学介入也许可以让寿命延长数年，但前提是，现代的生活方式不会抵消掉这段延长的时间。

我的表观遗传认同

虽然我们已经了解自己如何受环境影响，但仍无法实际比较真实世界与理论世界的表观遗传自我。尽管如此，却有极少数的人拥有宝贵机会，可以留意与思考自身的表观遗传现实。

事实上，表观遗传的变化几乎总能从同卵双胞胎的身上发现。这种变化可能发生在出生前、出生时与出生后很久一段时间。我的兄弟与我有着完全相同的基本基因构造。本质上来说，我们是彼此的复制人。即使到了今日我们已年过五十，但两人的脸孔、声音、动作仍具有惊人的相似性。然而，环境中的某些要素，或许也包括子宫，使我们兄弟俩在某些微妙（或许也没有那么微妙）的地方产生差异。出生时，我的体重较重而且比较健康。我跟母亲一起回家；我的兄弟却在医院的保温箱里待了一个月。我比我的兄弟高了5厘米，但我的兄弟总能在赛跑中击败我。我有心律不齐的问题，因为我的心脏周围多了一束神经。在我接受手术解决这个问题之前，我的心脏有时跳动得跟蜂鸟一样快。我的兄弟则从来没有这种问题。我从大学毕业后就住在热带地区，因此我比他多了一项容易罹患皮肤癌的因素。太阳对我照射了较多的光子，而强度也比他受的日光照射来得猛烈。太阳的能量注入我的基因之中，改变了它们的结构。虽然我没有太多怨言，但医生警告我，统计数据显示，我的基因日后很可能会被触发，如果我活得够久，癌症迟早会跟着出现。跟其他部分一样，这种阴郁的信息我只简述到此，不继续细谈。

在标准的基因理论里，我的孩子与我兄弟的孩子从遗传来看可以算是同父异母的兄弟。但是，如果长期且密集地曝晒阳光会改变我身体的表观遗传事实，那么我的子女与孙子女或许会比我的兄弟生下的子女更容易罹患皮肤癌。这不是因为我的基因组已经改变。这是不可能的。而是因为用来启动与关闭我身体基因的软件，已经输入了与我的兄弟不同的程序。换句话说，我的基因所运作的软件已经改变。

从宏观的角度来看，表观遗传学的渐受重视或许有助于显示，一个世代的选择对后代子孙的健康与寿命的深远影响。换句话说，如果我们能了解自己做的一切会有什么影响，我们或许能帮助后代子孙活得更久。

我是金牛座，你是什么星座？

一度受到忽视的早期生命差异，往往能产生重大结果。举例来说，在酒吧里，搭讪者开口就问："你是什么星座？"这种问题等于在无意间对被搭讪者做出初步研究，可以了解对方潜在上可能遭遇何种表观遗传不幸。20世纪30年代以来，人口学家对于人们出生的月份、季节与年份有着浓厚兴趣，他们认为出生的时间多少跟早夭、成年后的健康问题，以及能否活到老年有着密切关联。

出生日期在现代开始引起关注始于20世纪30年代，首倡者是耶鲁大学地理学家艾尔斯沃斯·亨廷顿（Ellsworth Huntington）。他是现实版的印第安纳·琼斯（Indiana Jones），也是足迹踏遍世界各地的学者。亨廷顿是一位学术巨人，他的学说在当时引起许多想象，但时至今日很少有人记得他的姓名，他的说法也遭到否定。亨廷顿最后在完成了一连串艰难的近东探险之后，高挂皮靴，窝在耶鲁图书馆与市政厅的档案室里钻研未知的神秘现象。他的第一站是庞大的参考工具书《美国传记大辞典》。亨廷顿仔细检视10890项传记条目，将这些名人的死亡年龄与他们的出生月份加以比对，发现有数量多到令人惊讶的名人出生在6月，并且在满69岁生日的前两个月过世；另外还有相当数量的人出生在2月，并且在70岁生日前一个月过世。

亨廷顿仔细比对美国各地的公共记录，发现了类似的模式。亨廷顿的思考与古代观星家的占卜不同之处在于，他探索的是地球的环境影响，而占星家则是将命运与星体的运动相联系。太阳当然也是星辰，事实上，太阳及季节与遗传的启动有很密切的关系，而这将影响我们的老化过程。

今日，环境影响健康与寿命的事实已毫无争议。然而最近的一些发现（这一次不是来自人类学家，而是临床医生与流行病学家）显示，环境对我们的分子/遗传命运的影响，要比原先想象的来得大。

20世纪70年代，科学界一般认为生活方式是导致肺癌与心脏病的最强有力的诱因。挪威医生安德斯·佛斯达尔（Anders Forsdahl）注意到，罹患肺癌与心脏病的病人的发病原因与生活方式的选择并没有太紧密的联系，病人的财富水平（挪威在20世纪70年代财富相当均平）更是影响甚微。甚至连抽烟也是相对不重要的因素。[2]

佛斯达尔是医生之子，他继父亲之后成为挪威北部偏远地区的地区医生与公共医疗官员。他很了解该地区不同族群的生活条件。他找到与疾病最强的联结是患者的出生地,以及这些地方是否有着较高的婴儿死亡率。心脏病与肺癌患者通常来自挪威幼童死亡率较高的地区,没有这类疾病的挪威人则通常来自儿童存活率较高的地区。斯堪的纳维亚的人民出生、健康与死亡的记录翔实且叙述得很具体,而且可以上溯到19世纪,有些甚至更久远。

检视健康与死亡率数据,并且比对出生月份记录(不过比对的方式要比亨廷顿复杂得多),可以显示挪威人出生时的生活状况是否会在日后产生严重的长期影响。与世界其他地区(尤其是邻邦俄罗斯)相比,斯堪的纳维亚的居民一般来说较为长寿;这份研究目的是为了梳理出非同质群体在健康与寿命上的差异。

马克斯·普朗克人口学研究所的加布里埃尔·多布哈默(Gabriele Doblhammer)调查了数百份有关环境与终生健康的研究报告。[3] 她的结论是,人的寿命因出生月份不同而有广泛的差异。挪威乡间的差异与季节有关,北半球居民与同季节出生的南半球居民相比,健康状况通常比较好。这种差异背后有一项重要因素,在20世纪初,也就是今日的老人出生的时代,当时的母亲在某些月份或季节身体比较病弱。由于母亲的健康决定了子女的终生健康,因此这些受调查的挪威老人当时在子宫里的健康状态,将影响他们今日的健康状况。

这是个一般性的发现,它的意义较适合用来解释广大群体而非一般个人,而它也指出环境在我们的健康上面所扮演的角色。显而易见,在城市里与烟雾或有毒饮水这类杀手一起生活,可能导致罹患各种早期癌症与死亡。挪威的例证与瑞典的研究取材自非常纯净的环境,这些地方没有现代的环境毒素,却有相当大的环境压力。

瑞典的研究也聚焦于过去两世纪以来曾遭受饥荒影响的人,他们的寿命及其一般健康状况。饥荒不仅让经历者身体受损，也使其子嗣的健康状况不良。针对瑞典丰收与饥荒时期所做的研究显示，饥荒受害者的子女（甚至包括饥荒结束后所生的子女）与孙子女，与未经历饥荒的母亲（包括未经历饥荒母亲的母亲）所生的子女与孙子女相比，寿命比较短。（持平而论，饥荒虽然缩短了经历者的寿命，但少部分人的生命却因此得到延长，这些人的身体在环境压力下出现遗传变化，因而变得更容易恢复精力。）污染、饮食变化、战争或迫害的压力都是广泛的环境触发点，这些因素影响基因的启动与关闭，而基因的启动与关闭则影响我们身体与心智的健全及寿命长短。

从宏观的角度来看，表观遗传学的渐受重视或许有助于显示，某个世代的选择如何对后代的健康与寿命产生深远的影响。研究并未显示，当母亲经历一段充满压力的日子之后，只有母亲或子女会缩短寿命。母亲承受压力（在一些例子里，父亲承受压力时也会如此）似乎影响的不只是子女，也包括孙子女与曾孙子女。就连生活上从未像祖先一样曾承受压力的年青一辈，似乎也可能出现压力的后遗症。今日的研究专注于探索基因内部是否存在着可传承的触发机制，这些机制不仅伴随着基因由父母遗传给子女，甚至传承两到四代或甚至更多世代。此外，研究也探索其他在遗传过程中未曾经历相同变化的基因组。"表观基因组"（epigenome）的遗传很可能是造成人们在健康、寿命上出现差异的主要因素之一，甚至对于性格与认知能力也产生部分影响。

年老与迟缓

了解环境对寿命的影响之后，人类当然想找出什么样的环境变迁可能延长寿命。此时出现了老化研究的超级巨星，有一种被研究者称为"C. elegans"的线虫，它是秀丽隐杆线虫（Caenorhabditis elegans）的缩写。这种线虫大约跟芝麻一样大，如果在一旁观察不加以干预，会发现这种线虫一生基本上只做三件事：蠕动、吃细菌与排泄。线虫是透明的，这项特征带给钻研基因与细胞的研究者极大的方便。线虫也是具有顽强生命力的小虫。某些种类的线虫可以在"挑战者号"（Challenger）航天飞机的空爆震荡下存活。它也能在某种冬眠状态的深度冻结下存活，然后在解冻后继续蠕动。导致线虫无法长期存活的障碍是时间，它们的自然寿命只有两个星期。尽管如此，线虫却是了不起的合作者，有三个诺贝尔奖颁给了研究线虫的学者。

对那些认定老化是一种疾病的研究者来说，线虫算是一种绝佳的案例。如果线虫被养在培养皿中，给予充足的食物，没有疾病或创伤这类外在压力，线虫仍然会死。这意味着线虫内在的某种东西杀死了自己。然而，由于这种有机体相当容易研究，再加上它的基因组几乎已完成排序，所以研究者不断利用线虫来研究如何改造基因以延长寿命。

除此之外，这种小虫的基因结构与较复杂的有机体（例如人类）相当近似，因此可以作为一般老化的研究基础。在实验室里，可以在细菌中植入一些基因物质，使线虫产生突变，一旦线虫吃下细菌，就能改变线虫某些基因行为。与人类一样，线虫拥有控制生长与老化的基因，它们会调节影响生长与老龄化的荷尔蒙。当这些基因出现变化，有机体生长与老化的方式也会改变。加州大学旧金山分校的辛西亚·凯尼恩（Cynthia Kenyon）进行一连串实验，她的团队关闭了线虫的某个称为"daf-2"的基因表达。这个基因编对位于线虫细胞膜的荷尔蒙接收器进行编码。在正常状况下，这个基因促使荷尔蒙在老线虫身上加速老化。人类身上有荷尔蒙胰岛素与胰岛素生长因子（IGF 2）来执行类似工作。当关闭线虫上的daf-2基因，线虫的寿命可以增加到原来的两倍。

如果这听起来不可思议，那么寿命延长的线虫在新老年的状态同样会令人印象深刻。正常的线虫在两个星期的生命末尾仍会饮食排泄，但已停止蠕动。改造后的线虫到了第三个星期依然生龙活虎，而且似乎比正常的线虫更能承受疾病、毒素与压力（例如冷与热）。它们是超级线虫。在酵母菌、果蝇与老鼠身上进行类似的基因改造，来控制能影响生长与老龄化的荷尔蒙，结果也能延长这些生物的寿命与活力。

这种做法也能运用在人类身上吗？凯尼恩说，还有一些颇为有趣的结果尚未发表，她相信全世界对此应该会非常感兴趣。与此同时，凯尼恩也发表了对百岁老人进行研究后的初步成果。她发现这些长寿者通常有着与众不同的遗传路径，尤其表现在对荷尔蒙的控制上，这些人比一般人更能对抗疾病与面对环境压力。另一方面，在我们设计出另外一种延长寿命的实验之前，线虫仍不失为了解老化基本原理的绝佳对象。这项实验关系着我们如何成功处理环境带给我们的损伤，以及我们的身体如何随着时光流逝而启动老化过程。我们的基因不断启动与关闭着那些让我们变老的机制，而每个人的基因表达方式有很大的不同。

再生是退化？

也许有其他方式可以让生命往未来延伸，而这些方式根源于一项基本事实，曾经接受过心脏、肝脏、眼睛或肾脏移植的人了解这点，即人类的身体拥有某些元素，而这些元素可以为他人所用。

研究者汤姆·兰道（Tom Rando）不相信科学会出现任何突破，使人类在非常老的年纪仍能维持活跃与健康。他认为，问题在于，你年轻时用来维持健康的方法，可能在年老时危害你的身体。尽管如此，兰道还是找到一个方式让受损的老年身体（老年的身体就算可以复原，速度也非常缓慢）快速获得修复。兰道本人身材苗条而匀称，与在顶尖实验室里工作的科学家一样，他的笑容使人卸下心防，而他对任何事物总能乐在其中。兰道也是好奇心极重的人。奇妙的是，他毫无老态。50 岁的兰道看起来就像 30 岁。

兰道教授取得哈佛大学三个学位，包括一个生物学博士学位与一个医学学士学位。他的履历足以使他进到任何一间研究机构工作，不过他的主要职位是斯坦福大学医学院的实验室主任。兰道与他的研究团队调查肌肉细胞的生物机制，以及肌肉细胞与肌肉干细胞之间的互动关系。他们的发现有助于解释肌肉再生的原因，以及肌肉如何随着人的老化而衰弱。有鉴于他的年轻外表，人们有理由怀疑，是否兰道在上锁的橱柜里藏着不为人知的神秘血清。毕竟，这才是硅谷的核心，大笔的金钱投入各种延长人的寿命的研究上，无论是机械、电子还是生物方面。时间是终极而稀罕的资源，也是迄今为止金钱无法完全买足的珍贵之物。在硅谷必然能找出一两名富有的巨子愿意倾尽一切努力，获得能再活一百年的仙丹妙药。古老的道德教化故事仿佛在此处上演着，因为世上最庞大的财富、最聪明的心灵与最奇异的自我全汇聚于此。

兰道博士没有回春灵药，但他在细胞复原领域的成功，使他逐渐从社会维度探索老化，而且从最初的令人鼓舞，演变成令人不快。

随着时间流逝，哺乳类动物迟早会失去再生肌肉的自然能力。尽管兰道对于激进的延寿研究深感怀疑，但他确实相信，医学有助于人类延长再生能力。兰道的实验室位于帕罗奥图退伍军人医院

（Palo Alto VA Hospital）四楼，大门深锁，闲杂人等不得进入。退伍军人医院也支持兰道的研究。要前往兰道实验室必须穿过医院，经过退伍军人病房。许多人因战时受伤而残废，损伤加速身体衰老的速度，这些退伍军人比一般正常人更早出现老化的征兆。这些身体遭到毁伤、跛行乃至于无法行动的退伍军人，他们努力对抗急速老化，过程中往往伴随着身体机能的退化与心灵的绝望。头部伤害使受害者的脑部机能急转直下，这些人通常会在晚年出现思考混乱与记忆丧失的问题。伊拉克与阿富汗战争对美军士兵的头部造成的伤害尤其巨大。退伍军人医院预计，它们照顾的大量伤兵未来可能出现身体机能提早退化的问题。于是，我们便能清楚了解，为什么负责治疗伤兵的机构会支持兰道的复原研究，以及兰道为什么如此兴致勃勃地从事这项工作。

陷阱：创造一只更好的老鼠

兰道实验室的一项发现是，肌肉通常具有休眠能力来再生肌肉。肌肉干细胞（又称卫星细胞）存在于肌肉组织之中，它会在年轻肌肉中激活且修复损害。然而，卫星细胞在年老肌肉中不会定期启动。干细胞仍然在肌肉组织中；它们原本可以苏醒并触发复原机制，但它们却毫无反应。这些细胞对于"肌肉的求救声充耳不闻"。

"身体越年老，受伤时越有可能留下疤痕，"兰道说，"留下疤痕的肌肉与皮肤功能较差。随着年龄增长，结疤的情形会越严重。"为了解问题的根源，兰道与他的团队找了年老的老鼠（肌肉再生较慢）与年轻的老鼠（肌肉痊愈速度较快），通过精细的外科手术将它们的循环系统联结六个星期。简单地说，兰道创造了一老一少的连体老鼠。[4]

兰道的团队于是伤害年老老鼠的骨骼肌，骨骼肌是一种协助移动的肌肉。观察之后，兰道说，"年老的老鼠痊愈速度变快"，与年轻老鼠类似。为了再次检验年龄差异的影响，这次将年老的老鼠联结起来。它们痊愈的速度并未加快。年老老鼠的肝脏再生较慢，但当它们与年轻老鼠联结起来时，肝脏痊愈较快。兰道推测，造成差异的并不是年轻老鼠的干细胞，而是"细胞周围的化学汤"(chemical soup)。老化学汤无法促进痊愈。

兰道提醒，要找出年轻老鼠的化学汤造成差异的原因，将会是个漫长而复杂的任务，需要对血流中的蛋白质、脂质与糖进行数千次检验。兰道也指出，实验研究的是急性受伤，而非肌肉功能随时间逐渐减损。

"老化的耗损仍是个谜。"兰道说。然而，随着科学逐渐了解如何让休眠的细胞重新扮演再生的角色，这些结果终将有助于对抗退化性疾病，包括阿尔茨海默症。这是个美好的前景。

尽可能让生命维持最佳状态

在老鼠实验中，年老的老鼠一旦与年轻老鼠终止联结，它的痊愈速度就不再那么快速。兰道提醒，人们不应该认为他的实验可以用来逆转正常老化，或让寿命超越自然极限。我们的身体有一套神秘机制，足以对抗一切延寿的努力。身体对干细胞治疗角色的压抑，可能是演化过程的反应，用来抑制不再成长的身体出现不健康的成长现象。在年轻动物身上，快速成长是好事。在年老动物身上，快速成长是一种病。

"干细胞等待信号，如果以'人为方式'发信号给干细胞，可能会引发癌症。"兰道说。寻求治疗老化的药方，这种治疗手段可能在身体内部引发更具毁灭性的反应。"这当中会产生抵偿的现象，"他说，"医学擅长的是修复损坏，而非阻碍自然过程。"

兰道也说，这不是巫术世界，可以让每个人都像青少年一样地打网球。"大多数人都认为，疾病能够治愈，他们的生命可以维持下去。科学能让生命呈矩形，使人们一直健康地活到死去那一刻。"兰道所谓让生命"呈矩形"（rectangularize），意思是说尽可能让生命维持最佳状态。对大多数人来说，健康的图像一直是个不完美的三角形，宽阔的底部代表健壮的年轻时期，越往顶端则越细窄，表示身体状况随年龄走下坡。所以，兰道现在把他的治疗建议限缩在以"完善饮食与运动"来避免年龄的摧残。

那么，兰道的发现会对伦理带来什么样的挑战呢？"嗯，我想老鼠实验真正吓人的部分，"兰道说，"在于我们的研究可能会鼓励老人设法用手术的方式将自己与孩子联结起来，而非想办法治疗自己的疾病。"

令人惊讶的不是人们可以设想出这种场景，而是当有能力"安排"这种联结的人有长寿的需求时，这种市场很容易就能建立起来。① 在一个逐渐老龄化而不断追求延长年轻活力的世界里，这种事似乎不可避免。想当母亲的女性担心自己太老、太忙或太美而无法怀孕生子，这些女性已经有了其他选择，她们可以雇用一名年轻

---

① 芝加哥大学法学教授理查德·爱泼斯坦（Richard Epstein）在1998年于《华尔街日报》（*Wall Street Journal*）专栏发表的文章引发了争议。他提议建立一个买卖人体器官的市场，器官的来源可以是死者，也可以是活人（例如肾与其他器官，人类就算少了一个也能活着）。他的论点是，有200名只有一颗肾的人活着，好过100名有两颗肾的人活着。批评者抱怨，这种系统将助长对穷人与其他弱者的剥削。爱泼斯坦身为极端的自由意志主义知识分子，他希望批评者能抛开他们伦理上的过度审慎。

2007年，《芝加哥论坛报》（*Chicago Tribune*）报道，在巴基斯坦一处小村落里，村民参与了买卖器官的全球灰色市场，这些到处走动的村民，身体表面对应肾脏该在的位置有一道紫色的大伤疤。

而适合生育的女性为她们足月分娩。人们甚至可以购买年轻女性的健康卵子，然后再植入另一名女性的体内。无论是代孕母亲还是卵子，这两种市场都相当热门而且价格昂贵。

以人类卵子来说，富国妇女的需求促成了这类见不得人的世界市场，穷国妇女与诊所签约并且服下有致命危险的荷尔蒙，以刺激身体排出可贩卖的卵子。[5]

在皮肤美容医学中，胶原蛋白可以让女性的嘴唇年轻丰满且能用来遮盖皱纹，然而注射用胶原蛋白的主要来源却是男婴的阴茎细胞。婴儿包皮也可用来作为成纤维细胞，以此为基底在人体外部培养出大片皮肤，用以治疗烧烫伤病人或丧失眼睑的人。成纤维细胞也能制成美容乳霜（这点不无疑问），据说可以帮助皮肤产生胶原蛋白。用来制作皮肤贴布的药膏，大概一个巧克力方块大小，批发给医生的价格是1000美元左右。2009年2月，《科学美国人》（Scientific American）在评估以包皮为基底的治疗成效时表示，用来治疗疤痕显然是有效的；同时也怀疑，以纤维母细胞制成的乳霜对消除皱纹没有任何疗效。[6]

如果真的出现连接人体共享血液的市场，使年轻健康的人同意让自己的身体与病人或伤者的身体连接而取得报酬，那么这个市场绝对供不应求。

即使老人与年轻人的身体并未真正连接，但在一个老年人口远比其他年龄层的人口增加快速的社会里，其所产生的需求势必将形成一个以挖掘与撷取年轻活力为能事的社会。年轻人与老人的健康与福利将牢牢地结合在一起，其影响将超出我们目前财政、社会与伦理所能规限的范围。

香川典子（Noriko Kagawa）率领研究人员在东京加藤女性诊所进行了与兰道实验室稍有不同的实验，并且于2010年6月对外宣布，他们将三个半月具有生殖力的老鼠的卵巢移植到十七个半月（大概仅余三周的自然寿命）已无生殖力的雌鼠身上。加藤所长表示，每一只接受卵巢移植的老鼠都开始出现年轻雌鼠的行为（与年轻雄鼠交配），而且比预期寿命多活了四成时间。加藤推想，如果女性在年轻时取出自己的卵巢组织加以冰存，然后在年老时植回体内，或许也能像接受器官移植的老鼠一样延长寿命。[7]

这项结果为老龄化世界带来另一项可能。如果人们担心太早生孩子，将来到了快90岁或年纪更大的时候，他们的孩子也已经老到无法照顾他们，那么这些人也许会开始考虑晚生孩子，甚至晚到一般认为停经之后已不可能生育的年龄。九十几岁的人可能由二三十岁的子女来照顾，而不是由年纪更大的子女或陌生人来代劳。现在已有强烈的迹象显示，这种诡异的世界即将来临。

今日，治疗不孕的医生所拥有的工具已经可以让生育子女的时间往后推迟，甚至能让老祖母怀孕生子。如果妇产科可以进展到让父母与子女的代沟延长到六七十年，那么我们将创造出一个人们可以在退休后生育子女的未来。如果孙子女是独生子，那么祖母可以生个孩子跟他做伴。听起来很荒谬？2006年，加利福尼亚州雷丁（Redding）一名眼盲而患有糖尿病的62岁妇女贾尼丝·沃尔夫（Janise Wulf）生下一名健康男婴，当时她已有20名孙子女与三名曾孙子女。这名红发男婴是沃尔夫与第三任丈夫生下的第二个孩子，他的哥哥在三年半前出生。这两个孩子都是人工授精的产物。

沃尔夫告诉美联社（Associated Press），她的怀孕生子对年老妇女来说是一项突破。"年龄只是数字，你的感觉才是你的真实年龄。"她说。2008年，一名来自印度北方邦（Uttar Pradesh）拥有五名孙子女的70岁祖母生下了双胞胎，同样也是借助人工受精。她接受治疗，好让自己与丈夫能获得男性继承人。我们不难想象，这名新母亲（或祖母）的成年女儿在知道家中农田都将归新生弟弟们所有时有多生气，然而实际上她们也无财产可继承，因为77岁的老父亲已经抵押了田产、卖掉了水牛、花光了银行账户里的钱，还用信用卡借了8000美元来支付人工受精的费用。这对双胞胎还太小，刚生下来就被送进保温箱，母亲连抱他们的机会都没有。"我只希望趁还有力气时能看看自己的孩子，照顾他们长大。"她说。

我们的寿命能一直增加吗？

寿命延长的趋势实际上还会持续多久？各种意见层出不穷，内容之多反映了预测的困难。年龄是否与身高一样，可以借助正确的饮食与环境产生巨大的改变，但仍具有不可突破的遗传限制？多年来，解剖学家一直猜想荷兰人能长多高。今日，在世界各地城市街头经常可见年轻、高大、金发、身高直逼2米的观光客，他们成了荷兰的活广告。经历了第二次世界大战后的急速成长，荷兰人已经成为世界最高大的民族。荷兰男性平均身高是180厘米，而女性平均身高是168厘米。营养，包括大量富含钙质的乳制品；医疗，在荷兰是全民普及的；以及高质量的公共卫生体系，这些都是荷兰人长高的原因。①

营养与医疗普及也是寿命延长的因素。从1981年到2007年，荷兰人的预期寿命几乎增加了七年。荷兰人健康状态良好的年数也在增加。身高增长与可估量的健康指标通常呈正比。一份针对苏格兰（不是荷兰）45岁到64岁共1.5万名男女进行的调查发现，"身

---

① 荷兰人开玩笑说，他们身高增加是为了适应海平面下的生活而产生的演化结果。海水从倾颓的堤防灌进陆地，淹死了矮个子，只有高个子活了下来。

高与冠状动脉疾病、中风和呼吸道疾病死亡率呈反向关系"。高个子可以让人避免罹患疾病,有些学者甚至发现,比对身高与社会阶级对寿命的影响,结果发现身高是更明确的指标,高个子确实比较少罹患心脏病与中风。多年来学者一直猜想荷兰人何时会停止长高,因为他们增加的身高使他们越来越高,远超过其他欧洲人。说到这里,从 2001 年开始,荷兰人的身高似乎开始持平,或许是因为他们已经达到饮食与基因的理想均衡,使身高发展到了极限。

关于老龄化,也出现了另一种景象,这类说法与政府人口调查员及联合国统计机构的主流预测大相径庭。即使不考虑一些巨变,如战争、全国性疾病或环境灾难,世界级大学一些声誉卓著的预测者仍认为,预期寿命可能"缩短",而非延长。

芝加哥伊利诺伊大学公卫学者奥尔沙斯基(S. Jay Olshansky)是其中之一。他是流行病学家(流行病学家的数量正不断增加),认为目前快速增加的肥胖,与伴随而来的糖尿病及高中风率,成为寿命最大与最快速增长的威胁。奥尔沙斯基表示,今日的青少年很可能成为现代第一个寿命比父母短的世代。而这并不能改变世界人口的老龄化趋势。老年人口仍将在全球社群中占有越来越大的比例(因为家庭缩小的速度十分惊人),但未来的老年人口也许平均而言不会像今日这么老。

针对老龄化的长期未来争论不休的人士,倒是对一些明确事实具有共识:老年人与极老年人的数量不断攀升,我们必须努力思索,这些变迁将在未来数十年对个人与全体造成什么影响。

仿生超人,终于走到这一步?

科学擅长于防治疾病与防止一些能削弱和杀死人类的状况。科学甚至有可能设计出不死的人类。有些医疗方式是使用生物机械，给人体装上机器来取代身体的某个部位。以手术植入人工关节、人工骨头与眼睛的水晶体，这些都是老人负担得起的常见做法。我高龄89岁的姑姑，她的两个髋关节、两个膝盖全都做过置换手术，而她也因为白内障的关系植入了两枚硅水晶体。最近的她能聆听演讲、参加读书会、玩桥牌，以及每星期打一次高尔夫球，每天到树林散步，而且以谨慎而蹒跚的方式轻轻地跳着舞。

科学的进展充满不可思议，总有一天可以用最简单的方式制造出人类的肉体。下一波的进展牵涉到以微电子学进行计算机化的生物工程。目前已存在这类（植入脑中的）工具，可以连接神经系统与协助瘫痪者或失去肢体者步行和移动手臂。新泽西州罗格斯大学（Rutgers University）研究人员创造了一只仿生手臂，可以用计算机控制每一根手指；这只人造手能与佩戴者的神经冲动配合无间，甚至可以用来弹奏简单的钢琴乐曲。或许更为人所熟知的是电子耳，它能让聋人接收到某种形式的听觉，以电子的形式使聋人与外在世界的声音连接起来。

发展的新成果仍在不断增加。日本的"Cyberdyne Inc."以每具1.4万美元的价格提供外骨骼形式的半机械人，它可以协助老人步行更长的距离，也能让他们举起家中重物。想在背包里装上重200公斤的工具，背着远足一整天吗？美军与加州大学伯克利分校工程师有一套服装，穿上它可以让你背着200公斤的重量却仿佛只有5公斤，而且还能让你背着这200公斤在山坡上健步如飞。未来将有这么一天，这类服装可以帮助祖母把祖父从椅子抱到床上，然后在走向卧房的路上顺手抓起一把扫帚并挪开一架钢琴。

罗伯·斯宾塞（Rob Spence）是加拿大纪录片制作人，他小时候到田里拿枪射牛粪时，因意外而失去一只眼睛。斯宾塞到了快

40岁时，开始与一群工程师和视觉专家组成的团队合作，发展出一种名叫"cyborg eye"或称"eyeborg"的产品，用来取代他已经损害的眼睛。由于斯宾塞的新眼睛还在研发阶段，仍看不见东西，因此他另外植入了一个眼球形状的无线摄影机，他的眼球转到哪里，摄影机可以录下所有景象并且播放。斯宾塞在网络上放了一段影片，内容是他把自己的盲眼摘除，准备装入 eyeborg。[8] 这些迹象显示，人类正走向多功能机器的未来，义肢不只取代身体的一部分，甚至重新定义了人的感官经验。斯宾塞的眼睛，如同其他实验室正在研发的产品，理论上可以在植入体内后，将他生命中的每个时刻全记录下来。再加上可记录的电子耳，以及可分门别类与制作索引的计算机化数据库，这些科技构成了电子化的记忆，只要使用者的自然记忆需要回想，这些影像就可以一再播放。

记忆过去的记忆

计算机先驱戈登·贝尔（Gordon Bell）现在已七十几岁，他在微软（Microsoft）负责研发与这类计划相关的低科技产品。这项产品称为"生命日志"（lifelogging），贝尔的目标是将自己每天发生的事尽可能记录下来，并且以电子形式永远储存起来。贝尔十年来一直参与这项计划，实际上他的工作就是不断以各种方式储存数据。他的脖子上挂着一台数字相机，设定好每 30 秒拍摄一次前方的景象。另外还挂了一只数字录音机，大小跟一包口香糖差不多，可以录下贝尔听到的任何声音。数据逐渐累积起来。在数十万张数码相片中，有五万张是家人的相片。贝尔从未删除任何一封电子邮件，有十万封以上的邮件储存在他的计算机里。贝尔的哲学是，电子记忆非常廉价（数千本书的信息可以储存在价格低于一本精装书的记忆卡里),其实不需要花什么钱,就能把人们每天的生活巨细靡遗地记录下来。宁可塞满记忆卡的容量,也不要把人的脑子塞满,留点空间给大脑,才能产生更具创造性的想法。此外,当人们的记忆开始衰退,别忘了还有每30秒就拍摄一次的影像,它可以让人从屏幕回忆过去。如同义肢一样的记忆。而且也隐含着不死的意义:整个人生全储藏在晶圆中。

与此同时,近几年出现了一些公司,它们宣称其所设计的计算机程序可以防止年老消费者的记忆丧失与其他认知能力的退化。这些公司通常找来心理学家与医生加入董事会或执行岗位,而它们的程序往往经过缜密设计,以训练老人回忆数据与辨识信息(例如声音信号)的能力。这些公司资助与制作对它们的主张有利的研究报告,声称它们的训练确实(至少在短期内)可以避免,甚至能逆转老人的认知退化。

这些产品销往老年中心、老年住宅小区、养老院与单个的老人。很少有人提到,这种训练对于老人的自我形象产生了某种影响。当老人一开始接受测试时,他们往往置身于某种情境当中,容易相信自己正处于机能衰退之中,因此必须接受训练。但经过一段时间之后,这个程序逐渐使老人相信,自己能够超脱以往的刻板印象而能获得自信;也就是说,这个程序让老人相信,自己之所以能够改善,完全是仰赖自己的力量达成的。这是一种幼稚科学,却深获平常漠不关心的民众的热烈回响。

我们现在还不需要回答的难题

想进一步延长人类寿命,无论是在出生前就给予更好的照顾,或者是在出生后进行基因修补,或是仰赖他人的身体,或是植入计算机接口，更甭说持续改良医学，这些做法很快就会面临一连串难解的问题：我们很有可能活得更久，但为什么我们想活得更久？谁能从这些新生命科技中获益，而谁完全得不到好处？谁要为此付出代价？人类或许有一天能六代同堂，这当中有什么样的意义？肆无忌惮地延长人类寿命并予以推广，会不会让人口老龄化的状况更加严重，并且加重整个社会照顾极老年人口的负担？与其他国家相比，小而富的国家是否因为人口数量的关系而享有完全不同的集体命运？或许，最难回答的问题是，多老才算够老？

第七章
螺丝之都的曲折命运：伊利诺伊州罗克福德

在今日的罗克福德（Rockford），重新找份工作通常意味着要学习医疗照护的技能。当制造业工作在发达国家中消失时，推动民众成为中产阶级的力量也随之减弱。人们可能会说罗克福德距离芝加哥不远，从简·亚当斯纪念收费公路（Jane Addams Memorial Tollway）往西北走大约90分钟，就能到达这座城市。然而，绝大多数罗克福德市民总是明确地说，他们的城市与芝加哥完全没有共同点。罗克福德市民可能更理所当然地（虽然有些突兀）提到，该市有很多世界级的航天公司。或者说他们机场的占地面积比芝加哥奥黑尔（O'Hare）国际机场还大，但在此降落的客机寥寥无几。或者说罗克福德有几家咖啡厅与雅致的餐馆，它们专门为市内商业区提供服务，若不是如此则会空无一人。

罗克福德像是都市与市郊的混合体，这里的建筑物很少超过十层楼。一栋栋整齐划一的独栋住宅围绕着开工或关厂的工业建筑。罗克福德以拥有许多豪宅自豪，但有人可能会说这里的豪宅价格与真正的豪宅相差甚远。最近整修完成的柏比自然史博物馆（Burpee Museum of Natural History），馆内最有名的收藏是一具暴龙（T-Rex

骨骼化石，这里也是罗克福德河岸景观步道的中心。罗克福德体育馆（Rockford Metro Centre）曾在1981年邀请滚石乐队来此演出，现在这里的表演节目通常是重金属乐团或乡村音乐，以及怪兽卡车秀。这里有小联盟曲棍球队与棒球队、一座美术馆、一支优秀的职业交响乐团，以及有固定剧团演出的戏剧院。中等规模的中西部工业城市在比较富足的时候，要维持这些机构可说游刃有余。直到现在，罗克福德仍坚定支持过去曾风光一时的艺术组织，但在全美各地，相同的组织要不是竭力苦撑，就是关门大吉。罗克福德还积存些许过去遗留下来的财富，年老的听众也不在少数。

荣景不再

20世纪，罗克福德大部分的时间一直名列美国前20座最富有的城市。以人均衡量，它比美国其他大都会拥有更多的百万富翁。罗克福德深具魅力与活力，但都已成过去，当时罗克福德还是美国工业带的一座充满元气的中等城市。虽然市民所得落后于全国平均水平，但罗克福德还是吸引不少购物者前来。美国每个大型零售商与连锁餐厅都来此处的郊区设点，不过现在已有几家购物中心关门，留下空荡荡的店面与停车场。罗克福德大致来说仍一如以往，是个适合抚养孩子的地方，对于工作收入足以负担私立或教区学校学费的父母来说尤其理想。

罗克福德也是个养老的好地方。这里的物价便宜，与繁华的城市相比，人们可以用更少的钱在此购屋、修车、找律师或雇用全日的外籍看护。这里的小区网络紧密。民众上教堂的比例很高，城里也有各族裔的俱乐部与聚会所。波兰人、意大利人、德国人与墨西哥人有自己专属的俱乐部，瑞典人与挪威人仍维持强烈的种族认同。这些俱乐部之所以能继续存在,主要仰赖老一辈的人支撑,但他们知道俱乐部的来日无多。对罗克福德的退休老人来说,俱乐部是他们休闲聊天的去处;对罗克福德的工作者来说,俱乐部里的侍者职位(连同小费)是他们求之不得的工作。

罗克福德的工业区不断往北扩展,越过了伊利诺伊州北界中点,直到威斯康星州边界附近。罗克福德有15.7万名居民,在美国城市中排名第146位。有些城市不断成长;有些城市就像中西部汽车带的工业孤儿城镇一样不断萎缩。2008年,当美国经济一蹶不振之时,罗克福德不像美国其他地区一样陷入衰退。它早已没落多时,与其说是衰退,不如说是百业萧条。罗克福德的失业率是美国城市中最高的。

怀旧的情绪总是把罗克福德过去的繁荣说成是安定的产物,然而实际上这座城市的繁荣起源于动荡与混乱。美国南北战争时期,罗克福德几乎还不存在,是工业革命的召唤才出现这座城市。1880年到1930年,每十年罗克福德的人口增长都在10%以上。来自美国农业地区与中欧、北欧的大量移民涌入此地。早期瑞典人的移民热潮以及其他斯堪的那维亚人的加入,使罗克福德至今仍带有明显的北欧气息。整座城市到处可见北欧的姓氏,举凡店铺、服务业、旅馆、工厂、博物馆与政治活动的广告牌全是如此。移民带来的工业技能,使罗克福德成为美国工业心脏地带的重要城市。

数十家家具公司在罗克福德设厂,使其成为美国第二大家具制造中心,仅次于密歇根州的大急流市(Grand Rapids)。罗克福德最古老的街区有许多小楼房(现已成为犯罪温床),这里留存着许多移民为家人雕刻的精巧木饰、楼梯与壁炉架。随着美国经济需求与发展的转变,罗克福德也不断调整自身的产业。罗克福德成为其他工业城市仰赖的工业城市,它制作能生产机器的机器,源源不断地制造各种零件，塑造出美国工业的面貌。

当广达1344平方公里的城市景观随着地方事业的盛衰与市民财富的增加而改变时，罗克福德也产生了各种称号。它被称为"森林城市"与"花园城市"，因为欧洲移民与后裔鼓励设立公园，而且政府慷慨拨出近3000公顷作为公共绿地。然而，维持最久的称号来自于第二次世界大战带来的工业扩张，当时罗克福德是生产工业扣件的中心：接头、回形针、铆钉、螺帽与其他能接合物品的东西。罗克福德至今仍是扣件制造商的最大集散地，因此得到这样的美称："世界的螺丝之都"。

然而，现在的罗克福德却成为美国最棘手的公立学校学区。低毕业率、暴力与沉疴难治的帮派荼毒着这座城市的校园。罗克福德更恶名昭彰的是失业率。凡是承诺要让人民重新获得工作的政治人物，一定不会忘记到罗克福德宣传拉票。罗克福德被当成一个平凡无奇之处，这与整个美国中西部面临的景况一样。还有什么地方比这里更适合让政治人物大声疾呼：银行界、冷酷的跨国人士与政府伤害了美国的心脏地带？然而，政治人物没有提到的是，对于世界上最具竞争力的企业来说，像罗克福德这样的美国中西部城市已经太接近中年、知识技能太平庸，而且身材太肥胖。政治人物更没有提到的是，金钱与工作会移动到工人既年轻又渴望工作、大学毕业生的薪资比罗克福德的高中辍学生薪资更便宜，以及可以进入"中部王国"市场的地方，是完全符合经济意义的。

聆听罗克福德居民的说法，特别是长久定居此地的白人与黑人家庭［而非最近刚从芝加哥与密尔沃基（Milwaukee）搬来的西班牙裔或黑人家庭］，他们认为这座城市无法留住年轻人。虽然移出的人口不全是白人，但年轻人的流失明显反映在罗克福德白人人口年龄结构的变迁上。过去二十年来，罗克福德的非白人人口增加为原来的两倍以上,该市的支持者因而得以宣称他们正在成长,而尽管罗克福德处于经济衰退,支持者仍能以人口增加作为景气正在改善的论据。罗克福德伊利诺大学医学院人口统计学家约尔·考恩(Joel Cowen)把新居民的移入归因于旧居民的移出。当先前的住户搬离自己的家,房地产的价值开始下降,低收入的少数族群家庭于是相继移入。这些家庭绝大多数是西班牙裔,而且大多来自墨西哥,他们想定居高成本的美国大都会区域,然而昂贵的房价使他们望之却步。考恩表示,罗克福德的房价比较便宜,只要家中负担生计的人愿意长途开车往返于芝加哥市区与罗克福德,那么这个地方倒不失为定居美国的好地点。

罗克福德还有其他的新来者。这座城市有将近1000名缅甸难民。绝大多数美国人从未见过缅甸人,但在罗克福德15.7万名居民中,他们却是醒目的人群。另外,数目相当可观的中欧移民则是新来者的大宗,他们也在罗克福德落地生根。以今日的角度来看,美国中西部城市显然正处于衰颓之中,但在新美国人移入下,这些城市却可能获得新生。对新移民来说,罗克福德不仅能让他们逃离国内的人口压力,也让他们从罗克福德面临的难题中找到发展的契机。

加盟连锁经营

新来的亚洲人与欧洲人到罗克福德之后,通常会担任当地老年白人的看护,而看护正是罗克福德少数正在成长的行业之一。卡西·卫特斯(Kathy Wetters)原是一名产业工程师,现在却成为罗克福德全国居家照护机构的加盟从业者。她之所以有这样的转变,主要是因为她认为老人照护已成为该市最具前景的细分行业。

卫特斯曾就读佐治亚理工学院(Georgia Institute of Technology),

这是一所世界级的理工名校。她说话时仍带有美国南方特有的轻快与魅力,但在描述自己生平时却能一丝不苟地详述事实。她过去担任工程师时,曾在许多大厂工作,这些厂房通常有 500—1200 名员工。20 世纪 90 年代初期,卫特斯被派往伊利诺伊州西北部地区工作,她开始思索自己是否可能自行开业,而身为一个老板又应该做些什么。

当卫特斯寻找创业的点子时,她获得了第一手的照护经验。她的母亲被诊断出得了癌症,婆婆则是进了长期照护之家。"我学到家人之间如何彼此合作,我了解照护中心的好处,以及如何照护与自己相距遥远的父母。"随着老年人口增加,家庭成员通常需要接受彻底的训练(尽管是非正式的)来照顾自己的亲人。有时照护工作只需要简易的技巧,有时则需要精确的技术。照护也需要情感智能与策略。职业看护有很多人跟卫特斯一样,她们觉得这份工作相当具有挑战性,而且是一项值得投入的事业。

卫特斯认为可以结合自己的经验与知识,来担任居家照护的训练员。就跟日本镰仓的下野先生一样,她从老年人口中看到事业的前景。"首先我们思考自己喜欢做什么。我们的两个儿子都已经念完书(我们的责任已了),所以我们接下来想做一些能带来回馈的事。我们研究了人口统计。非医疗的照护是自费的(也就是说人们必须自掏腰包),而我们发现有足够数量的老年人口可以负担自费的照护服务。"

卫特斯注意到,在罗克福德,蓝领家庭会共同负担父母的照护费用。"可能有六名子女需要共同负担这笔费用,而他们每个人都这么做了。家庭的状况越吃紧,他们越会注意按时支付费用。这是他们的工作伦理。他们知道付钱的对象也跟他们一样努力赚钱。真正需要担心的反而是富裕的家庭,他们总是忘了按时付钱。"

卫特斯说,最近有越来越多的家庭是,成年子女想要开展事业第二春或想在晚年为自己找份新工作，因而需要看护来照顾年老的父母。在罗克福德，有这种想法的成年子女恐怕需要到外地寻找机会。一般来说，卫特斯的客户多半来自于这些父母与子女相隔两地的家庭。

通常孩子只是想让父母远离一些对老年人来说相当危险的工作。"住在得克萨斯州的儿子回家探望虚弱的母亲，当他看见母亲在打扫房子时，觉得自己应该做点安排。虽然母亲坚持独立生活，但儿子还是希望我们提供看护。另外还有一些人雇用我们只是希望帮父母找个伴。"

卫特斯说，她的员工一开始的时薪是 8.5 美元，一般而言低于罗克福德的蓝领阶级，而最高时薪是 11.5 美元。她雇用的员工有很多过去曾在疗养院工作；在那些机构做事简直把她们累坏了。在美国，疗养院的低层员工通常待的时间不会太久。全国的人员流动率大约在八成左右，许多疗养院甚至超过了 100%，表示疗养院一年内离职的员工多于招募来的员工。

在美国，进入居家照护行业唯一的管道，是向加盟经营者购买加盟权利，而后加盟经营者会给予加盟者在营销、训练与管理上各项协助。然而卫特斯想加入的最大加盟经营者"Home Instead Senior Care"，事业推展非常成功，她所在地区的加盟权利都已被申请一空。2009 年，这家公司在全球有 800 家加盟店，其中有一半是在 2005 年之后设立的。

卫特斯转而加盟另一家规模较小但发展迅速的加盟经营者"Right at Home"。2010 年，这家公司在美国已有 185 家分店。2003 年，卫特斯成为 Right at Home 第 28 家加盟店，而现在她已拥有三家分店。

卫特斯在罗克福德的营业处，位于公路旁的商店二楼，那是一间拥挤而简陋的办公室。她为自己雇用的员工提供担保。由于罗克福德的雇主除了解雇蓝领员工，也开始遣散一些白领员工，因此卫特斯就像一些萨拉索塔的雇主，最近开始把原本交由教育程度较低、领取最低薪资的当地居民或来美国找工作的外国人担任的工作，转交给一些教育程度较高、会说英语的当地员工来做。

原则上，而且也基于法律规定，卫特斯不会因为种族而对员工有差别待遇，但她发现需要照护服务的家庭可不这么想。

"种族的混合对于我们服务的客户来说是相当重要的议题，"卫特斯说，"我在南方长大，我很清楚种族主义是怎么回事。尽管如此，当有家庭打电话给我，大大咧咧地说他们不想要哪一种民族的人到他们家时，我还是感到震惊。在某些家庭，肤色要比其他特质来得重要。"

"他们的要求使我们在提供照护服务时陷入两难。他们通常宁可要一个才刚到美国三个星期，连一句英语也不会说的波兰人，也不想要一个在当地长大、各方面与他们有共通点的深色皮肤看护。这让我感到困惑。"

中产阶级消失了

罗克福德的经济形态属于美国整个工业的一环，因此无论景气好坏，总是会有一些工人被迫离开工作岗位。从 2000 年开始的七年中，美国工业产出逐渐攀高，但与此同时，工业部门的就业人口却萎缩了约 300 万人。也就是说，美国工业可以生产更多产品，但需要的工人却减少了。华盛顿经济政策研究所（Economic Policy Institute），这是一个立场倾向于劳方的智库，研究员约什·毕文斯（Josh Bivens）指出，制造业工作减少，显示美国经济正面临转折。

"从 1964 年到 2000 年,美国制造业就业人口在 1750 万人到 1900 万人之间。"但 2000 年之后,毕文斯表示,制造业生产力出现"不自然"的下滑。根据经济政策研究所的调查数据显示,伊利诺伊州,也就是罗克福德所在州,在 2000 年到 2005 年间损失了约 8 万个工作机会。只有人口更稠密的州,例如加利福尼亚州(损失 26.9 万份工作)、得克萨斯州(损失 13.6 万份工作)与纽约州(损失 10.5 份工作),状况比伊利诺伊州更恶劣。当制造业工作在发达国家中消失时,推动民众成为中产阶级的力量也随之减弱。在美国,随着制造业工作减少,贫富差距也跟着拉大,财富越来越集中在美国富人手里,而原本社会流动顺畅的家庭则被压抑在中产阶级的底层,甚至被逐出中产阶级。制造业工作在 2007 年后的经济衰退中大幅减少,中西部的汽车产业也在这一波不景气中全军覆没。

在 2009 年,汽车制造业工作的损失还未出现明确数字,但美国联邦存款保险公司(U.S. Federal Deposit Insurance Corporation)统计,从 2005 年到 2008 年,汽车业至少减少了 14 万个工作机会,此外还补充表示,最后数字很可能再减少数十万。这些工作损失有一部分促成了美国经济的历史转变,这是美国有史以来政府支付的薪资与发放的补助超出了民间企业。联邦存款保险公司担心,全球化与自动化代表美国经济中的数百万制造业工作将一去不复返。长期的趋势,不管景气或不景气,都对制造业不利。年老员工面临的压力将会增加,美国的金融体系风险将会扩大,通往美国中产阶级与传统退休生活之路将会因此封闭。

显而易见,当前美国经济创造最多工作的是物流业,这是一个在国内外协调货物运输移动的产业。美国旧制造业中心昔日因为邻近道路、铁路、河流与运河而成长,如今则在建造庞大仓库的风潮下转型,许多地方成为货物运来美国以后的储藏地。造成这种转变的原因,有部分与造成罗克福德老龄化的原因相同,这些地方都无法吸引它们原本能吸引的事物前来。罗克福德经济发展的美梦,就是将该市出售给世界的物流业,因为原本在这里生产物品的厂商都已离开此地。

经济衰退加速公司削减成本,而这通常意味着公司将减少国内工作,把生产转移到低成本的海外。景气好转时,公司会再度增加生产,但它们只会增加雇用海外年轻而廉价的工人,而非美国国内年老而昂贵的工人。美国每一处港口与陆路运输枢纽都预期贸易量将会大增,因此每个地方都投资大量资金以满足运输的需要。当崭新而更为宽阔的巴拿马运河开通时,将加速货物运往美南与美东的港口,因此需要更多的仓储设备来储藏国外制造的货物,对年老工业工人的需求将进一步萎缩。物流业的产业报告现在都会定期提供建议,例如使用器械让年老的工人能顺利搬运货物。收取、存放与运送国外制造的货物,无法让工人获得与自己在国内制造货物相同的薪资。蓝领的仓库工人[1]一般时薪不到10.5美元,而且这种工作通常是季节性的或带有打工性质。

有什么需要我为您服务的吗?

从2001年到2009年,制造业削减了530万美国工人。2009年第三季度,美国劳工统计局报告指出,大约发生了6000起大规模裁员事件,总共造成62万名工人失业,创下历史新高。每五名失业者就有一名在55岁以上。这个比例与55岁以上工人占全国劳动力的比例相当,但它并未计入那些未遭裁员,而是选择提早退休或接受社会保障和残障津贴的年老工人。2009年,向美国政府申请社会安全与残疾津贴的数量比前一年增加了一倍以上,达到

46.5万名，明确显示雇主不想雇用年老工人。社会保障局（Social Security Administration）原本预期，当年达到退休年龄的第一波婴儿潮人口，将使该数字达到31.5万，结果实际数字大大超出了预期。

随着制造业工作减少，美国也首次出现女性劳动者数量超越男性的现象。这种反转主要是由两个趋势造成的：女性参与劳动的比例提高，而男性参与劳动的比例下降。女性工作增加的一项原因是，她们更能满足服务业经济的需要，包括医疗，这项产业随着老年人口增加而逐渐扩大。罗克福德出现的新工作机会通常比较喜欢雇用女性，这些工作不仅包括居家照护与医疗，也包括其他低阶的服务业。客户服务中心聚集在罗克福德设点，主要是看中这里的低薪资与人们急欲工作的渴望。客服中心提供日夜轮班的工作模式，相当适合那些想要打工、同时拥有多份工作，或者正在担任看护的人。这些雇用年老女性的公司，其实是拯救罗克福德就业市场的功臣。"财务管理系统公司"（Financial Management Systems）是一家全国性的债务管理公司，它在罗克福德获得相当好的发展。财务管理系统分区营业处主任向《罗克福德记录星报》（*Rockford Register Star*）表示，公司高层对于能在罗克福德雇用更多职员感到相当兴奋。"现在首先要做的，就是了解我们能在罗克福德雇用多少人。"他说。罗克福德的衰退因此可以从两方面获得改善。罗克福德需要工作的人越多，财务管理系统能招募的人也就越多，而收款业务将因此蒸蒸日上。

然而，年老的员工也将因此无法获得重新工作的机会。绝大多数失业者在离开工作岗位后，有长达六个月的时间找不到工作。只有三分之一的员工在丧失全职工作的半年内再度找到工作，然而这些工作通常薪资都比原来的工作低。都市研究所（Urban Institute）报告指出，失业的年老员工有43%找到的下一份工作薪资比原先少了四分之一；超过五分之一再就业的年老员工薪资不到原有的一半，甚至更少。[2]

无怪乎年老的员工多半选择提早退休。美国社会保障局支付的保障金平均而言是年老员工薪资的一半略少一点（45%）[1]，所以一旦年老员工在就业市场遭受排挤，或即使能够再就业但税后薪资不高于（通常是少于）社会保障金时，这些年老员工当然会决定不继续工作，直接领取社会保障金。因此也难怪如今政府的所得支出会超过民间企业。领取退休金的人当然宁可待在家里，因为出去工作的薪资还比不上退休金。[2]放宽工作条件与立法者的说辞，宣扬美国老人想工作多久就能工作多久的时代终于来临。但在实际的就业市场中，数百万年老工人得到的信号却是，有没有他们都无所谓。

当然，如果人们真的需要工作，他们会更积极地争取工作。被迫提早退休的人通常才刚结束他们人生最需要花钱的时期，而且开始准备积攒自己的存款。孩子已经成年搬出家里；教育支出要不是已经完结，就是逐渐减少；同时房贷也到了快付清的时候。职场生涯最后的10—15年，是退休前夕最后一段可以积攒存款的时期。失去工作意味着失去储蓄的机会，而且，储蓄会越来越少，债务则不断增加。即使是未失去工作的人，在退休时也感到阮囊羞涩。美国有超过一半的退休者在退休时存款还不到5万美元，这表示他们接下来完全要靠社会保障金或某种救济金补助维持生计。或者，如果可以的话，他们会重回职场。

---

[1] 国会研究服务中心（Congressional Research Service）的报告指出，2008年，65岁以上美国人平均每年领取的社会安全保障金是12437美元。全国相同年龄层的中位所得是18208美元，但65岁以上美国人有四分之一每年收入低于11140美元。

[2] 美国人到了老年，在决定靠退休金或工作来维持生计时，他们的判断标准是，离开工作岗位能获得多少退休金、自己的年纪与社会保障的资格（有些精明的人会为自己争取到社会伤残保障）。

尽管年老的员工很难找到工作，甚至连低薪工作都很困难，但这一群过了传统退休年龄的老人仍不放弃工作，或者应该说是被迫找工作。虽然每十名美国劳动者就有七名表示自己计划在"退休后"工作，但不表示他们一定能找到工作。2009年，在660万名65岁以上还在工作或想要工作的美国人当中，只有一半被雇用。[3]今日，每三名退休者（当然，绝大多数的退休者都不算是劳动力的一环）只有一名有工作。[4]

整体来说，根据官方统计，54岁以上的失业率要比总人口来得低，但这个数字有误导的嫌疑。年老员工一旦被原雇主解聘，他们再找到工作的机会比一般人来得低（平均需要34个星期才能找到新工作），许多人因此放弃寻找工作，而这些人也就不被列为官方计算失业率的对象。失业率的统计包括寻找兼职工作的人，却不包括那些因为连续数月找不到工作而放弃的人。此外，对于年老员工的调查总是集中在那些一直设法待在工作岗位的员工。

在经济衰退时期，年老的员工总是最早遭到解雇，说明这个族群在职场上有多么脆弱与任意受人摆布。2009年12月，美国政府的报告指出，55岁以上劳工的失业人口达到历史新高，足足比前一年增加了50%。2007—2008年，55岁到64岁的劳工失业率增加为原来的三倍，在此同时，总人口的失业率则只增加为原来的两倍。[5]

失业的城市

在像罗克福德这么一座遭受挑战的城市里，要找到新工作格外困难。居民虽然有工作，却通常是兼职的工作，而且薪资很低。卫特斯的照护机构不只雇用了比以往更多条件较佳的员工（因为这些条件较佳的人现在也找不到工作），而且雇用了许多需要弹性工作时间的人。这些人通常需要同时从事好几份低薪工作来维持生计，且也需要保留一点时间来照顾自己的家人。需要担任看护工作的美国人约有三成（6570万人），其中包括未支薪的家庭看护，这些人平均每星期要花19个小时照顾年老的父母与其他家人。[6] 卫特斯雇用的员工在25岁到75岁之间，但绝大多数在50岁以上，这个年龄层的人更有可能需要照顾自己的家人。

  如果美国的跨国贸易发展出另外一种景象，或者全球各地的公司与消费者不认为罗克福德已风光不再，那么这些年老而条件较佳的劳工很可能不会大量受雇于卫特斯。罗克福德的衰退，某方面来说是重演了城市过去景气循环的过程。只是对罗克福德而言，过度仰赖制造业的结果，使它遭受的经济伤害远大于其他发展多元化的城市。此外，其他的长期趋势也让罗克福德近来的衰退比其他城市更为明确且前景黯淡。罗克福德最重要的几家公司全是家族经营，而且雇用了数万名员工。这些公司一个接一个地被全球大型企业集团收购，或是被私募股权公司并为旗下的子公司。罗克福德曾经是许多大公司的总部，现在却只剩一家大厂仍以此为根据地。这些不以罗克福德作为公司总部的新雇主以常见的方式来获取利润：裁员、把工作外包到海外并推进生产自动化、合并厂房并且削减旗下员工的薪资与福利。目前全美各地常见的多重薪资结构也在罗克福德施行。年资较高的员工根据一定的计算方式，可以获得比新进员工更高的时薪，而后者的职业生涯却可能一直维持较低的薪资与福利金计划。当然，此举引发了工厂内部的跨代憎恨。年轻的员工永远不可能拥有与老员工同等级的薪资与退休金，尽管他们的表现与老员工相比毫不逊色甚至更好，这使得管理阶层更有理由解雇或资遣这些年老的员工。

姜还是老的辣

公司在将生产部门移往海外时,同时也保留了经验丰富的雇员。公司希望这些雇员在退休前能协助海外营运顺利上路。早在2008年北京奥运举办前数年,想要搭乘联合航空或美国航空、从芝加哥奥黑尔机场直飞上海或北京的人,就已经需要在几个星期前确定订位。这些班机的景象一成不变,特大的商务舱坐满了身材高大的男人,他们即将携带美国产业的珍宝前往中国新兴的工业地带。

对于为职业生涯后期的工人着想的人来说,这样的安排无疑是最好的选择。这些飞机搭载的不只是穿着合身西服的高层管理人员与金融家(他们搭乘国际班机时总是坐在头等舱的位置,这已是司空见惯之事),同时也坐着一批过去从未见过的生面孔,他们是拥有知识的员工——工程师、蓝领工人,他们熟知公司在国内生产线的一切细节。这群旅人一边小心翼翼地拿着饮料,一边浏览着厚重的黑色笔记本,观看其中的机器厂房与物流介绍。从各方面来看,他们都是公司内部资深员工的表率。他们清楚所有的生产流程。他们对公司极为忠诚,多年的共事,使他们视自己的同事与上司如同家人。年轻员工虽然也跟整个团队一同被派往中国,但他们不会像这些资深员工一样充满疑虑,对老员工来说,运用自己的经验为其他公司工作,等于是将自己从故乡的小区连根拔起。X世代[①]与千禧世代[②](millennials)也许会认为自己是上天赐予雇主的礼物;他们也可能向雇主要求比年老员工更好的待遇。但经济丰富的公司老

[①] 译注:指战后婴儿潮的下一个世代,这个世代出生于20世纪60年代后半期到70年代末。

[②] 译注:指X世代的下一个世代,又叫Y世代。

兵,他们顶着保守的发型,戴着婚戒,手里拿着一本平装的惊悚小说,这些人会将公司的财产当成自己的物品一样谨慎保护。

这些前往中国的员工其实已经退休,却被公司找回来担任顾问,要他们协助公司在中国新设的厂房从事生产。一名来自罗克福德附近小镇的58岁男子,他在2007年到过上海。这名男子对同行的人说,他已经退休两年了,但之前的经理打电话问他有没有出过国,或想不想出国。他说他连伊利诺伊州都很少离开,更何况是出国,但他还是接下这份工作。他又说,现在他每次出国,都要花好几个月待在上海到南京之间的一座工业城镇,原本位于伊利诺伊州的公司新设的营业总部就位于那里,他在当地负责为中国的出口市场建造厂房与机器设备。

"我喜欢这份工作,"他说,"食物有时是个问题,而中国人一直向我敬酒也让我有点吃不消。我不能跟中国人一起上教堂做礼拜。但当地的工人很棒——他们年轻有干劲。他们很尊敬我。因为我的年纪比较大,他们希望向我学习。"

男子很自在地谈着,而他也很需要抒发自己的感想。他说,当初要不是他退休,恐怕也不会做这份工作,因为这么做等于违反工会的规定。他知道自己目前做的事会让国内的前工会同事的工作受到影响,但他也表示,无论如何事情都会发生,所以他最好还是趁这个机会吸取一点经验,顺便也为自己攒一点钱。他说,公司那年的获利不错,当管理高层宣布年度营收时,中国显然成为一个亮点。股价也涨得很高,而他的退休计划中也包括公司的股票。

然而在搭机前往中国的几个月后,在公司供货商附近吃午餐时,这名男子表现出对这份工作有着些许不确定感。现在整个关系似乎越来越紧张,因为他的公司与合作伙伴在美国裁掉了数千名员工。公司在中国的营运并没有萎缩,他还是跟以往一样忙碌,不过他在国内的朋友很多都没了工作。"不久之前，公司还说服大家暂时不要退休。但现在同样这批人却必须在家得宝（Home Depot）与沃尔玛前面，排队应征薪水只有先前五分之一的工作。"

曾经受到器重的资深员工，此时遗憾地发现，即使自己想找份低薪的工作也不可得。老人想延长工作年限以弥补退休金的不足，但美国企业无法满足他们的工作需求。韦斯利学院（Wellesley College）两名经济学家科特妮·柯伊尔（Courtney Coile）与菲利普·莱文（Phillip B. Levine）估计，55岁以上员工被迫退休的人数，是能够延长退休年限的员工的两倍。[7]

即使是看起来相对稳定而有保障的职务，老人也会在突然间成为冗员而遭到裁撤。基于美国安全与战争开支的考虑，国防与航天公司向来拥有充足的经费，但一般预料在不久的将来会进行大幅裁员。（产业顾问与国防部内部人士不知道该如何从实务或政治层面，来维持这笔过度庞大的国防预算。）此外，这些产业通常保有美国最资深的技术劳力，一旦削减开支，预计将有高达四成的员工提早或在法定年龄退休。这么庞大的人力损失将在公司内部造成庞大的"知识断层"，人们不禁要对这些公司的长期发展与美国国防部门的科技优势感到忧心。对罗克福德这个航天中心来说，国防开支的削减无疑是雪上加霜。尤其年轻的技术劳力不足以填补退休者留下的知识断层，而国防开支的萎缩也让不稳定的航天工作前景无法吸引大量外来者前来罗克福德，这些都会导致罗克福德缺乏昂贵的计划来大量训练当地民众。

年老员工唯一觉得庆幸的是，当工作供给不足时，他们拥有的经验与能力可与年轻应征者一较高下。一旦年老的员工获胜，将对他们取代的对象造成终生的影响。举例来说，在2010年的罗克福德，该市整体失业率创下历史新高，年老的员工充斥就业市场，并且与 20 岁左右的员工发生激烈竞争。如果罗克福德这种以年龄来区隔廉价劳动力的倾向与全美一致（据说美国整体来说在这方面表现得更尖锐），那么年老员工的工作经验，将使他们对那些无经验的年轻员工占有优势。

年老员工不断寻找付酬工作，并且攫取了罗克福德的基础工作。过去，这些工作向来皆由十几岁与二十出头的年轻人担任。华盛顿就业政策研究所（Employment Policies Institute）一直关注罗克福德的就业状况，该所研究员克里斯滕·洛佩兹·伊斯特里克（Kristen Lopez Eastlick）表示："（身为雇主）你当然会选择高学历、有经验与高素质的劳工。那些年轻人根本没有机会。"[8]

在疲弱的就业市场里，想在尝试打进市场的年轻人与要保有自己位置（哪怕只是些许的工作机会）的老人之间做出区隔，是相当困难的。[①] 西欧国家曾经尝试各种策略，让职业生涯末期的员工退出就业市场，好让出空间给年轻人参与，然而青年的失业率（欧洲大部分地区最高可达到四成）只是变得更加居高不下。当然，现在绝大多数发达国家都已经提高退休年龄。而最令人困惑的或许是，欧洲的教育普及政策并没有让年轻人更容易就业。其中有一种批评是，欧洲年轻人绝大多数受了太多教育，造成许多工人价格过于昂贵，使欧洲企业无法提供相应的职位给他们。这种论点认为，欧洲投入过多的资源让年轻人接受高等教育，而且以珍贵的公共资金来支付大学与其他高中以后的教育。同时，这项论点继续延伸，认为

---

① 彭博新闻社（Bloomberg News）根据美国劳工部提供的数据做出分析，显示从 2008 年到 2009 年，在饮食服务业方面，年老员工大量攫取了传统上一直由美国青少年担任的工作。举例来说，16 岁到 19 岁的青少年取得不到 24 万个岗位的工作，但 55 岁以上的老人却取得 12.8 万个岗位以上的工作。在销售业方面，青少年取得不到 53.2 万个岗位上的工作，而 55 岁以上老人取得 82.2 万个岗位上的工作。在办公与行政工作方面，不到 55.3 万名青少年被雇用，却有 109.1 万名老人取得职位。

教育政策耽搁了大多数人进入就业市场的时间，即使人口的自然寿命越来越长，他们的工作寿命还是因教育而缩短。如果人们到了快30岁才进入职场，然后上紧发条不断工作到快60岁，接下来退休一直活到八十几岁乃至于更老的年纪，可以想见他们赚钱的压力有多大。

错失"从做中学"的机会

在罗克福德就跟在其他地区一样，年轻人找工作的时间越久，对他们的长期经济前景越不利。他们不仅得不到薪资，也失去了薪资随时间调涨的机会。耶鲁大学经济学家莉萨·卡恩（Lisa B. Kahn）发现，在20世纪80年代经济衰退期间开始工作的人，一开始的薪资非常低，即使每年调涨，还是需要十年的时间才能达到在经济景气时受雇的薪资水平。[9]他们失去早期储蓄的机会，而且越早储蓄越能产生长期而显著的效果。更糟的或许是，失业的年轻劳工失去了"从做中学"的机会，工作中有许多学校课本没教的东西，可以培养一个人在工作世界里生存的能力。这些事物包括人们在工作场合中学到的社会技能与政治常识。举例来说，年轻的员工总是更有本钱从失败中学习，并且在一连串的尝试中了解工作环境里上下尊卑的观念。上司知道新人有很多地方需要学习，就算年轻员工失去工作，失败的经验也能帮助他们在下一份工作中有更好的发展。

更不用说劳工从一开始就能在工作中学到特定技能。为求职者培养基本工作场所技能的罗克福德计划，该计划的主任表示："人与人（年轻员工）在早期岁月中发展出来的互动关系，将会维系整个人生。年轻员工这时候获得一份工作对他们来说是一项极宝贵的经验。"[10]如果青年失业的时间远比其他年龄层来得长久，这就表示社会自我维持的基石正不断在牵扯中削弱。当青年的就业稳定时，年轻员工可以建立自己的财务资源（赚取权力与储蓄）用以支持无法工作的依赖人口，例如儿童与退休的父母。就算不是以直接的方式支持，至少也借由税收做到。而且重要的是，工作可以让年轻人付钱接受"可见的教育"，包括职业训练与提高学历。如果成功的老龄化指的是在生命过程中不断累积优势，那么罗克福德这群失业年轻人的命运，可想而知将会为自己的未来与城市带来许多麻烦。

员工之间的角力

国家的未来也建立在比较利益上。在疲弱的就业市场中，竞争使年老的员工与年轻的员工彼此对抗，而这种竞争过去即已如此，未来还会继续下去。国家雇用的年轻工人越多，越有可能累积储蓄与投资资本。亚洲的经济奇迹，就是在亚洲的年轻劳动力绝大多数投入生产时发生的。中国目前正处于这个阶段。它的工人纷纷投入生产，全国储蓄率也很高，这些储蓄来自贸易入超与货币盈余。日本也曾经历类似的阶段，在20世纪70年代，人们认为日本的成长力道可能一直持续到它成为世界最大的经济体为止。美国之所以出现剩余，是因为战后景气以及年轻的婴儿潮世代投入劳动，使国家有累积的储蓄作为可投资的资本。就人口结构来说，美国遭受的挑战不如人口老龄化更加迅速的欧洲与东亚来得大，但如果美国的青年失业率居高不下，它将抵销乃至于反转美国原本应该从年轻劳动力中获得的人口优势。①在罗克福德，我们有充分的理由担心，整

---

① 2010年中，美国的青年失业率是29%，这是从1947年开始进行统计以来的历史最高点。在伊利诺伊州，青年失业率达到四成。

整一代的年轻人如果一直待在当地，很可能会完全丧失活力。更糟的是，"研究显示，一个人如果从青少年时期就面临失业，那么在许多年后他将完全落后于同侪"，伊斯特里克表示。[11]

从做中学也可能学到负面的东西。年轻求职者在疲弱的就业市场中学到的，很可能是依赖与沮丧，这两种特质是青年失业率攀高时最明显的两种倾向。皮尤研究中心（Pew Research Center）最近针对18岁到34岁的美国人进行调查，结果发现有10%的人因为找不到工作，或担心现有的工作没有保障而搬回去与父母同住。

疲弱的就业市场也导致美国人延后或放弃组织家庭。2008年，全美出生率比前一年少了1.5%，但伊利诺伊州减少的幅度是这个数字的两倍。罗克福德医院表示，同一时期该院的出生率少了4%。结婚的数量也在下降。[12]

遭到裁员

与欧洲绝大多数地区一样，美国的社会保障体系形成鼓励老人失业的恶性循环。失业本身成了一种资格，让失业员工可以获得伤残社会保障赔偿。伤残认定标准过于宽松，也鼓励年老与教育程度较低的工人不去就业。更有甚者，西方政府通常会允许企业在大规模裁员时扩大伤残津贴的覆盖面。这类津贴动用的是政府的金钱，但政府赔偿的条件是，公司承诺不会整个厂迁走，也不会裁掉更多员工。这项诱因使老人不愿工作，与此同时，跟欧洲绝大多数地区一样，美国这项制度现在要求仍有工作能力的员工要等待比过去更长的时间，例如一年、两年乃至于三年，才能满足退休补偿的标准。

在美国，这种冲突造成年老员工特殊的行为模式。位于密歇根州卡拉马祖（Kalamazoo）的"W. E. Upjohn就业研究中心"（W. E.

Upjohn Institute for Employment Research）是专门研究就业议题的机构。该中心的资深经济学家苏珊·豪斯曼（Susan Houseman）表示："我们看到 65 岁以上年老员工的数量不断增加，主要是因为他们开始担任兼职的工作。但 55 岁到 65 岁的失业者参与率并未提高，特别是教育程度较低以及被工厂裁员的员工。"

豪斯曼的研究也将年老员工的失业归咎于全球化。2009 年，她出版了一份广泛受到引用的批判报告，报告抨击美国在贸易统计数据与国内生产总值上的计算方式。豪斯曼认为，美国的工人生产力遭到高估，因为政府在计算最终从美国工厂出售的商品时，误将低成本的进口商品计为高成本的最终商品。在像罗克福德这样的城市里，制造商是从大量的进口零件中制造出最终商品，而标准会计准则却高估了公司生产线的实际产值。这种计算错误也说明了，为什么在工人生产力看似提升的状况下，制造业薪资却下滑。过去，生产力的增加总是伴随着薪资增加。罗克福德正是因为这个缘故才成为蓝领工人的黄金城。当雇主成为统包上下游的国内生产商时，员工的薪资也跟着水涨船高。全球化反转了这个等式，近来的生产力增加，主要是廉价进口商品被当成美国商品而产生的幻觉。根据豪斯曼的计算，进口商品抵达美国是造成美国制造业急速崩坏的主因。美国也许可以在数百万制造业工作机会遭到摧毁后，还继续吹嘘制造业产出再创新高，但实际上美国产出的主要部分完全只是个幻影。豪斯曼因此建议美国政府，应该将每年的国内生产总值往下修正 8%—10%。

在今日的罗克福德，重新找份工作通常意味着要学习医疗照护的技能，这项产业正快速成为该区最大的雇主。罗克福德的前四大雇主有三个是医院（至于最大的单一雇主是罗克福德学区），第十大雇主是连锁诊所。[13]

就书面统计来看，罗克福德的人口年龄似乎比佛罗里达州的萨拉索塔来得年轻，但这隐藏了某些重要的统计类似性，而这一点并不让罗克福德人感到惊讶，因为当地居民或多或少认识几个搬到萨拉索塔去的人。罗克福德与萨拉索塔在人口结构上的类似之处，在于两地都有高比例的非西裔白人，而这些白人人口老龄化的程度，远高于人数较少的非白人人口。然而在气氛上，两座城市给人的感觉却大不相同。罗克福德的居民是向外迁移到世界各地，而世界各地的人却不约而同地往萨拉索塔跑。①萨拉索塔的经济动力，来自这座度假城市拥有让一波波年老的新来者返老还童的力量。而罗克福德的经济却只是不断提醒人们，居民只要到了55岁左右，就会成为当地企业的累赘。两地的白人人口都面临老龄化，但罗克福德的经济只是一味强调自身"老龄化"的一面，而萨拉索塔的经济则是凸显自身的活力。在萨拉索塔，60岁的老人是"孩子"；在罗克福德，50岁的人面临的社会与经济环境却处处指明他们是不中用的老人。

罗克福德的中位年龄是34.4岁，比全国中位年龄年轻1.5岁，尽管如此，该市黑人与西裔人口的中位年龄却是26岁。罗克福德非西裔白人（占了该市约七成人口）的中位年龄是41.8岁，比全国非西裔白人的中位年龄大了将近5岁。

---

① 奇怪的是，就算罗克福德市民要离开，他们迁出的幅度也落后于全国趋势。乔尔·克特金（Joel Kotkin）曾对世界各地的城市与郊区生活做过许多具影响力的研究，他指出，在20世纪70年代，平均每年每五名美国人就有一名搬到新家，但现在这个数字接近每八名只有一名，这是美国政府从20世纪40年代开始追踪人口流动以来最低的数字。克特金表示："2008年，更改住所的人口总数比1962年少，但别忘了，1962年的美国人口比2008年少了1.2亿。"克特金的看法是否可以用来解释罗克福德年轻人的意向还有疑问，但用来描述罗克福德的老年人群却相当贴切。拥有家庭而且事业正在发展的罗克福德当地人及年老市民会选择留在当地。事实上，无论喜欢与否，他们都不会搬走。

白人与非白人人口的巨大落差，显示少数族群人口有多么年轻，而多数族群人口有多么年老。这是很大的不同。"罗克福德多数白人人口会越来越老吗？"医学院人口学家考恩语气略显夸张地表示，"当你看到移入罗克福德的人口有七八成是少数族群，而移出罗克福德的都是一些中产阶级、受过良好教育的居民时，你几乎可以看出这座城市未来会怎么发展。"考恩说，并没有明确的数据显示，是哪些人离开了罗克福德，但这毋宁说是一种普遍的现象，也是罗克福德给人留下的强烈印象。

请留在这里

罗克福德的现任市长拉里·莫里西（Larry Morrissey）在竞选时承诺要推动罗克福德重生计划，以吸引离开的市民回来，他的政见使他获选成为市长。莫里西是一名政治新人与独立参选人，他当选市长时才36岁。莫里西试图挑战当地根深蒂固的党派政治文化。他知道人们为什么离开罗克福德。他自己也曾逃离这座他认为无可救药的城市，搬到芝加哥开设律师事务所。莫里西的法律学位使他离开罗克福德，这一点并不奇怪。"我返乡后的第一次会议，就是与罗克福德地区经济发展委员会商讨，如何才能吸引与留住年轻人，"莫里西回忆说，"我觉得这场对话就像某种科学实验，而我是这场实验的主题。老市民谈到他们的孩子离开家乡之后就永远不再回来，而我在他们眼里俨然成了一名返乡的孩子。我28岁回来加入我父亲的律师事务所。我寻找有能力的年轻人，希望大家一起努力改变罗克福德。我给自己设定了两个目标。首先，我希望住在很酷的阁楼里。由于没有这样的房子，所以我只好自己动手盖。我花了5万美元买了一栋面积3000平米的建筑物，然后自己盖了一栋复式楼房。我的第二个目标是,往返芝加哥与罗克福德,于是我开始推动在两座城市之间提供通勤电车的服务。关于第二点目前仍在努力中。"

莫里西聘请一名顾问来研究罗克福德需要什么。"她的结论是,我们需要一座很酷的城市,一座干净而充满绿意,河岸边有自行车道的城市。"莫里西为了测试这项说法,于是亲自住进闹市区酒吧楼上的公寓里。其他人也跟着搬进来。"我问自己,这就是年轻人想要的吗?答案是肯定的。我们这一代对于共享的小区资产比较感兴趣。郊区占地近一公顷的家园,那不是我们要的。我们拥有的城市地区已经足够我们'重新探索'。"

谁会离开罗克福德,看教育程度最准。罗克福德悲哀的地方在于,它留不住大学学历的居民,而这些人却是这座城市最需要的。这些人之所以重要,在于他们是最能开展事业的美国人,他们也能给予学校与当地机构稳定的力量。

罗克福德地区经济发展委员会的成员表示:"过去,罗克福德曾有机会设立一些机构,以留住今日我们最需要的人才。我们原本可以在这里设立大学,但当时一些权力人士认为,设立大学会让高中生毕业之后不愿意到工厂工作,因此作罢。"

如果罗克福德曾经拒绝设立综合大学的传言是真的,那么这些工业大亨的忧虑似乎也有先见之明。罗克福德教育程度最高的年轻人通常会离开罗克福德,成为他们移居的其他城市的资源。但是这些工业大亨说的话也未必全对。中西部大学也可以作为一枚磁石,吸引一些需要聪明、高技术人才的产业前来。密歇根州的底特律与一些中等规模的工业城市也许正在萎缩,但安阿伯(Ann Arbor),也就是名校密歇根大学所在地,却成为世界最先进科技大厂的聚集地,例如谷歌与其他无数新成立的科技公司。跨国公司并购罗克福德最重要的制造业公司，他们当然也想得到最优秀的人才。如果他们无法在罗克福德取得这些人才，自然会在其他可以吸引这些人才的地区重新设厂。

城市的命运

在世界各地的市政府和经济发展部门里，官员们不断苦思如何吸引与留住年轻的高学历专业人士。多伦多大学地理学家理查德·佛罗里达（Richard Florida）对于这种渴望的描述最为著名。在一系列充满活力的书籍与文章中，佛罗里达提出了卓越却也充满争议的见解，他认为处于信息时代，美国城市的命运取决于，它们是否能满足他所谓"创意阶级"的需要。这个阶级是由具有显著艺术气息的人物所构成——音乐家、画家与作家，其中一些人远离人群，躲在阁楼里工作，另一些人则依附于主流的公司、政府与机构化的经济体。广告公司的创意总监与广告歌曲的创作者，对于一个地方活力的展现，很可能比梵高或狄金森的贡献更大。然而，重要的是，创意阶级中有许多并不是那么具有艺术气质。他们是工程师、科学家、慈善家、教育家与其他各种知识工作者，他们可以引发一个地区的文化与思想风潮。他们有可能是年轻人、中年人或老人，然而一旦他们能够创造发明，则年轻人可以吸引老人，老人也可以吸引年轻人。创意阶级也渴望获得稠密而集中的文化资产。他们希望有音乐表演的场地，以及反映当代的艺术。佛罗里达说，歌剧院、交响乐团与博物馆，这些模仿欧洲皇家文化仓库的机构固然很好，却不足以吸引与留住创意阶级。年轻的创作者与发明家不会只为了工作而搬到得克萨斯州的奥斯汀（Austin）、科罗拉多州的博尔德（Boulder）或旧金山。他们也不会为了观赏印象派画作、毕加索画作或瓷器,而特别搬到布鲁克林、上海、巴塞罗那与东京。这些只是部分原因,真正重要的理由是,他们身为创意阶级,可以为这个文化做出贡献。能让他们留在当地的文化,不仅迎合他们对新事物的感受与追求,也可以让他们从事创造以增益文化。

创意阶级渴望的事物,对于想重新创造自己与欣赏不断变迁的环境的人来说,也极为珍贵。包括中年人与老人,他们也在寻求新朋友、迎接积极的挑战,以及一种能让他们在思想与审美上有所震撼的气氛。

佛罗里达在他2008年的作品《寻找你的幸福城市》(*Who's Your City*)中提到:大学城对于空巢者来说是越来越受欢迎的一项选择,因为大学城提供了完善的医疗、各项便利设施与能刺激思考的多元社群。[14] 根据佛罗里达的分类,空巢者指的是45岁到64岁,成年子女已经搬离家中的父母。不过他也提到了没有子女的人,例如同性伴侣。威斯康星州的麦迪逊(Madison)、科罗拉多州的博尔德、明尼苏达州的明尼亚波利斯(Minneapolis)与俄亥俄州的哥伦布市,以及其他大学城,都出现大批空巢者移入的现象。

不过这项趋势并没有年龄上限,因此美国与加拿大的大学城遂成为退休者移居的热门地点。美国现在有500所以上的大学特别为老人设计了各种课程。入学者可以使用学校的资源,而学校也有权收取学费,许多学院与大学因此找到了填补学生人数与财源的方法。在专为年老美国人兴建住宅的开发商眼里,大学城对于70岁以上的老人最具吸引力。举例来说,某家据点设在萨拉索塔的公司,现在已把焦点集中在大学城的开发案上。当老人仍有能力上戏剧院与观看运动竞赛时,他们通常会选择住进连续照护小区。大学城的开发案特别容易吸引年老校友的注意,他们对于母校往往带有情感上的依恋。然而实际上,大学城的年老居民不一定能适应城里的设施，因为这些设施原本是为大学生设计的。尽管如此，大学城的气氛与校友间的情谊仍具有极大的魅力。

城市复兴，要靠自己

佛罗里达认为，城市若要繁荣需要一些条件，但地方政府不可能满足每一项条件。罗克福德没有能力将巨大的大学移到城里来。不过市府当局倒是可以推动各项便民措施，让创意阶级愿意考虑来此居住。举例来说，罗克福德的年轻市长希望将城市的未来打造成绿色空间，他想建立一个适合生活的闹区，里头有时髦的咖啡厅、餐厅与五光十色的夜生活。这位市长确实从各方面逐步兑现自己在选举时提出的承诺。"廉价把戏乐队"（Cheap Trick，曾经发行"I Want You to Want Me"及其他发烧大碟）的瑞克·尼尔森（Rick Nielsen）是罗克福德人，他参与推动各项让罗克福德重生的计划，例如开发广达3万多平米的娱乐专区，里面涵盖音乐厅、会议中心以及博物馆，而未来博物馆落成之后将会展出尼尔森自己收藏的大量吉他。今日的罗克福德，放眼望去只见烟囱、生产线、空旷无人的商店，以及一家又接一家的诊所，然而未来将会从这样的街景中涌现出一座充满创意的城市。罗克福德在全美城市中排名第146名，尽管如此，此处却汇集了世界最优秀的制造商。这里有数千名工程师，他们是佛罗里达眼中的创意阶级。而根据经济发展委员会的报告指出，这群工程师使罗克福德拥有的可申请专利产品与生产流程数量，在全美排名第十位。

然而，罗克福德当局却认为该市因为老龄化而负担沉重，可能难以凭借创意向前发展。市长底下一名城市行政官员詹姆斯·瑞安（James Ryan）表示："我们的人口不断老龄化，而老年人口又日渐贫困。"他认为，目前几乎很难找到方法提升老人的生活水平。他责怪市府把公共资金几乎全投入于安全体系，用来照护与维护老年人口。举例来说，救护车将老人从家中载往医院，这笔费用持续不断增加，构成市府的沉重负担。"这座城市的挑战在于，我们用太多金钱来维持现状，而非投资未来。"

至于莫里西，他倒是抱持积极的看法。"我告诉大家，文艺复兴不是从罗马开始，而是发源于佛罗伦萨。当地的大家族是城市的金主，是这些人让创意得以繁盛发展。我们只能靠自己，我们无法期待华盛顿或伊利诺伊州政府协助我们脱离困境。如果城市想唤回民众，那么城市必须先靠自己的力量奋战才行。"

承　诺

有一座城市也曾经遭遇百业萧条的惨况，此时却成为罗克福德嫉妒的对象，这座城市就是密歇根州的卡拉马祖。卡拉马祖在巅峰时代，也有着勤奋繁荣的城市景象，大型家族企业实现了数十年的经济成长，也带来一定程度的社会稳定。卡拉马祖也拥有交响乐团、戏剧院与艺术中心这些规模比它大的城市才有的设施。然而，这样的荣景却在1995年遭遇严重的经济挫败，卡拉马祖主要的雇主之一，拥有110年历史的普强公司（Upjohn）被瑞典药厂法玛西亚（Pharmacia）收购。普强在卡拉马祖雇用了1200名员工，其中绝大多数都是薪资优渥的博士。一旦普强不再属于当地公司，它便遗弃了卡拉马祖。而在经过连续两次的并购之后，普强已没有任何工作提供给当地人，这些工作原本都是由知识工人来担任。城市的贫穷率开始升高，中产阶级家庭也抛弃了公立学校体系。人口转变成负增长。以自然标准来看，卡拉马祖的人口结构并不老，大型学院与大学使年轻人维持相当高的比例，但家庭普遍少子化，当地的出生率几乎无法达到人口替代率2.1的数字。

庆幸的是，并非所有的财富引擎全离开了这座城市。2005年11月，在一份令人惊讶的宣言中，卡拉马祖的公立学校主管发表了"卡拉马祖承诺"（Kalamazoo Promise），这是美国历史上一份最慷慨的保证。一群不愿透露姓名的捐赠者聚集他们的资源，承诺将为卡拉马祖每一名学童支付学费，让他们就读密歇根州任何一所公立学院或大学。在卡拉马祖的学校体系里，从幼儿园开始直到高中毕业为止，所有学费他们均会支付。这项计划的财务不对外公开，但当2008年股市大跌威胁这项计划的存续时，世间开始出现一些流言蜚语，但主事者坚定地声明，会保证基金安全无虞。这项承诺规模之庞大，持续之长久，令其他城市既惊又羡。①

2010年，这项计划培育出第一批大学毕业生，而接受资助的大学生总数超过了860名。

米歇尔·米勒-亚当斯（Michelle Miller-Adams）是首位针对"卡拉马祖承诺"进行全盘研究的政治学者，她说："'承诺'是一项工具，是一种能实现许多事情的想法。它也是一种以地方为基础的经济发展。'承诺'只要求学生在这里生活、在这里上学，以及从这里毕业。尽管如此，这一整套想法却能建立地方资产，最终还能吸引许多新家庭加入学校体系与小区。"[15]

以地方为基础的经济发展企图建立一座反抗"世界是平的"的

---

① 讽刺的是，人们普遍怀疑这项计划幕后的金主是史赛克家族（Strykers），他们拥有的史赛克公司，资产达到360亿美元，是世界最大的医院病床供货商。BizAcumen公司做的市场研究显示，全世界的医院病床越来越短缺，主因是老年人口不断增加所致。史赛克公司的股票一直是股市惨淡时资金的避风港，而且股价表现良好。因此，想要把年轻人与家庭留在美国城市的这项极富野心的计划，竟是由一家其巨大财富直接源自于老龄化社会的公司所出资的。

堡垒,"世界是平的"一词是托马斯·弗里德曼(Thomas Friedman)在他同名的畅销作品中提出的著名信条。弗里德曼认为,在制造业或信息经济中,任何工作实际上都可以被世界其他地方所夺取,或者是直接移往世界其他地方。弗里德曼对世界的描述,使人对跨国企业充满想象。与此相反,理查德·佛罗里达则强调,地方力量的价值可以吸引地方的支持。在必须调适人口老龄化动态的地区,这两种看似彼此矛盾的观点其实却有着互补作用。对于许多聪明的企业家、投资者与员工来说,世界也许真的是平的。他们驱策产业从美国中西部工业区与欧洲国家的高成本制造业中心出走。如果地方真的不重要,世界不会出现这么多资本、货物与人员的流动,这些流动全是为了将资本投入于具有优势的地方。中国使美国的年老员工失去工作,也让欧洲、日本与美国部分地区的青年失业率居高不下。然而,从另一个角度来看,中国每个充满活力的地方也知道自己该做什么才能吸引年轻人前来。他们必须像"卡拉马祖承诺"一样,让大量的人口愿意将自己的人生、技术与财富投入于地方。地方可以提供税收激励给企业,承诺政府将在地方进行投资,或表示他们将投入公共资金来训练员工。

  这些激励通常管用,但有时也会做无用功。因为追逐利益的公司,往往会被更好的条件所吸引,最后还是决定出走。"卡拉马祖承诺"吸引的首要目标是家庭而非公司,而支持这项计划的人也希望,一旦家庭被吸引过来,公司也会跟着过来。教育一直让人们愿意为之迁徙,一旦获得好的教育,年轻的家庭就能填补人口结构的漏洞。[①]

[①] 最近,IBM选择在艾奥瓦州杜比克(Dubuque)设厂。罗克福德也曾争取设厂,却遭遇失败。杜比克中选的原因,不在于IBM可以吸引员工及其家属前来杜比克,而是因为该市原本就拥有教育程度高的员工与家庭,他们在杜比克投资数亿美元从事城市更新之后,便决定留在这里。

在"卡拉马祖承诺"实施后，就读公立学校的学生增多。幼儿园的入学人数成长将近三倍。一旦承诺的宣言传遍全国各地，将有数百个家庭因此搬来卡拉马祖。该市的房地产中介不断接到电话征询当地的房市情况。新住户逐渐增多。在每十名学生就有六名来自低收入少数族群的学区里（卡拉马祖在此之前曾经历一段反对学校进行种族隔离的阵痛期），出现了多年来从未见过为数甚众的中产阶级白人子女。

米勒－亚当斯猜测："卡拉马祖的捐赠者或许读过弗里德曼与佛罗里达的书，他们目睹密歇根州的弗林特（Flint）在汽车产业出走后完全陷入萧条与贫困。他们认为'卡拉马祖承诺'是挽救该市免于遭受全球化最坏影响的方式，于是他们实现承诺，让卡拉马祖再度涌入高教育程度的年轻人，同时借此改善当地人口老龄化与数量减少的现象。"

精英住在哪里？

美国有一些城镇会大量将居民散布到全美各地的大都会里。这些城镇通常是过去曾繁荣一时的工业区外围市郊，虽然工业区没落了，但这些城镇仍维持着活跃景象。这些城镇移民教育程度良好，他们前往美国与海外较具活力的地方，成为当地专业与管理阶层的骨干。如果造访纽约市某家大型律师事务所，可能会发现其中有几名律师在克里夫兰市郊的谢克海茨（Shaker Heights）念过高中。北加利福尼亚一家创投公司的员工乍看之下好像全是加州人，一问之下当中居然有几名来自底特律市郊的布伦菲尔德希尔斯（Bloomfield Hills）。在东京某间寺庙参拜时，一名美国游客低头翻阅《孤独星球》（*Lonely Planet*）旅游指南，这个人很可能来自密苏里州圣路易斯郊区的切斯特菲尔德（Chesterfield），但她目前待在东京从事推销保险的工作。

罗克福德不同于美国某些繁荣的市郊地区，它没有能力创造全国性的高学历精英阶级。罗克福德不是市郊；它无法产生大量的知识工人。该市的公立学校学童高中毕业的不到一半，获得大学学历的更是寥寥可数。罗克福德经济发展委员会主席简尼斯·费登（Janyce Fadden）把增加罗克福德大学毕业生的数量列为首要之务。费登指出，大学生数量每增加1%，就能为工商界额外带来约2.4亿美元的所得；如果罗克福德可以达到全国平均，就能增加15亿美元的所得。罗克福德与全国的落差，使它需要从外界引进教育程度较高的人士。然而，尽管罗克福德缺乏大学毕业生，它拥有的工程师却高于平均。但罗克福德目前的条件无法留住这些教育程度高的年轻劳动者，更别说从外界吸引更多拥有同样教育程度的年轻人士前来。

护士荒

罗克福德除了必须积极争取技术工人外，医疗也是它必须重视的一个细分市场。医疗不仅牵涉到经济层面，也牵涉到社会层面，对年老的市民来说，更是攸关性命的大事。罗克福德最大的医院集团，罗克福德医疗体系人力资源负责人丹·帕洛德（Dan Parod）表示："我们的劳动力看起来如何呢？简单地说，他们正在老龄化。我们的员工有85%是女性，她们的年龄在40—45岁之间。"他又说，这些人绝大多数将在未来十年从医疗体系退休。在帕洛德主管的体系内，每三名雇员就有一名是护士。"我们需要很多护士，因为婴儿潮一代与他们的父母正在老化，而这些人需要看护。与护士一样，医疗的需求也在增加。我们正陷入越来越大的护士人力缺口。"

到了2025年,美国预期将缺少26万名护士。[①]听起来前景相当黯淡,但与数年前的预测相比却乐观许多,当初的预测是到了2018年美国将缺少100万名护士。之所以出现如此差异是因为经济衰退,百业萧条下护士的高薪与保障成了诱因,因此使得护理学校与学生的数量大增。2010年,二十出头的新护士总数创了20世纪80年代以来的新高。对护士的需求提升了护士的薪水,有时护士的薪资甚至可与待遇优厚的医生平起平坐。而这正是日本专业洗澡人下野先生在庞大老年人口中营生的最大动力。不管在哪里,老年人口都不断增加。

美国老年人口的增加,清楚预言了医疗产业的前景。对此,帕洛德看得比绝大多数人更清楚。他在罗克福德的晴雨表,其实就是当地报纸与网络上的招聘广告,其中征求看护的广告所占的空间居然比"其他所有广告加起来"还来得大。另一项指标是,当地经济的发展曾几何时也跟萨拉索塔一样,大型医院无论从营收还是就业人数来看,都成为最重要的经济驱动者。雇员人数多于医院的产业只剩下学校体系,罗克福德所有工厂的员工人数均少于这两者。

对帕洛德来说,另一项明显的事实是,医院的职员与管理人员越来越常讨论老年病人的问题。他表示:"生命接近末尾时的医疗

---

① 世界各地都闹护士荒。2009年6月,《纽约时报》报道,捷克医疗单位面临严重的护士荒,以至于他们必须提供极端的诱因来吸引护士。布拉格一名31岁的护士在诱惑下与一家私人诊所续约,对方提供免费的德文课程、抽脂手术与隆乳手术,延长休假时间。此外她的月薪是1400美元,以捷克的标准来说并不算高。这名护士向报纸表示:"我们总是受到这样的教导,如果护士善良、聪明、喜爱自己的工作而且长相吸引人,那么病人就能更快康复。"提供免费或有折扣的整形美容手术,成为捷克市场上的一项利器。捷克护士的薪水与国外相比明显偏低,因而导致大量护士外流。2008年,有1200名捷克护士前往德国与英国工作。

成本，是每个人未来都将支付（或已经支付）的一项最大成本。由于人口老龄化的缘故，现在医院里的病人要比十年前病情来得严重。因此，医疗工作的繁重更甚以往。我们有400张病床。其中绝大多数原本给一般病人使用，少数给重症病人。但现在却反过来。"从身为雇主的帕洛德的角度来看，为了照顾老年人口而使医疗工作变得繁重，相应地也使得护士们在工作中急速耗损，因为这些医疗工作造成她们体力与心理上极大的负担。在与提早退休的护士交谈之后，帕洛德发现，原本无微不至地照顾病人，毫不厌倦地为他们刷背与用婴儿爽身粉为他们按摩的护士，此时却因为必须匆匆忙忙地照顾下一名患者的新工作环境而心力交瘁。

一旦护士到了45岁左右，她们的体力逐渐无法负荷医院工作的需求。"她们离开（医院里）直接照顾病人的工作，转而寻找较不辛苦、压力没那么重的职业，例如保险业务员或某些与医院相关的工作或居家照护，总之就是不需要与人交替轮班长达12小时的工作，而且能过半退休的生活，或至少不要超出体力容许的范围之外。"

她们想过半退休生活的一个原因是，她们也必须在家照顾另一半或年迈的父母。"护士在25岁时进入医疗体系，五年后她们想生儿育女，这时我们会提供日间托管的服务。但现在我们有许多护士已经四五十岁，她们需要的其实是老人照护的服务。婴儿潮一代的护士家里有需要照顾的父母，而我们又需要她们照顾医院的病人。她们不可能身兼二职，在这种状况下，她们通常会选择离职，在家照顾父母。"

从菲律宾引进护士

结果，美国现在必须向国外招募护士。从2001年到2008年，新加入劳动力大军的 50 万名护士，每三名就有一名是外国人。"菲律宾现在最大宗的出口商品就是护士。"帕洛德语带泪丧地说，但这是不争的事实。在罗克福德，菲律宾人大量填补了医疗劳动力的缺口。大批菲律宾人加入了罗克福德的多种族俱乐部中。罗克福德最大的几座天主教教堂现在挤满了菲律宾家庭，就连新神父也是由菲裔美国人担任。菲律宾有 10% 的人口（或大约 850 万人）在国外工作。这些菲律宾人将他们人生的黄金时期（实际上占了菲律宾工作年龄人口的 23%）以及菲律宾劳动力中最精华的部分，带到了国外。菲律宾国内生产总值最大的来源，就是这些在外地打拼的劳工汇款。数百万名菲律宾人在亚洲的老龄化地区担任看护与帮佣、工人与农民，其中女性则专门照顾孩子与年迈的老人。菲律宾的男性就业市场的景气和萧条起伏，大量男性在中东从事工地劳动与油管铺设工作。有 100 万名菲律宾人在沙特阿拉伯生活工作。而当迪拜掀起一阵疯狂的建筑热潮时，估计有 25 万名菲律宾人，在当地建造城市与支撑当地的服务经济。然而，在沙漠国家工作的薪资，完全比不上在老龄化的西方高收入国家担任专业人士的收入。

　　基于历史与经济因素，美国一直是菲律宾人出国工作的首选，而医疗工作则是他们前往美国的最佳途径。菲律宾与美国的专业人士收入差距极大，因此在菲律宾居然有 8000 名医生愿意接受护理训练，好让自己能到美国工作，美国的移民法规对外籍看护比对外籍医生有利。帕洛德指出，他所属"罗克福德医疗体系"的竞争对手，也就是地区性的天主教医疗网络"OSF 医疗中心"，曾经组成一支护士与医生的团队前往吕宋岛（Luzon）东岸城市碧瑶（Baguio）招募 100 名护士。他们最后雇用了 35 名。OSF 团队也前往伦敦，但目的不是雇用英国护士，而是引诱在当地工作的外籍护士到美国中西部工作。这群招募者发现，伦敦吸引了来自各国的护士，他们可以在此地根据美国病人种族的多元来招募各族裔的护士，省却了到各国奔波招募的麻烦。

外籍护士为什么会来罗克福德？

"我其实不想出国工作。"乔斯琳（Jocelyn）说。乔斯琳是一名来自马尼拉（Manila）的护士，于2006年，也就是她26岁那年前来罗克福德的OSF医疗中心工作。她是一名美丽、纤细的女性，穿着时尚的牛仔裤，戴着炫目的眼镜。在罗克福德的一处农场住宅里，乔斯琳与同乡一同共进晚餐，并且分享自己的故事。当这群客人走进屋内，大伙儿寒暄着抱怨起来，最近这个有记忆以来最寒冷的一月把人行道冻得像冰块一样，令他们寸步难行。屋内灯火通明，桌上摆满了炒面、菲式卤猪肉、肯德基的炸鸡与汽水。当我提到，这样的餐点也许不太适合作为一群医疗专业人员聚餐的菜式时，有个男子回答："或许如此，但我觉得这样很好！而且这或多或少比较类似我们在菲律宾吃的食物。"①

虽然乔斯琳才刚来美国几年，但她的丈夫早在小学时代就已来到美国，他说话的口音跟罗克福德本地人没什么两样。乔斯琳原本想成为一名室内设计师，却在母亲的坚持下成为一名护士。乔斯琳说，她的母亲原本自己想当护士，但家人不许她上大学。"我是个听话的女儿，所以我听从母亲的安排。你可以说，我是重蹈母亲的命运，因为她也必须听我外婆的话。在美国，孩子可以依循自己的喜好来发展，但菲律宾的孩子只能听从父母。我很怕医院，我讨厌

---

① 糖尿病在菲律宾日渐流行，平均每年增长2.5%。如果这种趋势持续下去，到了2025年，每12名菲律宾人将有1名罹患糖尿病。

那里的味道与压力。我的家人没有人在医院工作。我对护士这份工作一无所知,只知道若想嫁给医生,就应该去当护士。此外,我顶多知道护士要戴上帽子与穿上制服。我知道这点是因为,我曾经看过美国喜剧《天才小医生》(*Doogie Howser, M. D.*)。"乔斯琳在护理学校的入学考试中拿了高分,因此获准到最好的学校就读。既然她终究要成为一名护士,"那么最好还是到顶尖的学校就读"。

乔斯琳与她的同学受雇于欧洲与中东的雇主,但她们却很少与雇用她们的机构接触。每次交涉都是通过中介公司进行。OSF医疗中心找了一家位于佛罗里达州的中介公司,这家公司专门引进菲律宾的护士,在菲律宾国内勘察与筛选,为OSF挑出比较适合的人选。乔斯琳不想出国,所以她很勉强地接受了几家中介公司的面试。然而最后她觉得,自己若能出国工作,对家里应有帮助。

"我家的生活质量在菲律宾来说刚好位于平均水平,而我的父母并无储蓄。我的母亲没有逼我出国,但我认为有此必要。如果我能去美国,我可以为家里带来很大的改变。我的妹妹拥有临床心理学的学位,而她受雇到沙特阿拉伯担任心理医生,专门辅导自闭症儿童,但她最后还是在那里从事家庭帮佣的工作。"OSF决定雇用乔斯琳之后,她花了五年时间通过专业考试与移民的书面文件流程,然后才搭上飞机前往美国。"我不知道对方会付我多少钱,但只要能来美国,多少钱我都可以接受。当我抵达美国时,OSF派人来接我,帮我安顿好生活。天啊!我居然住进了万豪酒店(Marriott Hotel)。然后他们给我3000美元,这笔钱不用缴税,我可以用这些钱在城市里安顿下来。我不知道罗克福德与南加州有什么差别。他们说罗克福德会下雪,我听起来倒觉得有趣,我可以滑雪与堆雪人。事实上,罗克福德真的很冷。但有了3000美元,我可以在菲律宾支付一栋好房子的首付款。我第一天的薪水比我在家乡一个星期的薪水还多,我第一个月的薪水比我一年赚的还多。我赚的钱已经多过我的父亲,过去二十年来他一直在菲律宾的军队服役,而且官至海军上校。我想,如果我能赚这么多钱,我可以帮家里不少忙,特别是我的弟弟与妹妹。我可以让家人拥有更好的生活。"

罗克福德许多工厂采取双轨制的薪资结构,但雇用外籍护士的医院却让菲律宾人享有与美国人相同的起薪与福利。身为雇主,医院方面相当注意工作场所的状况,尽可能确保不会出现种族或国籍歧视的现象。

如果给这些移民劳工较低的薪资他们也愿意前来工作,那么为什么要让他们拥有与当地劳工相同的工作待遇?相反地,在罗克福德的工厂里,当地的年轻人通常无法获得与资深员工相同的待遇。这两种安排之所以不同,取决于老龄化世界里年轻人在全球市场扮演的角色。在第一个例子里,年轻的移民劳工从事的工作非从国外进口劳工不可;但在后者,罗克福德当地劳工拥有的技术,很容易会外包给国外更廉价与更容易使唤的年轻人。

住在自然退休小区

在罗克福德的东北方,有一处维持得相当不错的住宅区,外表看来并不起眼,但仍相当新颖。下午两点,整个住宅区阒无人声,但穿过这群房舍之后,我们发现人车不断进出"森林之丘"小区(Cloisters of Forest Hills)。这个小区是楼高三层的复合式公寓,完全隐藏在干道之外。这栋建筑物拥有数十间公寓,中间围出一个以玻璃顶覆盖的中庭。屋顶大到足以覆盖一个酒吧,中庭四周通有走道,当中有一座不规则的游泳池,当夜晚来临、水下灯光开启,整个池子放射出热带的蓝色光泽。罗克福德人绝大多数从未听过这个小区,像这样的住宅出现在罗克福德也足以让人感到惊讶。而小区内部还有更令人吃惊的地方。这里的住户主要是退休的罗克福德人,大多是 70 岁以上的女性,许多都已丧偶。游泳池畔的桌子经常坐满老住户,她们聚成几个小群聊天、玩牌或一起拼着大型拼图。

这栋大楼并不是专为这些老人兴建的;一开始有些老住户发现了这栋大楼,逐渐地他们的数量越来越多,最后终于接管了这个小区。这是一段缓慢征服的过程。整个故事起源于美丽两层住宅引发的恐惧:住宅的楼梯、铺设的走道与车道(在冬天时十分滑溜)经常让老人摔跤。单层住宅在全国各地越来越受欢迎。(当婴儿潮一代为自己日渐扩大的家庭购买房子时,通常比较喜欢那种两层住宅,但当他们的孩子搬出去时,他们也到了膝盖开始不灵光的年纪,于是单层住宅便引起他们的兴趣。)巧合的是,森林之丘拥有电梯,因而使这个小区获得老年人的青睐。[16]

这群老人集结于午后 3 点的中庭,手杖、助行器、轮椅与弯曲的背部随处可见,使人明显看出为什么楼梯使得先前的房子不适合他们居住。一名老妇人说:"我记得在我丈夫过世之前,我觉得他走的每一步路就像攀爬非常危险的岩壁,许多时候我必须抓紧他,即使我并不强壮,而我的骨头也不如以往。如果他跌倒,我们两人将一起陷入危险。"她说,今日,如果她待在家里,没有人可以扶她上下楼梯,所以她才会选择有电梯的建筑物。

从另一方面来看,这个小区也让人觉得,这里比老妇人原来的家更安全一些。此处灯火通明,而且与附近街上宁静的小区不同,这里总会有人围绕在你四周、随时愿意伸出援手,或者是,有人会因为一起玩骨牌游戏的人没有现身而起疑。

一旦有老人发现这个地方适合他们,他们会呼朋引伴前来居住。"我们喜欢这里的一点是,我们拥有自己的住处而且可以独立生活。"一名92岁的瘦弱男子说道。小区里的女性形容他是"我们宠爱的对象,如果他没有结婚的话,我们全都想嫁给他"。这名男子环顾四周寻求众人的点头肯定,然后他又说:"我们拥有自己的住处;这一点非常重要。除非我们愿意,否则没有人有权要我们搬出去。"

小区内两居室的住宅最近的价格不到8000美元,与美国其他地区连续照护小区的类似住房相比,这里的生活更加便宜。森林之丘小区的居民要比美国其他地区的老人更加典型,他们清一色不想住在组织严密的老年小区里。只有约11%的美国老人曾住在专门设计让老人居住的地方。这种老年小区包括萨拉索塔与其他退休小区拥有的各种设施,只是会略微带有地方特有的风格,从专供活跃的老人使用的奢华高尔夫球小区,到生活无法自理、需要有人照顾的赡养小区。(大约有45%的美国人曾经在疗养院住过一段时间,不过通常只是当成修养康复之所,而非长期住所。)

然而,罗克福德的森林之丘小区却是在偶然间,将现有的一般小区改变成老年小区。虽然居民们不喜欢别人说他们建立了一个老年小区,甚至会因此发出不平之鸣("这不是老人院!"),但大厅与会客的空间却俨然一副组织严整的老年小区模样。几乎每一扇门都经过装饰。玩偶、花环与绘画让整个大厅的气氛变得活跃。他们为视力模糊与偶尔会迷路的老人额外提供了视觉与触觉的指示,让他们在邻居家里吃完晚餐之后还能找到路回家。提供送餐服务的餐车停在小区门口,为小区居民送来餐点。小区居民会聚集起来,一起前往罗克福德其他地区参与文化与社会活动。有些人闲来没事会待在自家阳台俯瞰着泳池;有时候有人会把自己锁在外头,只能等待邻居或管理员帮他们开门。没有人特别针对锁在外面这种事建立一套制度,光靠居民的自动自发就能把事情处理好。

当向这位高龄 92 岁的绅士问起,是否有人讨论过要设立一套服务制度,来协助一些较不方便的老年居民时,他再次问了在座女士的看法,然后提出了见解。"我想我们会认为这类服务是非常负面的。你不想看到看护忙进忙出,或人们被推上医院的病床。就我所知,没有人想要有组织的饭食供应,看着有人把食物放在餐盘上推进来。这不是我们小区需要的。我们拥有自己的家,这里只是一栋公寓大楼,不是机构。"

在不知不觉中,森林之丘小区也像许多高度本地化的老年小区一样,居民们共同努力,不让小区成为专为老年人设计居住、具有形式组织的老年小区。这种小区称为"自然退休小区"(NORCs,Naturally Occurring Retirement Communities 的缩写)。这些各自独立的区域,居民有很高的比例(通常在四成以上)是老人。这些小区成为老年化世界的一项特征,特别在一些拥有大量老年人口的城市,这些老人宁可住在自己的家与故乡,也不愿住进老年赡养机构。有些自然退休小区是以城市街区的形式呈现,居民数十年来都住在一起,也一起变老。

组织完善的自然退休小区观念,最早成形是在纽约市,许多数十年来一直住在大型合作建筑与出租公寓大楼的居民,并未随着年老而搬离此地。20 世纪 80 年代中期,纽约市的犹太人慈善事业开始思考,如何为这些住在自己房子里的老人提供一整套服务,由个案管理人为需要帮助的人协调各项照护。纽约市最重要的犹太人慈善团体,"犹太人共同劝募联盟"(UJA-Federation)建立了一项至今仍服务数万名纽约年老市民的计划,为这些老人找来社工、提供教育计划,以及有计划地安排他们在白天与晚上出门去逛逛城市的戏院、公园与博物馆。或许最重要的是,它创造了一个能让老人聚在一起的组织。

虽然森林之丘小区安排的周全性仍比不上其他自行组织的小

区，但罗克福德的国家社会服务机构还是提供了多项可供居民选择的服务，而且日后还可以增加服务范围。森林之丘未来是否将向纽约、波士顿与其他地方的自然退休小区计划的方向发展？随着居民渐渐老龄化，未来很可能便是朝这个方向发展。此外，像森林之丘这种非正式的自行组织小区，未来也可能越来越普遍。甚至连曾经让美国年轻人强烈认同的小区也会走上这条发展模式。

在加州大学伯克利分校研究老龄化的社会学家安德鲁·沙尔拉克（Andrew E. Scharlach）认为："美国绝大多数成年人生活在郊区，这里的环境有助于养育孩子，却不利养老。在郊区，人与人之间的距离很远，往来各地需要汽车。然而开车对老人而言却是一件难事，因为老人在开车上通常有所限制，甚至会被禁止开车。"2007年，布鲁金斯研究院（Brookings Institution）分析美国人口资料[17]后发现，郊区是全美老龄化最快速的地方。数十年前选择在郊区养育孩子的人，至今仍喜爱他们的房子、庭院与朋友。这种模式仍通行于历史较久的大都会地区（例如纽约与芝加哥），而在南部与西部的阳光带（Sunbelt）也有很大的影响力。阳光带广大而曾经非常年轻的市郊景观（例如凤凰城与亚特兰大），随着居民在他们长期居住的家园与小区里逐渐老龄化，我们将在此看见一场"老年海啸"。

沙尔拉克表示，当老人选择居住地点时，经常会错估自己的长期需求。退休者是造成美国一般人口变迁的原因之一，他们远离城市核心地区移往市郊，使自己陷入孤立状态。"我们不了解自己在社会联结与社会资本上投入的价值，我们太常将长时间经营的社会联结视为理所当然。"沙尔拉克认为，这是老人在社会上隐形的原因之一。人们到了晚年，经常在无意间断绝了自己的社会联结。"当父母变得越来越依赖时，子女往往希望父母能搬去与他们同住，却忽略了父母过去五十多年来在当地教会、市场，以及街坊邻居之间培养出来的关系。"

这些都是重要而微妙的联结，人们总是等到自己需要时，才了解这些联结的重要性。"我们存有一种想法，当母亲搬过来住之后，我们要让她过全新的生活。但这是不可能的。"情感的福祉固然重要，健康也不可忽略。我们理所当然地以为，把年迈父母接来同住对他们的健康有益，却忽略此举可能让父母与老朋友分隔两地。沙尔拉克指出："大量证据显示，拥有社交网络的人从疾病中恢复的能力较好，而且一些证据也指出，这样的人较为长寿。"

沙尔拉克相信，退休小区对于喜欢在此居住的人最为有利，他也赞扬人们创设这类小区的意义。尽管如此，沙尔拉克表示："这里面存在着接触与机会差异的问题。"退休小区只有少数负担得起费用的人才能入住。"过了退休年龄的美国人，有一半以上几乎只靠社会保障度日。这笔钱相当微薄。我们必须让已经有人居住的小区继续维持下去，让小区中的居民能在此安享晚年。"

沙尔拉克所嘱咐的，森林之丘的居民已经做到了。当他们坐在池畔，与自己找来同住的老友以及刚搬来逐渐熟识的新朋友一起聊天时，他们无所不谈，举凡政治、家庭、房地产生意都是他们闲话家常的主题。他们有时也会回到罗克福德的街头、店铺、戏院、各族裔的俱乐部，以及昔日的工作场所，毕竟他们的人生有几十年都是在此度过。大约有一半的小区居民表示，他们的子女与孙子女都住在外地。一名老妇人说："我绝不会要我的子女待在这里，但我也不可能去住别的地方。"

一家被迫改变的公司

对于数千名罗克福德人来说，有一家制造业者——伍德沃德调节器公司（Woodward Governor Company）是他们数十年来工作生涯的核心。从 19 世纪 80 年代以来，生产能源控制产品的伍德沃德公司，一直在罗克福德地区占有举足轻重的地位。罗克福德的高中生在毕业后，几乎理所当然成为伍德沃德的员工。伍德沃德的雇员对雇主极为忠诚，而他们的理由相当充分。员工也许不一定对这个家族经营的公司所分派的每个长期职务感到满意，但伍德沃德的员工长久以来一直能感受到公司以家人的态度对待他们，因此整个工作团队总是拥有非常强的向心力。

"我绝大部分的人生都献给了这家公司以及我在这里认识的同事。下了班之后，我的朋友就是在伍德沃德认识的朋友。"约翰·艾略特（John Elliott）说。这名工人从十几岁起就在伍德沃德工作，直到他五十多岁，公司开始强烈暗示，他这一代的雇员应该离开，而公司也提供诱因让他离职。艾略特无论是打棒球还是周末旅行，与他同行的玩伴就是他的工作伙伴。他所属的俱乐部，主持者也来自伍德沃德。对许多家庭来说，伍德沃德是他们的父母、兄弟姐妹、姑婶叔伯工作的公司。公司内的医生与护士不仅治疗员工的疾病，也照顾他们的家人。早在家事假被视为开明的政策以及被法律明定之前，伍德沃德已经主动推行这项政策。"伍德沃德的文化有很大一部分表现在，如果你能谨守本分努力工作，那么你可以在这里工作一辈子，"一名现任的管理人员说，"但现在已不再是如此。"

老员工的工作，新员工的薪资

近年来，伍德沃德逐渐明确表示，它不再像过去一样愿意保障员工的工作，就算是那些对公司忠心耿耿的老员工也不例外。对老员工来说，伍德沃德越来越像一扇旋转门，一下子让他们走，一下子又让他们回来，不过回来也只是短期的雇用。伍德沃德会雇用过去从未在公司工作过的年老员工，但却压低他们的起薪。然而尽管如此，人们仍认为伍德沃德是个不错的工作场所，与罗克福德其他的大雇主相比，伍德沃德对待员工还算优厚。然而这家公司已非过去的家族企业，如今的伍德沃德比较像是一个精打细算的全球集团，而它也必须如此。

伍德沃德将总部从罗克福德移往科罗拉多州，并且在美国其他城市，日本、中国与其他国家设立了重要的制造业中心。伍德沃德在中国的事业使它成为投资者的最爱，因为中国城市基础建设的发展使伍德沃德产品供不应求。伍德沃德也看出中国大有可为，于是在2009年宣布扩展中国业务，而且计划从中国出口更多产品到其他亚洲国家。然而在此同时，伍德沃德在罗克福德的工厂变成了其整体中非常小的一个部分。

无论是管理阶层还是雇员，面对公司的变化，要调适并不容易。然而，在全球市场力量的拉扯下，伍德沃德也无法决定自己未来的走向。20世纪90年代，美国国防开支削减重创了航天产业，伍德沃德也出现公司有史以来首次亏损，这项打击促使公司进行大幅裁员。人力资源经理卡罗·史密斯（Carol Smith）描述前几波裁员的状况，当时许多伍德沃德的员工都被劝说提早退休。"我们对提早退休的员工提供极为慷慨的套装方案。55岁以上、服务满十年的员工，每年可以从公司领到1万美元的红利，以及一笔固定的福利计划（这个计划给的是传统的退休金）。"

2001年9月11日，纽约市与华盛顿遭受恐怖袭击，伍德沃德再度裁员。调节器是伍德沃德的产品之一，它可以调节各种装置的燃料、水与空气的流量。伍德沃德的产品经常与日常生活各种工业设备搭配使用，它们通常用在能源使用、能源形式转换、能源流动与能源流量控制上。美国与世界各地的电力基础设施均可见伍德沃德产品的身影。由于航空产业是伍德沃德主要的获利来源，因此当"9·11"事件发生，航空产业的未来蒙上阴影时，伍德沃德也只能放弃一切的分支产业，甚至连核心部分也必须削减。

"这是个错误，"史密斯回顾过去时表示，"很多拥有技术与知识的员工走出公司大门，而我们仍可能需要他们。我们失去了经验丰富的员工与导师。"公司恢复繁荣之后，通常会把以前的员工再找回来，但他们只能担任临时雇员或兼职工作。史密斯也描述老员工在伍德沃德工作时态度的变化。她说："恶劣的经济形势实际上稳定了我们的劳动力。"也就是说，工人都害怕自己失去工作。

"以我们的立场来说，我们希望雇用55岁以上的员工。他们比较稳定、忠诚而且可靠。"史密斯说，想在伍德沃德成功，需要这样的态度，然而年轻人很难体会这点。"我最近才遇到一名19岁的年轻人，他打算离职去卖手机，"她困惑地说，"他说他想要比较有弹性的工作。也许是因为他在家乡生活，一切都过于稳定的关系。"过去的员工，尤其像约翰·艾略特这类战后一代的工人，总是认为他们可以表现得比自己的父母更好。但史密斯表示，现在的年轻员工却觉得自己怎么做都比不上父母。他们因此不再努力工作与顺从，而且变得重视生活方式更甚于金钱。如果卖手机能让他们在工作之外拥有更多乐趣，那么他们就会去卖手机。史密斯一边摇头一边说："不过，年轻的员工也有他们的优势。他们可以立即掌握计算机，能用计算机处理所有事情。年老的员工在工作上一看到计算机就吓坏了。有些人碰到计算机就是没办法。"

2008年，伍德沃德录取了206名员工，其中有20名因表现不佳而被辞退。"这20名员工中有18名是年纪比较大的员工，他们认为工作、机器与计算机屏幕太复杂。"不过史密斯表示,许多年老员工其实是可以继续工作的。伍德沃德试图让这群员工从事他们擅长且不需面对计算机的工作。但史密斯也说,这群老员工的自尊与工作伦理虽然可贵,却也构成障碍。"当我们在本地招募老员工时,他们的数理能力似乎不如年轻人,想事情也不够快。我们试着安排他们到合适的工作场所。在雇用他们之前,会先问一些问题,而我们也展示机器给他们看……但他们的自尊不容许自己表示无法胜任这些工作。"史密斯说,他们宁可努力地做着怎么做也做不好的事,也不愿承认能力不足。

伍德沃德让年老的员工先尝试需要脑力而体力要求较少的工作,这种做法不是没有理由。有些老员工中途放弃,有些表现得很好。老员工的体力远不如年轻的同事。加拿大某个研究团队检视了数十份有关体力劳动的研究报告后指出:"65 岁的平均劳动能力是 25 岁工人的一半。一般来说,人过了 30 岁之后,各方面的能力会开始减退,体力衰退的幅度又比心智或社交能力来得快……这些能力的衰退与心血管、呼吸、新陈代谢,以及肌肉功能的降低有关。这些功能的降低一开始相当微小,但从 40 岁到 50 岁会逐渐累积成可观的幅度,进而影响身体的功能。"从 40 岁到 60 岁,身体的劳动能力下降约两成;60 岁之后,衰退的速度会更快。[18]

想延后退休,所以愿意学习

年老的员工虽然体力早已过了巅峰期,但心智能力并未衰退太多。年老的员工能处理多少崭新而复杂的工作,除了要看任务的性质,也取决于他们的脑子平日是否经常接受刺激。过去不断在工作中学习的老员工，面对新工作更可能坚持学习，心智状况也会比较良好。

伍德沃德没有明确规定退休年龄，工程师、律师、会计师、营销人员与管理人员即使到了五六十岁还是选择继续工作，伍德沃德因此获得长期而稳定的劳动力。有些证据显示，许多老员工之所以不想学习新的计算机知识，是因为他们预期自己会在新计算机科技引进前退休。这些人如果被经济环境所逼而不得不重回职场，则时运不济的他们就得面对全新的计算机知识。明尼苏达大学知名老年医学专家罗伯特·凯恩（Robert Kane）曾经说过，工作场所的科技变迁越快，年老的员工越容易陷入一团混乱。

然而，"适应"科技的能力也是一项技能，如果有适当的经济诱因（或恐惧），将可使人更快地学会新科技。能够掌握最新计算机技能的年老员工，通常不会是那些计划近期退休的员工。同样地，打算过了传统退休年龄后继续工作的员工，往往具有诱因去学习最新的计算机技术，或者学习的效果比计划退休的人来得好。另一项值得注意的发现是，学会新计算机技能的员工，要比他们原先还不懂计算机时更愿意延后退休。[19]

有些人提早退休是为了避免面对新科技，有些人则是清楚意识到自己的身体状况不对劲。隐藏自身缺点的员工，不一定没有能力从事自己不熟悉的工作，也有可能是健康开始走下坡路。我们有理由怀疑，许多提早退休者（不是指被动离职的人，而是那些主动提早退休的人）在离职后随即遭遇一连串身心病痛，原因可能是他们早在工作期间身体就已出现问题。这些人退休之后，就有时间接受拖延许久的医疗诊断。[20]

提早退休当然可以整体改善人们的健康，鼓舞人们面对与克服新的挑战，但前提是，这些退休者并未出现身体快速衰弱的现象，如阿尔茨海默症、记忆力减退、忧郁或神志不清。①

一辈子辛勤工作

艾略特在 18 岁那年进入伍德沃德工作，而且从底层开始做起。他在工厂负责将零件送上生产线。经过数年的时间，他操作过各种不同的机器，而后开始担任客服工作。他当过销售员与品控经理。"我的职场生涯有一半时间在水力控制部门，"艾略特说，"接着我转到航空部门。"经过 35 年的生产、销售与检验机器，他可以拆解然后重组这些机器，而且熟知各种让机器重新运转的简便方式。当薪资削减到毫无鉴别度可言时，艾略特就像人力资源经理史密斯说的一样，成为伍德沃德流失的一名经验丰富的员工。艾略特在伍德沃德的最后工作是公关部副总裁助理。

"伍德沃德是罗克福德的大厂，我对于自己曾在这里工作感到自豪。当我还是公司员工时，我很注意自己的言行；即使我走出公司，哪怕是下班时间，我也不想让公司的名声受损。"

艾略特热爱工作，在伍德沃德任职的最后十年，他从未休假或请过病假。他第一次放假就是他开始提早退休之时，也就是 2000 年，他 53 岁那年。"我对于离开公司并不感到遗憾，只是这一天来得实在太早。我只有 30 天的时间考虑未来。"艾略特认为，自己是公司鼓励提早退休的人当中幸运的一批。他获得相当优渥的退休福利计划，但他也觉得，公司希望他提早退休的想法背后，蕴含了一

---

① 1999 年，芬兰人伊尔马里能（J. Ilmarinen）与兰塔能（J. Rantanen）对政府员工进行长达 10 年以上的追踪调查，结果发现，51 岁以上在工作上表现不佳的员工，3 人中有 1 人在开始进行调查的 4 年之内变得手脚不便。10 人中有 1 人在 62 岁时去世，每 40 人中只有 1 人持续工作到 62 岁。

门现代的裁员学问。它让员工们人心惶惶，不知道雇主会使出什么残酷的伎俩，在这种情况下，大家只会往最坏的方面想。这种做法可以规避年龄歧视的指控，部分是因为它提供了某种苦乐参半的互惠方案，另一方面也因为签署的协议要求他们放弃诉讼的权利。律师检视后发现，这类做法是混合了劝诱与威胁的合法行为，而对亲身经历这段过程的人来说，这种做法感觉像是包着糖衣的年龄歧视。

艾略特目击了这一切，同时得到强烈的暗示：未来会有更大规模的裁员，退休金的计划也会进一步缩水。而他也确实看到，在他之后退休的同事被迫接受更严苛的条件。在经过35年的服务之后，艾略特对于公司的做法感到极度震惊，以至于当下无法领会背叛的感觉。直到事后，他才充分感受到这点。现在的他，想起此事仍是五味杂陈。他一方面对于自己服务的公司深感自豪，另一方面也为自己奉献一生的公司最后居然如此无情地将他驱逐出去黯然神伤。对艾略特（以及他的妻子戴安娜）来说，最苦涩的一点是，公司不再补助他们健康保险。"我们误以为能像过去一样拥有保险。"事实上，艾略特家一年负担的保险账单居然高达2.2万美元。按罗克福德居民的平均收入来算，这笔账单几乎已经花掉全年的税后所得。这也让人感受到年龄歧视。对艾略特家而言，这是笔巨额的负担，但他们还撑得下去。

艾略特夫妇两人仍继续工作，所以他们肩上的负担轻了不少。艾略特说："很多人不知道，退休后花的钱会比工作时更多。理由是，你的时间更多了。我有一个退休朋友并未获得提早退休的补助，因此必须提前动用退休基金。现在很多人都说，他们必须一直工作下去，直到死亡那天为止。"

艾略特曾有一段时间一直找不到工作，他发现即使领有退休金，自己仍须继续工作。原因之一是，多年来他仰赖伍德沃德的退休金计划,而且一次领取了全部退休金,他必须决定该怎么处理这笔钱。"我们的投资顾问把钱全投入2000年的股票市场,不久科技泡沫就被戳破了。我们是个保守的家庭,面对未来我们感到无助,我们的退休金几乎全数泡汤。"在退休时遭遇这种经常发生的市场崩盘,即使拥有一笔终身储蓄,恐怕也于事无补。退休者不是长期投资者,他们没有那么多时间等待账户涨回原来的高点。

事业第二春

在丧失所有退休金之后,艾略特接到以前同事打给他的电话,使他获得一线生机。"他正在寻找曾在伍德沃德工作的人。"2002年,艾略特成为其他三名产业管理人员的顾问,他们的任务是维修伍德沃德的旧设备。"我开始处理水力发电调节器的问题,这种调节器可以调整经过涡轮发电机的水量。"

有许多计划找上艾略特帮忙解决问题,希望他能协助修复伍德沃德生产的设备,因为伍德沃德已停止提供维修服务。艾略特走遍世界各地的水力发电厂,他发现许多水坝仍装设五十年前的伍德沃德设备,有些甚至更古老。他知道怎么修理,因此他的业务非常繁忙。"我现在赚的钱比我在公司上班时还多。"他说。原本在伍德沃德工作时很少离开伊利诺伊州的艾略特,现在却旅行于南、北美洲,前往一些最美丽的蛮荒地区,赶赴仍使用急流来带动涡轮发电的水坝。他在接下新工作前对这些地方一无所知,而亲自到了当地之后,眼前的景象总是让他惊讶屏息。艾略特来自中西部平原地带,俄勒冈州与华盛顿州的崇山峻岭对他来说有如大自然的奇迹。他也对自己协助运转的设备感到惊讶,有些机器不过冰库一般大小,而且设立于经济大萧条时期,但仍能提供电力与水源给数百万民众使用。或许最让他惊讶的是水流动的方式，以及急流在极短时间内穿过水坝创造出的数十万美元产值。而他也发现，如果没有他的现成经验来解决危机，巨大的水流不可能转变成巨大的财富。艾略特拿自己与在发电场工作的年轻工程师相比。他说，这些工程师聪明能干而且愿意学习，他们只是缺乏彻底修复设备所需的经验累积。艾略特表示："我有经验可以排解设备的疑难杂症、分析结构与运用现有资源。我能剔除许多根本的原因，但年轻工程师也许还没有能力解析并进而克服问题。他们多半先进行简单的处理，然后再由我来接手。有人可能在发电厂工作了十年却从未发现任何问题，但我却能看出许多问题。我仍然可以从每一份工作中看出新的事物，而我也有工具来解决这些问题。"

这期间，艾略特的职业生涯转变了。三名罗克福德落难者共同成立的小公司，逐渐成为拥有 75 名雇员的企业，而这还不计入 10 到 12 名像艾略特这类根据合约工作的成员。对某些人来说，这群被公司遗弃的员工现在似乎已成为核心的创意阶层，他们是最具创意的老企业家，而且也属于今日美国风起云涌的创意阶层运动的一环。

艾略特的顾问工作不是这些年老员工发挥创意经营事业的唯一例证。他从伍德沃德退休之后，就与妻子戴安娜从事另一项生意。"我们买了半亩地，我们的冰淇淋就从这里来。"艾略特提到他们购买的这块地原本开了一家季节性的冰淇淋专卖店，店名叫"Dairy Depot"。当艾略特接手这家店时，整个店面显然需要整修，而艾略特自己包办了所有木工、油漆工与机电工的工作。他在伍德沃德的岁月，使他对这些工作驾轻就熟。艾略特说："我什么都会修理，冰淇淋机器就像一座迷你版的水力发电厂。如果我无法搞定这台机器，我想我们生意也甭做了。"在为期三个月的夏季，艾略特卖出了 1.8 万份分属八种口味的冰淇淋与圣代。

熟门熟路的老企业家

罗克福德的年轻大学毕业生打算离开家乡，但老企业家却有充分的理由留在故乡。罗克福德拥有可联结的人脉网。艾略特的顾问工作或许可以隐居在深山里，靠着电话和网络与外界联系，但若没有知道他的技术与相信他的为人的罗克福德旧识，艾略特不可能开展他的事业。而他在伍德沃德35年的资历，也让他的顾问工作成为可能。

堪萨斯市（Kansas City）考夫曼基金会（Ewing Marion Kauffman Foundation，一家专门研究与推广企业精神的研究机构）分析家戴恩·斯坦格勒（Dane Stangler）表示："老人开创事业的企业精神与优势是一个令人感兴趣的主题。"他的研究聚焦于创业、经济成长与城市命运之间的联结关系。"当你考虑到人类寿命每十年增加一岁，当你想到65岁退休的人还有25年以上的光阴，你会开始想象，这些人广泛而深入的人际网络如何能帮助他们发展与经营事业。"

斯坦格勒表示，对企业家来说，经验与人脉比金钱更重要，而这正是年老者（如艾略特）的优势所在。"企业家精神具有一种类似病毒的元素。你认识的人当中企业家的比例越高，你越可能成为一名企业家。你会认为企业家不是一个遥不可及的选项。企业家精神的产生，取决于你接触的企业家人数。"

企业家精神不是追求美国梦的产物，而是对职场现实的响应。从1980年以来，人们担任雇员的平均时间减少了六年（女性待在职场的时间比男性略长）。"这种现象无疑与终身雇用制的废除有关。很多人被逼迫着走向创业。"斯坦格勒说。

许多成立的小公司接手的工作，先前都是由大公司内部来负责的。斯坦格勒指出："当波音公司建造一架飞机时，需要数百家公司支持。许多新成立的小公司为大公司从事研发。"它们的发展潜力也不容忽视。亚马逊公司（Amazon.com）与 eBay 允许其他公司通过它们的网站设店与贩卖商品，总计共有 50 万家厂商利用它们的网站营业。斯坦格勒说，这些新成立的企业五花八门，没有人能清楚了解每一家公司的营业内容。

老创新者

然而，我们比较能了解的是，谁开始了这些新事业。首先我们要摆脱硅谷神话塑造出来的观念，亦即在美国，绝大多数的企业都是由拥有杰出点子、有一笔资金与一间可以不分昼夜埋头工作的车库的男性科技人员创造出来的。这种传统看法不一定错误。特立独行的年轻科技人员确实存在，而他们也的确是创新发明的主要来源，而且促成了美国与其他国家（尤其是那些重视与鼓励创业的国家）经济的成长与变迁。斯坦福经济学家保罗·罗默（Paul Romer）长久以来一直认为，经济成长在很大程度上要仰赖年轻创新者的格局，年轻人（即使技术不一定更高明）一般来说会是比老一辈更为激进的创新者。罗默表示，经济成长的出现，主要是因为资源以创新的方式再整合，因而增加了资源的价值，而要达成这点需要年轻的思想家（包括企业家）。硅谷风险投资者就以摒弃 40 岁以上的企业家（甚至连三十几岁都嫌太老）的做法著称。《圣荷西信使报》（专门报道硅谷新闻的日报）专栏作家克里斯·欧布莱恩（Chris O'Brien）曾在 2009 年年底引起轩然大波，他转述风险投资巨擘"红杉资本"（Sequoia Capital）合伙人道格拉斯·莱昂内（Douglas

Leone）在麻省理工学院斯隆商学院学生面前的说法。莱昂内表示，红杉资本只会关注不到 30 岁的企业家，因为 30 岁以上的人没有创造力。莱昂内也说，他认为在网络领域，例如社交网站，把赌注下在年轻企业家身上比较有可能成功，因为他们才是使用者。

其实，若与年长者相比，年轻企业家的比例正逐渐萎缩。过去十年来，18 岁到 44 岁的美国人从事企业活动的数量大幅下滑。25 岁以下降幅是最大的，大约减少了三成。与此同时，45 岁以上的企业家不断增长，而另一个新列入调查的族群，也就是 65 岁以上的企业家，他们的比例明显提高：65 岁以上人口，几乎每 20 名就有 1 名创业或计划创业。[21] 在美国，每 10 名劳动者有 1 名是自营业者，但到了 50 岁以上，比例升高为每 6 名有 1 名自营业者。当代美国企业家较具代表性的典型可能是 50 岁以上的男性或女性，他们有能力创新发明，但难以让世界改头换面。毕竟，老企业家的力量主要偏重于，他们能将当地的企业与生产联结起来。

偷取普罗米修斯的火种？

有些人担心，美国企业阶级的老龄化可能在一段时间之后侵蚀美国创新与成长的潜力。中国与巴西拥有大量充满潜力的年轻企业家，他们摩拳擦掌，准备偷取普罗米修斯的火种。当初美国年轻企业家正是凭借着这股冲劲成功撼动信息经济，带领整个时代往前进。能够化解这层忧虑的，或许是一些比较美好的前景。其中之一是，老企业家能创造工作机会。小企业是美国最大的工作引擎。斯坦格勒指出，从 20 世纪 90 年代中期以来，美国经济增加的数百万工作机会，几乎都来自于新成立而逐渐扩大的企业及小企业。与此同时，美国旧版财富 500 强企业的薪资总额巨幅下降。另一项前景是，老企业家将成为创意阶层的核心，他们会重新为自己生活的地方带来活力。人们创业的理由是，他们相信自己做的工作或生产的商品优于目前市场上流通的工作与商品。除了创造工作机会与提高生产力外，企业家也是其他公司贩卖劳务与设备的对象，他们也是创造性破坏中的创造性组合之一。在罗克福德，他们可能找到最佳时机重新打入曾经辞退他们的产业。

隔代教养

罗克福德（以及整个美国）的老年一代，将在劳动力的范畴之外的时间和金钱另行区隔出了"隔代教养经济"。许多不工作的祖父母必须支持与照顾自己的孙辈。

在一间专门提供政府补助家庭居住的两居室公寓里，住着一名63岁的祖母，我们叫她伊冯娜·弗劳尔斯（Yvonne Flowers），她负责照顾她的"隔代教养家庭"。目前，家里面住着两名13岁的孙女。公寓里生机盎然。客厅内摆满了盆栽，墙上贴满孩子们的画。

伊冯娜养育两名孙女。她全心信仰上帝，相信上帝给了她指示，要她好好照顾孩子。伊冯娜回忆自己的心脏曾停止跳动25分钟。医院里的护士后来对她说，她曾一度被宣告死亡，但上帝却让她重返人世。伊冯娜祈祷自己能继续活下去，好让她能亲眼看着孙女蒂娜（Tina）与瓦尔（Val）长大、上大学与结婚。

到目前为止，上帝似乎还遵守与她的约定。伊冯娜在鬼门关前走了一遭，现在还患有肾病，必须随身携带便携式透析设备。她也患有糖尿病，必须每天注射胰岛素，通常是由她的孙女代劳。尽管如此，伊冯娜还是照常购物、煮饭、打扫，以及带着蒂娜与瓦尔上教堂。

伊冯娜不向命运屈服。有关老龄化的医学文献指出，参与宗教聚会或固定执行宗教仪式的老人，要比那些缺乏宗教实践的老人更能成功战胜死亡。[22] 若从世俗的角度说明，宗教为什么有这种好处，可以说宗教实践能提供一种同舟共济的感受，使人避免产生寂寞与孤立感。祈祷与冥想也会影响身体荷尔蒙的分泌，进一步影响心智的健康。

从伊冯娜谈的每一件事，可以看出她对家庭与社会网络的重视。她的双亲虽然已不在人世，却仍在她的生命中占有举足轻重的地位。对伊冯娜来说，父母仍存活在她的精神领域里，时时提醒她要好好照顾孙女。当她向孙女说明家庭价值的重要时，脑子里总是回荡着父母的话语。伊冯娜经常说起家人如何从亚拉巴马州（Alabama）迁到北方各州，以及父亲如何从运煤卡车司机成为受人尊敬的牧师。伊冯娜讲述故事的同时，会叫16岁孙女把所有的照片与纪念物拿来，而她也很清楚东西放在哪里。当伊冯娜一时想不出细节时，孙女会适时地加以补充。

这便是伊冯娜经常讲的故事：一个在隔离时期试图将黑人家庭带离美国南部地区，并在上帝帮助下获得尊重的新家庭的故事。她的家庭并非小时候那种传统小家庭。现在的家庭更大，如果在过去伊冯娜不极力地将其融合在一起，现在这个家庭或许已经四分五裂了。

以前，伊冯娜是美发师和厨师，她曾经在学校、有钱人家里、白人家庭和罗克福德的社会俱乐部中工作。"1989年，我辞去了在罗克福德的工作，并到俄亥俄州照顾我的母亲，她那时已经不能四处走动了。父亲年龄太大，不能照顾她，所以我搬了进去，并且照顾了她两年。"伊冯娜说她母亲在一家当地的私立养老院遭遇到了困境，他们并未很好地照顾她。

奥巴马的医生论黑人家庭

整体而言，非裔美国人使用养老院的比例远低于白人。大卫·沙伊纳（David Scheiner）博士是芝加哥的白人医生，在2009年总统大选前，他一直担任奥巴马的医生，同时也是奥巴马在医疗政策上的讨论伙伴。沙伊纳消瘦、头发稀疏、说起话来引经据典而且速度极快。他的著名之处是，他花在病人身上的时间远超过现代美国医学的习惯。他会从病人对话中听出有关健康的线索，而且通常能从病人家庭中得知压力与自豪的根源。

沙伊纳表示，过去几年来他成了名副其实的老年医学专家。沙伊纳说，他的病人跟他一样年纪越来越大，而且绝大多数的病人"体格维持得相当好。我常想，以他们的健康状况应该可以活得非常久"。

目前沙伊纳的病人约有七成是60岁以上的非裔美国人，其中包括许多90岁以上的老人。他表示，这些病人非常不信任照护机构。"我看到的黑人家庭会使用一切他们有权享有的社会服务与公共补助，但他们会尽可能做到由家人来照顾老人，而非交给养老院。人们经常以为美国的黑人家庭是破碎而不健全的，但我比较自己的黑人病人照顾大家庭家人的方式（祖父母照顾孙子女，侄女照顾姑妈），我反而认为白人病人的家庭更容易四分五裂。白人的子女与父母分居，留下父母自己生活。白人家庭安排照护机构或看护（也许是移民看护）到家中填补原本该由家人担负的角色。"

1993年，罗克福德的伊冯娜开始照顾刚出生的孙女蒂娜，那时她46岁，是个年轻的祖母。第二名孙女瓦尔到2010年时满六岁，我想到了伊冯娜七十几岁的时候，这名女孩仍会是家中的一分子。

忙碌而过劳的祖父母：祖母重拾母亲的角色

伊冯娜照顾孙女的事例，反映出美国的祖父母正重新担负起过去的角色。美国退休者协会祖父母信息中心的埃米·戈耶尔（Amy Goyer）根据 2000 年美国人口统计资料表示："五岁以下的美国儿童有三成固定由祖父母照顾，6% 的美国儿童住在祖父母家里，240 万名祖父母负责照顾与他们同住的孙子女。"戈耶尔也指出，今日担负起父母角色的祖父母在年龄上算是相当年轻的族群：71% 不到 60 岁。照顾孙子女的花费，将对财务造成长期的影响。"祖父母为了照顾孙子女，经常要花费自己的退休储金，而且被迫放弃工作。祖父母照顾的孩子有两成过着贫困生活，而且有更高的比例出现身体、心理与学习障碍，有三分之一的孩子没有健康保险。"[1] 23

在美国，祖父母照顾的孩子中有一半是仅由祖母照顾的，只有非常少的比例是仅由祖父照顾。绝大部分的状况是，由政府补助祖父母抚养孩子。少了这笔钱，许多祖父母将没有能力照顾自己的孙子女。

对伊冯娜而言，她有活力、精神与爱来照顾两名孙女，但她缺的是钱。在工作上，她几乎没什么选择，就算有工作机会，她也无法返回工作岗位。她罹患两种严重慢性病，家里还有六岁的孩子要照顾，照顾孙女是她的"工作"。许多退休的祖父母在需要抚养孙子女的状况下，往往被迫返回工作岗位。但也有许多祖父母认为，家里有孙子女使他们无法外出工作。各地的工作市场、育儿选项与所得补助的有无，会影响祖父母的选择。

---

[1] 美国贫困儿童的数量与此大致相同。

伊冯娜的儿子们会帮忙，但祖孙三人需要的钱却总是寄不过来。"圣诞老人答应今年送一部电脑给我孙女，"伊冯娜意有所指地说，"但还是没有用。"罗克福德的社工说，祖父母希望从儿女那里得到金钱援助是不切实际的想法，儿女不只是不情愿，而且通常是没有能力汇钱。

虽然在非裔美国人家庭中，祖父母身为监护人的角色更加显著，但事实上与过去相比，每个族裔的祖父母都负担了更多照顾孙子女的责任。在美国，担任监护人的祖父母大约有四分之一是非裔美国人，大约比非裔美国人占美国总人口比例的两倍略少一些。① 在罗克福德与全美各地，现在有越来越多的曾孙子女依赖人口，他们由未婚少女所生，这些少女自己都还是祖父母的法定监护对象。

祖父母的巨大经济价值

"生命景观社区服务"（Lifescape Community Services）的社工谢丽尔·戴维斯（Cheryl Davis）说："在我承办的案件中，有93%涉及鼓励祖父母负起照顾孙辈的责任，以避免孩子被送到寄养家庭。"生命景观社区服务是伊利诺伊州指定的罗克福德社会服务机构，负责与家庭合作，以及当亲生父母因某种原因不适合照顾子女时，划拨基金进行协助。基于社会与心理的原因，机构希望把需要照顾的孩子交给家族成员而非寄养家庭。一般而言，孩子与家族成

---

① 18岁以下非西裔的美国黑人占了全美儿童总数约14%。在美国出生的非裔美国儿童有72%是非婚生子女，相较之下全美有四成的儿童是非婚生子女。2007年，美国有170万名非婚生子女，比2002年增加了25%。当然，并不是所有非婚生子女都是未成年人所生。尽管如此，在连续15年未成年怀孕率持续下降之下，2007年未成年人怀孕率又再度提升。

员一起生活，似乎要比在寄养家庭来得好。而对州政府来说，把孩子交由家族成员照顾，也比交给寄养家庭便宜。以全美而言，将孩子交给寄养家庭的平均公共成本，一年约2.2万美元，但交给祖父母只需要这笔金额的五分之一。

有时父母自己选择遗弃子女。有时父母被关进牢里、死亡、虐待儿童或染上毒瘾，像这种状况，父母连做选择的权利也没有。戴维斯说，她的要求经常遭遇强烈抗拒。"祖父母通常没有做好准备，或者觉得责任的压力太重。他们可能认为，这是他们人生中一个难以克服的关卡。一对五十几岁的夫妇也许正计划退休后度个长假，结果却来了三个小鬼头，他们当然会感到无法接受。我要说的是，在我承办的案例中，有五成的祖父母难以接受这样的建议，但最后他们还是尽可能不让自己的孙辈被送到寄养家庭。"

美国每20名儿童有一名是由祖父母照顾，但戴维斯说在她的辖区比例更高，而且还会越来越高。2009年，她的服务机构（罗克福德不只这一家社服机构）成功说服100名以上的祖父母照顾自己的孙辈。但戴维斯说，这个数字的攀升与经济不景气有关，而她的办公室在2010年处理的案件数量暴增为原来的2.5倍。尽管如此，戴维斯表示，公共服务机构未能触及的家庭仍相当多。

世界各地的祖父母提供了广阔的安全网，然而他们的贡献却未获重视。祖父母通常是在有财力与时间的状况下照顾孙辈，但要做到这点往往需要英雄式的牺牲。尤其当老年人口的赡养议题浮上台面时，人们总会担心照顾孙辈将导致需要赡养的老年人口进一步增加。然而祖父母在照顾孙辈时几乎未曾索求任何代价，他们绝大多数都是自掏腰包。

最近，戴维斯协助组织了一场小区会议，她称之为"罗克福德祖父母峰会"，用来提供服务与聆听回响。祖父母普遍最感到遗憾的是，他们被剥夺了当"祖父母"的经验而扮演起父母的角色，并且额外地负起沉重的负担。"他们必须照料孙辈的日常生活，而非宠爱他们；他们必须提供管教、饮食与订立规则，而非成为溺爱孙儿的祖父母。"祖父母也要求减轻因担任监护人而导致的孤立。为了照顾孙子女，祖父母没有时间跟同年龄的朋友一起聚会，也无法参与户外活动。

此外，相较于今日人们认同的孩子教养方式，祖父母的做法也许看起来有点过时。他们实行的打骂教育与其他管教方式很可能不见成效，尤其对老人来说，孙辈也可能反过来威胁他们。并不是每个"隔代教养"家庭都能像伊冯娜家一样其乐融融，错误的教养方式影响很可能会跨越世代。举例来说，遭到虐待的孩子日后很可能成为施虐的父母与看护，而他们的孩子很可能成为祖父母家中的施虐者。戴维斯说："我们看到越来越多的老人受虐事件。施虐的孩子通常来自于受虐的家庭。"戴维斯在公共机构中看过太多这类麻烦案例。

然而，整体而言，祖父母提供了大规模的家庭服务，情感还不计算在内。根据保守估计，城市研究所表示，2002年美国祖父母（无论是全职或兼职看护）对孙子女提供了价值392亿美元的未付酬服务。如果再加上年老父母、配偶与子女的照护费用，55岁以上的美国人在家庭照护上总共提供了价值1000亿美元的服务。戴维斯表示，在她承办的罗克福德案例中，许多祖父母不只照顾孙子女，也照顾自己的年迈双亲或需要帮助的成年子女。当然，在许多案例里，这些充满爱心而自我牺牲的女性会一直工作到自己倒下为止，或许是因为意外或疾病，或许是因为年纪太大，届时也将有人必须负起照顾她们的责任。

第八章
我们如何看待老人？

亨利·奥尔森（Henry Olsen）住在芝加哥西北部。91岁的他消瘦、结实且脸色红润，红色圆筒毛线帽底下是一头稀疏白发。亨利戴着一副足可遮盖半张脸的大眼镜，天晓得那是什么年代的眼镜！当他说话时，眼镜在他瘦骨嶙峋的鼻梁上跳动着。他不断推着缓缓下滑的眼镜，好让镜片对准他闪烁的蓝眼睛。亨利身上穿的尼龙风衣同样大了一号。老照片显示亨利本来就是个瘦子，这件宽大的风衣因此成了一个谜，也许是从哪里捡来的也说不定。亨利极为节俭，但经年累月的节俭却差点让亨利陷入极大的危险。或许可以说是个悲剧性的讽刺，亨利毕生的积蓄差点毁了他。要是少了管理机构突如其来的介入，他很可能身无分文、终老于公立养老院，最后孤零零地死去。

今天来照顾亨利的看护是珍妮（Jenny），她是一名脾气暴躁的波多黎各中年妇女，总是毫不客气地揶揄亨利或对他发号施令。珍妮也负责整理屋子。她表示自己的工作非常繁重，但亨利基本上相当健康而且友善，照顾他算是比较轻松的。举例来说，她最近照顾的一个老人居然大量咳血。另外一名快90岁的老妇人则是一见到珍妮就叫"妈",行为就像个婴儿似的。还有一名女士连续好几个星期躺在躺椅上一句话也不说,却在某天突然站起身来。

然而,亨利很聒噪,有时还有点粗鲁。"我刚开始照顾他的时候,他对我说,如果我敢违逆他的意思就去死,"珍妮说,"但我不能照他的意思做。他并未雇用我,也不想让我照顾他,但这是我的工作。他可以好几个星期吃着同一锅食物,就算已经发霉,他也只是把霉菌挖掉,剩下的食物继续煮来吃,而且吃个精光。我不得不告诉他,我在那里就是要帮他煮饭的。"

亨利言语中经常带有性别歧视,他的看护并不感到讶异,但他这么做或许不太明智,因为过去两年他的家中有过八名女性看护,他的生活几乎都是这些人帮忙打理的。亨利的看护认为他是个保守的种族主义者,他的态度很可能是在芝加哥过去的种族小区里养成的。

深色皮肤的珍妮对于亨利的种族偏见并不在意。保守的种族主义也是这份工作要面对的状况之一,就像清除血液与唾液,或是与患有紧张性精神症的老人做简单的对话。珍妮下班之后,由两名黑人女性接着照护,其中一名是牙买加人,亨利在提到她们时,还是一副种族歧视的嘴脸。他就是这种人,他成长的时代就是如此,珍妮表示。无论如何,他仍需要照顾,而她有义务完成这份工作。此外,珍妮说,经过一段时间之后,亨利也逐渐懂得尊重他人。

亨利对于照顾过他的女性也曾夸赞几句,不过这些恭维也有点过头。他说:"每个女孩都有不同的故事可说。有个来自非洲的女孩告诉我如何打鼓。曾有一名来自台湾的中国女孩,她长得就像苏西黄(1957年小说中提到的一名有着美好心灵的香港妓女,这本小说后来改编成电影与舞台剧,而且大受欢迎),她真的打动我了。她有两个女儿而且拥有一间房子,她说她愿意裸体让我作画。我当时确有此意，正当我准备这么做时，她却转到中餐馆煮杂碎菜去了。"

亨利露骨地说出他希望他的"女孩"为他做什么。珍妮知道忍受这些人也是工作的一部分，但亨利的性骚扰却激怒了她。

珍妮提醒我，亨利的情绪相当低落，因为他被禁止跟他的邻居说话，尽管如此，他的邻居仍然到屋后的门廊探头探脑，想引起亨利的注意。珍妮说，亨利认为他的邻居是他唯一真正的朋友，他不相信所有进出他房子的人。他害怕这些人会拿走他所有的东西。

芝加哥的童年时光

但在仔细聆听了十分钟之后，亨利开始侃侃而谈。当问起20世纪20年代他在芝加哥的童年时，亨利的心情豁然开朗。他巨细靡遗地回忆自己的人生，语气充满紧张与活力。他像连珠炮似的谈着，完全不用停顿。亨利出生于芝加哥，父母来自挪威。他就读于芝加哥的名校兰恩技术中学（Lane Technical High School），成绩名列前茅。毕业之后，他进到美国电话电报公司（AT&T）的西方电气（Western Electric）工作，成为一名杰出的技师。工作后不久，亨利的父母买了一栋房子给他与他的弟弟阿尔恩（Arne），他们共同拥有这栋房子六十多年，直到阿尔恩于2006年去世，亨利至今仍住在这里。与此同时，亨利被派到分区的办事处与大型厂区，负责生产维持电话系统运转所需的电话及各项设备。当时，位于芝加哥市郊的西方电气厂区雇用了4.5万名员工，日子一久，这里也为数十万人提供了成为中产阶级的晋身阶梯，包括大量来自中欧与北欧的白人移民，他们全聚居在厂区周围。

但是西方电气在1984年开始走向衰微。1986年，它的美国厂房已经停产电话，最后于1995年倒闭。西方电气的资产被美国好几家电信公司瓜分。

直到 2008 年秋天，珍妮到亨利家工作的几个星期之后，这个地方仍堆满了各种文件，凡是进到这栋屋子的纸张，全完好地保留下来。阿尔恩与亨利几乎把所有东西都囤积起来。

珍妮说："屋子里到处都是箱子，里头装满了 T 恤、女性内衣与睡袍。还有一堆信件，上面用英文写了一堆淫秽的内容，这些信全是一名住在墨西哥的女性寄来的。"还有一些从 1989 年以后就没再碰过的食品杂货。霉味与老鼠的恶臭弥漫了整间屋子。霉菌与动物粪便对于身上装有心脏起搏器的亨利来说，有威胁生命的危险。这股恶臭现在只限于仍一片零乱的地下室，地窖门稍稍限制了四溢的恶臭，整栋屋子有了新鲜空气的流通，变得比较清新，到了午餐时间，饭厅也全是热腾腾的香味。

最近，亨利在旁人协助下，找到了几张已有 65 年历史的家庭照片，泛黄、布满斑点，但仍依稀可见。珍妮为了让亨利回想过去，特别把照片钉在墙上。其中一张是亨利与朋友、家人穿着挪威溜冰鞋的样子，他们看起来仿佛是桑雅·赫尼（Sonje Henie）①影片里的人物。"嗯，没错，那是我们。我们当时在挪威。"亨利说。当问到他在芝加哥是否溜过冰时，亨利点点头，他指着一张照片，他与朋友就站在当地公园的冰上。"我认识一个女孩，我们常一起溜冰。她对我很好，我非常喜欢她。我们绕着池塘溜冰，我经常看见她。"亨利的眼眶泛泪，不久便悲从中来，"我们彼此爱慕，我不知道为什么最后没有结果。"

他滔滔不绝地说着，完全没有停顿，他描述了老师、同事、家人与最近政府官员对他施加的不公，他们就这样大大咧咧地走进他

---

① 译注：著名的挪威花式溜冰选手，曾获得三枚冬奥会金牌。

的屋子，掌控了他的生活。

节俭的百万富翁

20世纪20年代，AT&T（美国电话电报公司）开始实施世界最早的员工认股计划。亨利获得少许股份，持股量逐年增加。数十年来，AT&T的股票是世界上流通最广的股票，而且绩效可靠。数十万名员工因公司的认股计划而受惠，但很少人像亨利一样长期有纪律地持续买进。后来，亨利换了工作，成为真利时（Zenith）公司的技师，当时真利时是电视机与收音机的世界领导品牌，率先开发了电视遥控器与"付费电视"。（真利时现在仅存其名，公司的剩余部分早已转移给韩国的企业集团。）亨利也买进真利时的股票。与此同时，他的AT&T股价也不断上涨。

"我的股票一点一滴地累积起来。它们不断配股分红，然后你知道发生了什么事吗？"亨利语带玄机地问道。他的投资历史完全与我们今日的投资宝典背道而驰。我们向来认为不应该把所有的鸡蛋放在同一个篮子里，但亨利从头到尾只持有AT&T与真利时两家公司的股票，而且不知是幸运还是睿智，亨利在适当时间出清所有股票，之后这两家公司就在全球竞争下关门大吉。如果时机不对，恐怕他的财产也将化为泡影。

亨利的寿命比他工作的公司来得长，这种经验未来会越来越常见。过去的永续企业标杆，如西方电气，现在却成为无法永续的例证。在这个时代，大型公司平均寿命不超过50年。对于少数幸运儿来说，如亨利，他们打了一手财务好牌，等到他们90岁时，往往累积了可观的财富。正因如此，近年来世界各地的报纸经常报道，默默长期投资的节俭蓝领工人与老师，身后留下了大笔财富给鲜为人知的慈善团体或学校。

亨利很节俭,尽管如此,过去财不外露的他,现在却无法保守秘密。"我现在的身价是400万美元。"他明确地说。就像他人生的各种故事一样,如此石破天惊的秘密他就这样脱口而出。亨利微笑着,然后坐直了身子:"没错,我有400万美元,怎么样?"

说这句话的并不是一个疯老头。他的委任律师证实他说的是最新数字。但乍听之下的确令人震惊,因为就在几分钟前,他的表现几乎就像个偏执狂。亨利的记忆依然清晰、听力很好,说话也极为清楚,正因如此,人们很容易忽略他患有阿尔茨海默症。他的病症源自于他脑部的额叶受损,因而影响到他的逻辑思考、自我意识与社会调适。失智也影响了亨利的判断能力。

亨利在对话时的坦然与口不择言也是一种阿尔茨海默症症状。此外,失智也使亨利将不合适的物体放入口中,因而也可能导致他对珍妮产生猥亵的联想。亨利的状况很可能有数年乃至数十年的时间未得到确诊。①在全球460万个阿尔茨海默症病例中,额颞叶阿尔茨海默症不到二十分之一。在美国,与亨利症状相同的人数在14万到35万之间,这是个可观的数字。就算罹患阿尔茨海默症的人数不会激增,但随着老年人口在总人口中不成比例地快速成长,阿尔茨海默症的人数终究会创下新高。到了2040年,当所有还健在的婴儿潮一代都已成为高危人群时,世界上的阿尔茨海默症人口将会增加到8100万人,是现在的三倍还多。

---

① 2003年,《内科医学年鉴》(Annals of Internal Medicine)的研究报告显示,美国研究团队认为有一半的阿尔茨海默症患者未得到确诊。到目前为止,亨利的阿尔茨海默症还未达到走出自家庭院或邻近地区四处游荡的程度。在失智老人中,四处游荡的倾向非常明显,因此这项症状也成为公共卫生与安全官员注意的焦点。2010年5月,《纽约时报》提到,警察局处理的人口失踪案件中,失智老人首次(可以预见,未来必定是如此)站上了第一位。

根据亨利的说法，他与阿尔恩的事业主要都由阿尔恩处理，而阿尔恩在世时也将两人的事情处理得井井有条。然而，87岁的老人不可能一直帮90岁的哥哥管事。

鲨鱼群逼近

阿尔恩死后，亨利陷入忧郁，生活无法自理。有个远房亲戚来到亨利家，详细翻查兄弟俩的文件资料。这名亲戚很快找来律师向亨利施压，要求亨利签署法定代理人的文件，使她享有控制亨利资产的权利，并且要亨利拟定新遗嘱，使她能继承所有的房地产。就在这些文件处理完毕之前，亨利账户里的钱已经开始外流。亨利在住家附近整洁的小庭院游荡，逢人就提这件事。

有个待业的中年邻居，他有的是时间，于是开始对这名游荡的老人产生兴趣。他们每天闲聊。亨利谈到他目前的处境、他的孤独、他的挫折感与他的财务。同样地，这个邻居也很快拿出一沓新的文件给亨利，要亨利同意让他担任法定代理人，使他能管理亨利名下所有的财产。不久，邻居就从亨利家中取走物品，拿到网络上贩卖。

远房亲戚发现自己的计划败露，于是将此事通报"库克郡公共监护人"（Cook County Public Guardian）办公室的律师。这是个政府机构，负责照顾生活无法自理而且容易遭受虐待或剥削的民众，如儿童、残障人士与孱弱的老人。监护人办公室的社工到亨利家拜访。亨利拒绝让他进门，但这名社工坚持进行调查。监护人办公室职员一年要处理数百件这类案子，一眼就看出这是财务虐待的模式，于是立即介入，并且在亨利、远房亲戚与热心邻人之间设下法律墙加以封堵。

"我们的经验显示,如果不采取行动,亨利很快就会失去一切。"温迪·卡佩雷托(Wendy Cappelletto)表示。温迪是库克郡公共监护人律师,负责将老年受害者交由监护人机构保护。"我相信再这样下去,亨利的钱会被榨光。他的房子会被拿去申请二次房贷,等到钱用完了,他就会被送进养老院里孤零零地等死。我怀疑那个邻居手上还有亨利另一份遗嘱,当然受益人一定是邻居自己。"

"总是要有人照顾这些人"

在社工报告与医学诊断出亨利的阿尔茨海默症之后,亨利发现自己成为受郡政府监护的人。监护人办公室安排看护到家中协助亨利,雇用律师与他进行访谈,协助他重新拟定遗嘱,以符合亨利的人生目标,而令人惊讶的是,他的目标主要是慈善事业。在屋内堆积如山的文件中,有数百张过去几年寄给各慈善团体已经注销的小额支票,绝大多数面额是25美元。亨利的屋子花了数十万美元整修,把囤积的杂物全清干净,拆掉长满霉菌的墙壁,树立新墙,补强结构,换掉摇摇欲坠的楼梯,加盖新的屋顶。

温迪说:"我们把他的钱用在他身上,这是最大的不同。亨利现在喜欢我们,也相信我们。他能拥有这笔钱是一件好事。"

亨利的故事也许听起来很极端,但更极端的是,现在或在不久的将来会有更多人面临跟他相同的处境。亨利没有子女或可信赖的亲戚在他老年时照顾他,这种情形在过去或许是特例,往后却将成为主流。往后半个世纪,世界上绝大多数人口将没有孩子,或者就算有一到两个孩子,也不住在一起,因此将有数亿人跟亨利一样缺乏家庭资源支持。

温迪表示:"我们在芝加哥已经看到这种情形。我们的工作是帮助孤苦无依的民众，无论是因为他们没有家庭或朋友提供协助；还是因为他们的家人已经去世或住在远地，会虐待他们或是漠不关心；有时候则是因为这些家族成员本身是受虐者，或者是我们机构下的受监护人。我们负责的人数不断增加，而且我们几乎无法预期人数到底会增加到什么程度，因为随着老年人口上升，这些人只会有增无减。未来总是要有人照顾他们，我很难想象社会要怎么处理这件事。这是个大问题，很大很大的问题。"

亨利很可能再活个三四年。如果他能活到100岁，那么他或许能再多活个两年。[1] 我们都希望他能神智清楚地享受余生，住在干净的家里，免于虐待与恐惧，对着愿意聆听故事的幸运儿讲述他的生平，而在讲述的过程中，亨利脑子里那段遥远模糊的过去，也会在此时再度活生生地重现在眼前。

合法地诈骗老人

像亨利这样的例子并不少见。老人通常身怀巨款，容易引起年轻人的觊觎，有些利欲熏心之徒甚至会故意与老人交好，然后暗地取走他们垂涎的资产。但是，什么时候会出现钱不见了，却没有人犯法的状况？心智缺陷的定义为何？心智缺陷与明显的判断错误，两者有何不同？

2007年，美国开始针对金融服务业向老人进行销售的行为进行更严格的审核。当时的信用危机导致许多原已摇摇欲坠的退休计划陷入崩溃；法院也涌入大量代表老年投资人提起的诉讼，这些诉讼主张金融顾问应该"少"认真看待年老客户明确表达的希望，而应该"多"考虑他们的老年需求与不灵光的脑袋。换言之，这场为老人而打的官司，其实是主张老人应该被年轻人歧视。

这是一项诡异的滑坡论证（slippery slope，意指最初主张的论点在经过一连串推论之后，反而得出与原来的论点相反的结果。在本文中，原本要为老人主张权利，结果为了胜诉却主张老人应该被年轻人歧视，因此是一种滑坡论证）。在老龄化文献中经常提到，年龄歧视发生在每天的社会环境、商业与工作场合中，这种歧视不仅嘲弄老年人的智能与智慧，也未充分体谅老年人普遍存在的失智问题。歧视往往发生在人们拒绝或反抗老龄化的现实之时，也发生在人们夸大老龄化，或有时正视老龄化的现实却趁机加以剥削之时。

罗伯特·派尔（Robert J. Pyle）是加州一名年过八旬的鳏夫，他的案子之所以引起轩然大波，在于该案具体而微地显示出老人对独立的需求，以及社会坚持老人应接受更多注意与照顾之间的矛盾。《纽约时报》的查尔斯·杜希格（Charles Duhigg）在2007年圣诞节前夕发表了一则长篇故事，当中谈到派尔的苦况。这篇故事赚人热泪，描述一名男子如何坚持自己的自尊，同时拖着虚弱的病体与那些贪婪的朋友及冷酷无情的市场对抗。[2] 这篇故事刊登之后，读者回响如潮水般涌来，当中有专门从事老年法律的律师、监督者，以及愤怒的民众。然而保险业的力量也不遑多让，他们也发起一场质疑派尔的公共活动。

1999年，派尔是一名退休的航天工程师，手上的资产还算殷实。他曾在国防承包商洛克希德·马丁公司（Lockheed Martin Company）率领工程团队完成极复杂的技术项目。派尔拥有一栋价值65万美元的房子，银行存款有50万美元。他的妻子在长年卧病后去世，从此他的感情生活便十分贫瘠。在过了几个月的独身生活之后，派尔对一名邻居产生好感，她是四十几岁的单亲妈妈，经常停下来与派尔聊天，而派尔看到她时脸上总是挂着笑容。

在派尔的鼓励下，加上他自告奋勇愿意担任司机，这名女子找到了清洁妇的工作。派尔掌握自己的财务,他开始借钱给这个邻居去缴房租。后来,这名女子在商店偷窃被捕,他借钱给她缴保释金,此后也为她的男朋友缴保释金。派尔借给他们4万美元。他告诉报纸,对方一毛钱也没还,但他也说这无法阻止他买了两辆车给这名妇人与她的家人。总之,派尔借给这名妇人约20.9万美元,有些是直接给她,有些则是直接还给她的债主,此外也给她至少两倍于此数的现金。

派尔先生的继子女对于是否要深入了解内情与介入此事感到犹豫,但他们不想开门见山地问他,以免伤害他的隐私与尊严。派尔显然因羞愧而不想让继子女知道。但因为缺钱,他只能抵押房子换取贷款,但仍不足以爬出债务的深渊。派尔再次拿自己的房子融资,事后经纪人从35.2万美元的贷款中抽取3.3万美元的佣金,他随即发现自己连每个月的还款金额都付不出来。贷款公司发言人向《纽约时报》表示,他们"没有义务告诉他这么做可能没用……[或]告诉[客户]怎么过自己的人生"。贷方于是终止派尔赎回房屋的权利并且查封房子。派尔只能以更糟的条件再融资。他想再用房子申请二次房贷,却遭到19岁的抵押经纪人断然回绝,经纪人认为派尔的风险太大。然而,这名年轻的经纪人却提议由他买下这栋房子,但价格要比市场估价的53.9万美元少两成。倾家荡产的派尔最后住进了继女家中,他在狭小的房间里反复思忖,这段约伯(Job)般的遭遇是怎么发生的。

派尔不是约伯,他无法靠上帝来恢复他的财产,但他是加州人,他可以尝试上州法院主张损害赔偿,法院通常会帮助弱势的一方。81岁的派尔于是提起诉讼,要求恢复他拥有的百万美元资产与过去八年来损失的一切。曾与他交涉的公司与销售人员全成了被告。

这宗看似稀松平常的案件之所以耐人寻味,在于美国的诉讼按理应由有处理日常事务能力的人提出，然而此案的原告却主张，自己的年纪使自己缺乏处理日常财务的能力。因此，与老人有财务往来的银行家、经纪人与其他人都必须格外小心保护他们的客户，使其不会因自己的决定（无论是被迫还是自由意志）而受损害。

在加州，防止虐待老人的法律让这件案子看起来颇有胜诉的希望，因为该法规定了"一般人明显可知"的财务虐待标准。派尔没有异常行为，脑部也没有明显受损（从医生的角度来看）。派尔只是比较老，有一点健忘，非常孤单，而且根据他在加州的老朋友的说法，他们那一辈的人都太容易相信人。

派尔显然受到一连串道德低下之人与掠夺性金融机构的虐待。但是，这些是属于明显可知的恶劣行为，还是利用老人的年老昏聩来实施的特殊恶行？

尽管派尔在诉讼中主张自己心智有缺陷，但他也向《纽约时报》表示，他仍想继续独立生活，否则人生就没有意义。派尔独立生活的说辞充满矛盾，然而我们若假设他的说法合理，那么唯一可能的解释是，他在精神失常时做事仍然有条有理，所以他才会三度以荒谬的价格抵押房子，希望自己或许能得到银行同意，愿意让他这个来日无多的老人继续住在原来的房子里。金融崩溃之后，美国房地产抵押市场的各种现象赤裸裸地展现在民众面前，其中一项是，年老借贷者有时会参与声誉不佳的经纪人的阴谋，这些经纪人因此才让这些已无力还款的年老居民暂时有地方栖身。总之，派尔前后找了三家贷款机构，而且陆续完成三件复杂的文书工作，达成他希望的交易。为了卖掉房子，他处理了一切必要的法律程序。这些可不是心智有缺陷的人能完成的琐碎小事。

所以该怎么判断呢？派尔应该获得独立生活的机会，而且被当成一名具有自主性的人来加以尊重？或者，他应该受到监护？如果他的状况处于两者之间，则问题就不是那么容易处理，除非我们愿意更积极地在老人陷入危机之前评估他们的认知能力。或采取另外一种做法，规定一个年龄，假设以派尔开始遭遇麻烦的 73 岁为准，老人一到了这个年纪就被官方认定为脆弱，而他们的独立地位就要受到限制。法律诉讼打算朝这个方向进行，但那些仍有能力管理自己事务的老人可不会乖乖认命，如果有人威胁他们的自主权，他们会马上找律师过来。

检查自己的大耳朵与松垮的脸颊

亨利与派尔的例子令人不安，部分是因为人们很容易看出这两件事是怎么发生的。老人变得孤单而脆弱，而他们的虚弱也很容易看出。

就连两岁的孩子也会评估周围大人的年龄。随着年纪渐长，我们越来越能精准估计年龄。成年之后，我们善于用年龄来对身旁的人进行分类，而且很容易猜出对方几岁（误差通常不超过四岁）。我们大部分都是看对方的脸来作判断。

人的外表随时间而变化，我们从其中的变化方式归结出几个线索，并且根据这些线索来判断一个人的年龄。科罗拉多州立大学的马修·罗德斯（Matthew G. Rhodes）制作了一份脸部变化目录。[3] 在童年时期，随着脸孔成长，人的相貌不断变化。幼童的脑部很大，因为他们的脑部要比身体特征发展得更快（例如他们的上下颌与鼻子还需要一些时间才能发展完成）。眼睛看起来很大，这是因为脸孔其他部位相对较小。（对于一些年纪稍长，但眼睛相对于脸孔其他部位仍较大的人来说，要判断他们的年龄确实有些困难。）前额不断成长而且逐渐倾斜，鼻子与鼻梁变得饱满而且出现比较立体的外观。整体来说,随着上下颌的发展完成,整个脸部的相貌也趋于固定。

20 岁时,大多数人都已停止长高,但脸部仍持续变化。鼻子与耳朵的软骨越来越大,脸上的皮肤也越来越不光滑。当人们到了三十几岁或更大年纪,连接脸部肌肤与骨骼的组织开始延伸拉长,皮下脂肪逐渐消失,整张脸开始松垮下垂。笑纹、皱纹与细纹出现。皮肤变薄,接近半透明(绘图软件 Photoshop 可以把照片中老人的皮肤修得更光滑,年龄因此更难猜)。头发变得花白稀疏。我们会掉牙,而剩下的牙齿也出现变化。眉毛变得浓密。头盖骨的变化,改变了脸部的几何学形态。眼睛的变化是最明显的线索(遮掩眼睛可以让人猜不透年纪,这就是老人戴上太阳眼镜时总是看起来比较年轻的原因)。当人们打量对方时,他们看到了各种端倪。老化的脸孔提供的线索丰富到可以让人再三比对。如果皮肤在经过去疤与整形手术后变得更细致光滑,但眼白和瞳孔还是看得出岁月的痕迹,这可能让年龄更扑朔迷离,但不一定显得年轻。

脸部的线索极为丰富且明显,连机器也能进行判读。脸部识别系统已经运用于世界各地的公共场合与商务区域。哪怕走过摄影机拍摄半径的 40 米或更远的距离,这种系统也能捕捉到影像;而且这种系统的算法可以计算人类经过一段时间后外表的微妙变化,并且从计算机服务器储存的脸孔数据库中找出相符的数据。如果摄影机拍摄到的脸孔也在系统中,这个系统极有可能搜寻到相符的数据。

有些系统宣称准确度可以达到九成以上。(2009 年,我与我的孪生兄弟一同出席南加州一家公司的展示会,这家公司贩卖脸部辨识系统给美国军方,而这套系统甚至连我们兄弟俩都分得出来。)中国与澳大利亚[4]的计算机科学家已经开发出"脸部年龄估算"的演算系统,可以辨识人脸的年龄(而非身份)。这个系统的数据库搜集了各年龄层的大量脸孔，以此来分析脸部特征。虽然目前还在实验阶段，却已经有惊人的准确度而且难以愚弄。

脸部辨识软件不仅能搜寻人们的身份，也可辨识人们的年龄，我们不难想象这种软件很可能成为老大哥式的监视系统。但是当老人以远多于平日的数量聚集在购物中心、火车站、公车站与公共广场时，我们是不是应该提高警觉？在亚利桑那州的图森（Tucson），辨识软件可以告诉当地官员，哪边的交通即将堵塞。在其他容易有群众集结、抗议与骚动的国家，当局有强烈的理由知道，这些进入公共场所的人是什么年纪。

看看自己的年纪

我的年纪比苏珊大婶（Susan Boyle）大三岁。这名外表邋遢的中年妇女一开始引起骚动，是她得意扬扬地在"英国达人"（*Britain's Got Talent*）舞台上亮相的时候，观众看到她莫不哑然失笑。苏珊大婶在英国选秀节目上一战成名。令人觉得不可思议的是，她过去曾鼓起勇气参加电视选秀节目，却因为歌唱才华不如年轻漂亮更受人重视而落败。就连鼓励苏珊参加"英国达人"的歌唱老师也曾警告苏珊，"……你太老了，这是一场年轻人的比赛"。此外，像苏珊大婶这种从没上过电视的人，观众看到她恐怕会为她的年龄多添几岁，因为观众总是预期上电视的人会尽可能让自己看起来年轻。

所以，如果苏珊大婶的真实年龄是 47 岁，那么她在电视国度里的年龄将接近 60 岁。现场观众或许是受到主持人的挑动，当苏珊上台时，他们皱着一张脸，还拼命摇头。选秀评审问苏珊有何长处，苏珊挑逗地摇晃自己的臀部，就像卡通里的妓女一样，更加深观众的第一印象，认为她不过是一个脑袋有问题的丑老太婆，愚蠢地做着性感大明星的美梦。

当然,苏珊大婶这整起事件很可能是个高明的骗术。电视制作人过去总是制作能迎合18—35岁人群的节目。但在老龄化的社会,金钱(与决定金钱如何花用的权力)仍掌握在婴儿潮一代及其父母手里。事实显示,像"英国达人""美国偶像"(*American Idol*),以及"与巨星共舞"(*Dancing with the Stars*)这些节目特别容易吸引老年观众收看,即使这个过程完全是无心插柳。在美国,婴儿潮一代每星期收看39个小时的电视,比最近刚从大学毕业的一代人多了12小时,新一代的年轻人多半把时间耗在网络与手机上面。娱乐商业杂志《综艺》(*Variety*)的报道指出,美国主要电视网的观众中位年龄如今已超过50岁,比媒体长久以来最重视的18—49岁人群还老。

吸引老年观众,这一点符合经济考虑。"与巨星共舞"和其他国家同类型节目一样,都认为展现活力、具冒险性,以及卖弄性感可以吸引各年龄层观赏。而这些节目向我们展示了一个世界,那就是人虽然会增添年岁,却不因此增添限制。这是一个人们可以展现年轻的世界,但前提是,你必须同意自己的确受限于一些条件:如果你已年过45岁,却还不是个流行巨星,那么你应该选择音乐剧里一些激动人心的民谣来演唱;同样地,如果你担任舞者多年,却还不是一名说唱歌手或手风琴演奏者,那么你最好还是待在舞厅里。除非你能提供新鲜有趣的表演,否则观众还是宁可你做点符合你年龄的事。

未来这种现象会改变吗?生物学与社会将扮演举足轻重的角色,而它们应该会投反对票。

看看老人

随着周围世界的逐渐老龄化,举目将看到更多老人。想缩短逛杂货店的时间吗？不要去排着八十几岁老人的队伍，否则你必须帮这些老人把购物车里的东西拿出来，才能加快速度。想在市区开车吗？小心。开车的人口正在老龄化。到了2030年，美国每四名驾驶人就有一名超过65岁，比现在多了一成。在办公室、在购物中心，或在公园里，我们要注意老人的步伐，我们要很快听出来他们说话是否颠三倒四，是否常怨天尤人，或者是过度轻信。我们即将置身于一个有越来越多的人面临老化的世界里。

抱怨社会忽视老人，这种说法很快会成为一种谬论，因为往后社会绝大多数人将会是老人。日常生活将依照老人世界的轮廓来塑造，而我们对老人的直觉与概括认识，将引领我们思索，我们是否清楚知道该如何界定老年：谁是比较老的，谁是老的，而谁是非常老的。对于老人的刻板印象，将对我们日常生活的互动产生更深远的影响。

我们的脑袋充满刻板印象，然而当我们在一个越来越老的世界旅行时，我们必须以老人为旅行的参考坐标。在学院的心理学研究中，有一项说法逐渐成形，其中提到产生刻板印象的各种复杂因素。传统上一直认为，刻板印象是负面的，是"病态的社会认知，不以经验为根据，而即使经验改变，也不愿修正结论"。[5]

戴维·施耐德（David J. Schneider）是休斯敦莱斯大学（Rice University）的教授，他在2004年出版了《刻板印象心理学》（*The Psychology of Stereotyping*），这部详尽的探索之作也成为"刻板印象"这个主题的重要作品。施耐德指出，自从20世纪30年代开始，至今已有5000项以上的经验研究处理刻板印象心理学的问题。可想而知，这些研究专门选择种族、人种与性别等容易产生争议的领域作为学术主题，同时也讨论全球各地出现的民权运动。而当人们的注意力开始转移到老龄化世界的政治时，学院也开始探讨隐藏在年龄歧视背后的态度问题。

施耐德从当代认知心理学中得出结论。认知心理学在早期曾提出一项卓越见解,认为人类的"认知天性"会依照特性、身体特征、期望与价值,将其他人区分成不同的"类别"。[6] 我们借助一群特征的集合来界定一个人,因此形成对对方的刻板印象,我们的认知过程倾向于产生这种结果。根据这种观点,刻板印象的产生是一种"核心的、原始的、固定不变的认知活动"。施耐德表示,想放弃刻板印象,我们就必须放弃自己的概括能力,但不会有人做出这种交换。[7]

从20世纪70年代起,心理学家开始跳脱原先的探讨主题(即我们如何倾向于将其他人区分成某些特定的类别),转而探讨基础的认知过程,并且研究这些过程如何导致人们对其他人产生刻板印象,进而将这种产生刻板印象的过程与人们处理信息的基础方式结合起来。我们发现,刻板印象并非腐败心智或病态文化的成品,而是人类天性的结果。

为什么大家不喜欢老人?

许多人认识一些健康、积极、有活力的老人,他们推翻了人们对老人的负面看法。然而,这些老人争取尊严的对象不仅限于年轻人,也包括他们自己。一些研究显示,笼罩在刻板印象下的老人,往往容易产生刻板印象的特质。一旦说服他们相信,老人的记忆力就是比较差或是无法像以前一样做数字运算,则他们的记忆力与算术表现真的会变得比较差。

北卡罗来纳州立大学的托马斯·赫斯(Thomas Hess)找来一群60岁到70岁的老人,将他们分成两组,以测试记忆力。第一组在接受测试之前，赫斯先告诉他们，因为他们的年纪比较大，因此表现通常会比较差。他的实验目的，是要让这群老人感觉到实验者对年老的受试者有刻板印象，认为他们的表现会不好。赫斯表示："这种状况应该是老人每天生活经验的一部分，他们会在意别人对他们工作表现的负面看法，而在不知不觉中，他们的感受也加强了这种负面的刻板印象。"

另一边，实验者却尽量不让第二组感觉自己受到轻视。结果，不仅第一组表现得比第二组差，而且表现落差最大的，是那些教育程度最高的老人。赫斯表示："[这场实验的] 正面意义在于，那些未受到轻视的老人，或者是那些身处对老龄化持正面观点的环境的老人，他们会较为活跃，而且在记忆力的表现上相当杰出……这项实验传递非常清楚的信息：负面的社会因素对于老人的记忆表现有负面影响。"[8]

耶鲁大学心理学家贝卡·利维（Becca Levy）与她的同事针对70岁到96岁的美国人进行了为期三年的研究后，有了惊人的发现：老年人对于老龄化的刻板印象，会对他们自身的感官功能产生很大的影响。[9]这些老人因此有很好的借口抱怨自己的听力丧失，这是最常见的老化症状之一。但是，耶鲁研究人员发现，在过去这36个月以来，对于老化的看法最负面的老人，听力丧失也最严重。利维观察其他文化后发现，老人如果生活在较不受轻视且较受尊崇的国家，听力的丧失较不严重。[10]

因此，老人的刻板印象是积极、中立与消极态度的复杂混合。一味认为老人是温情与体贴的，或认为他们是毫无用处或没有能力，其实与最粗鲁的侮辱一样，都是以偏概全。[11]虽然每个文化对老人的刻板印象略有不同，但似乎具有一定的共通性。哈佛大学的埃米·卡迪（Amy Cuddy）与其他研究者进行的研究，观察24个不同的美国社会团体对老人抱持的态度，包括亚裔美国人、残障人士、无家可归者等。不止一个团体形容"老人"是极具温情的,但欠缺能力。唯一两个得到类似形容的群体是残障人士与"智能迟缓"人士。其他的研究则显示,与年龄有关的刻板印象要比性别的刻板印象更为根深蒂固。年老的男性与女性都被形容成较不具野心、较不具责任感与"较女性化而较不男性化",无论与年轻的男性或女性相比都是一样。

跨文化的老年歧视

在一项针对比利时、哥斯达黎加、以色列(阿拉伯人与犹太人)、日本、中国香港与韩国大学对待老人的态度进行的跨国研究发现,每个地方的大学生都认为老人具有温情、缺乏野心而能力不足。每个地方的年轻人也认为老人的地位较低。一项以中国香港为主要对象的研究显示,年轻人对老人的态度尤其带有贬抑的味道。卡迪说:"老年歧视是跨文化的。"

卡迪与她的同事表示,现代性或许是老年歧视的祸首。当社会从农村走向城市,工业化从各方面降低了老人的地位。工业化延长了老人的寿命,增加了老人的数量。工业化也制定退休制度,认为老人不再是具生产力的参与者。现代化使人们在年纪增长的同时,技术也跟不上时代,老人因此在新领域中毫无容身之地,成了雇主急欲摆脱的麻烦。现代化也让年轻人处于流动状态,它创造了一个变化无常的群体,切断了年轻人与年老亲戚的联系,使其无法得到老人实际与情感上的援助。与这些变迁息息相关的,是老人以往身为智者的角色遭到剥夺。书籍、报纸、电子媒体与同侪都能让年轻人获知最新信息,反观老人的记忆及其口述传统,已不再具有知识的价值。

卡迪的分析清楚说明世界人口老龄化的背景态度，而实际上这种现象即将到来。

印第安纳大学心理学家，同时也是退休教授的吉姆·谢尔曼（Jim Sherman）表示："我们知道刻板印象根深蒂固，即使有许多反面证据，人们也依然奉行不悖……而且就算我们年老，我们也仍然认为老年尚未降临到自己身上。"谢尔曼一脸白胡子，满头白发，他在20世纪60年代初大学毕业，然后执教四十多年。"我的朋友谈到老人时通常指的是八十几岁的人，但是，嘿，醒醒吧，我们已经是老人了。"

谢尔曼与几名学术界人士曾在奥巴马竞选总统期间为其出谋划策，他们致力于改变保守派美国人对民主党、城市居民与少数族群的刻板印象。如果种族和性别歧视与对老人的刻板印象是类似的，那么无论是年轻人还是老年人，人们对老人消极的态度和日常行动已根深蒂固。

同样地，只要观察一下亚利桑那州的图森（美国退休人士的首选之地）就可以发现老人越集中，对老人的负面刻板印象也就跟着放大。当地人强烈而严厉地抨击老人造成交通堵塞，他们也"鄙视"老人左右了当地的政治辩论，例如要求减税与削减教育经费。[12]

我们为什么害怕老人？

罗伯特·巴特勒（Robert Butler）是一名研究老年医学的先驱，他于2010年去世，享年83岁。从20世纪60年代末以来，巴特勒撰写了大量有关老年的作品，并且提出"老年歧视"（ageism）这个人们耳熟能详的词汇。他也是"国际长寿中心"（International Longevity Center）的创立者、主任与首席执行官，这座中心是世界知名的老年问题研究与提倡机构。巴特勒于2006年写道，对老人的苛待"源自于人类对晚年无法逃脱的脆弱而产生的深刻关切与恐惧",而这些情感"转变成轻蔑与忽视"。[13]他认为,在我们归类与贬抑老人的同时,也透露出"人性固有的"原始事物。如果巴特勒这位受过训练的精神科医生是对的,那么苛待老人就如同嫌恶麻风病人一样。我们害怕自己若太过靠近或伸出援手,就会变得跟他们一样。然而,就麻风病的例子而言,这种说法并不正确,光是经过麻风病人身旁并不会染上麻风病。以老人的例子而言,则不可避免是真实的。因此,老年歧视无所不在。

巴特勒汲取了"恐惧管理理论"(terror management theory)的论证,这是心理学的一个流派,源自于人类学家欧内斯特·贝克(Ernest Becker)于20世纪六七十年代发表的作品。简单地说,这个理论主张人类毕生都在追求生存、克服死亡所带来的恐惧,以及避免想到自己的死亡。对于这个理论的支持者来说,为了避免死亡的恐怖,因而产生了宗教(人通常年纪越大越有宗教热忱)、团体组织,并且把老人看成跟自己毫无瓜葛的人群。

巴特勒认为,老年歧视表现在用来形容老人的日常语言上,例如"糟老头"与"贪心鬼",他说这些词如果用来形容别的团体,绝不可能被接受。事实上,"糟老头"与"贪心鬼"(我还是头一次听到这个词)这两个嘲弄的词汇绝对不构成重大的种族歧视,但巴特勒大概是基于礼貌,所以才没有在书上提出更不堪入目的词汇。不过同样地,在讲究礼节的圈子里,有时候比较温和的词汇反而更伤人。①

---

① 在英国,道路标志上描绘着一名弯腰拿拐杖的男人或女人的侧影,用来警示驾驶人在年老居民聚集区应减速慢行。先前,标志上还标有粗体字"老人"。由于有人认为这有歧视老人的嫌疑,所以官方去除了文字,但现在又有人主张要移除图案,因为今日的老人很少弯腰驼背,这种图案有污辱老人的嫌疑。这造成了该在标志上显示或说明什么的问题,而为了说服人们减速,光是标示速限是不可行的。有人建议把老人聚居的地区标示为学校,这样驾驶人就会减速,但是这可能会引发把老人当成小孩的问题。

总之，社会与个人对老人的苛待是相当普遍的，这点毋庸置疑。此外，本书的一项主要论点是，这种广泛而不间断的歧视老人形式，乃是推动今日世界运转的关键力量。然而，描述老年歧视的文献与公共倡导却充满各种指控，这些指控往往彼此针锋相对或甚至相互排斥。为老人提出的各种诉求经常充满怨言，因此反而加强了他们排斥的刻板印象，亦即老人说话颠三倒四、脾气古怪而且贪得无厌。

举例来说，我们听到慷慨激昂的抱怨，认为老人遭到社会排挤、遭到边缘化、未受到公平对待，而且也未因以往做出的贡献而受到重视。老人应该尽可能被赋予独立的生活，老人应能充分参与与自身的居住、财务及医疗（包括在临终前能决定自己的命运）有关的事务。这一切全是复杂的议题。

然而，另外也有人从反面提出同样激昂的立论，他们认为老人出于自尊或对他人的恐惧而过于坚持独立生活，这样的老人最终可能陷于孤立，或出现需求遭到忽视，以及受伤时周遭无人帮忙的危险。还有人关心有些老人因心智与身体力量的丧失，以及社会地位及财务的减少，而出现特殊的需求。

反老年歧视的作品指出，这些怨言来自日常生活，它表现在每天对话里所隐含的令人无可忍受的侮辱。老年歧视表现在人们总是概括地认为，老人听不清楚或无法快速消化信息，因此便大声而简略地跟老人说话。"加拿大预防老人受虐网络"（Canadian Network for the Prevention of Elder Abuse）的资料指出："老年歧视可能借助社会谈论老人的方式而持续存在。我们可以在医学、法律与社会科学上普遍发现老年歧视的语言，例如使用'the elderly'与'the aged'来指称老人。这两个词会产生一种印象，让人以为绝大多数的老人在心智与身体上是虚弱的。卫生期刊有时会把五十几岁的人称为'elderly'。"[14] 不过，我们也听到另一种角度的怨言：老人的听力丧失，而且越来越无法掌握新而复杂的信息或任务，但人们却很少根据这一点来调整自己与老人的对话方式。

同样地，有人针对雇主与退休金政策提出抗议，认为现行的政策强迫人们在五十几岁、六十几岁或七十几岁时退休。同时，他们也抨击退休金的安排迫使老人继续工作，因为无论是政府还是民间的退休金，都无法让老人顺利退休。老人的支持者认为，老人成了今日政府赤字（为了提供老人的所得援助、医疗与其他服务而支出大笔费用）的代罪羔羊，而这些赤字未来只会越滚越大。事实上，经济精英正"阴谋"对付老人。[15] 但支持者也担心，面对未来不断增加的老年人口，政府会大量减少对这些老年人口的补助。

我们要如何解决我们（无论老少）看待老人时产生的矛盾？

这些矛盾的看法都是真实的。因为老人就跟一般人一样，是个具有多样性的群体。

我年过半百的妻子成了少女

人类擅长辨识真实年龄，而我们在知觉上也有一种慷慨，允许我们在为朋友、自己与其他人喝彩时，能以一种年轻的眼光来注视这一切。在舞台上，我的妻子莎拉看起来只有18岁。我从远处的剧院座位看着她，尽管我们是如此熟悉，但这种感受并不牵强。"你知道吗，每个人都对我说，他们觉得舞台上的我像个少女，"莎拉说道，她在最近表演的歌剧《日本天皇》（*The Mikado*）当中饰演女学生，"他们说，我充满活力而且相当妖艳。看来染发应该挺适合我的。"莎拉白天是一名营销经理，晚上却是一名歌手，一名嗓音温暖但中气十足的女中音。她参与歌剧、轻歌剧与大小音乐剧的演出，通常扮演在一旁窃笑的侍女或年轻母亲。莎拉最近在一场年度讽刺喜剧中获得一个为她量身定做的角色，这场表演将在当地大学的俱乐部上演，老教授们宛如捧新角似的，四处张罗帮她打扮。在最后一幕，她饰演一名性感的法国哲学系学生。戴着贝雷帽、穿着紧身红礼服与网袜的她，舒展蛾眉，用法国腔吟咏着萨特（Sartre）与笛卡儿（Descartes），底下的观众怪叫声不断，许多高喊着"喔拉拉"。

　　对于许多观众来说，我相信莎拉确实看起来只有 18 岁。这些前来观赏歌剧、轻歌剧与讽刺喜剧的观众，对他们来说，中年的纯真少女确实是够年轻了。这些观众的听力与视力可以容许错误，而他们的想象力充满弹性。但即使是观众年龄较轻的音乐剧，年龄还是有自由延伸的空间。在最近重新演出的《欢乐音乐妙无穷》（The Music Man）中，市长夫人（同时也是一名少女的母亲）是由八十几岁的妇人饰演。这出剧的导演是一名快 60 岁但身形维持得非常好的舞者，不过他恐怕已经搞不清楚市长夫人这个角色应该是几岁。在剧本中，市长夫人是个身体虚弱又难以取悦的老妇人，所以找个八十几岁的人来演也很自然，不是吗？或许，当我们把跟我们同年龄或年纪更大的朋友套入更年轻的角色（无论是在舞台上还是真实人生），我们也把自己变年轻了。

　　我们也许已经搞不清楚什么年龄该扮演什么社会角色，我们也许对于半世纪前典型的母亲该是什么样子毫无概念。观众当中，一名 55 岁的男子身旁坐着 10 岁的小女孩，这名男子可能是她的父亲、她的祖父，也可能是她的堂哥。导演或许因为没有子女，已经不知道传统家庭长什么样子，于是鹤发鸡皮、老得足以当曾祖母的人居然能饰演孩子的母亲。想想，现在有多少祖母让你看不出她的年纪。在现实世界里，真正的祖母很可能比舞台上这位饰演母亲的老妇人皱纹还少。许多祖母跟她们的孙子一样,人手一台 iPod,她们带着这些东西上健身房,甚至一边听音乐一边长跑。

从舞台远处看着观众席,有些爷爷奶奶看起来只有 45 岁(即使不到 18 岁这么夸张的地步)。其中应该动了什么手脚。他们运用了台上演员也会使用的各种戏法来改变自己的容貌:昂贵高级的化妆品、染发、假发、假睫毛、让肤色呈古铜色的涂料、红润的脸颊、亮白的牙齿,另外还使用了去除、填充与注射的手法。与此同时,舞台上的演员通常是以秾纤合度而优雅的体态来模拟年轻人的样子。对他们来说,屈服于普遍流行的肥胖等于扼杀自己的事业。即使是 80 岁的演员,最好还是能保持柔软度,而且应该要能跳舞。[①][16]

尽管我的太太使用了各种化妆品与辅助工具,而且维持良好的生活习惯,但她看起来还是没有 18 岁那么年轻。我们俩已年过半百,我们的人生也已过了一半,但我认为,如果仔细观察,我们俩看起来年纪相仿,都是 35 岁。

[①] 当然还有唱歌。英国坎特伯雷基督教会大学(Canterbury Christ Church University)的研究人员,针对世界各地 1.2 万名唱诗班歌手进行调查,发现唱歌可以让上半身的肌肉获得相当程度的伸展。它可以产生有氧运动的好处、降低压力、增加灵敏度,以及缩短从细菌感染中康复的时间。有些受访者的经验显示(但还未经证实),定期唱歌可以让人更快从心脏病与中风恢复。由于唱歌的好处实在太明显,所以研究人员建议英国国民健康局(British National Health Service)将唱歌列入促进一般健康的活动项目。

第九章
中国：未富先老？

2009年，中国60岁以上人口：1.67亿人

2050年，预计中国60岁以上人口：4.38亿人

在我们老年化新世界的核心地带，矗立着中国这个国家。为什么？日本与南欧国家的人民或许比中国更老，美国中心地区老龄化的工业劳动力或许激励了企业将工作移往海外，而西方福利国家（包括美国）的负担或许对世界经济的健康有很大的影响，但是，没有任何国家比中国更强烈感受到老龄化世界带来的好处与挑战。中国为老龄化世界供应了全球企业渴求的年轻工人与消费者，然而与此同时，中国也是全世界老龄化速度最快的地区。

中国精力充沛的城市引领中国创造出璀璨的经济奇迹，这些城市不仅将中国年轻劳动力的能量与才华尽皆释放，也有系统地将好几个世代的工人（人数达7000万）抛在一旁，这些人绝大多数正值中年，他们在中国市场导向的新经济里被边缘化。

中国将变得多富有？

2010年1月,经济学家罗伯特·福格尔(Robert Fogel)在《外交政策》(*Foreign Policy*)期刊发表了一篇令人吃惊的论文,针对中国的未来提出看法。[1] 福格尔预测:"2040年,中国经济将达到123万亿美元,或将近三倍于2000年全球的经济产出。中国的人均收入将达到8.5万美元,预估将是欧盟的两倍以上,同时远比印度与日本的人均收入高……中国特大城市的居民平均收入将是法国人平均收入的两倍……中国占全球国内生产总值的比例(40%)将使美国相形见绌。"[1]

这是个大胆的预测。中国经济必须以每年18%的增长率,才能达到福格尔的估计数字,而这样的增长率已远远高出中国曾出现的历史高增长率。有关中国的主流预测与"卡内基国际和平基金会"(Carnegie Endowment for International Peace)的看法较为接近。该基金会从全球投资银行、金融服务公司、国际货币基金与世界银行搜集资料,来描绘中国未来的图像。卡内基基金会认为,中国经济将在2030年初左右与美国平起平坐,之后在2050年比美国高出两成。[2] 福格尔对中国的预测,甚至比中国政府或银行与投资基金提供的最乐观估计还高,这些投资机构往往为了吸引人们投资而故意夸大中国的前景。福格尔的观点因此成了许多经济学家与其他中国及西方智库人员的消遣题材,这些人密切注意中国老龄化人口的

---

[1] 虽然福格尔预测,美国经济将降至只占全球整体的14%,但他不认为美国人的人均国内生产总值会落后于中国。福格尔描绘的欧洲与日本经济前景比较阴郁,他认为欧洲与日本将经历地位的转换,它们将如同世界某些陈旧工业角落(如罗克福德)的放大版;这些地区曾经接近世界财富金字塔的顶端,但未来将在世界经济中沦为较不富裕与较不重要的角色,而且越来越容易屈从于外在竞争的影响。

未来形貌,他们相信中国未来的发展有可能停滞甚至倒退。

但福格尔有令人信服的理由,而这个理由却是其他预测者所忽略的。福格尔看见中国如何将教育资源投入年轻人身上,好让他们在越来越以科技挂帅的世界经济里成为高技术工人。他也看见中国如何运用资源,创造了数十座衔接新工业基础建设的大都市。[①]

庞大的数量

只要计算与中国人口相关的各项事实,得到的数字往往大得吓人。中国有13亿到16亿人口(数字不确定),因此拥有庞大的老年人口并不意外。2009年,中国60岁以上人口有1.67亿人。[3]到了2050年,每三名中国人就有一人,也就是至少有4.38亿人超过60岁。[4]如果这些超过60岁的老人自己组成一个国家,则将成为世界第三大国,仅次于印度与中国本身。每个老年年龄层都将出现剧烈变化。2008年,中国65岁以上的老人占总人口不到7%,到了2050年将占中国人口的两成。

[①] 中国的成长与其他经济体的老龄化尤其显示,当国家与家庭以出人意表的方式响应变迁并且投入大量创新时,往往会产生与直觉相反的结果。谁能想到支持家庭的政策(特别是在东亚与南欧)竟会让人口减少得如此剧烈?福格尔认为,教育是经济成长的推进器,这一点完全正确。然而在21世纪初,有明确的迹象显示,教育的经济前景在某些地方正在萎缩。西欧与日本青年一直以来获得很好的教育,但他们在获得高学历之后反而在职场上一蹶不振。中国受过教育的年轻人难道不会重蹈覆辙吗?也许现在这种情况不多,因为今日那些参与劳动的人预期自己必须要照顾父母,但到了下个世代这种情况也许会日渐增多,那时的父母会有更多财力来支持自己的独生子女。若从20世纪80年代中国的趋势来推估,将得到21世纪第二个十年中国乏善可陈的景象。经济与社会环境是复杂的体系,当中存在着数十亿个变量,其中最具转变性质的是追寻福祉(无论福祉如何定义)的人。要说人可以带来什么改变,我们可以看到,过去这个世纪中国的骚乱与再造,显示这个大国如何剧烈地改变自身的规则与全球地位,而当中国人的生活不断动荡之时,他们的家庭又如何做出极具创意的适应。

与其他许多老龄化国家一样，在老人数量增加的同时，中国的总人口也开始减少。中国的人口将在 2035 年开始减少，不过从 2000 年到 2035 年这段时期，中国将再增两亿到三亿的人口。中国的工作年龄人口比例也将在 20 世纪中叶陡降。2008 年，中国 15 岁到 64 岁的人口占总人口 75%，但到了 2050 年，比例将减少到 66%。

此外，中国人的寿命也会延长。中国目前的平均寿命约 73 岁，但较富裕的东部城市居民平均已能活到八十几岁，和最长寿的日本与南欧相比毫不逊色。到了 21 世纪中叶，全国平均寿命应该也会接近 80 岁。这意味着有更多的老人需要照顾，而支持他们的工作者却逐渐减少。这个转变正在快速进行之中。到了 60 岁，几乎所有的中国劳动者都已从他们长期服务的公司或政府机构退休，如果我们以目前中国的年龄结构来看，则中国显然正面临一场退休的泥石流。从 2006 年到 2015 年，中国 60 岁以上人口将从一亿人增加到两亿人。[5] 今日，每十名中国工作人口有两名老年依赖人口，但到 2050 年，每十名工作人口就有六名老年依赖人口。①

华盛顿的战略与国际研究中心从另一个角度说明中国的人口变化："1975 年，每六名中国儿童对应一名老人。到了 2035 年，情况居然变成每一名儿童对应两名中国老人。从 1995 年到 2005 年这十年间，中国增加了 1.07 亿工作年龄人口。但从 2025 年到 2035 年，估计工作年龄人口将只增加 7900 万人。"[6] 我们可以再用别的方式来观察中国人口的老龄化：到了 2025 年，中国人口占了全球人口的五分之一，但 65 岁以上人口却占了全球的四分之一。

---

① 2010 年，全美经济研究所估计亚洲从 2008 年到 2050 年的"老年人口比"，即老年人口中不满 65 岁的人口占老年人口总数的比例。在日本，比例从 17% 增加到 38%，中国香港是 11% 到 33%，韩国是 7% 到 35%，新加坡是 7% 到 33%，泰国是 7% 到 23%，而中国台湾是 8% 到 26%（http://www.nber.org/chapters/c8144.pdf）。

眼见并不为实

从一般的观光或商务旅行很难看出中国正在老龄化。在光鲜亮丽的大城市里，无论在街头还是饭店，游客举目所及尽是年轻人。工厂与办公大楼似乎全挤满了年轻工人与上班族，感觉好像是一出演给外人看的戏。当然这些年轻人不是在演戏，但是他们确实创造出与真实脱节的景象。表面上看来，中国有着无穷无尽的年轻劳动力，但它老龄化的速度极快，再过不久，中国每年退休的人口将会超过每年投入劳动的人口。

虽然上海与北京等地老龄化十分快速，但它们仍比不上中国的贫困地区，这些穷乡僻壤绝大多数能工作的年轻人全都前往北京、上海与其他有工作机会的城市。到了2025年，中国许多贫困的省份与城市，将比其他富足的省份与城市更加老龄化。位于中国东北的黑龙江省，拥有3600万居民，其中1000万人住在哈尔滨，自从20世纪80年代改革开放之后，黑龙江省一直面临人口外移减少的问题。

亚洲的老龄化现象始于日本，但亚洲其他地区很快就迎头赶上，有一天日本可能反而会成为相对年轻的国家。到了2025年，黑龙江省的年龄中位数将超过51岁。[7]而日本在2025年的年龄中位数将是50岁。黑龙江省经历的年龄曲线的增长率足足是日本的两倍。

中国官方的日报每天紧盯着人口统计议题，有关人口方针的报道经常出现在最显眼的版面上。这是例行公事，但从中可以看到中国老人人口的持续成长与统计，以及政府如何管理这个世上人口最多的"家庭"。

不过，另一种人口新闻也常常出现在官方报纸的头版头条：

中国流动人口的命运。在市场经济时代，中国回到仰赖家庭提供支持的模式，由家人将积蓄全投入于供养年青与年老的一代，从婴儿到曾祖父母。市场经济也让中国处于流动的状态，因而产生广泛的迁徙与移居文化。2010年，至少有两亿人为了谋生而远离故乡与家人。这使得中国传统的家庭结构面临极大考验。很难想象，一方面，中国的城市化仍处于初期阶段，而另一方面，年轻移民使用地铁的人数已是中国几座最大地铁中心运量的两三倍，而新建好的地铁站也很快就挤满了人。然而中国国务院发展研究中心的预测显示，政府预期城市化还会继续从乡野与农村地区吸取五亿人口。

中国的家庭政策

在中华人民共和国成立初期，中国经历了一段多产时期；与苏联一样，生下十名子女的母亲被颂扬成民族英雄。20世纪五六十年代的婴儿潮，为中国增添了五亿多人口。那时候家庭虽然庞大，但是力量却比较小。随后的"文化大革命"则导致老人从过去被尊崇的对象，变为必须加以批判的对象。改革开放之后，传统家庭再次受到推崇，家庭也再度成为中国民众生活的核心。中国仍然缺乏全面的、全国性的社会福利制度来支持乡村与城市的老人，而家庭也必须花时间与金钱来扶养孩子与送他们上学。国家靠这些到外地工作的工人汇钱回家支持自己的家庭从而间接支持自己的故乡。在这个瞬息万变的时期，中国家庭的纽带关系经常受到考验，因此媒体上经常强调，希望子女与父母能忠实于传统的家庭责任。在一个老龄化的社会里，数亿老人要仰赖负担越来越重的年轻人口，一旦出外工作的年轻人抛弃传统家庭的义务，那些留在故乡的年老家人将面临遭到遗弃的危险。

抓紧时间

中国政府投入所有心力,想在老年人口威胁要关闭财富窗口前创造繁荣。中国发现自己承受着巨大压力,因为它从高出生率、高死亡率国家转变成低出生率、低死亡率国家的过程,要比世界上其他任何大国快得多。

而且中国转变的原因也不太一样。其他比较富有的亚洲与西欧国家(如日本与西班牙),它们的低出生率与中国相当,但家庭规模的缩小并非出于政策决定,而是别的因素。繁荣、公共卫生的进步、城市化,以及女性的教育与就业,这些全是促成转变的关键因素。一旦大量民众涌入城市,出生率开始降低,依赖的儿童比例下降,工人的生产力提高,而且有高比例的工作年龄人口取得支薪工作。因此,无论年轻人转变成劳动力的管道稳定或缩减,愿意工作的民众数量仍然增加。[8] 生产力较高的工人可以赚取较高的薪资,这样的变化也有助于创造更富裕的社会。最后,高比例的工作人口与低比例的依赖人口产生的经济报酬,可以抵销不断成长的老年依赖人口。

其他高收入的亚洲国家则不断尝试因应这种变迁,以免影响生活水平。以日本和韩国来说,它们的庞大基础建设投资集中在让不断萎缩的劳动力的生产水平获得提升,方法是提升教育水平、在工作场所引进更多自动化设备、提供各种工作项目让女性与老人参与,并且发展商业策略,例如让国内劳动力从事高薪工作,而将低价值工作外包给低薪国家,例如中国与越南。

中国则采取了不同的策略。中国建造新城、造桥铺路、开发新地、投资新产业,这一切都是为了促进国家的经济发展。过去三十年来,中国全力发展经济的结果,使四亿以上的人民摆脱最贫穷的处境，而且也创造出一批规模与美国或西欧相当的中产阶级。

但这种发展模式还有一段漫长的道路要走。过去三十年来，有2000万到3000万中国人首次参与劳动。往后二十年，每年大约会有250万人（绝大多数是年轻人）投入职场。政府必须为这些人找到工作，不仅是为了目前的稳定，也是为了支持国家的未来。如果国家发展的速度够快，那么许多挑战将比较容易克服；如果经济遭受挫折，那么家庭将必须协助吸收更多的冲击。到目前为止，面对中国高速发展的过程带来的压力，中国的家庭在情感与义务的驱使下，确实表现出令人吃惊的弹性与适应能力。

每当大型政治会议结束后，政府总会揭开未来的施政目标，这些目标充分说明，急速老龄化是中国面对的一项重大挑战。所有的讨论最后都归结到有关中国未来的一项最紧迫的问题：中国是否会在富起来之前就步入老龄化？中国过去几代人一直被马尔萨斯人口灾难的幽灵纠缠着，当时中国的执政者担心，中国的自然成长率会导致生态灾难，进而让中国无法走上现代化的道路，更不用说富足繁荣。然而，当初忧心下采取的做法，却造成如今这个令人意外的难题。

计划生育

"做好计划生育，促进经济发展"，1986年中国东北辽宁省一张宣传海报上这么写着。就在距此七年之前，中国开始实施计划生育政策。这张彩色海报上画着一名皮肤白皙、黑发、五官看起来不大像中国人的美女，她的长相就算出现在罗马、墨西哥城或特拉维夫（Tel Aviv）的面霜广告上也不让人觉得奇怪。她有着一头时髦俏丽的短发，柳叶眉，修长的睫毛，与充满光泽的红唇。她是现代中国妇女的新形象。20世纪六七十年代，中国女性的形象完全是中性的。中国人的衣柜里全是制服类服装，毫无特色可言。美容院这种东西根本没有人听过。这张计划生育海报呈现出新的女性理想特质：现代而充满魅力的女性，身负中国发展的重任。她的纤纤玉手拿着一台晶体管收音机，天线已经伸展开来。海报的前景有鸽子、花朵与飘扬的中国国旗，在她身后遥远的地方则矗立着中国在1986年还未拥有的、象征着现代城市的摩天大楼，尽管如此，这样的景象已隐约可见。这名女性以充满关爱的眼神看着收音机上方，飘浮在光明泡泡中的婴儿，周围还有鸽子围绕着。这幅海报明确地将现代化与计划生育联系在一起，为那些遵守与推广政府计划生育政策的人擘画出一幅美好的生活景象。

整体而言，这项政策非常成功地减少了儿童人口，使家庭与国家省下抚养的费用。1963年，中国每千人生育43名婴儿；1982年，这个数字降到22名；2003年，降至12名。平均而言，这40年间，中国母亲生育子女的数量从6名减少到1.4到1.9名。中国政府估计，计划生育政策实施的头30年，中国避免了增加四亿人口，这个数字是现在美国与墨西哥人口的总和。

裴晓梅是留美的社会学家，也是清华大学老年学研究中心主任。她表示，中国人不假思索地认为，照顾老人是中国传承数世纪的文化与宗教传统，但他们忘记中国历史绝大多数的时间，这些传统的运作都是在平均预期寿命不超过35岁的条件下进行的。当时的子女要履行孝顺的责任相对容易。当父母生病时，他们的病情通常不会拖太久。他们与现代医学和公共卫生出现前世界各地的人一样，前一天还好好的，今天突然生病，没过几天就撒手人寰了。

"四二一"家庭

2010年，中国几家政策机构，包括声誉卓著的上海社会科学院与中国社会科学院,不约而同地建议应对生育禁令进行修正,要求在某些地区放宽限制,例如上海,上海的出生率实际上已远低于一胎化的要求。他们担心中国劳动力减少太快,而中国人口的老龄化将达到一个阶段,届时老年人口会以前所未有的速度膨胀,等到人口结构过于老龄化,中国人口结构将会失衡,造成不稳定或难以反转的局面。

独生子女政策也可以精确地称为"四二一"家庭政策。在严格遵守政策之下,独生子女在小时候会有两个父母与四个祖父母(外祖父母)来照顾他们。人们普遍的认知是,目前这个世代的中国孩子被亲人给宠坏了。老一辈的评论家抱怨,这些衣来伸手饭来张口的"小皇帝"要什么有什么。一些经验证据也显示,这些孩子太过骄纵。2004年,一群瑞典与中国的流行病学家调查北京5600多名6岁以下儿童的BMI值,发现这个年龄层的孩子十名有九名是独生子女,而且绝大多数由祖父母带大。[9]他们发现,当祖父母负责煮饭给孙子女吃时,这些孩子通常会出现不健康的肥胖状态。理由之一是,这些祖父母自己在年轻时忍饥挨饿,于是准备了大量的高糖高脂肪的食物给孩子。祖父母告诉研究团队,当孙子女去上学时,他们在家无事可做,于是便上街采买,然后回家烹煮,结果便烹饪出堆积如山的食物。这些菜肴都是依据孩子而非大人的喜好而准备的。

研究人员也发现,北京的祖父母认为,重一点的孩子才是健康的孩子,孩子养得越胖,表示他们照顾得越好。他们相信胖小孩将来能长成高而瘦的年轻人。反之,看起来瘦弱的孩子,会让人以为是不是生病了。一位祖母对研究人员说:"我把娃儿养得白白胖胖,他的爸妈不能说我没尽力照顾。"①

---

① 中国的祖父母并非孤证,其他国家的祖父母在照顾孙子女时也有类似现象。伦敦大学研究团队从1.2万名英国3岁孩子的记录中发现,由祖父母照顾的孩子,比主要由父母照顾的孩子,变成肥胖儿童的风险高了34%。饮食是部分原因,但缺乏运动也是因素之一。

往后，当独生子女工作时，他会得到四名祖父母与两名父母的支持。当六名成人照顾一个孩子时，几乎没什么负担，但反过来，当一名成年子女要支持六名老人时，可能会让他喘不过气来。而在中国，法律要求子女必须赡养父母。

不孝的子女

中国法律允许父母对不孝的子女提起诉讼，要子女支付赡养费用。①在河南省中部的某县，当地政府发现子女越来越不愿意赡养父母，于是便对政府雇员颁布了一项工作规则，把孝顺列为考绩项目之一。县政府派官员去询问家属，调查那些领取政府薪资的人是否切实履行家庭责任。"公务员应该具备孝顺与家庭责任的传统价值，这是事业成功的根本。"县党委书记向当地报纸表示。10

中国有几座城市的人民法院专门审理家庭内部纠纷，南京是其中之一。近年来，南京人民法院审理的成年子女疏失案件也大幅增加。法官说，案子通常不会进入正式审理程序，因为让子女丢脸通常就已足够让他们改进了。家庭往往是因为走投无路才会上法院。在案子送到法院之前，家庭所在地的居民委员会会先介入调解，这种做法往往有效，但前提是父母与子女必须住在同一个社区。

---

① 新加坡是东南亚的城市国家，每四名公民就有三名是华人，该国从1999年起允许父母向子女提出扶养诉讼。新加坡是世界上生育率非常低（1.28）的国家之一，人口老龄化与下跌的扶养比，迫使政府要求成年子女必须扛起照顾父母的责任。根据新加坡《今日报》的说法，该国法院于2008年审理了127件案子。自从法律施行以来，法官通常倾向于支持年老的父母，父母胜诉的概率有八成。2007年全球金融危机之后，承审案件突然大增，因为许多家庭无力负担年老亲人的养老院费用。面对这场可能掏空国库的危机，新加坡有些立法者要求制定更严格的法律，但新加坡一些最知名、为老人争取权益的活动人士却认为，过于严苛的法律只会让成年子女陷入困境，并且让原本还有一点家庭支持的老人一无所有。

《上海日报》报道，上海有某个居民委员会向犯错的家庭成员提出警告，借此让他觉得失了颜面。家庭的纠纷不完全是为了金钱。举例来说，子女至少两个星期没有探望父母一次，就会接到警告。如果子女还是执意不回去探望父母，会被要求缴付 50 元人民币的罚款。

《上海日报》表示："虽然孝敬父母是中国文化的核心，但这项传统日趋式微，因为有越来越多人与父母分隔两地，他们忙到没有办法定期去探望父母。"居民委员会提出警告无效之后，会将犯错的家庭成员姓名公告周知，让街坊邻居都知道这件事。[11]

在蓬勃发展的大连，一对老夫妇想出了解决问题的新招。当地报纸报道，有一对六十几岁家境小康的林姓夫妇，他们每个月可领到 4000 元人民币的退休金。孩子们不来看他们，让他们觉得很孤单。这对夫妇于是跟两个儿子与一个女儿缔约，如果一个月至少能来看他们两次，可以拿到人民币 1000 元；如果能带孙子来，还有额外的奖金。[12]

当然，正是这样的"金字塔"构成中国经济奇迹的基础。因为父母抚养的子女数较少，所以能更充分地投入到工作中去。当年轻人只打算生一或两个孩子时，他们就不需要急着生育。他们可以在年轻时开始工作，然后一直工作下去。他们可以迁徙到中国其他地方。他们可以晚婚。他们可以把自己的孩子（一到两个）交给父母照顾，这些祖父母通常还够年轻，有能力担起照顾孙子女的责任。祖母可以追着孙子到处跑，而且在放学时到校门口接孙子回家。至于祖父则是去采买，准备当天要吃的食物。结果，中国工作年龄人口的就业率是全亚洲国家最高的。[13] 在繁荣时期，中国的工作年龄妇女（拥有世界最高的劳动参与率）会跟男人一样去找份工作。中国的就业统计显示中国妇女已经接近充分就业，尽管数据可能有所偏差。[14]

女儿比较好

与此同时,在中国的城市里,孝道的旧规则正逐渐改写中。2000年,60岁以上的城市中国人大约有四成有自己的房子,到了2010年,60岁以上老人超过半数未与子女同住。这项比例预期还会提升。在城市地区,年老居民可能自己独居,一方面是因为他们拥有自己的房子,另一方面是因为他们的子女搬到别的地方居住。在农村地区,"空巢者"(子女不再与父母同住)的比例也急速上升,大部分是因为子女搬到别的地方居住。家户数量的增加,使父母无法得到他们想要的家庭支持,这种现象使中国老人普遍感到孤寂。2009年底,中国老龄事业发展基金会在一场由中国社会科学院资助的会议中,发布了一个全国性的信息:中国农村地区老人的自杀率,将近世界平均数值的五倍。

旧规则正在改写之中,女儿第一次成为父母偏爱的孩子,城市女孩尤然。人们对女孩的新看法是,女儿比儿子更愿意提供给父母金钱与情感支持。这个观点使东亚城市家庭居民相信,女儿比儿子更懂得照顾年老的父母。在城市里,提供支持意味着要把探望父母这件事挤进忙碌的行程表中。与过去相比,现在中国的年老城市居民多半独居而未与子女同住。新的观点认为,女儿比儿子更愿意抽出时间来探望父母。

南京大学社会学家风笑天向《新闻周刊》(Newsweek)记者刘美远(Melinda Liu)提到:"城市夫妇都认为女孩比男孩好。女孩比较体贴,特别是对她们的父母。"最近有份全国性报纸做了一份民调,发现有29%的受访者比较喜欢女儿,喜欢儿子的28.4%的民众反而屈居下风。[15] 农民也许还是比较希望有儿子,但在亚洲的城市地区，仰赖儿子的经验产生了许多传闻，例如父母被儿子气得心脏病发作，这使得许多准母亲希望生个女儿。在韩国，儒家的家庭价值长久以来一直居于主导地位，但现在韩国的父母经常也以产前鉴定的方式生下女婴。

新的劳动力

随着中国家庭结构的改变，教育制度也需要随之改进。中国学童被塑造成符合全球企业需要的学生与工人，好让全球企业在国内高成本据点之外，选择以中国作为它们另起炉灶的地方。经过一段时间之后，年轻家庭成员的技术已磨炼到能满足这些外国企业的需求，同时也能满足取代外国企业的中国公司的需要。

现在中国生产的大学毕业生比印度和美国的总和还多，他们绝大多数学习的是高度实用的学科——科学、工程与商业。中国现在已成为能够完整复制高价格国家整体劳动力的地方，因为中国有年轻的工人、最新的技术，以及工作赚取薪资的意愿，而且这里的薪资不过是外国工人薪资的零头。

直言不讳的高先生

离南京市中心约一个半小时的车程，我来到了一家纺织厂。这家外表毫不起眼的工厂矗立在新开发的工业园区内，园区沿着长江岸边绵延数公里，不过区内绝大多数的土地仍有待开发。这座纺织厂内部没有装饰，就连企业商标也零乱堆放着。大厅里原本用来展示的巨大壁炉架，如今只见灰色水泥上的大片褐色水渍。

生产线经理高先生伸出强壮结实的手，然而他的体格却十分瘦小，顶着发亮的脑袋，戴着眼镜，穿着白色短袖衬衫、不太合身的黑裤，看起来其貌不扬，颇有一股呆伯特（Dilbert）老板的味道。高先生带我到他的办公室，折叠桌旁已摆好了椅子，桌上的纸杯倒好了茶水。

高先生在这里工作已经三十年，原本这是一家大型的国有企业，有数千名员工在此生产厚重的棉布，可以用来制作牛仔裤与防水布。当时，工厂位于南京市内。20世纪90年代民营化之后，公司把旧厂区出租出去，然后搬到了现址。

高先生现在有200名员工，不到当初的二十分之一；但他表示，工厂每年生产60万米的布，与过去不相上下。

"但现在的工人年轻多了，"高先生表示，"而我们不会留他们长久在此工作。过去，工人会一直在这里工作直到退休为止，我们会负责工人的一切大小事，包括他们的晚年起居。但现在我们只是付薪水，然后帮他们支付社会保障费用。"

这家纺织公司已经裁减许多员工，但公司仍继续支付当初辞退的员工退休金。高先生说，这笔支出并不影响公司的营收，因为全是由南京厂区的租金收入支付。他表示，厂区最近有重新开发的计划，届时将带来更多的收入。

"当我们的厂房设在市区时，我们的工人是城市工人，但现在我们搬出市区来到这里，我们雇用的是农村工人，但他们不喜欢在这里工作，除非能安排他们住在离南京近一点的地方。于是我们在市郊找了一栋宿舍，每天用巴士接送他们上下班。"为了让劳动力保持弹性，高先生说，公司一次只聘用员工一年，每年与他们签订新约。他的做法很普遍，从私人的角度来说，公司希望尽可能保持弹性，因为他们必须与全球纺织业竞争市场。

为了维持竞争力，工厂必须尽可能压低劳动成本。"我听过薪资上涨的说法,但我已经六年没调薪,"高先生说,"我还是不缺工人。年轻人想住在南京。"他表示不会雇用年老的工人,即使对方开的条件跟农村工人一样微薄。

"年轻工人比较有效率,而且我们现在拥有的工人要比辞退的老工人干练得多。年轻人有更强的动机为自己打拼。如果你年纪大了,手上有积蓄,不会像年轻人那么努力。"

高先生也提到印度、越南与柬埔寨的竞争已经开始抢走一些生意。"我必须找一些更有技术的工人来跟那些国家竞争,我们雇用的年轻人——我们专找有领导才能的员工——很容易训练。"

免费的劳动力

尽管中国这些新年轻工人阶级领到极少的薪资,但身陷这种廉价处境的并非只有他们。从过去到现在,这些工人的雇主,以及购买他们所生产商品的全球消费者都很清楚,中国数亿名不领取报酬的祖父母的劳动为他们带来的好处。这些祖父母从过去到现在,持续为中国新雇用的劳动人口(同时还包括更漂泊不定的未被雇用的广大群众)承担绝大部分的家务。①

为了改善家中的经济状况,全家必须组织起来。年轻人到外地工作,老人则留在故乡照顾家里。

这种强迫性的人口变迁使中国经济获得极大的成功,但现在也形成中国最大的挑战。1.5亿中国人(等于全美劳动力的总和)构成了第一代工人,他们追随邓小平的改革开放政策背井离乡,而这

---

① 2008年之后,企业与政府智库开始担心劳动力短缺的问题。但每一名经济学家都知道,工人短缺的另外一个名称叫"薪资短缺"。中国仍然有巨量的潜在劳工储备,他们等待有更高的薪水出现,才愿意投入市场。

批人将于 2015 年开始退休。到了那个时候，1980 年时 20 岁的女性将满 55 岁的退休年龄。自由市场经济的成就形成了一种社会结构，使中国老人在新经济体制内成为无法受雇的一群。但是，这些老人在家中却可以被当作免费的服务者。

老年人的好去处

每天一大清早，日坛公园总是聚集着一大群人。日坛公园是北京最富绿意的公共空间。数千名兴致高昂的退休人士，每天早上 7 点到 9 点半，都会来到日坛公园，让这里成为地球上名副其实的最大的老年中心。

日坛公园位于北京东部的朝阳区内，这是北京开发最快速与人口最稠密的地区。日坛公园在北京市的中心地带，就像年轻人在夏日夜晚受到烟火或摇滚演唱会吸引一样，这里也吸引许多老人前来。每天早上 7 点之前，将日坛公园与邻近地区分隔开来的大街，还不见车水马龙的景象，就连北京城内无处不在的出租车也寥寥无几。然而此时大街旁的人行道却聚集着一群看起来相当硬朗的年老行人，他们全走进了日坛公园。

在红色小凉亭里，音色优美的合唱团唱着过去流行的老歌，包括 20 世纪五六十年代的革命歌曲。伴奏者是个带点学究气的键盘手，弹奏手风琴的人穿着皮夹克，脸上戴着巨大的飞行员墨镜。一处正演奏着《大海航行靠舵手》，另一处却极不协调地从手提音响传来瑞奇·马丁（Ricky Martin）的动感舞曲《疯狂人生》。在马丁的乐曲声中，妇女们排成四排开始尽情跳舞。有人把头上的白发烫得像云朵一样，当她们跳舞时，头发也跟着韵律一起跃动。还有些人的动作慢了半拍，她们拍打着自己的腿与身体来激起内在活力。我相信,把这群人移到萨拉索塔的鼓乐队旁,她们马上就能乐在其中。

就在这两股彼此较劲的音乐声中,公园里人数最多的团体(大约有数百人)在这里打太极拳。他们根据能力不同分成五十几个小组,每个人以优雅的身形缓缓移动,并且在两堵音墙中创造出属于自己的宁静。习武者在树林里舞刀弄棍,一群男女也在草地上打起羽毛球以及其他双人对打的球类运动。还有一处让民众唱京剧的热门地点,几个人唱戏,旁边有许多人聆听。有个男子带着一个箱子,里面摆满大小不一的口琴,他邀请旁边的老妇人在他吹口琴时一同哼唱。

公园里甚至有一块可以放风筝的空地。我们看见独自步行的人不断绕着公园行进。绝大多数人是往前走,不过也有一两个人是倒着走。突然,从某个看不见的地方传来了一阵凄厉的叫声,看来有人在公园的某处以相当另类的方式排出有害身体的"气"。有个男人看起来快80岁,他穿着灰色衬衫、黑色西装外套与褐色裤子,在树下与绑在伸展双臂间的一条晒衣绳跳着华尔兹。问他在做什么,他说他的妻子几年前过世了。

这座公园到处都是舞者。严平(音译)是一名患有桶状胸(常见于肺气肿及支气管哮喘患者)的83岁老人,他站在公园溜冰场的中央位置,迷你的公共广播系统传来中国风的迪斯科音乐。在一大群敏捷地跳着双人舞的老人中,只有他独自一人欢快地跳着。他比绝大多数人都显得高,或许是因为他身体的每根骨头与每条韧带都被直直地提了上来,宛如一名即将做出足尖旋转的芭蕾舞者。脸色红润的严平炫耀他的白色厚布猫王风格头巾,他有着开朗的笑容,唯一美中不足的是,他有一颗褐色的门牙。

"我年轻时待在军队,"严平用低沉的声音说,"之后,我在北京从事城市计划工作。我抽烟,而且体重重达103公斤,我必须穿上特殊的腰带与背带，才能让我的胃维持在正确位置上。"严平从腰部附近的位置作势抓住现已不存在的大肚子，并且将它往胸部提。然后他把身子弓起来。

"我的身材严重变形，我从不运动，而且整天伏案工作。我66岁退休，大概就在那个时候，1992年，我遇见几位来自北京舞蹈学院的教授，他们给了我几卷世界舞蹈冠军赛的录像带，里面有探戈、华尔兹与许多其他舞步。"

严平露了几手他提到的舞步，然后问我是否认得出他跳的舞。他说："你或许不认得，因为这种舞已经过时了。这是18世纪的意大利舞蹈。"严平表示，他每天来公园跳两小时的舞，从他开始这么做以来，已经瘦了50公斤。他说，现在他是一名老师。"我教附近一名14岁女孩跳舞。她比电视上的舞者跳得还好，每到星期五与星期六晚上，我们会到另一个公园跳舞。"

公园一大清早的聚会气氛，使日坛公园成为北京老年人见面的好去处，人们可以在此将自己曾遭遇过的各种难以形容的大起大落的经历，一点一滴地拼凑起来。尽管如此，这里仍充满活力与社会联结，如果听听来日坛公园游玩的人的讲法，他们绝大多数会说，这是一个快乐而繁荣的地方。日坛公园坐落于北京使馆区边缘，许多公园常客其实是中国现任与卸任公务员。还有一些人过去曾是国有企业的员工，企业转型使他们丢了工作，但优渥的退休金却让他们得以投入北京景气的房地产市场。有些人错过了这个机遇，但退休金、工作或家庭可以帮助他们度过老年生活。

建设年轻北京，服务全世界

北京市朝阳区日坛公园附近是该市崭新闪亮的商务中心区，这里将会比欧洲各大首都拥有更高耸的建筑,而这些高楼绝大多数从2005年陆续落成。北京老市民的地位与北京房地产的开发景气息息相关,而商务中心区本身则改变了数千名老人的命运,有些人变好,有些人则变得更糟。这种现象也解释了为什么每天早上有数千名老人群集于日坛公园。

在市场改革之前,北京没有发展商业区的必要,因为它不像其他城市需要建立政府与大企业汇流的地方。然而,到了20世纪90年代初期,城市计划者领悟到,北京若想成为全球大都会,就必须设立商业区,让世界最重要的大公司能来中国设立据点。一般来说,全球企业在中国会设立两个总部,一个是最适合营运的总部,通常位于上海;另一处则在北京,负责与中国政府打交道。

北京的城市规划者相信,这个商务中心区可以作为全中国发展的标准模式。北京市拆除所有鄙俗与落后的街市建筑物,建立一处最能满足规划者愿望的区域。全球500强公司,有超过100家在这个商务中心区设立总部或区域据点。

北京商务中心区的兴起,充分显示中国城市经济奇迹的发展过程。中央政府倾注资源与激励措施,以实现中国对全球公司的承诺。北京辖下的地方政府通力合作促成商务中心区的实现,使北京能与中国其他城市竞争。(北京与上海的竞争十分激烈。)北京为受过高等教育的海外华人(无论有没有中国国籍)提供优厚的配套措施,鼓励他们来北京成立公司。今日,商务中心区极成功地将中国超现代的样貌推销出去。这里到处可见时髦、年轻的中国上班族与国际管理人员。商务中心区也充满这些佼佼者要求的时髦而极度舒适的环境与设施。

许多建筑物由来自美国、欧洲与日本的世界知名建筑师设计而成。布雷德佛德・柏金斯(Bradford Perkins)是总部设于纽约、世界最大的建筑师事务所柏金斯·伊斯曼（Perkins Eastman）的创立者，他曾表示，对于像他这个年纪（超过 60 岁）的建筑师来说，中国是一个回报非常高的地方，而且能让他们再次创造自我。他说，在像北京这样的城市里，他的委托人愿意设想一个庞大计划，并且让这些计划顺利设计与建造，其速度远快于必须进行环境影响评估的美国。在北京市郊，新落成了几座能让百万人居住的市镇，这些城镇建设的速度，比纽约人同意世界贸易中心旧址的建设计划还快。

柏金斯说，中国的委托人与许多西方委托人不同，他们看重老建筑师的经验与成熟的观点，即使这些观点极具创意且相当大胆，他们也愿意尊重接受。

商务中心区绝大多数的建筑物是银行、金融公司、媒体公司与其他企业，其余则是奢华的高层公寓大楼。这些高楼全建筑在一片被清空的土地上，为了建设，这片土地旧有的过去完全被抹除殆尽。商务中心区的某些区域取代了之前遗留下来的巨大而荒凉的工厂厂址。直到 21 世纪初，朝阳区仍留存着北京按照苏联的大规模生产模式建造的体量巨大的重工业厂房。市场改革使这些公司关门大吉，甚至北京房地产价格的飙涨与商务中心区的需求也使这块土地成为再开发的理想地带。一旦这群工人大军被遣散，遗留下来的闲置建筑物便夷为平地。

北京如果要持续发展，必须做到不断供给崭新现代的硬件空间与企业基础建设，并且尽可能提供最好最年轻的工人给世界最优秀的企业雇用。北京作为中国的首都与象征，将借助这种方式参与广大的全球年龄套利，并且使中国成为全球化的驾驭者。

北京还需要更多的住房。往后四十年，中国将从农村与小城市吸引数亿年轻人口，其他的城市将会成长，正在崛起的崭新巨大城市将进一步扩大为大都会，但这些城市不会夺走北京的风采。中国的首都将以每年100万人的速度成长，依照这样的步调，它将在2025年时逼近东京的规模。

家庭的房间

现代化的北京近来的一项奇迹，就是典型家庭生活空间的扩大。1980年之后，中国整体而言，每人平均生活空间扩大了三倍之多。对于一些发展特别快速的城市新贵来说，他们增添的空间更是广大。只要朝窗外看看北京的天际线就能了解是怎么回事。北京2008年的人口是1700万，是1949年时的四倍，但它的面积与高度也多了四倍。垂直上升与水平蔓延使原本数代同居一室的家庭，现在可以住在多房的公寓里，每个人都能拥有自己的房间。

在一座拥有众多政府官员的城市里，我们在日坛公园中看到许多长年服务党政军的老人并不意外。而他们也理所当然拥有非常优渥的退休金。即使与其他富有的城市退休人员相比，他们的待遇还是高出一筹。当北京的房地产开始重新洗牌时，这些退休者的机会跟着来到，一名政商关系良好的北京人可以在房市仍在上涨时获得购买北京住房或公寓的权利。若能持有这样的住房一段较长的时间，可以扭转一个城市家庭的命运。在这个千载难逢的房地产繁荣中，若能在日坛公园附近拥有一栋房子，等于掌握了致富的筹码。房地产价格呈几何级数上升，生活空间的价值往往能飙涨到千倍以上。在适当运用资金杠杆之下，利用日坛公园附近的房子可以让你购买更多的房子，或许还能因此赚取租金收入。有些人"囤积居奇"，打算等到满意的价格再出售；有些人则是留给自己的成年子女居住。

这波房地产狂飙热潮，使许多老人（虽然数量很多，但就整个中国来讲仍属少数人）得到史无前例让自己财富连翻数倍的机会。即使未来房地产退烧，房地产的价格也不可能回到原点，那些早期进入房市的投机者依然有利可图（除非他们过度使用资金杠杆）。日本与韩国狂飙的房市也创造出一批投资房市的老年人口，他们刚好赶上这波热潮；相较之下，年轻一辈则因未能进入市场而充满挫折、愤愤不平。这反映出中国年轻的一代很可能晚婚而且更有可能与父母同住，如同日本与美国城市的年轻人一样。中国绝大多数家庭还未到达这个阶段，而在房市中捷足先登的年老胜利者则已经为自己的子女购买房产。但这一天几乎一定会到来，而且可能再次剧烈改变那些因房地产繁荣而获利的家庭生活。

房　奴

当中国把为东部城市带来奇迹的市场力量，注入中国的北部、中部与西部城市时，它也创造出数百万名房地产市场的赢家。然而这种现象也带来问题，房地产繁荣在中国造成极大的贫富差距。如果跟在日坛公园运动的民众聊天，你会感到惊讶。其中有不少人拥有好几栋房子，他们的儿孙也是一样，这些人不是到海外留学，随后在政府高层任职，就是在跨国公司工作。

在房市红火的中国，正当每个人都对房价高涨犯愁之际，上述这些人却是不折不扣的胜利者。2010年，北京一套小的新建房屋，价格是一般中层经理年薪的九倍，而且远超过普通劳工一辈子的收入。而正因房价议题，使得数百万民众成为《蜗居》的忠实观众。

在中国最繁荣的城市里，跨代的虐待案例逐渐增加，其中的理由或许是，年轻一代若想进入房市，完全取决于父母愿不愿意出钱资助。六成的年轻购屋者向父母求助，以支付房屋首付款。如果父母并未参与房市，则子女大概也别想买房子。名下有房子的年老父母也有压力（可能是自己造成的或其他因素），他们必须用自己的房子换取现金，或者是搬到小公寓去住，好帮助子女买房。

马萨诸塞州达特茅斯大学（University of Dartmouth）经济史学家，同时也是《中国百科全书》（Berkshire Encyclopedia of China）的编辑程麟荪表示："这是很正常的事。许多父母喜欢这么做，不过也有一些父母不这么做。此外，中国老人的俭朴是很令人吃惊的。即使收入微薄，他们也能存下一大笔钱。更令人惊讶的是他们留给子女的金钱数目。他们可能把这种做法视为一种投资。"

在一个强调家人之间彼此帮助，以及家庭处于头重脚轻（父母多于子女）的国家里，父母认为自己的牺牲会加强家人之间的纽带关系，如此在晚年时便有人可以依靠。此外，年轻的购房者也发现自己在购买城市房地产时陷入一种世代的挣扎。中国此时正重蹈日本 20 世纪八九十年代东京房价达到巅峰的覆辙，中国银行现在提供购屋者特别长期的房屋贷款，时间甚至长达终身。这使得房贷的负担可以维持三代以上：先是年老的父母支付头期款，接着实际买房的人支付前二十年或更久的房贷，最后子女在买房的人退休后继续把房贷付清。这种做法有助于家庭和谐还是冲突，尚有待观察。

家庭幸福的群众幻觉？

在日坛公园外，一名 65 岁左右的妇人在做完晨间运动后急忙赶回家。她说她愿意一边赶路一边聊，但就是不能停下脚步，而她也没有告诉我她的名字。她必须在儿子与儿媳妇上班之前赶回家好照顾孙子。她的孙子快 5 岁了，她负责照顾孩子直到父母亲晚上 8

点下班回家为止。

在北京与中国其他城市闲逛,与牵着孩子或推着婴儿车的老人聊天,你可以很轻易地发现,照顾孩子的责任总是交给老人,而这也让老人的生活合乎中国的传统价值。他们疼爱自己的孙儿,照顾孙辈让他们的人生有了意义。北京祖父母的角色最明显的时刻,就是每天下午孙子从小学放学回家的时候。在全市各地,只要是学校附近的人行道或马路旁,都会看到45岁或年纪更大的男性与女性零零散散地站着,他们一边聊天,一边注意孙辈的踪影。低年级的孩子放学后冲出校门,祖父母会牵住他们的手或者让他们坐到自己的肩膀上。高年级的孩子则是若有所思或与朋友聊天。就读更好学校的孩子,他们可能一边按着手机一边走出校门,并不急着寻找护送者的身影。

然而这名赶着回家的妇人看来并不是很乐意离开公园,当问起她对自己的责任有何看法时,她坦白说,那些祖父母说的美好景象其实只是一种新的群众幻觉。中国人总是任劳任怨,而现在的祖父母则是懂得随遇而安。她举自己为例,当子女终于搬离家中时,她松了一口气,觉得终于可以花更多时间跟朋友在一起,做点自己喜欢的事。然而就在这个时候,她的儿子与儿媳妇生了孩子。这对夫妻是忙碌的专业人员,工作常需要加班,而且下班后还有应酬。

这名妇人说,中国祖母剩余的人生在婴儿诞生后就成了泡影。"你大概会损失十年的时间,"她说,"我跟老朋友见不上面。她们也有孙子女要照顾,只要她们开始带孩子,整个人就像消失了一样。我搬到我儿子住的地方,她们也搬到她们该搬去的地方。有时候是不同的城市。我们各自分散到不同的地方。然后十年过去了,你根本不知道谁会过来,因为大家已经十年没见了。"说完之后,她向我们挥手道别,然后气喘吁吁穿过马路,以更快速的脚步离开。

我们手牵手回家

有些祖父母对于必须照顾孩子而无法拥有自己的生活感到恼怒，但也有一些祖父母把孙子的出生视为自己的得救。朱莉亚（Julia Ling）是北京本地人，她曾是某广播电台《驾驶时间》访谈节目的英语主播。新婚的她接到的新工作需要长期外出，而且要在中国各地出差。朱莉亚在广播界是个重要人物，前景看好，但几年后她的事业却因为怀孕而蒙上阴影。

"我妈才不管我有多忙，"她苦笑着说，"她只是不断要求我赶快生孩子。我说我不想生孩子，但你知道，孩子不只是我的，也是她的。我妈说她无事可做，我生了孩子可以交给她带大。她提醒我，她的身体只会一天比一天差，但目前来讲，她尚有体力照顾一个孩子。不管我怎么说，我妈就是不听，每次讲到这事我们就吵架。我想，她是担心若我不生个孩子让她照顾，往后我就会忽视她；但如果我真的生孩子，那么当她老的时候，还有我、我丈夫与孩子一起，她就不会孤单了。"

对许多中国祖父母来说，照顾孙子女背后存在着更复杂的原因。农村的祖父母在成年子女到外地工作时负责照顾孙子女。对穷困的中国农民来说，子女在外地工作汇回的金钱，是支持农村家庭最重要的一笔收入。即使是工厂的低薪，也是中国农村平均所得的三到四倍，只要能汇钱回家就会构成很大的差别。

对于穷苦的父母来说，他们的子女如果已经在城市落脚，那么前往城市并且帮他们照顾孩子，或许是让自己重新回到家庭支持系统的好机会。根据旧派的家庭交换观点，跨代的互惠关系足以诱使子女在父母年老时照顾他们，特别是当年老的父母维持对家族资产的控制时。现在的祖父母格外努力地照顾孙子女,希望此举能构成更有力的互惠主张,使自己年老时得到照顾。

清华大学的裴晓梅表示:"人们总是说,祖父母照顾孙子女是中国的传统。或许在某些例子里是真的,但对绝大多数的中国家庭来说,至少到最近为止,照顾子女一直是母亲的工作。"而母亲的工作还包括照顾祖母。

汇　钱

最近有关中国流动人口的研究显示,尽管他们面临生活中的艰难困苦,大体来说他们还是持续支持待在家乡的父母。他们会汇钱回家,而且也努力与家乡保持联络,提供情感的支持。中国成年子女特别愿意汇钱回家,因为他们认为自己总有一天会回乡生活与工作。

在中国家庭出现变化的过程中,仍不乏具有救赎色彩的故事,在时代不断冲击之下,有些家庭仍维持令人吃惊的坚固的情感纽带。2009年春天,来自英国与北美几家大公司的十名高级主管来到江苏省的乡村地区,以了解当地实况,他们想亲眼看看中国大城市以外的农村景象。他们花了一天的时间参观东山村一所中学,东山村离上海约一个半小时的车程,而往反方向约两个小时则可到达南京。他们把中国的学校依照优劣分成五等,他们参观的这所学校排名第二等。该校的英语与数学教学令人印象深刻。

在当天的参访行程结束前,特别保留了一段时间让学生与主管们进行问答交流。学生们最喜欢的活动是与朋友聚会,以及协助学校进行庆祝活动。有些人阅读,但他们说读到最后结局都是圆满的。绝大多数人说他们除了念书没有时间做别的事。当问到他们长大之后想做什么时,很多人都说不知道。

其中一位40多岁的女性,是加拿大一家大型消费品公司的营销主管,她向这群学生提问:"如果我给你们500元人民币,让你们随便花,你们会怎么做?"

起初,没有人回答,但稍加鼓励之后,一名女孩说,她会交给爸妈。其他人考虑之后也说了相同的答案。

加拿大人不相信这个说法。"不,我的意思是说,如果你可以为自己买任何东西的话,也就是说,是你非常想要的东西,你会买什么?"

还是一样,这群孩子说他们会把钱交给父母。然后有个男孩,他靠回椅背上,摸着自己的下巴,接着举起手来。他有什么与众不同的想法吗?存起来!教室里传来一阵尴尬的笑声。其他的学生看着他。旁边的同学拍他的手臂。坐在后排的女孩帮他打圆场,说他先把钱存起来,以后再买东西给爸妈。教室里有老师与校长在场,大概因为如此,所以学生们回答问题时会尽可能符合老师期望的道德标准。

尽管如此,这个男孩仍坚持储蓄的立场。他打算先存起来等以后再花,他目前还不知道自己想买什么。其他人纷纷摇头。

"这实在太令人惊讶了,这说明你们中国小孩有多么不同,"这名加拿大主管惊讶地说,"我在你们这么小的时候是说不出这种话的。我会用这笔钱去买鞋子或牛仔裤或跟朋友出去。如果我拿着枪对准你的脑袋,要求你必须把钱花在某一件你想要的东西上面,否则我就要开枪杀了你,你会买什么?"

现场一阵沉默。这名主管激励他们:"你们女孩子难道没有在杂志上看过任何时尚的衣物或饰品,让你很希望自己也拥有一件?"有些女孩冷淡地点点头。"你们看什么杂志?"她们说她们没有钱或时间找杂志来看。这听起来更让人怀疑了。就算每个人都穿着整齐划一的校服,但就是有女孩想办法在外观上加添一点时尚的小变化。一名女孩转过头看着身旁的男孩说,她知道他想买什么。男孩承认,他表示自己想买一个篮球,但剩下的钱他还是会交给父母。

高中的孩子还没有被疯狂的房市所吸引。他们也还没到进入婚姻市场的年纪。他们甚至也还不懂得追逐城市的生活方式。他们也许会越来越从金钱的角度来衡量父母,但随着他们决定成家立业(他们是在市场改革下成长的第一代父母,他们会在亲子关系间做出调适)、养育自己的孩子时,他们应该不会出现先前提过的苛待父母的行为。

祖母的故事

离日坛公园不远处,矗立着一大片新落成的住宅。粉红坡顶混凝土公寓大楼有20层,地面有着便利行进的回转车道,以及背挺得笔直、精神抖擞的保安人员。然而这些负责监视小区安全的警卫,脸上虽然神情严肃,却没有严格看管大门。他们只是板着一张脸,实际上任何人都可以自由出入。

刘家就住在住宅群正中央大楼的中层位置,这是一间55平方米的两居室。刘洋(音译)是一名36岁的年轻主管,他在一家美国知名商业软件公司的中国营业处上班。他的妻子阎静腾(音译)四个月前产下一名男婴,目前没有工作。刘洋请父母过来与他们同住,顺便照顾孩子,这对祖父母就住在同一栋大楼的另一间小公寓里。刘洋的母亲是一名66岁脸色红润的妇人,她一头灰白相间的卷发,看起来宛如蒲公英。

这对年轻夫妻把父母接过来,部分是因为他们可以帮忙照顾孩子，另一方面则是他们没有适合的栖身之所。刘洋的母亲严心均（音译）大半生都漂泊不定。她已经等不及要讲述她的故事，于是很快在沙发上坐定，我甚至连名片都还来不及递给她（这是惯例），而此时茶也还没端上来。她不常谈起往事，就连她的儿子也不知道她有着苦涩的过去。

"我出生于湖南省，"严太太开口说，"我有个大家族。我家是个拥有地产的地主家庭，家里头住了40多口人。有些人在战时加入了国民党军队，但是当中国共产党掌握政权之后，他们全分散到世界各地。由于家里有人加入国民党与共产党对抗，所以在共和国成立之初，我们家吃了不少苦头。

"1958年，我被下放到青海省的西宁市。那是一段漫长的旅程，我必须跟母亲走一整天的路到火车站去，然而我的母亲裹了小脚，受不了这样的跋涉。我们走了好几天才搭上火车，累了只能睡在地板上或货车里。

"我们抵达之后，有人检查我的身体，三天后我被送到地毯工厂。我的母亲因为脚的关系无法工作。我在宿舍里有床可睡，但一间寝室里挤了30名工人。所有的人共用两个脸盆，而我们只有像碎布一样的毛毯可盖。1988年，我从工厂退休，当时我45岁，但我又在那里继续工作了五年。我领了一笔退休金，然后厂方又多给了我一笔钱。

"我在那里工作时年纪还小，但我跟几个室友成了朋友。我在幼年时就失去了几位亲人，对他们只剩下片断的记忆。我在20岁时结婚，没过几年，'文化大革命'开始。母亲与我被赶到农村，不许待在城市。我因此必须跟还在襁褓中的孩子分离，但我只是紧紧抱着孩子，恳求政府能网开一面。母亲与我被送往农村三个月，而我获准在三个月后回来，因为政府宣布我当时的年纪还小，不需

第九章　中国：未富先老？　　　341

要为家人的罪负责,所以我又回到工厂并且跟我的孩子团聚。

"然而我的丈夫出身良好,我回来之后,我们分居了。"

1970年,严太太27岁,她再婚,然后又生了两名子女。但能不能跟家人住在一起不是她能决定的。"当时几乎没有传统家庭,因为所有的公寓都是由工作单位分派的,而这些公寓都很小,即使现在最小的公寓也没它来得小,"她回忆说,"我母亲跟我一起住在宿舍,由于她的脚不方便,所以由她来照顾我的孩子。但最终她还是因为脚的关系无法照顾孩子,于是她只能返回故乡。我最后只有把孩子送到公司的托儿所,每两个小时过去喂奶一次。"

在刚到工厂的时候,地毯全是手工织成。西宁是旧日丝路的纺织中心。"有时候我们只能在宿舍里睡两三个钟头。最忙的时候大概是在1960年,当时我们制作的地毯是用来清偿苏联债务的。我们制作的地毯有些非常巨大,工作起来非常耗时。当整个国家都没有粮食时,我们也还是要努力工作。这里没有假期,只有在新年时可以领到两个馒头当礼物。"

"文化大革命"结束后,严太太被晋升为地毯工厂的质量检验员。当她以质量检验员身份退休时,她一个月可以领160元人民币,这是她五年前以工人身份退休时领的钱的两倍以上。"当时,这对我来说是很大一笔钱了。那时一只鸡是5元人民币,我这样讲你就有大致概念了。有一天,我穿着新衣服到工厂,每个人都想知道这套衣服值多少钱。我记得我说花了80元人民币。我想在当时那是非常贵的一套衣服。"

在来北京之前,这对老夫妇仍住在青海省,他们在那里照顾外孙女,因为女儿、女婿远在数百公里外的成都工作。当孙女到了11岁时,他们把她交给她的父母,然后搬来北京与儿子同住。

"我跟我的外孙女关系非常好,"严太太流着泪说,"我想念她更甚于想念自己的女儿。我有三个孩子,但都是交给母亲照顾,因此我不常跟我的孩子相处。当我成为一名母亲时,我必须努力工作,没有余力照顾他们。而现在我非常疼爱孙辈,我可以把时间都花在他们身上。如今我已经习惯跟自己的家人一起生活,我喜欢大家庭。这种感觉很难形容。"

严太太泪流不止,她的儿媳妇环抱着安慰她。他们希望她知道,她其实受到很多人的关爱。中国的现代化虽然分隔了家庭,但最终还是让家庭得以团聚。市场力量再加上个人自由,推促着分离与团聚。然而,对于一小部分有钱的城市人来说,团聚就跟现代中国绝大多数的事物一样,是很容易实现的。

严太太说:"我儿子不断劝我搬来北京,因为他希望他们的孩子出生时,我能在这里帮忙,而他也知道要适应城市生活需要一点时间。他们甚至还拖延了怀孕的时间,直到我们能够搬来而他们有能力负担更大的房子。"

儿媳妇对于这则故事有着略微不同的说法,她的讲法其实颇类似于朱莉亚与母亲之间的争吵。她和蔼地说:"其实,我的婆婆一直催我生孩子,她说她想趁自己还有体力的时候帮我们照顾孩子。公公比婆婆大四岁,他的身体硬朗,购物、煮饭都绰绰有余。"

对严太太来说,成为祖母可以填补她人生的重要空缺,并且使她获得她曾经遭到剥夺的家庭联系。她说:"我对待子女的方式跟对待孙辈是不一样的。对待孙辈我只要疼就好了,至于教育他们则是父母的责任。"

在菜市场里

穿过日坛公园旁的大街,在一条充满欧式餐厅、咖啡馆与各种深受外国人喜爱的熟食店的大街上，有一处不那么吸引人，但绝不会让人忽略的传统菜市场。菜贩站在摊子后面，平台上堆了1米高的绿色蔬果。肉贩一边炫耀着他提供的猪头与猪蹄，一边肢解另一头猪。一名卖火腿的商人兜售着风干好的美味金华火腿，这种火腿得名于它所出产的城市。这名中年小贩说，许多欧洲人喜欢买这种火腿。西班牙人与意大利人告诉他，有时他们会用中国的火腿代替当地的火腿，因为中国的火腿比较便宜。他也说，意大利人与西班牙人的火腿是向中国人学的，就连意大利面也是。

这名火腿商人也是中国经济的拯救者之一。是他与众多企业主与自营商共同终结了国有企业的束缚，并且允许国营部门卸下照顾工人的责任。改革开放以来，数千万名中国个体户开始经营自己的事业。中国民间企业成功的故事经常有人传述（包括我在内，我在《中国公司》中提到，从1980年到2005年，中国出现了1.25亿家民营企业），然而自营的、年老的中国工人却乏人问津。但是你可以在日坛公园外围的市场，乃至于中国每个市场看到这些老人努力的身影。

你可以在经济的底层看到这些老人担任散工与包工。即使当一群老年人走在路上准备到公园运动时，北京的老年清扫大军与回收部队在街上也没闲着，他们缓慢而努力地骑着运货用的三轮车，上面堆满了大量废纸板、各种空瓶罐与家庭废弃物品，如水桶、衣架、削水果刀与发条玩具。

中国的劳动力大约有45%分布在非正式部门，许多年老工人加入了小规模的企业或者自营事业。他们的目标通常只是为了生活，但其实也是为了巩固或重建自己在家中的地位。只要还能赚钱，这些年老工人不仅能维持自身的独立，还能支持孙儿们的教育与福利。

数亿中国老人构成的巨浪来临之时，代际关系将决定中国的命运。

第十章
数代同桌

从现在到 2055 年,预计全球增加的人口:超过 20 亿

2011 年,全世界每天增加的满 65 岁的人数:12.6 万

2031 年,预计每天增加的满 65 岁的人数:21.6 万人,增加率:71%

同期每日出生人口的增加率:0.59%

以下是一段大胆的主张:当你阅读本书时,你长寿的机会也在增加。怎么说呢?因为你待在这个世界越久,这个世界就会给你越多时间。我们每活一个小时,人类平均寿命就会增加 11—15 分钟。每活一天,平均寿命可以增加 5 小时。如果你能避免流行的肥胖,而且生活在一个可以享有较佳的医疗、教育,免于战争与恐怖的地方,你就越有机会长寿。此外,因为本书的关系,你已经学会思考复杂的主题,你的心灵已经开始思索运转,这可以帮助你维持认知的强健,而且如果你是在跑步机上一边运动一边思索的话,效果更佳。如果你是在读书会里读完这本书,那是最棒的,因为你还额外获得社交带来的好处。只要准备一盘塞拉诺火腿(Serrano ham)与

一瓶上好的雪莉酒（sherry）让大家享用，就能让这场讨论更添活力。

回到老餐桌上

让我们回想这本书一开始提到的家族假日聚会。我们可以再次回到餐桌旁，这回不是要数人头，而是要观察每个家庭为了让自己过最好的生活而做的私密决定，将如何推动全球老龄化。

最初，我们家族聚会人数最多的一群就是年幼的兄弟姐妹与堂兄弟姐妹，就算摆了好几张"儿童桌"还是不够他们坐。坐在主桌的是孩子的父母与叔伯姑婶。人数最少的一群是最老的一代，包括祖父母、叔公伯公、叔婆姑婆，偶尔还会出现曾祖父母，他们只需要几张椅子就够了。20世纪六七十年代，当我还是个孩子时，我们家的状况就是如此，我只是众多孩子当中的一员。

今日，在本书提到的一些老龄化地区，家族聚会就算想坐满一桌也很困难。孙辈依然参与聚会。中年或年纪更大的亲戚是人数最多的一群。年幼的子女、青少年与年轻人则坐在桌子的一角。堂兄弟姐妹屈指可数，但其中倒是出现了过去比较少见的继子女。今日，坐在桌旁、头发正逐渐花白的成年人，半数以上要不是离婚就是未婚。有些人很可能独自终老。整体而论，家族的人数远比过去少，而且看起来比过去更老。

数十年的爱与联系

家庭有一项美好的特质，那就是家人之间不会随意为彼此贴上老龄化标签。家人对于生命的连续有着更深的体会，因为他们长期注视着彼此，时间通常长达六七十年。在这么长的时间里，家人往往一同经历生命中的剧变，拥有极为类似的生命经验。在家庭中，我们可从孩子身上看到父母的影子，也会发现父母心中如何挂念着孩子。家庭里有着历久不衰的家族传统，使年青一辈能传承老一代的背景故事。家庭里因为有了年轻成员而能持续注入新的文化信息，年老成员在获得消遣之余，也能跟上时代的脚步。或许，这就是为什么家庭生活与长久、真诚的友谊可以让人活得健康与充满活力的缘故。与家人一起生活，也使人对年青一代产生依恋。即使是坐在轮椅上的八旬老人，当某个年轻女性走进房间时，他仍会抬起头来对她微笑。身体的年老不一定完全掌控心灵，在家庭中，我们总会发现，在人内心的某个地方仍存在着热情洋溢的灵魂。

在年纪最老的这一桌，谁是最快乐的？就我们所知，最快乐的往往是那些与家人和朋友有着密切关系的人。谁是最悲伤的？最悲伤的大概是那些完全与外界断了联系的人。也许是矜持、内向或缺乏魅力阻止了他们与人来往。或许身体或心灵的疾病孤立了他们、吓跑了其他人。然而也可能是因为兄弟姐妹与朋友都比他们早离开人世。他们提醒了我们，晚年对抗孤独的战斗，很可能很早就开始，而且还是一场长期抗战。

事实上，许多七旬、八旬与九旬的祖父母并未被动地消磨剩余的时光，相反地，他们仍可为家庭做不少事。在富有的国家，祖父母会花钱在子女与孙辈上，其数额远超过年青一代给他们的金钱。这有助于维持家庭的凝聚力，也让老一辈有机会参与年轻人的活动。

为了维持关系，年老的一代需要与年青的一代保持联系。祖母或许会提议要孙女前来探望。为了约时间，孙女可能拿出她的iPhone，但祖母却有一台专为她定制的手机，这台手机有着大一号的字体、大型的按键，以及能搭配最新电子耳辅具使用的耳机。数百公里外的服务人员仔细聆听从话筒传来的吩咐，他们的计算机屏幕上早已有这名祖母的行程表。服务人员殷勤而迅速地找出适合让孙女来探望的时间。这对祖孙可能会去吃午餐、看戏或到郊外走走。

然而，有些祖父母可能需要年轻人更多的关注。他们可能需要钱，原因不外乎储蓄太少；因照顾行动不便的另一半而花光积蓄；退休金被市场吞噬或被公司管理人员削减；或者只是单纯因为过于长寿。看着年轻的家人轻松地饮食、聆听与走动，老人或许想着，必将来临的衰老会有多快上门来索取额外的照护。

同桌的老人也许曾是一名敏锐、机智而且极为和善的人，但现在他或她却想不起来为什么会有这场聚会，甚至连家族成员也不太认得。生命是上天的赐福，但是85岁以上的老人都有可能罹患失智，因此面对亲人的心智失常将是极为恐怖的经验。在这个时代，医学擅长维持身体健康，但对于如何维持心智正常却仍束手无策，失智的亲人可以一直活着不断参与家族聚会，而家人便得一次又一次难过地看着这段长期衰退的过程。我们正处于老年失智大规模流行的前夕，失智亲人遭遇的痛苦，诸如胡说八道、呻吟，甚至暴力，现在可能不断在假日发生，各种荒唐事端就像孩子打闹一样，只不过他们已不是孩子。

职业看护

照顾人需要支付金钱与失去工作，由家人承担照护工作通常会让家庭陷入贫困。难怪在假日的聚会上，总会留一两个位置给职业看护，她们可以减轻（但需要支付薪水给她们）家庭的负担，而且有助于缓和代际的紧张关系。少了这些看护，餐桌旁将会少掉几名客人，或甚至连主人也会缺席，也就是房间里年纪最大的人。看护不是家人，但家人需要他们，此外，在有需要的时候，家人会说他们"就像家人一样",这是移民何以经常依循着老龄化世界的地图流动的缘故。[1]

世界各地的乡村地区,以及像厄瓜多尔与菲律宾这种人口高度输出的国家,本身也因为数百万年轻工人外移而出现人口老龄化的现象。这些年轻工人前往的地方可以让他们满足老龄化世界的经济需要,而他们也借此逃离故乡的老龄化趋势。往后一个世纪,环境压力或许会成为另一项促成人口移动的因素。2010年7月,美国国家科学院(U.S. National Academy of Sciences)出版了一份由三位普林斯顿大学学者进行的研究,这份研究提到,气候变迁导致的农业失调,将迫使穷国民众往富国大举迁徙。举例来说,墨西哥的农作物产量若减少一成,将迫使670万以上的墨西哥民众移入美国寻求新生,这个数字将比过去已经来到美国的墨西哥人总数还多。移入美国的将会是年轻族群,墨西哥将因此快速老龄化,并且产生更多有待照顾的老年人口。[2]

当家人开始享用晚餐之时,看护可以稍事休息,回到自己的小房间。有线电视放映着家乡的肥皂剧,她可以利用网络视频与自己的子女及父母聊天。当她再次出现并且在轮椅旁坐定时,手上已带来一盒夜间服用的药剂,同时很有技巧地提醒老人该去上趟厕所了。

看护也许"就像家人一样",但她也有自己的家人要照顾,这使得她与用餐的家人产生冲突。这一代的看护,无论是本地人还是移民,都会走上街道要求政府增加薪资。看护、看护的助手与未受过训练的看护,现在是发达国家快速成长的工会运动主力。在老龄化的世界里,工会组织注意的对象不再是萧条的装配线、学校或市政府,而是日渐增多的低薪且辛苦工作的看护,举凡养老院、医院大厅与长期照护的民间疗养院所都看得到她们的身影。看护的团结与议价能力,对于在公共预算吃紧时需要看护的家庭来说极为不利，而这一代的家庭成员在家庭规模缩小、工作因外包而减少，以及公共支持降低下，往往为支付私人看护而承受极大的压力。2015年，65岁的婴儿潮一代人口将达到巅峰，而他们快90岁的父母数量也将创下新高。这将成为劳工运动的一大助力，却也将成为婴儿潮一代及其父母的一大灾难。

为老人服务的科技

当餐桌上谈话的主题逐渐演变成讨论下一步该如何安置亲人的困难决定时，家庭成员（通常是子女及其配偶）谈论的正是过去曾是禁忌而现在却极为普遍的话题。中国与菲律宾的民众通常会不假思索地表示，他们绝不会让父母去住"养老院"。但即使如此，两地的老年住宅却如雨后春笋般快速涌现，以满足忙碌而住在外地的家庭的需要。就像大企业把生产部门移往国外以节省成本，把照顾老人的工作外包出去可以节省家庭的开支，让家庭成员得以卸下照顾的重任，并且保住更有利可图的工作。

科技可以充当中庸的解决方式，而它也逐渐成为餐桌上的热门话题。敢于尝试的家庭会使用网络摄影机、室内对讲机与Wi-Fi来监控病弱老人的一举一动。

世界的科技大厂自有一套解决方式。英特尔（Intel）与通用（GE）公司花费数十亿美元发展老人居家所需的各项科技。飞利浦除了有生命线家庭监控服务，还致力于发展服务老年人口的各项事业。飞利浦马萨诸塞州营运处认为，随着人口老龄化，这类服务的市场将日渐扩大。飞利浦其他以老龄化世界为赌注的事业还包括远程医疗服务，远距离监控老人的重要生命迹象。你有心脏病、中风或心律不齐的病史吗？飞利浦与其他公司能提供实时的心脏监控系统，无论你走到哪里都能进行监测。飞利浦也提供电击器给家庭使用，让家人在紧急时刻可以运用医疗辅助人员与急诊室医生使用的器材来挽救心脏病人的生命。飞利浦还提供先进的成像设备，便于监测老人病痛的来源，此外还有专供老人夜里下床使用的照明工具。

飞利浦以及它在全球家庭医疗市场的竞争者，在这一波创新浪潮中获利不少。它们的目标是，把适合老年人口使用的科技商业化，而购买这些商品的人也都是一些不计任何代价、只想过独立生活的老人。匹兹堡康克迪亚大学（Concordia University）研究人员发展出一套配备了感应器的衣服，可让家人与看护和卧病在床的亲人身上的感应器联机。行动不便者的身体功能可以完全反映在这套衣物装置的对应感应器上，又称"心情备忘录"（mood memos）。事实上，这种做法有如在健康者的身体上覆盖一层病人的外皮。"老龄化科技联盟"（Aging Technology Alliance）的建立，对于这个成长中的市场来说是一项福音，尽管公司取了这样的名称，但其实是硅谷几家公司组成的集团，它们致力为老人及老人的家庭研发新科技。

老人的住处需要改变

老人住处的设计方式也出现变化。在"美国养老院及老年人服务协会"（American Association of Homes and Services for the Aging）的年会上，医疗业者、设备业者、建筑师与建造商共同讨论如何设计一栋房子，让独居而病弱的老人有能力主办一场家庭聚会。厨房的料理台要低到能让坐在轮椅上的人切红萝卜。空气压缩开瓶器可以帮你啪的一声漂亮地打开葡萄酒。锅炉专用的电磁炉可以用来炖东西，但触摸时却绝不烫手。有人跌倒时，地板可以安全地吸收冲击力道，而地板下方有感应器，能够监测意外的发生。只要按个钮，料理台上方的橱柜借助液压悬臂缓缓降下，即使是摆在最上层最内缘的番茄酱也能轻易拿到。床铺可以监测90岁老人睡眠时的身体功能，甚至还可以帮他们翻身。

未来，浴室也将改变。厕所将装饰时髦的手栏杆，可以任意上下调整，连以往老人不容易拿到的莲蓬头也放在适当的位置。由于老年的生理作用会产生臭味，因此厕所也装了除臭设备，可以为马桶、使用者与整间厕所除臭。

年老的劳动力碰上不得不继续工作的时代

餐桌旁坐着的这些五六十岁的人，他们的健康状况看起来相当好，目测目前的状况至少可以维持十年或甚至二十年之久。老年小区、老年中心与健康俱乐部的广告在推广"活跃老龄化"时，通常会找来五十几岁、身材仍维持得很好的人担任模特儿。女性通常是剪了一头花白俏丽的短发，无袖上衣露出古铜色呈流线型的臂膀。男性头发浓密，一口整齐的白牙，低BMI值的身材套上一件手工编织的毛衣。对于坐在餐桌旁五十几岁的男性来说，这种理想的典型令他们兴奋、紧张而且羡慕。他们大概没什么机会让自己看起来像广告上的泳装模特儿，但从现在开始改变生活方式，长期而言仍可换得较佳的生活质量。虽然他们的医疗预算会增加，但这笔钱花在医疗与预防、保护动脉、切除癌症前期的病灶，以及管理慢性病上，绝对是物超所值，可使他们在职场、球场乃至床上都能有出色的表现。

60岁的老人在体能上与50岁不会有太大差异，不过他们的病痛会逐渐增加。如果他们从事的是对身体负担较大的重复性工作，则要他们跟上年轻人的步调确实是有点吃力。他们的老板过去几年来一直征询他们有无提早退休的念头，现在他们终于感兴趣了。

找个有趣的地方退休，听起来也许不错。或者是找个体力负担没那么重的新工作，即使薪水比较少。欧洲人、美国人与东亚人对于在过了法定退休年龄后仍继续工作有着不同但明确的看法。在餐桌上摆着奥地利炸肉排、马赛鱼汤与约克夏布丁的地方，民众压倒性地认为，法定退休年龄应维持原状（最少60岁，但正慢慢地立法调高），而且退休后不会再找工作。在美国与东亚，有很多人想晚点退休，不然就是退休后再找份新工作，不过，最想继续工作的还是亚洲人。

退休年龄该定在几岁，全世界对此并无共识，因为不一定每个人都适合相同的退休年龄。有些人到了某个年龄之后就自动升格成老年公民而且可能面临退休，例如50岁（在中国，许多工作要求女性在这个岁数退休）、60岁（法国人）、62岁（希腊人与美国一些提早退休的人士），以及65岁（德国人）。实际上，我们曾经提过，在自愿离职补偿计划与其他收入补助的推波助澜下，员工的退休年龄往往会提早一些。然而更重要的是，员工们将发现，自己的工作生涯与往后的财务状况将不如预期。许多工作，即使是与当地经济紧密结合的工作，都是会被迅速淘汰的。

年龄歧视的价值

老年人该怎么做？他们可以在这个老人越来越多的世界轻松找到工作吗？对于想在全球经济中取得成功的企业，年龄套利现在已成为一项核心策略。如果公司能神奇地结合年轻员工与低薪，并因此获得成功，则管理部门将趁势抛弃年老而高薪的员工。从本书访间的人物与企业的命运可以看出，老年人口占的比例越高的地区，遭受年龄套利的负面影响越大。整个产业部门从老龄化地点连根拔起，跑到拥有大量渴望工作的年轻员工的新地点设厂。甚至连边际差异也会产生影响。一个地区的劳工年龄稍老一点，成本稍贵一点，其他人口更年轻、更低薪的便会取而代之，而先前的热门地点则必须改变自己的发展策略。有些国家成功了，有些则衰败了。未能思索如何排斥当地的老年劳动力，就是一种管理上的失败，因为世界其他地区的生产者莫不处心积虑要降低老年人在经济生产上的比重。

如果这场假日晚餐举行的地点在美国与欧洲的公司城镇附近，当地员工曾一度像"家人"一样；或者是亚洲的制造业中心附近，这些地方先前曾实施过"终身雇用制"，那么大家原本热烈讨论的话题（例如大家的工作还顺利吧），将不会在餐桌上出现。大家甚至会故意回避这个话题，以避免造成新父母与新退休者之间的争论。最令人不平的是，在邻近公司上班的年轻员工薪水，远远比不上刚离职员工的薪水，而提早退休的人（政府会协助补贴这些人的退休收入）每个月领到的薪水还比年轻的正职员工多。

公司需要裁减年老员工，这对公司每个人来说都不好受。就算政府不补贴被裁员的员工，这些工人还是会被辞退。① 或者跟日本一样，一些年轻人不愿从事的工作，老年人可以继续投入。日本或许是世界上最适合养老的地方，但日本的老人同样也是最容易陷入

---

① 匹兹堡杜肯大学（Duquesne University）的马克·哈斯（Mark Haas）指出，少了政府的支持，工业化世界绝大多数的工人都会陷入贫困。美国在实施社会安全制度之前，老人的贫困极为严重，65岁以上的人口是所有年龄层中最贫困的。今日，老人的日子过得跟其他年龄层一样好（儿童是最贫困的）。美国有一半的退休人口仰赖社会保障，欧洲有一半以上的家庭表示他们几乎没有余钱。在法国与德国，政府补贴占到老人税后收入的三分之二；即使稍微削减一点也会让许多老人陷入穷困。

贫困的一群。65岁以上的日本人，每五人就有一人生活在贫困之中。这个现实有助于解释，为什么日本老人这么想继续待在工作岗位上。

许多亚洲与地中海国家的集体主义文化，可以让老人待在既有的社会网络之中。但是，芝加哥大学心理学家约翰·卡乔波（John Cacioppo）表示，在集体主义文化中遭到边缘化的人，更容易感到孤独与绝望。对年迈的工作者来说，他们内心渴望工作（无论薪水多少）与社会化，这也让雇主有借口以低薪雇用老人而且降低他们的工作级别。①

年老工作者面临的另一个现象是孤立，我们从日本"大型垃圾"与"潮湿落叶"的例子可以看出，这种现象甚至会发生在家里，他们会受到另一半的排挤。而对于独自居住的人来说更是如此。在老龄化的世界里，各地都是如此，但亚洲孤独老人的数量增加特别快。工作可以使人免于贫困，也可让人免于情感挫折。在一个家庭日渐缩小的世界里，工作场合对老人的诱惑力大为增加，这使得老人愿意接受低薪、短工时或远低于他们技术水准的工作。当然还有别的选择。这一点萨拉索塔的民众最清楚，志愿活动与社区活动可以取代工作，差别只在于没有薪水。

此外，我们不能忽略一项现实：许多人其实无法继续工作。有些乐观的文献为了激励年老员工，往往提出令人印象深刻的统计数据，表示有很多有能力且愿意工作的老人投入工作，却对比较没有能力与较无工作意愿的老人只字不提。虽然65岁以上的美国人，十名有四名表示自己的健康状况良好，但反过来说，却有更多人认

---

① 卡乔波说，要判断一个社会是个人主义或集体主义，一个简单的方式是观察人们怎么吃。如果人们不在意一个人在餐厅吃饭，则他们是个人主义。如果人们觉得必须一群人一起吃饭而且花很多时间传递食物，则他们是集体主义。

为自己的健康不佳。健康或许是全职工作最大的阻碍。老人同时染上多种慢性病是相当常见的。但绝大多数疾病都可以加以控制，人们因此能从事大部分的日常活动。高血压与轻微的关节炎不至于影响律师在办公桌前办公或护士在护理站工作。但经过一段时间之后，病情会慢慢加重。而且就算这些疾病没有找上有工作能力的人，它们也会找上这些人的亲人。这是为什么弹性的工作条件可以帮助年老工人，以及为什么许多老人无法长久维持一份工作，即使他们认为自己的状态良好。

社会无保障

餐桌旁快70岁的老人，他们现在已完全符合法律与正式的老年定义。如果他们生活在有资格获得社会保障金的国家，现在已经可以领取社保了。政府的支付能力令他们感到忧心。当他们年轻时，他们走上街头，对老人领导的政府表达不信任，而且高喊反对精英资本主义与美国帝国主义。在法国、西班牙、德国、中美洲与亚洲一些中心城市，同样的这群人现在又回到街头抗议，虽然地方不同，他们抗争的主题仍然与他们这一代的福利有关。现在的敌人是福利国家与全球资本主义，后者不仅为国家背书，还凌驾于国家之上。他们在牌子与旗帜上写着，老年民众是国家财政紧缩的受害者。他们的示威并未与上街游行的看护发生冲突，但双方的诉求却是背道而驰。

随着婴儿潮一代步入人生最后四分之一的阶段，上演数十年的人口统计大戏终于要步入尾声。婴儿潮的结局，早从数年来的人口数字就可预知，但最后一幕的开场，却是在2007年到2010年才初见端倪。婴儿潮一代与他们的父母是悲剧英雄，因为良好社会与慷慨国家的承诺全在一连串巨大崩溃下瓦解，留下的只是人们在金融与房地产市场中的贪婪嘴脸。欧洲的主权债务危机、日本周而复始的政治危机、金融市场的内部崩解、美国的国债、几乎各地均走入萧条的房地产市场，这些终于动摇了世界，人们不得不承认老年人口的庞大及其影响。

全球化与劳动力老龄化的现实，直接打击了慷慨国家的观念。当国家拥有许多年轻劳动力，而且还看不到有更年轻、更庞大的全球化竞争者出现时，民间的退休金与充盈的国库似乎是神圣而不可侵犯的。全球化本身被证明是一场庞大而复杂的年龄歧视形式，它淘汰年老的工人，迫使许多国家在产业外移时必须接手照顾这些员工，并且让他们领取较低的薪资。世界金融市场的灾难并不能反转这个过程，而民主政府可能突然回过神来，开始调整国家的财政与退休制度，好让承诺与现实上可支付的内容一致。然而，当这一切必须付出代价时，五六十岁的家庭成员与更年青的一辈却不得不承担这个成本。

不管国家如何处理左支右绌的财政，其选择都将对国际权力关系造成深远的影响。首先，统治着老年人口的政府有两种支配财富的方式：为老年人口提供服务并且将经费加以分类而妥善支出（国防、教育、基础建设等），或是减少对老年人口的服务，把更多的经费放在其他事务上。

要描绘长期的地缘政治场景并不容易。由"战略与国际研究中心"（Center for Strategic and International Studies）的理查德·杰克逊（Richard Jackson）及其同事组成的一个学派认为，世界的老龄化对国际事务带来不稳定的影响，因为它使日本、欧洲与俄罗斯等国家和地区实力减弱且丧失战略地位。这些地方不仅不足以成为美国的地缘对手，甚至在美国监视那些贫穷而较为年轻、不安定的国家时，也无法充当美国的伙伴。欧洲与日本长久以来一直搭着美国军事支出的便车，在人口老龄化下，它们只会因内政压力而更进一步地削减国防开支。美国必须思索良策（简单地说，找出财源）来长期维持世界的安定，否则只能宣告美国霸权下的和平（Pax Americana）已结束。美国的停止干预，会使一些拒绝全球化又被全球化所忽视的国家更加危险。"冷战"已经一去不返，但零星不安的火苗只会变得更蠢蠢欲动。

匹兹堡杜肯大学的马克·哈斯提出略微不同的场景。他认为，每个工业化国家（包括中国）即将产生的庞大退休金与服务成本，将为全世界带来"老年和平"（Geriatric Peace），过去交战国家的地缘政治野心也将随着国家老龄化而平息。在这样的世界里，哈斯相信，美国维持（与破坏）世界秩序的能力将更甚以往。哈斯也认为，拥有大量失业青年（尤其是男性）的发展中国家将带来危险，这些国家的宗教与政治意识形态可能酝酿出激进主义。但他也强调，这些威胁很可能是地方性的，除非这些危险地区与那些能和美国对抗的国家结盟。

在老人世界里，年轻人的未来

全球老龄化的复杂，远非人类所能掌握。你如何能要求选民善加权衡，让自己免于成为世界金融体系贪婪与不确定下的牺牲品？毕竟，金融体系很可能是人类有史以来最复杂的创造物。当各学科的专家都无法针对老龄化社会提出一项具有共识的解决方案时，我们似乎有充足的理由相信，自己应该多存点钱，或者至少在房间的地板下藏点金子。如果做不到这点，那就彻底让自己的子女（以及自己）发展智慧资本，让家族随时拥有珍贵而可携的资产。

处于老龄化的世界里，人们很清楚这点。教育已经取代大家庭，成为老年的最佳保险。如果政府与民间企业在社会保险、医疗与退休金的沉重压力下举步维艰，则民众更可能生育更少的子女，然后倾尽全力教育他们。在老龄化的世界里，各国政府无不处心积虑鼓励父母多生一个孩子。我们现在还很难看出，在人们必须自寻出路的城市世界里，全球老龄化的巨轮该如何才能朝反方向转动。

老龄化的世界：巨大的反馈回路

但是，这个世界还有另一个不可避免却少有人看见的场景，它不仅通过福利国家支持老龄化人口，也通过全球化策略规避民间企业承担的成本。这个场景就是，世界的老龄化速度将会比世界各国政府与国际组织做出的最大胆预测来得更快。事实上，目前世界正处于一个巨大的反馈回路里，现在看似无比年轻的国家（军事分析家对这些国家甚感忧心），也许接下来即将成为老龄化速度最快的地方。

让我们再次简短地思考，年轻社会转变成年老社会的几个要素。有些要素使人活得更久，有些要素鼓励人们减少生育。首先是识字率，人们需要接受足够年数的教育才能够阅读，以及在现代工作场所中依照指示做事。然后是个人的公共医疗。接着是大量人口离开农村（生产力低的地方）进入城市与工厂（生产力较高的地方），这是个关键阶段。最后是允许女性接受更多教育与工作，这个决定具有重大影响。结果，老龄化社会的特征看来就像一张全球化的核对清单。从20世纪中叶开始，最能成功从贫穷的农业经济转变成庞大、现代且全球布局的工业经济的国家，都曾经历这些阶段。当然，这些国家并不是为了老龄化才这么做。它们这么做是因为，如果要对外拓展商业而且最终能与其他国家对等竞争，它们就应该尽可能满足世界其他地区的需求，而实行上述这些步骤就是为了实现这项目标。如果你想把制造的商品卖到美国或欧洲市场，则最好尽可能效仿美国与欧洲经济体用来生产的机械。你要制造更好或更便宜的产品，但必须在对方的游戏里击败当中最成功的玩家才行。你要重新创造的是自己的贫困国家，而不是为那些富国增添光彩。

日本是第一个由穷转富的国家，它几乎就是战后国家崛起的模板。日本以比现代世界更超前的方式，逐渐攀升到接近超级国家的地位。不过，日本也花了将近半个世纪的时间，从最年轻的国家成为最老的国家。紧追在日本之后的是一连串国家，包括韩国、中国与越南。每个国家都采取了相同途径。日本的竞争迫使美国公司开始拟定全球战略来降低成本与增加生产。外国的投资催生了中国的早期城市化与工业化，而中国也同样效仿日本与西方工业经济体的特征，其规模与世界其他地区相比毫不逊色。从日本的战后转变到中国的战后转变，整个发展历程加快不少。每当罗盘的指针移动到下一个能提供年轻、低成本工人的地点时，转变的步调就加快一些，而年轻国家转变成年老国家的速度也同样加快。加速生产的新工厂科技，有部分是航空业与电信业进步的结果。然而，这也使得老年化世界更急于将工作与生产移动到有数千万名年轻工人工作的地区，并且让这些年轻工人效仿国内年老工人的工作模式。

如今，中国正感受到劳动力萎缩的压力，而且还拥有世界上老龄化最快速的人口。全球化的压力与承诺移动到了印度，它对当地老龄化的影响是最明显的。在最近的人口普查中，印度目前老龄化的速度甚至已经超越了中国。非洲有许多国家看起来还处于开发繁荣（通常由中国投资）的初期阶段。但当非洲老人的数量以几何级数增长时，非洲大陆也开始危机笼罩，如果全球化席卷非洲的方式就像当初席卷东亚一样,那么未来非洲很可能成为老龄化最快速的地区。

因此,当老龄化世界为了取得经济的安全阀而四处寻求年轻世界时,它也将战无不胜的老龄化力量,连同老龄化的危险与远景带到了全球各地。

与此同时,且不用担心我们的星球正走向不可逆转的衰颓。毕竟,地球拥有我们最想要的东西——我们自己的人生。几乎没有人想获得永生,但绝大多数人都想活得更久更好。如今,多亏延寿药物、公共医疗计划与医疗知识的普及,许多人"将会"活出更长久与更美好的人生。我们幸运吗?如果答案是肯定的,那么我们必须面对老龄化冲击带来的吊诡:最幸运的世界也是最贫穷的世界。虽然老龄化世界是许多人选择的总和,但我们如何带领这个世界驶向未来,我们如何关爱自己与自己珍视的人,却跟我们个人的生活息息相关。

最后一则故事

两年前,我现年83岁的母亲到巴塔哥尼亚看企鹅,而且一边听着孙子的"齐柏林飞船"乐队纪念演唱会专辑,一边跳着令人眼花缭乱的舞步。三年来,她独自一人住在郊区的屋子里,那是父亲于20世纪80年代为他们夫妻俩设计建造的。母亲仍然跟过去一样,在庭院的一侧种植香草与蔬菜,另一侧则种了黄水仙和郁金香。屋内,二楼的房间是父亲存放文件的地方,平常几乎没有人会来这儿。老旧的书桌上仍看得见黑色的墨渍,那是父亲晚年体弱不慎打翻墨汁染上的。灯泡该换了。放置热水器的房间曾经水漫金山,还差点酿成火灾。

母亲说，房子越来越老旧，老房子需要整修。她坦承要靠她自己来做恐怕是办不到了。她的视力减退不少，已经无法在夜里开车。"我感到越来越无助。"她说。但这栋房子毕竟是父亲盖的，住在这里让人觉得父亲并未远离。母亲很想念他。父亲冥诞时，她要求孩子们说几则他的故事。三年的时间并不算长，但房子与邻里的气氛却有了相当大的变化。父亲去世时，母亲一大群朋友都来陪她。她们邀她过去串门，而母亲也常请她们来家中。她们交换自己种的花草，在附近的公园散步，然后聊聊自己的孩子。当初的一大群朋友，现在只剩一对夫妇仍住在附近，他们是六十年的朋友。其余的人离开的理由不难想见：死亡、疾病、受到温暖气候的吸引，或是到老年公寓接受较好的照顾，或是到另一座城市与孩子同住。

现在，母亲听说这对夫妻也准备搬家，他们要入住科罗拉多州一间照护中心，他们的儿子就住在附近。"他们要走，我觉得很难过。"她说。她抱怨，在这里没有任何熟人朋友可以邀请来家中，吃个简单的晚餐。

然而，我的母亲算是拥有丰富资源的人。她最近在市中心附近买了一栋小公寓，从这里她可以步行到剧院与音乐厅，也可以看自己喜欢的电影。更重要的是，这栋公寓离她的子女与孙子女很近。到目前为止，一切都符合她的计划。爱听"齐柏林飞船"的孙子会去找她，两个孙女大学没课时也会过去看看，只不过有时我的母亲想找到他们还得费点工夫。她会请我们过去吃晚餐，而她住的地方离我们家也够近，每个星期她都会来这里坐坐。

母亲搬家还有另一个目的。她买这栋小公寓也是为了引诱她的姐姐（一名89岁的寡妇）来城里，这样她们就可以一起看戏一同过夜。她们有时候会吵架，但其实两人的关系非常紧密，早在20世纪40年代，这对姐妹就已经如胶似漆了。

这个想法固然很好，但天不从人愿。去年春天一个美好的夜晚，在街旁的咖啡厅吃过晚餐之后，阿姨突然转身看着母亲，问她叫什么名字。母亲吓了一跳，她握着阿姨的手，告诉她，自己是她的妹妹。阿姨大感困惑，她怀疑这是不是真的，于是问母亲她娘家的姓氏是什么。母亲告诉她，阿姨点点头，接着她要母亲写下自己的姓名和电话号码，这样改天她们还可以约出来一起吃饭。

往后几天，为了阿姨的事，大家陷入一团混乱。打电话通知亲戚与医生，赶紧安排照护机构，以及评估财务，这一切都是为了阿姨，她现在只能断断续续地认得自己的家人，却能清楚意识到自己的人生将起很大的变化。她说过的一件最清楚的事，就是她想上床等死。

我的母亲是个极度乐观的人，她曾经夜以继日照顾父亲数年之久，此时的她却回到郊区的大房子，身为子女的我们这辈子从未见过她如此痛哭流涕。在这场危机过后的周末，刚好是我女儿大学毕业典礼，她能够毕业，我的母亲功不可没。当问到她是否觉得我们应该取消庆祝宴会时，她认为这么做太愚蠢了。我问她是不是在家休息就好，她断然拒绝。

"我不知道我这次会不会跟孩子们跳舞，"她说，"但我想应该还是会吧。"我很高兴能听到她这么说，我更高兴的是，我看到母亲跟我的孩子跳舞。我们都知道，这段日子很珍贵，因为它转瞬即逝。

致　谢

　　从写作之初，本书便得到许多人士的慷慨协助，他们的姓名有些出现在书上，却有更多因篇幅限制而无法一一提及。当我从事这项写作计划时，常被问到这样一个问题：写下如此一本有关老龄化的作品，心中的感受是什么？我必须说，除了感谢，还是感谢。《当世界又老又穷》提及的内容，从出生到死亡，范围遍及全球。我针对老龄化这项主题而交谈的对象，并未特别经过挑选，我在报道时走到哪儿，当地民众就是我交谈的对象。我首先要感谢的是所有听过我谈论这项计划的人，以及所有曾慷慨与我分享他们个人的观点、私密的家庭故事、私密的身体状况，以及他们的希望与恐惧的人。我要感谢许多人，他们坦率地告诉我家里的经济情况、做何营生，以及他们身处的社群。有些我想要感谢的人在致谢里并未提及，因为我认为不要透露对方身份才是明智之举，而有些人也要求我不要透露他们的姓名。我深信自己一定有挂一漏万之处，对于这些疏忽我深感遗憾。致谢中也省略许多本文曾提过的人物，无论真名或假名，但这丝毫不减我对他们的谢意。本书除了提出我个人的观点外，也引用了其他人向我提供的卓越见解，尽管如此，凡在书中出现的一切看法,即便其中有所错误,所有责任均本书作者自负。我对本书出现的一切缺失将负起全责。

《当世界又老又穷》有许多观念来自我与多年好友科林·哈里森(Colin Harrison)的讨论,科林同时也是我的指导者、合作者与编辑。20世纪,科林带领我进入《哈泼斯》杂志,从那时起,他便几乎阅读了我所有的作品,不管是未经润饰还是何种形式的内容,而当时我们仍无法想象老龄化世界会与我们有什么关联。《中国公司》出版之后,我与科林在谈话中逐渐确立本书的主题,我们发现中国的老龄化是个更包罗万象的内容。与老龄化相比,中国的兴起就各方面来说似乎只能算是个子题。科林鼓励我思考老龄化对全球的意义,并且进一步充实老龄化的内容,而我得出的结果确实令人难以抗拒,充分证明老龄化的确是个有趣、令人无法忽视而且极为重要的现象。在整个写作过程中,科林从头到尾一直关注我的观念发展,他持续不断地以他的好奇心、机智与热情为我注入活力。我还要感谢苏珊·莫尔德夫(Susan Moldow)、南·格雷厄姆(Nan Graham)、洛克斯·利普(Roz Lippel)、卡尔西·史密斯(Kelsey Smith)、保罗·哈洛伦(Paul O'Halloran)、凯特·劳埃德(Kate Lloyd)与凯蒂·里佐(Katie Rizzo)。斯隆·哈里斯(Sloan Harris)最早开始担任我的经纪人时曾表示,他希望担任这个职务直到我们的脑子都不灵光为止,现在他可以说是得偿所愿,只不过还没有到达他所说的退休时刻。斯隆是本书不可或缺的伙伴,他贡献了他的才智、专业与个人经验,在每个阶段提出稳健的建议。斯隆不仅是整合,他成功地让全书的血肉与灵魂结合在一起。

吉姆·彼得森(Jim Petersen),长久以来我一直仰赖他的优秀判断、对焦点的敏锐嗅觉,以及高超的综合才能。每当我完成一部分的稿子,他会逐字阅读这些手稿,然后建议我应该更充分地解释哪些论点，或是在论证中添入更多的活力，我对于他的忠告莫不言听计从。我在海德公园（Hyde Park）与阿姆斯特丹大学的乔纳森·塞特林（Jonathan Zeitlin）和芝加哥大学的盖里·赫立格尔（Gary Herrigel）进行长期讨论，这对本书极为重要。乔纳森与盖里在老龄化主题上有着广博的知识，让我了解老龄化是多么庞大的内容，他们为我的写作提供基础，使我得以持续进行报道并且在写作时有可资依循的准则。

劳拉·卡斯滕森（Laura L. Carstensen）是斯坦福大学新成立（但已声誉卓著）的长寿中心研究员，她在我开始进行研究时提供我中心的资源，并且引荐我认识中心的学者与工作人员。卡斯滕森与中心的同事以科际整合的方式研究老龄化，范围横跨社会科学与医学，由于我的研究范围较为宽广，因此他们的成果对我特别有帮助。此外，斯坦福大学的史蒂夫·戈德邦德（Steve Goldband）不仅支持我的计划，也挑战我的假设，他也协助我（通常是以合作的方式进行）探讨斯坦福大学与帕罗奥图退伍军人医院的各项资源。阿黛尔·哈玉婷（Adele Hayutin）是长寿中心全球老龄化计划的主持人，她告诉我她的研究资料中呈现的各项趋势，她也对于我提出的一些天马行空、未经检证的理论提出质疑，而在思考了她的论点之后，我最终放弃了这些想法，这也免除了我日后面临困窘的可能。卡尔·威诺格拉德（Carl Winograd）为我开启全新的视野，让我了解老年医学的各项挑战，也使我充分体会混合用药的危险。卡罗尔·德威克（Carol Dweck）提供了一份艰难问题的清单，作为我研究时思索的参考，这些问题对我整个写作过程有非常大的启发。

本书的每个章节涉及不同的国家与环境，我很幸运自己在各地都获得很棒的向导与导师。（我将省略本文曾经提及的人士。）在萨拉索塔，克里·克什那（Kerry Kirschne）的友谊与建议使我获益良多，他是萨拉索塔的前任市长，目前是阿格斯基金会（Argus Foundation）的执行总裁。克里从我跟他第一次通电话后，就兴致勃勃地张罗一切，他提供广大的网络供我运用，重要的是，在我造访萨拉索塔时，他让我有机会长时间观察当地小区的活动内容。斯科普公司（SCOPE）的蒂姆·达顿（Tim Dutton）与金姆·韦弗（Kim Weaver）也提供许多帮助。他们在萨拉索塔建立的老年商业与服务模式成了全美的典范，他们也带我参观其他地方，使我了解萨拉索塔在顶级服务以外的各种活动模式。鲍勃·温德姆（Bob Windom）医生带我参观萨拉索塔各处的照护机构。凯文·尼尔（Kevin O'Neil）、阿特·马奥尼（Art Mahoney）与汤姆·奥利弗（Tom Oliver）几位医生也抽空与我分享他们宝贵的看法。乔治·斯佩克特（George Spector）家族经营的车屋小区很可能是全美最成功的，他亲切地向我介绍这种生活方式的前景，也带我认识一些活跃的老年居民，他们非常懂得享受佛罗里达州的生活。萨拉索塔南佛罗里达州大学的凯西·布莱克（Kathy Black）特别拨出时间向我解释佛罗里达州服务经济的独特之处。迪亚曼特（Diamant）夫妇与哈丽雅特·拜尔（Harriette Bayer）如同我在佛罗里达州的家人一样，让我宾至如归。

  在日本，我的好朋友（同时也是我的老师）金丸洋一带我参观东京与其他各地，告诉我老龄化对日本日常生活的影响。金丸积极乐观的个性以及他对人性的信念，使我看见日本人在面对人口急速老龄化时拥有的资源与才智。金丸的公司"快乐老人"（Happy Elder）反映出他的精神，他设计各种计划来协助日本老人表达自身的情感与诉说自己的故事，而他运用的方式不仅充满创意，也能产生肯定自我的效果。他让我觉得我在日本所见到的一切，将会是全世界老人的共同未来。《中国公司》日文版的译者仙名纪以及他睿智好客的妻子，在我旅日期间热情接待而且成为我的文化翻译者。力王筱田是我在东京时的口译员，她是个勇气十足的女孩，不仅带我进入她年轻朋友的戏剧世界，当我要求她带我潜入日本花街时，她脸上也毫无（或几乎没有）犹豫的神色。我要感谢我的朋友圣母大学历史系助理教授朱莉亚（Julia Adeney Thomas）提供宝贵的日本信息，以及普林斯顿大学东亚系教授戴维·莱海尼（David Leheny）提供有关日本代际区隔的观点。我要感谢一群农民——他们几乎都姓高桥——他们住在北杜市郊外美丽的黑森村里，他们特别为我安排一整天的欢迎仪式与行程，好让我能一窥他们濒危的生活方式。哈特佛德金融服务集团（Hartford Financial Services Group）在日本的总裁格雷戈里·博伊科（Gregory A. Boyko）提供了以资料为根据的复杂观点，说明日本退休人士的财务生活。他表示，日本成年人从经验中学到，以退休金来进行投机事业是一种愚蠢行径，而他也对这种心态提出许多看法。格雷戈里对日本的热爱，以及他对客户未来的承诺，使我相信他会是这个全球金融服务产业的理想样板。美国退休者协会（AARP）的里克·穆迪（Rick Moody）鼓励我到日本参加该组织举办的亚洲老龄化国际会议，而我在当中也得到许多珍贵的线索。回到美国，里克也是一名了不起的老师、数据来源者与消息媒介者。

在西班牙，我在马德里与瓜达拉哈拉省很幸运地能得到总是笑容满面而且点子很多的迭戈·萨拉查（Diego Salazar）陪伴在身旁担任报道者与口译员。在巴塞罗那，令人吃惊的丹尼尔·希尔（Daniel Sherr）可以双向翻译八种语言，他带我到某个可以同时用上这八种语言的地方。在西班牙时，有许多学者、活动家与官员抽出时间协助我了解他们的国家。我特别感谢世界价值观调查（World Values Survey）的胡安·迪茨尼古拉斯（Juan Díez-

Nicolás)、马德里小区老年市民组织的会长乔斯·费尔南德斯·马蒂纳斯(José Ignacio Fernández Martínez)、西班牙科学研究委员会的玛格蕾塔·德尔加多(Margarita Delgado)、与总工会的罗莎·莫内罗·罗尔丹(Rosa Morena Roldan)。

在罗克福德,我的研究始于罗克福德地区经济发展委员会不屈不挠的会长詹尼斯·布伦南·法登(Janyce Brennan Fadden)的热情邀约。除了詹尼斯之外,还有汤亚·拉米亚(Tonya Lamia)、马克·波戴斯基(Mark Podemski)、埃里克·伏尔(Eric Voyles)与卡里·扎斯迈尔(Carrie Zethmayr),他们让我提出任何我想问的问题,而且总是能找到人与地点来解决我的问题。他们喜爱当地小区,拥抱这座城市一切的优缺点,使我看到这座城市的创意之流,他们是真正经历过城市沧桑的市民。我在罗克福德的研究也仰赖布恩与温尼贝戈郡劳动投资委员会(Boone and Winnebago Counties Workforce Investment Board)执行主任达西·布霍尔兹(Darcy Bucholz)的协助,博特·阿布萨隆(Burt Absalon)神父与约维·雷耶斯(Jovie Reyes)带我到令人印象深刻的罗克福德菲律宾人小区,克里斯丁·维兰纽瓦(Christine Villanueva)为访谈增添不同的观点。我还要感谢圣安东尼医疗中心(OSF Saint Anthony Medical Center)的露西·里瓦斯(Lucy Rivas)、丹佛斯(Danfoss Drives)的阿伦·博伊森(Allan Bojsen)与卡门·乔丹(Carmen Jordan)。感谢埃琳(Elling)一家让我有机会了解罗克福德的教会生活如何支持城市老年人口的社交生活。

在中国,我获得一群杰出的笔译员、研究人员与口译员的鼎力相助,其中有不少人是我的好朋友托尼·皮夏(Toni Pičch)、龚利与伊莎贝尔·曹(Isabel Cho)找来的帮手,他们很有耐心地聆听一名外国作家如何希望通过家庭的故事来捕捉现代中国的人口现状。

在北京，当时清华大学的学生尚媛协助我进行初步研究，并且对民间与学术机构的数据来源做出成果丰硕的结合。继她之后在北京协助我的，是另一名优秀的清华大学学生章早立，她后来到密歇根大学念研究所。尚媛与早立都有一种不可思议的特质，她们能让受访者放松心情，使他们能带着幽默与情感来讲述自己的故事。我在南京的研究获得南京大学-霍普金斯大学中美文化研究中心主任杨凯里的大力协助。杨教授现在任教于香港中文大学，在南京时他帮我安排住宿地点；协助我使用中国最好、最开放的研究图书馆；而且帮我引见中美文化研究中心与南京大学的许多专家学者。我很幸运能在中心与多伦多大学地理学者阿莱那·博兰（Alana Boland）有过几次讨论，她的知识广博，几乎触及了我研究的每个部分，无论是实地走访南京市还是探讨学院文献，她协助我将研究内容顺利铺陈出来。走访南京与市郊的旅程，我得到中美文化研究中心研究生王雨琼的协助，身为研究员与口译员的他还具有商业经验，在访谈中提供了许多宝贵的切入点。在上海，与《中国公司》一样，本书获得上海社会科学院许多专家学者的协助，尤其是外事处处长李轶海在百忙之中仍不慌不忙地整合各项资源，在此致上感谢之意。

　　谈到老年人的日常欲望与需求，不管是活泼好动还是体弱多病的年老居民，这方面思考最周到的，莫过于柏金斯·伊斯曼建筑师事务所优秀的建筑师与设计师团队。在北京、芝加哥、匹兹堡与马萨诸塞州剑桥，布拉德·珀金斯（Brad Perkins）、丹·西内利（Dan Cinelli）与戴维·霍格伦（David Hoglund）告诉我他们是怎么思考的，并且带我去参观他们创造的舒适生活空间。在住房问题上，我要感谢美国养老院及老年人服务协会的萨拉·马什博恩（Sarah Mashburn），在她的帮助下，我得以参与该组织的各项活动与服务提供者网络。

如果没有故乡芝加哥这群工作伙伴的帮忙，我恐怕无法完成这个计划。亚当·哈布尔（Adam Hubble）从事记录方面的研究，他在偶然间完成一项艰难的任务，建立了一套记录系统，这套系统后来发挥了很大的功用。吉姆·兰克（Jim Rank）把我的办公室与思想整理得井井有条，他严谨地管理庞大的档案系统，唯有对数据极为娴熟的人才能做到这点。吉姆的幽默感与工作伦理也具有感染力。吉姆已经过世的父亲休·兰克（Hugh Rank）从一开始就提出明智、乐观而且大胆的看法，他认为就算科学与自然都告诉你要放弃，但你还是不能让步。我想念休，他一生命运多舛，但从未停止战斗，他是我们心中的楷模。杰夫·马康斯（Jeff Markos）依据《芝加哥手册》（The Chicago Manual of Style）努力地修正我的写作。好奇心旺盛的埋查德·里维罗（Ricardo Rivera）协助我处理西班牙语的资料与从事访谈，他提供宝贵的研究，而且协助进行编辑工作。吉姆·伯顿（Jim Burton）与卡里·冯（Carrie Fung）是库克郡公共监护人办公室的律师，他们在公共监护人罗伯特·哈里斯（Robert Harris）的协助下，努力向我说明一般人浑然不知的遗弃与虐待的世界。从他们身上，我看到良善之人为这个世界所做的贡献。埃文斯顿商业办事处（Evanston Chamber of Commerce）的乔纳森·珀曼（Jonathan Perman）使我了解小区的需求与策略，这些小区努力地想留住最优秀与最有价值的年轻工人。

在英国研究期间，我受到伊恩·菲利普（Ian Philp）的亲切接待，当时他还是英国卫生部老人健康服务计划的主任，此外，我也受到萨利·格林格拉斯（Sally Greengross）女男爵与富特（Foote）医生夫妻的欢迎，他们为我介绍英国的老年福利制度，使我了解大西洋两岸在老年福利上的制度差异。约翰·格里姆里·埃文斯（John Grimley Evans）爵士在牛津大学格林学院接待我，他提供英国近年来的老年医学历史（他自己是其中的核心人物），而他也对学者在老龄化问题上的争论不休提出洞见，这些争议的产生主要源自于医学观点的相左。在伦敦，索恩伯（Thornber）夫妇慷慨地让我借住他们的舒适公寓。

为了探讨美国农业州老龄化的情况，我两度前往北达科他州。第一次前往是基于谢莉尔·维克森（Sheryl Wilkerson）的邀请。我跟谢莉尔以及范瑞提集团公司（Verety LLC）的克里斯·戴利（Chris Daly）在该州四处游走，试图了解这么偏远的地区如何能在全球服务经济中占有一席之地。第二次造访时，我有幸得到北达科他州贸易办公室优秀职员们的热情协助，我特别要感谢办公室主任苏珊·盖布（Susan Geib），此外拉里·怀特（Larry White）与杰夫·曾特（Jeff Zent）也给了我许多帮助。

我必须感谢我的朋友与家人，当我所有的话题几乎全围绕在《当世界又老又穷》这本书时，他们仍愿意给予协助并且聆听我的说法。我不再惊讶于他们对我的主题认识的深刻程度，他们的看法也驱策我继续前进。帮助我的朋友很多，以下的清单并不完整，这些朋友包括布莱恩（Brian）与简·格尔克（Jan Hieggelke）、艾伦·托马斯（Alan Thomas）、丹·布特尼（Dan Buettner）、亚历克斯·贝尼斯（Alex Benes）、乔亚·迪利贝托（Gioia Diliberto）、杰弗里·弗兰克（Jeffrey Frankel）、理查德·米勒（Richard Miler）、希拉·莱斯特－史密斯（Shelagh Lester-Smith）、迈克·廷珀利（Mike Timperley）、艾琳·谢拉（Irene Sherr）、艾米·布里格斯（Amy Briggs）、丽萨·卡普兰（Lisa Kaplan）、凯文·劳勒（Kevin Lawler）、米歇尔·曾（Michael Cen）、托尼·卡多萨（Tony Cardoza）、卡里·戈德堡（Carrie Goldberg）、戴维·爱泼斯坦（David Epstein）、盖伊·杨·曹（Gay Young Cho）。乔纳·布雷斯拉（Jonah Breslau）针对年轻人代谢症候群的影响所进行的关键研究，对我很有帮助。我还要感谢琳达·夏布罗（Linda Diamond Shapiro）、梅丽莎·索尔特（Melissa Salter）、罗布（Robb Mandelbaum）、乔纳森·布拉克（Jonathan Black）与约翰·科廷（John Koten），他们细心地对我的手稿提出各项建议。

致谢的末尾总是献给对作者来说最重要的一群人，也就是作者的家人。我依循这样的格式，在我的致谢里，我的家人绝对居于首要地位。在一本绝大部分与家庭相关的作品里，我的家人不仅是我最大的靠山，同时也是与我进行互动的测试组，他们是我想法的根源。我的母亲伊莱恩·菲什曼（Elaine Fishman）给予我许多灵感，这一点并不令我惊讶，真正令我意外的是，她可以非常坦率地衡量自己的老朋友。我的姐姐南希·菲什曼（Nancy Fishman）与珍妮（Jeanne Fishman）为我找来有趣的人物进行访谈。我的孪生兄弟扎克·菲什曼（Zack Fishman）如同另一个我，可以作为我的观察对象，而他也努力让我保持乐观的情绪。我的孩子艾莉（Elly）与亚当（Adam）是优秀的作家与编辑，他们对本书的主题非常感兴趣，而且对于作品的出版满怀兴奋。他们会在我需要帮助时支持我，也会在我需要一个人仔细思考时给我足够的空间。我的妻子萨拉·斯特恩（Sara Stern）会在我的想法刚成形时提供意见，等到我写下想法之后，她还会再看一次。她会从新闻中搜集相关信息，汇整所有专家的意见，每当我在正餐之间走向酒柜或冰箱时，她总会提醒我，而当我在书桌前坐得太久，那表示我已置身于书中最令人不安的部分。她充满感情地认为，写作《当世界又老又穷》如同对我们两人的教育，我们将学习彼此老去的过程，而当我们步入老年之后，我们将有充分的准备面对私人与公共领域的变化。我想不出还有什么能比这件事更令我充满感激。

注 释

导论：白发新世界

1 National Institute on Aging, U.S. National Institutes of Health, "Exploring the Role of Cancer Centers for Integrating Aging and Cancer Research," http://www.nia.nih.gov/ResearchInformation/ConferencesAndMeetings/WorkshopReport/Figure4.htm. 也可见 National Institute on Aging, National Institutes of Health, U.S. Department of Health and Human Services, and U.S. Department of State, "Why Population Aging Matters: A Global Perspective," p. 3, http://www.nia.nih.gov/NR/rdonlyres/9E91407E-CFE8-4903-9875-D5AA75BD1D50/0/WPAM_finalpdftorose3_9.pdf。

2 Panel on a Research Agenda and New Data for an Aging World, Committee on Population, and Committee on National Statistics Division of Behavioral and Social Sciences and Education National Research Council, Commission on Behavioral and Social Sciences and Education (CBASSE), "Preparing for an Aging World: The Case for Cross-National Research," National Academy Press, Washington, DC, 2001, p. 33, http://www.nap.edu/openbook.php?record_id=10120&page=R1.

3 与 S. Jay Olshansky 的访谈，2009 年 4 月 23 日。

第一章 来自佛罗里达州的问候，上帝的等待室

1 Maine Development Foundation for the Maine Economic Growth Council, "Measures of Growth in Focus, 2008," p. 9, http://www.mdf.org/publications/Measures-of-Growth-in-

Focus-2008/117/.

2　Robert Friedland, Katherine Mack, Susan Mathieu, and Laura Summer, "Measuring the Years: State Aging Trends & Indicators," Data Book, Center on an Aging Society, Health Policy Institute, Georgetown University for the National Governors Association Center for Best Practices, Aging Initiative, State Policies for a Changing America, August 2004, http://www.nga.org/portal/site/nga/menuitem.9123e83a1f6786440ddcbeeb501010a0/?vgnextoid=83601d8692cc2010VgnVCM1000001a01010aRCRD.

3　"Aging: The Possibilities," community report, SCOPE, Sarasota, 2009, p. 8.

4　Oliver Sacks, *Musicophilia: Tales of Music and the Brain* (New York: Random House, 2007), 249-250, 382.

5　Michael McDonough, "Selling Sarasota: Architecture and Propaganda in a 1920s Boom Town," *Journal of Decorative and Propaganda Arts 23* (1998): 21.

6　Roscoe Burton, introduction to *Boom in Paradise*, by T. H. Weigel and Alfred H. King (New York, 1932), xi (quoted in McDonough, "Selling Sarasota," 11-31).

7　杰夫·拉赫德的访谈，2009年9月5日。

8　McDonough, "Selling Sarasota," 17-23.

9　Philip Zimbardo and John Boyd, *The Time Paradox* (New York: Free Press, 2008), 240.

10　Caroline Oliver, *Retirement Migration, Paradoxes of Aging* (New York: Routledge, 2008), 11.

11　Nancy Morrow-Howell, "Civic Service Across the Life Course, Generations," *Journal of the American Society on Aging*, San Francisco (Winter 2006-07): 37-42.

12　John A. Krout, "'Active' Aging: Good for Elders?," *Aging Today*, American Society on Aging, San Francisco (March-April 2008):7, 9.

13　"A Tale of Two Older Americas: Community Opportunities and Challenges," Advantage Initiative, Center for Home Care Policy and Research, Visiting Nurse Service of New York, 2003, http://www.vnsny.org/advantage/resources.html#report.

14　Age Wave and Harris Interactive, "Retirement at the Tipping Point: The Year That Changed Everything," 2009, www.agewave.com/RetirementTippingPoint.pdf.

15　Mike Vizvary, "Top Doctors," *Sarasota*, June 2006, http://www.sarasotamagazine.com/Articles/Sarasota-Magazine/2006/06/Top-Doctors.asp.

16　Sarasota County Public Hospital District, Financial Statements and Supplemental Information, September 30, 2008 and 2007, http://www.docstoc.com/docs/3953617/SARASOTA-COUNTY-PUBLIC-HOSPITAL-DISTRICT-Financial-Statements-and-Supplemental-Information.

第二章　长寿简史

1　Guy Brown, *The Living End: The Future of Death, Aging and Immortality* (Hampshire, U.K.: Palgrave Macmillan, 2007).

2　McNeill 的作品转引自 Bruce A. Carnes and S. Jay Olshansky, *The Quest for Immortality* (New York: W. W. Norton, 2003), 83, 87.

3　Linda Maria Gigante, "Death and Disease in Ancient Rome," 2000 年 5 月 9 日在 Innominate Society of Louisville 发表的演说，http://www.innominatesociety.com/Articles/Death%20and%20Disease%20in%20Ancient%20Rome.html.

4　Brown, *The Living End*, 28.

5　David Boyd Haycock, *Mortal Coil* (New Haven, Conn.: Yale University Press, 2008), 9.

6　Ibid., 30.

7　我要感谢威斯康星大学马拉松郡分校地理学家与地质学家斯思·蒙哥马利（Keith Montgomery），他针对造成寿命延长的各种因素做了详细解释。见 http://www.marathon.uwc.edu/geography/Demotrans/demtran.html。

8　"Teens and Sex: The Role of Popular TV," Henry Kaiser Family Foundation, Menlo Park, California, July 2001.

9　"Global Age-Friendly Cities: A Guide," World Health Organization, Geneva, 2007.

10　European Union, "State of European Cities Report," May 2007, http://nl.sitestat.com/eukn/fin/s?themes.urban_policy.state-european-cities_3358.external&ns_type=clickout&ns_url=http://ec.europa.eu/regional_policy/sources/docgener/studies/pdf/urban/stateofcities_2007.pdf.

11　David Galea Vlahov and Nicholas Sandro Freudenberg, "The Urban Health 'Advantage'," *Journal of Urban Health, Bulletin of the New York Academy of Medicine* 82, no. 1 (2005): 1.

12　"The Challenge of Slums: Global Report on Human Settlements 2003," United Nations Human Settlements Programme, p.74.

13　Ibid., 2.

14　Wang Zhenghua, "Malnutrition Hits 30 Percent of Poverty Stricken Children," *China Daily*, October 8, 2005, p. 2.

15　Anthony Kuhn, "Nutrition Program Boosts Poor Students in China," NPR Weekend Edition, May 31, 2009, http://www.npr.org/templates/story/story.php?storyId=104753329.

16　Galea Vlahov and Sandro Freudenberg, "The Urban Health 'Advantage'," 3-4.

17　Zachary Zimmer, Toshiko Kaneda, and Laura Spess, "An Examination of Urban

Versus Rural Mortality in China Using Community and Individual Data," *Journals of Gerontology Series B: Psychological Sciences and Social Sciences* 62:S349-S357 (2007), http://psychsoc.gerontologyjournals.org/cgi/content/full/62/5/S349.

18 Clive Thompson, "Why New Yorkers Last Longer," *New York*, August 13, 2007.

19 Carnes and Olshansky, *The Quest for Immortality*, 83, 87.

20 Ibid., 87.

第三章　老年失忆症：在西班牙发现老龄化

1 J.M. Lamet and E. Valdehita, "Inmobiliarias, inversores y bancos ya acumulan más de 3 millones de pisos," Expansion.com, September 9, 2009, http://www.expansion.com/2009/09/15/economia-politica/1253049638.html?a=2219269347c984063561f999b6e7e134&t=1253080789.

2 Mario Izquierdo, Juan F. Jimena, and Juan A. Rojas, "On the Aggregate Effects of Immigration in Spain," *Documentos de Trabajo*, no. 0714, Banco de España, Eurosistema, 2007, p.7.

3 Trinidad Vicente, "Latin American Immigrant to Spain, Evolution and Legal Status of Latin American Immigrants in Spain (1999-2009)," Network Migration Migrative Citizenship Education, http://www.migrationeducation.org/48.1.html?&rid=162&cHash=96b3134cdb; and Tom Worden, "Spain Sees Sixfold Increase in Immigrants Over Decade," *Guardian*, February 8, 2007, http://www.guardian.co.uk/world/2010/feb/-8/spain-sixfold-increase-immigrants.

4 Fabien Zamora, "Spaniards Return to Farm Work as Unemployment Soars," AFP, March 3, 2009.

5 Population Reference Bureau, http://www.prb.org/Datafinder/Geography/Summary.aspx?region=221&region_type=2.

6 Xavier Medina, *Food Culture in Spain* (Kindle edition), Greenwood, 2005. Medina 是巴塞罗那地中海欧洲研究中心（European Institute of the Mediterranean）地中海文化系高级研究员，同时也是 *Anthropology of Food* 期刊的总编辑。

7 OECD, "The World at a Glance 2009," 19-44.

8 Antonia Trichopoulou, "Modified Mediterranean Diet and Survival: EPIC-Elderly Prospective Cohort Study," BMJ, doi:10.1136/bmj.38415.644155.8F, April 8, 2005.

9 BMJ Group, "Eat Yourself Happy? Mediterranean Diet Link to Less Depression," Guardian, October 6, 2009, http://www.guardian.co.uk/lifeandstyle/besttreatments/2009/oct/06/eat-yourself-happy-mediterranean diet-link-to-less-depression.

10 Angelo Aquista and Laurie Anne Vendermolen, "The Mediterranean Prescription," Ascent Group, 2006, p.7.

11 Ibid.

12 M. Ruiz-Canela López, et al., "Cured Ham and the Incidence of Cardiovascular Events, Arterial Hypertension of Weight Gain," *Medicina clínica* (Barcelona), October 5, 2009.

13 C. N. Lopez, et al., "Costs of Mediterranean and Western Dietary Patterns in a Spanish Cohort and their Relationship with Prospective Weight Change," *Journal of Epidemiology and Community Health* (November 2009 issue, published online in September 2009), http://jech.bmj.com/cgi/content/abstract/63/11/920?maxtoshow=&HITS=10&hits=10& RESULTFORMAT=&fulltext=Mediterranean+diet&searchid=1&FIRSTINDEX=0&sortspec= relevance&resourcetype=HWCIT.

14 E. L. García, et al., "Social Network and Health-Related Quality of Life in Older Adults: A Population-Based Study in Spain," *Quality of Life Research: An International Journal of Quality of Life Aspects of Treatment*, Care and Rehabilitation (Netherlands, March 2005): 511-520.

15 Merry Pool and Jelena Kopanja, "Reverse Migration: Ecuador Lures Immigrants Back Home from U.S. and Spain," Feet in 2 Worlds, New School, New York City, September 2009, http://feetin2worlds.wordpress.com/2009/09/04/reverse-migration-ecuador-lures-immigrants-back-home-from-u-s-and-spain/; and Priscila Guillan, "Live Wires: Latin Americans Living in Spain Drive a Big Business in Sending Money Home," *Entrepreneur*, July 2006, http://www.entrepreneur.com/tradejournals/article/150956129.html.

16 Panel on a Research Agenda and New Data for an Aging World, Committee on Population, and Committee on National Statistics Division of Behavioral and Social Sciences and Education National Research Council, Commission on Behavioral and Social Sciences and Education (CBASSE), "Preparing for an Aging World: The Case for Cross-National Research," National Academy Press, Washington, DC, 2001, p.33, http://www.nap.edu/openbook. php?record_id=10120&page=R1.

17 Benedict Moran, "U.S. Ecuador: Luring Migrants Home an Uphill Battle," Interpress Service, October 27, 2009, http://ipsnorthamerica.net/news.php?idnews=2627.

18 J. D. Mujica and R. G. Talavera, "Domestic Service and the Labour Market in Spain: A Gender Perspective on Migration," *Migration and Ethnic Themes (Migracijske i etničke teme)* 12 (2006): 96, http://hrcak.srce.hr/file/8133.

19 "Spain Ends Search for Immigrants," BBC News, July 21, 2007, http://news.bbc. co.uk/2/hi/europe/6910049.stm.

20 Jan Mansvelt Beck, "The Place of Language and the Language of Place in the Basque

Country," Proceeding of the 4th International Symposium on Bilingualism (Somerville, Mass.: Cascadilla Press, 2005), http://www.lingref.com/isb/4/115ISB4.PDF.

21 Angeles Escrivá, "Peruvian Families Between Peru and Spain," paper delivered to 2003 meeting of the Latin American Studies Association, Dallas, March 27-29, 2003, http://lasa.international.pitt.edu/Lasa2003/EscrivaAngeles.pdf. Escrivá 提到在西班牙的秘鲁移民社区中，有关移民返国意愿的问题。

22 Vicente Pinilla, María-Isabel Ayuda, and Luis-Antonio Sáez, "Rural Depopulation and the Migration Turnaround in Mediterranean Western Europe: A Case Study of Aragon," *Journal of Rural and Community Development* 3, no. 1 (2008), http://www.jrcd.ca/viewarticle.php?id=107.

23 Claudine Attias-Donfut and Francois-Charles Wolff, "Families, Aging and Social Policy: Intergenerational Solidarity in European Welfare States" (Chiara Saraceno, editor) (Cheltenham, U.K.: Edward Elgar Publishing Limited, 2008), 260.

24 Euroresidentes, "News from Spain: Spaniards Don't Want to Work After 60," January 15, 2008, http://www.euroresidentes.com/Blogs/2008/01/retirement-in-spain.html.

25 OECD Labour Force Statistics by Age and Sex, 2006, http://stats.oecd.org/wbos/default.aspx.

26 Agar Brugiavini, "Early Retirement in Europe," *European Review* 9, no. 4 (2001): 501.

27 Willi Leibfritz, "Retiring Later Makes Sense," *OECD Observer*, no. 234, October 2002, http://www.oecdobserver.org/news/fullstory.php/aid/824/Retring_later_makes_sense.html.

28 Steve Doughty, "Our Elder Worse Off Than Romania's: British Pensioners Among the Poorest in Europe," *Daily Mail*, July 26, 2009, http://www.dailymail.co.uk/news/article-1202378/Our-elderly-worse-Romanias-British-pensioners-poorest-Europe.html.

29 Margarita Delgado, Gerardo Meil, and Francisco Zamora López, "Spain: Short on Children and Short on Family Policies," *Demographic Research* 19, article 27:1059-104, http://www.demographic-research.org/volumes/vol19/27/. 此外还有与 Margarita Delgado 的访谈，Madrid, February 11, 2008.

30 Jesús María Gómez García and Margarita Rico González, "Rural Development, Population Aging and Gender in Spain: The Case of Rural Women in the Autonomous Community of Castilla y León," ERSA conference papers, no. ersa04p379, European Regional Science Association, Vienna, 2004, http://www-sre.wu-wien.ac.at/ersa/ersaconfs/ersa04/PDF/379.pdf. 资料引自 Castilla-León（位于西根萨的卡斯提亚－拉曼查地方边界）。

31 与 Margarita Delgado 的访谈。

32 García and González, "Rural Development."

33 该部出版的白皮书与 2007 年通过的个人自主与抚养照护法的立法过程，有关这方面的摘要介绍，见 Eurofound 网站，http://www.eurofound.europa.eu/areas/labourmarket/tackling/cases/es001.htm.34 Xavier Bosch, "Spain Faces Massive Decline in Population," *BMJ*, April 1, 2000, p. 891, http://www.ncbi.nlm.nih.gov/pmc/articles/PMC1117826/320(7239).

34 Xavier Bosch, "Spain Faces Massive Decline in Population," *BMJ*, April 1, 2000, p.891, http://www.ncbi.nlm.nih.gov/pmc/articles/PMC1117826/320 (7239).

第四章 我们如何不断地走向衰老？

1 Steven Austad, *Why We Age: What Science Is Discovering About the Body's Journey Through Life* (Hoboken, N.J.: Wiley, 1999), 126-127. Austad 的作品是一本优秀的现代老化理论概论，他在作品末尾描述了自由基老化假说。我对老化科学的了解，绝大部分来自 Austad 清楚而有趣的解说。

2 Stephen T. Sinatra, James C. Roberts, and Martin Zucker, *Reverse Heart Disease Now* (Hoboken, N.J.: Wiley, 2008), 44.

3 "Occasional Memory Loss Tied to Lower Brain Volumes," Science Daily, October 7, 2008, http://www.sciencedaily.com/releases/2008/10/081006180515.html.

4 U.S. National Institutes of Health, National Institute on Ageing, Conference Report, "Exploring the Role fo Cancer Centers for Integrating Aging and Cancer Research," August 6, 2009, http://www.nia.nih.gov/ResearchInformation/ConferencesAndMeetings/WorkshopReport/Introduction.html. 本章引用的资料来自美国国家老化研究所针对美国国家癌症研究中心资料所做的报告摘要。

5 相关资料来源如下：

National Institute on Aging, http://www.nia.nih.gov/.

Mayo Clinic, http://www.mayoclinic.com/health/aging/HA00040.

Mark H. Beers, editor in chief, *Merck Manual of Health and Aging* (Whitehouse Station, N.J.: Merck Research Laboratories, 2004).

Leonard Hayflick, *How We Change with Age* (New York: Ballantine Books, 1994).

Sue V. Saxon and Mary Jean Etten, *Physical Change and Aging*, third ed. (New York: Tiresias Press, 1994).

Janet Horn and Robin Miller, *The Smart Woman's Guide to Midlife & Beyond* (Oakland, Calif.: New Harbinger Publications, 2008).

Waneen W. Spirduso, Karen L. Francis, and Pricilla G. MacRae, *Physical Dimensions of Aging*, second ed. (Champaign, Ill.: Human Kinetics, 2005).

"Five Ages of the Brain," *New Scientist*, April 4, 2009.

"Generations," *Journal of the American Society on Aging*, Special Issue on Falls and Fall-Related Injuries, Winter 2002-2003.

Albert Lee, "Aging Populations: A Rising Challenge in the Treatment of Osteoarthritis," *Hong Kong Medical Diary, Drug Review* 10, no. 10 (October 2005).

National Collaborating Centre for Chronic Conditions (UK), "Osteoarthritis, National Clinical Guideline for Care and Management in Adults," Royal College of Physicians, London, 2008.

Slomo Stern, Solomon Behar, and Shmuel Gttleib, "Aging and Diseases of the Heart, Circulation," *Journal of the American Heart Association*, Dallas, TX(2003), 108:e99-e101, http://circ.ahajournals.org/cgi/content/full/108/14/e99.

6　Wray Herbert, "The Aging of Loneliness," Association for Psychological Science (先前叫作 American Psychological Society), August 9, 2007, http://www.psychologicalscience.org/onlyhuman/2007/08/aging-of-loneliness.cfm.

7　Robert S. Wilson, Kristin R. Krueger, Steven E. Arnold, Julie A. Schneider, Jeremiah F Kelly, Lisa L. Barnes, Yuxiao Tang, and David A. Bennett, "Loneliness and Risk of Alzheimer Disease," *Archives of General Psychiatry* 64, no. 2 (February 2007): 234-240, http://archpsyc.ama-assn.org/cgi/content/full/64/2/234.

8　Dean Ornish, "Love Is Real Medicine," Newsweek, October 3, 2005, http://www.newsweek.com/id/50926. And "Loneliness: A Molecule?," *Science Today at the University of California*, September 24, 2007, http://www.ucop.edu/sciencetoday/article/16508.

第五章　日本，消失的下一代

1　Akihiko Matsutani, *Shrinking Population Economics, Lessons from Japan*, trans. By Brian Miller (Tokyo: International House of Japan, Inc., 2006), xiii.

2　Mari Yamaguchi, "Japan's Rising Elderly Rates Stoke Worries About Pensions," Associated Press, May 24, 2008, http://www.redorbit.com/news/business/1401014/japans_rising_elderly_rates_stoke_worries_about_pensions/#.

3　Nohiro Ogawa, Robert D. Retherford, Rikiya Matsukura, "Demographics of the Japanese Family, Entering Uncharted Territory," *The Changing Japanese Family*, edited by Marcus Rebick and Ayumi Takenaka (New York: Routledge 2006), 23.

4　Abdel R. Omran, "The Epidemiologic Transition: A Theory of the Epidemiology of Population Change," *Milbank Memorial Fund Quarterly* 49, no. 4 (2005): part 1, 1971, 509-538. 见 http://www.milbank.org/8304.html, 刊有这篇文章。

5　Ogawa et al., 22.

6　Ibid., 31.

7　*Kyodo* News, "Centenarians in Japan Soon to Exceed 30,000 for First Time," Japan Times Online, September 15, 2007, http://www.msnbc.msn.com/id/9324619/.

8　"Number of Japanese Living Past 100 Growing," Associated Press, September 13, 2005, http://www.msnbc.msn.com/id/9324619/.

9　Matsutani, *Shrinking Population Economics*, 8.

10　U.S. Census Bureau, "Projections by Age, Sex, Race and Hispanic Origin" (2004), http://www.census.gov/ipc/www/usinterimproj/.

11　Tokyo Municipal Government website, http://www.metro.tokyo.jp/ENGLISH/PROFILE/overview03.html.

12　Population of Japan in 2000, Statistics Bureau Ministry of Internal Affairs and Communications, http://www.stat.go.jp/english/data/kokusei/2000/final/hyodai.htm#21.

13　Marcus Rebick and Ayumi Takenaka, *The Changing Japanese Family* (New York:Routledge, 2006), 3.

14　Misa Izuhara, "Changing Families and Policy Responses to an Aging Japanese Society," in Rebick and Takenaka, *Changing Japanese Family*, 165.

15　Ibid., 164.

16　Nick Clark, "Education in Japan," *World Education News and Reviews* 18, no. 3 (May/June 2005).

17　Gender Equality Bureau, Cabinet Office, Japan, http://www.gender.go.jp/english_contents/women2004/statistics/s02.html. 1980 年，日本有 12.3% 的女高中毕业生继续接受高等教育，男高中毕业生的比例则是 39.3%。1985 年，这个比例分别是 13.7% 与 38.6%。2003 年，34.4% 的女高中毕业生继续接受高等教育，男性则是 47.8%。

18　Brian Shih, "Japan's Colleges Ease Entrance Exams," NPR *Weekend Edition*, May 21, 2005, http://www.npr.org/templates/story/story.php?storyId=4661500; and Tak Kumakura, "Japanese Schools on the Hunt for Students," *International Herald Tribune*, October 10, 2006, http://www.iht.com/articles/2006/10/10/bloomberg/sxstudents.php; and David Cyranoski and I-han Chou, "Winds of Change Blow Away the Cobwebs on Campus," *Nature*, no. 429 (May 13, 2004): 210-214; and Bryan Walsh, "Economics 101," *Time*, July 4, 2005, http://www.time.com/time/magazine/article/0,9171,501050711-1079524,00.html.

19　Naoki Ikegami, "Tokyo: A Pathbreaker in Longterm Care?," Chapter 19 in *Growing Older in World Cities, New York, London, Paris and Tokyo*, eds. Victor G. Rodwin and Michael K. Gusmano (Nashville: Vanderbilt University press, 2006), 301.

20　Rebick and Takenaka, *Changing Japanese Family*, 8.

21　Joe Chen, Yun Jeong Choi, and Yasuyuki Sawada, "How Is Suicide Different in Japan," Center for International Research on the Japanese Economy, Faculty of Economics, University of Tokyo, November 2007, http://www.mfj.gr.jp/web/lunch_seminar/documents/20080226-Sawada.pdf.

22　Yoshitomo Takahashi, Hideto Hirasawa, Keiko Koyama, Osamu Asakawa, Matazo Kido, Hiroshi Onose, Masahiko Udagawa, Yoshihiro Ishikawa, and Masato Uno, "Suicide and Aging in Japan: An Examination of Treated Elderly Suicide Attempters," *International Psychogeriatrics* 7 (1995): 239-251.

23　J. Sean Curin, "Suicide Also Rises in the Land of Rising Sun," *Asia Times*, July 28, 2004, http://www.atimes.com/atimes/Japan/FG28Dh01.html.

24　Izuhara, "Changing Families and Policy," 165; and Nicholas Kristof, "Once Prized, Japan's Elderly Feel Abandoned and Fearful," *New York Times*, August 4, 1997, http://query.nytimes.com/gst/fullpage.html?res=9F00E6DC133DF937A3575BC0A961958260; Justin McCurry, "Japan's Age-Old Problem," *Guardian*, April 17, 2007, http://www.guardian.co.uk/world/2007/apr/17/japan.justinmccurry. McCurry 描述这些公寓如何成为老年住宅与单身老人的危险住所，这些人最后将生活在肮脏的环境中，并且死在这里。协会请当地的送报员担任某种类似报死虫的角色，当连续几天没人拿走报纸时，送报员就应该通知协会前来处理。"常盘平小区成为独居老人的平价住处。这些人退休之后发现自己很难交到朋友，于是只能搬来这里。很多人在搬来的几年内就死了，"新组成的居民协会会长说，"（当这些退休老人）死后，你走进他们家，可以很明显地看出绝大多数人不会开伙、打扫或洗衣。他们甚至没有把垃圾拿出去扔。他们无法照顾自己。"

25　"Declining Birth Rates Rasing Concerns in Asia," East-West Center News, April 10, 2004, http://www.eastwestcenter.org/news-center/east-west-wire/declining-birth-rates-raising-concerns-in-asia/.

26　http://www.taisei-ind.jp/index.html.

27　Matsutani, *Shrinking Population Economics*, 4.

28　2008 年中，日经平均指数，也就是日本股票市场的股价指数，大约比 20 世纪 80 年代末期的市场高点低了三成左右。

29　Marcus Rebick, *The Japanese Employment System: Adapting to a New Economic Environment* (Oxford, U.K.: Oxford University Press, 2005), 129-131.

30　Ibid., 125. Rebick 引用经济合作与发展组织 2003 年的数据。

31　Roger Pulvers, "Forsake Not the Elderly, for They Bear a Great Bounty," *Japan Times*, August 12, 2007, http://search.japantimes.co.jp/cgi-bin/fl20070812rp.html.

32　Suvendrini Kakuchi, "Labour-Japan: Old Is Gold as Workforce Shrinks," Interpress Service New Agency, February 26, 2008, http://ipsnews.net/news.asp?idnews=36721.

33　David Alwinkle／有道出人的网站（http://www.debito.org/）详细说明他想入日本籍的决定。有道出人娶了一名日本女子为妻，而且生下两名子女。他是日本外国人移民法的专家，也是 *Handbook for Newcomers, Migrants and Immigrants* 的作者。

34　Sharon Noguchi, "Hard Work, Furtive Living: Illegal Immigrants in Japan," *YaleGlobal*, March 2, 2006, http://yaleglobal.yale.edu/article.print?id=7067.

35　河井克行（外务大臣政务官）于2005年5月9日在巴西伊瓜苏的美洲议会联盟大会上发表演说，http://www.mofa.go.jp/region/latin/brazil/speech0505.html.

36　Jun Hongo, "Cabinet Interview, New Justice Minister: Hatoyama a Hawk on Death Penalty, Illegal Immigrants," *Japan Times*, September 4, 2007, http://search.japantimes.co.jp/cgi-bin/nn20070904a5.html.

37　有道出人, "Treatment of Japan's International Residents, Problems and Solutions for a 21st Century Japan," 2007, http://www.debito.org/handout.html.

38　Martin Fackler, "Japan Faces Engineering Shortage," *International Herald Tribune*, May 18, 2008, http://www.iht.com/articles/2008/05/16/business/engineers.php.

39　Konica Minolta Annual CSR Report, 2007, 30-32.

第六章　欺骗死神

1　Liz Szabo, "Aging Well Starts in Womb, as Mom's Choices Affect Whole Life," *USA Today*, June 30, 2009.

2　见 Anders Forsdahl, "Commentary: Childhood Deprivation and Adult Mortality," International Journal of Epidemiology 31 (2002): 308, http://ije.oxfordjournals.org/cgi/content/full/31/2/308。

3　季节性以及早期童年生活情况与晚年健康的关联性，关于这方面研究的描述主要援引自 Gabriele Doblhammer 透彻而吸引人的作品，*The Late Life Legacy of Very Early Life* (Berlin: Springer-Verlag, 2004)，这本书追溯了相关主题的研究史。

4　与 Tom Rando 的访谈。也可见 "Young Blood Revives Aging Muscles, Stanford Researchers Find，" 这则消息引自 Stanford School of Medicine, February 16, 2005, http://med.stanford.edu/news_releases/2005/february/rando.html.

5　Anthony Barnett and Helena Smith, "Cruel Cost of the Human Egg Trade," *Guardian*, April 30, 2006, http://www.guardian.co.uk/uk/2006/apr/30/health.healthandwellbeing.

6　Coco Ballantyne, "A Cut Above the Rest?: Wrinkle Treatment Uses Babies'

Foreskins," *Scientific American*, February 12, 2009, http://www.scientificamerican.com/article.cfm?id=a-cut-above-the-rest-wrin.

7 "Ovarian Transplantation Restores Fertility to Old Mice and Also Lengthens Their Lives," e! *Science News*, June 29, 2010, http://esciencenews.com/articles/2010/06/29/ovarian.transplantation.restores.fertility.old.mice.and.also.lengthens.their.lives. 也可见 Ian Sample, "Ovary Transplants Could Extend Women's Lifespan, Mice Study Suggests," *Guardian*, June 29, 2010, http://www.guardian.co.uk/science/2010/jun/29/ovary-transplants-women-lifespan-mice。

8 http://eyeborgproject.com.

第七章 螺丝之都的曲折命运：伊利诺伊州罗克福德

1 Edna Bonacich and Juan David De Lara, "Economic Crisis and the Logistics Industry: Financial Insecurity for Warehouse Workers in the Inland Empire," *Change to Win*, February 18, 2009, http://www.warehouseworkersunited.org/.../20090218-WarehouseWorkersPaper.pdf.

2 Monique Morrissey and Emily Garr, "Working the Graveyard Shift: Why Raising the Social Security Retirement Age Is Not the Answer," Economic Policy Institute, Briefing Paper #232, May 5, 2009, p.13, http://www.epi.org/publications/entry/bp232/.

3 Steven Greenhouse, "65 and Up and Looking for Work," *New York Times*, October 24, 2009, http://www.nytimes.com/2009/10/24/business/economy/24older.html.

4 Ruth Helman, et al., "The 2009 Retirement Confidence Survey: Economy Drives Confidence to Record Lows; Many Looking to Work Longer," Employee Benefit Research Institute, Issue Brief #328, April 2009, http://www.google.com/url?sa=t&source=web&ct=res&cd=1&ved=0CAYQFjAA&url=http%3A%2F%2Fwww.ebri.org%2Fpublications%2Fib%2Findex.cfm%3Ffa%3Dibdisp%26content_id%3D4226&ei=npBPS7GPGJHwNP6NwfwM&usg=AFQjCNHOVGouDtQKeo3EbDO7Vymy_BzMXg&sig2=ynxa_N_3L6tnKKp6o_DpkA.

5 Kelly Evans and Sarah Needleman, "For Older Workers, a Reluctant Retirement," *Wall Street Journal*, December 8, 2009.

6 "Caregiving in the U.S.: Executive Summary," National Alliance for Caregiving and AARP, November 2009, http://assets.aarp.org/rgcenter/il/caregiving_09_es.pdf.

7 Evans and Needleman, "For Older Workers, a Reluctant Retirement."

8 Sean F. Driscoll, "Tough Road to Adulthood for Jobless Teens," *Rockford Register Star*, November 28, 2009, http://www.rrstar.com/archive/x1792915814/Tough-road-to-adulthood-for-jobless-teens.

9 V. Dion Haynes, "Blacks Hit Hard by Economy's Punch," *Washington Post*, November 24,

2009, http://www.washingtonpost.com/wp-dyn/content/article/2009/11/23/AR2009112304092.html.

10　Driscoll, "Tough Road to Adulthood for Jobless Teens."

11　Ibid.

12　Ruth Longoria Kingsland, "Recession Causing More Young Adults to Move Home," *Peoria Journal Star*, January 3, 2010, http://www.pjstar.com/news/x1444028591/Recession-causing-more-young-adults-to-move-home.

13　"Opportunity Returns," Northern Stateline Region, State of Illinois, October 2003, http://opportunityreturns.com/regional_plans/NorthernStateline_Regional_Plan.pdf（摘取于2009年11月）.

14　Richard Florida, *Who's Your City? How the Creative Economy Is Making Where to Live the Most Important Decision of Your Life* (New York: Basic Books, 2008).

15　与Michelle Miller-Adams的访谈。也可见Michelle Miller-Adams, *The Power of a Promise: Education and Economic Renewal in Kalamazoo* (Kalamazoo, Mich.: W. E. Upjohn Institute and Grand Valley State University, 2009)。

16　Sharon Stangenes, "On the Level: Single-Story Living Growing in Popularity Among Over-55 Home Buyers," *Chicago Tribune*, January 26, 2007.

17　William H. Frey, "Mapping the Growth of Older America: Seniors and Boomers in the Early 21st Century," *Living Cities Census Series* (Washington, DC, Metropolitan Policy Program, Brookings Institution, May 2007).

18　Glen P. Kenny, Jane E. Yardley, Lucie Martineau, and Ollie Jay, "Physical Work Capacity in Older Adults: Implications for the Aging Worker," *American Journal of Industrial Medicine* 51, no. 8 (2008): 610-625.

19　Leora Friedberg, "The Impact of Technological Change on Older Workers: Evidence from Data on Computer Use," *Industrial and Labor Relations Review* 56, no. 3 (April 2003), 511-529, http://www.jstor.org/pss/3590922.

20　Kevin Neuman, "Quit Your Job and Get Healthier? The Effect of Retirement on Health," *Journal of Labor Research* 29, no. 2 (June 2008): 177-201, http://www.springerlink.com/content/dg6271q10j775604/?p=af9593b10747465fa91981ef739996c0&pi=4.

21　Abdul Ali, et al., "What Entrepreneurs Are Up To," *Global Entrepreneurship Monitor*, 2008 National Entrepreneurial Assessment for the United States of America, Executive Report, Babson College and Baruch College (2009), p. 16, http://docs.google.com/viewer?url=http://www3.babson.edu/ESHIP/research-publications/upload/GEM_2008_US_Executive_Report.pdf.

22　Hughes M. Helm, Judith C. Hays, Elizabeth P. Flint, Harold G. Koenig, and Dan

G. Blazer, "Does Private Religious Activity Prolong Survival? A Six-Year Follow-up Study of 3,851 Older Adults," *Journals of Gerontology: Series A: Biological Sciences and Medical Sciences* 55, no. 7 (2000): M400-M405, http://biomedgerontology.oxfordjournals.org/content/55/7/M400.full.

23　AARP International, "Who Is Raising the World's Children? Grandparent Caregivers: Economic, Social and Legal Implications," April 4, 2008, Amy Goyer 在 AARP International and the Aspen Institute Council of Women World Leaders on grandparent caregivers on March 11, 2008 的小组讨论上所做的陈述, at AARP headquarters in Washington, DC, http://www.aarpinternational.org/resourcelibrary/resourcelibrary_show.htm?doc_id=676636.

第八章　我们如何看待老人？

1　E. Arias, L. R. Curtin, R. Wei, and R. N. Anderson. United States Decennial Life Tables for 1999-2001, United States Life Tables. *National Vital Statistics Reports* 57, no.1(2008), National Center for Health Statistics, Hyattscville, MD, http://www.cdc.gov/nchs/products/pubs/pubd/lftbls/decenn/1999-2001.html.

2　Charles Duhigg, "Shielding Money Clashes with Elders' Free Will," *New York Times*, December 25, 2007, http://www.nytimes.com/2007/12/24/business/24golden.html?fta=y.

3　Matthew G. Rhodes, "Age Estimation of Faces: A Review," *Applied Cognitive Psychology* 23 (2009):1-12, Wiley InterScience.

4　X. Geng, Z. H. Zhou, Y. Zhang, G. Li, and H. Dai, "Learning from Facial Aging Patterns for Automatic Age Estimation, Pattern Analysis and Machine Intelligence, *IEEE Transactions* 29, no. 12 (December 2007): 2234-2240.

5　David J. Schneider, *The Psychology of Stereotyping*, Kindle edition (New York: Guilford Press, 2003), Locations, 224-228.

6　Ibid., 234-237.

7　Ibid., 175-178.

8　见 Thomas M. Hess, Joey T. Hinson, and Elizabeth A. Hodges, "Moderators of and Mechanisms Underlying Stereotype Threat Effects on Older Adults' Memory Performance," *Experimental Aging Research*, North Carolina State University, April 1, 2009。Hess 曾经接受 News Office at North Carolina State University 的报纸访谈。关于这场访谈的内容见 "Think Memory Worsens with Age? Then Yours Probably Will," April 22, 2009, http://news.ncsu.edu/news/2009/04/wmshessmemory.php。

9　Becca R. Levy, Martin D. Slade, and Thomas M. Gill, "Hearing Decline Predicted by

Elders' Stereotypes," *Journals of Gerontology: Series B: Psychological Sciences and Social Sciences* 61 (2006): P82-P87, http://psychsoc.gerontologyjournals.org/cgi/content/full/61/2/P82.

10　Levy 考虑到其他的可能性，其他的文化也许有别的因素可以让老人更能维持听力。例如在尊崇老人的复活节岛（Easter Island）上，几乎没有工业的喧嚣与噪声污染，反观美国人则是把这些声音当成背景声响。

11　Amy J. C. Cuddy, Michael I. Norton, and Susan T. Fiske, "This Old Stereotype: The Pervasiveness and Persistence of the Elderly Stereotype," *Journal of Social Issues* 61, no. 2 (2005): 267-285.

12　Jeff Greenberg, Jeff Schimel, and Andy Martens, *Ageism: Denying the Face of the Future*, in Ageism: Stereotyping and Prejudice Against Older Persons, edited by Nelson, Todd (Cambridge, Mass.: MIT Press 2004), 27.

13　Robert Butler and Anti-Taskforce at the Longevity Center, "Ageism in America," 2006, http://www.ilcusa.org/pages/publications/ageism-sleep/ageism-in-america.php.

14　http://www.cnpea.ca/ageism.html.

15　William Greider 于 2009 年 2 月 9 日在 *The Nation* 上撰文指出："华盛顿与华尔街的统治精英以'财务责任'为名，设计了一套如恶魔般狡猾的'大交易'……他们主张由政府花数十亿美元让银行纾困，然后这笔成本可以靠掠夺社会保障体系取回。" Greider 简要说明，身价高达数十亿的投资者 Peter Peterson 通过发起公共活动来推动"财政改革"，以填补美国财政的 53 兆漏洞，这笔亏空之所以不断扩大，主要是服务老人的应享权益计划造成的。Greider 认为，这项提案"本质上将瓦解社会安全"而图利企业。Greider 写道："他们的活动中最丑陋的政策，是致力挑起代际的冲突。"

16　Alice Wignall, "Keeping Body and Soul in Tune," Guardian, August 26, 2008, http://www.guardian.co.uk/lifeandstyle/2008/aug/26/healthandwellbeing.fitness. 这篇文章检视了歌手如何看待这些影响。见 S. M. Clift and G. Hancox, "The Perceived Benefits of Singing: Findings from Preliminary Surveys of a University College Choral Society," *Journal of the Royal Society for the Promotion of Health* 121, no.4 (2001): 248-256。

第九章　中国：未富先老？

1　Robert Fogel, "$123,000.000.000,000, China's Estimated Economy by the Year 2040. Be Warned," *Foreign Policy* (January/February 2010): 70-75.

2　Dadush, Uri, Stancil, Bennett, The G20 in 2050, International Economic Bulletin, November 2009, Carnegie Endowment for International Peace, Washington, DC, http://www.carnegieendowment.org/publications/index.cfm?fa=view&id=24195.

3 Zhao Chunzhe, "China's Elderly Population Reaches 167M," *China Daily*, January 29, 2010, http://chinadaily.com.cn/china/2010-01/29/content_9399043.html.

4 David Pierson, "China's Elderly Will Overwhelm the Nation," *Los Angeles Times*, July 6, 2009, http://articles.latimes.com/2009/jul/06/buseness/fi-china-old6.

5 Howard French, "China Scrambles for Stability as Its Workforce Ages," *New York Times*, March 22, 2007, http://www.nytimes.com/2007/03/22/world/asia/22china.html.

6 Richard Jackson, Keisuke Nakashima, and Neil Howe, "China's Long March to Retirement Reform, The Graying of the Middle Kingdom Revisited," Center for Strategic and International Studies, April 22, 2009, p.2.

7 Nicholas Eberstadt, "Growing Old the Hard Way: China, Russia, India," *Policy Review*, Hoover Institution, April/May 2006, http://www.hoover.org/publications/policyreview/2912391.html.

8 David E. Bloom, David Canning, Günther Fink, and Jocelyn E. Finlay, "Fertility, Female Labor Force participation, and the Demographic Dividend," NBER Working Paper no. 13583, November 2007, http://www.nbcr.org/papers/w13583.

9 Jiang Jingxiong, Urban Rosenqvist, Wang Huishan, Ted Greiner, Lian Guangli, and Anna Sarkadi, "Influence of Grandparents on Eating Behaviors of Young Children in Chinese Three-Generation Families, Appetite 48, no.3 (May 2007), http://www.sciencedirect.com/science?_ob=ArticleURL&_udi=B6WB2-4MJJBV8-1&_user=10&_coverDate=05%2F31%2F2007&_rdoc=1&_fmt=high&_orig=search&_sort=d&_docanchor=&view=c&_searchStrId=1211153990&_rerunOrigin=google&_acct=C000050221&_version=1&_urlVersion=0&_userid=10&md5=9d481b1fc9df41ee57c85fb98b8a9cd3.

10 AFP, "Caring for Mum, Dad Key to Career in China," Z News, April 9, 2007, http://www.zeenews.com/news364788.html.

11 AP Worldstream, "China Punishing Children Who Neglect Elderly Parents in Bid to Promote Filial Piety," January 11, 2006, http://www.accessmylibrary.com/article-1G1-76133898/caring-elderly-parents-polling.html.

12 Dalian News, "Lonely Couple Offer Grown Children 'Salary' for Vistis," April 8, 2007, http://chinadigitaltimes.net/2007/09/lonely-couple-offer-grown-children-salary-for-visits-dalian-news/.

13 Qinwen Xu and Farooq Pasha, "The People's Republic of China, Statistical Profile," Sloan Center on Aging and Work at Boston College, November 2008, http://agingandwork.bc.edu/documents/CP05_Workforce_China_2008-11-13.pdf.

14　Yu Xie and Haiyan Zhu, "Do Sons or Daughters Give More Money to Parents in Urban China?" National Council on Family Relations, University of Michigan, *Journal of Marriage and Family* 71 no. 1 (2009):175, http://dx.doi.org/10.1111/j.1741-3737.2008.00588.x.

15　Melinda Liu, "China's Empty Nest: An Aging Population Is Transforming the Family," *Newsweek*, March 10, 2008, http://www.newsweek.com/id/117840.

第十章　数代同桌

1　Shuaizhang Feng, Alan B. Krueger, and Michael Oppenheimer, "Linkages Among Climate Change, Crop Yields and Mexico-U.S. Cross-Border Migration," Proceedings of the National Academy of Sciences, 2010, http://www..pnas.org/content/early/2010/07/16/1002632107#aff-1.

2　Lisa Eckenwiler, "Long-term Care and Migrant Health Workers: Considering Responsibilities," *George Mason University Global Studies Review*, March 2010, http:///www.globality-gmu.net/archives/2040.

新知文库

01 《证据：历史上最具争议的法医学案例》[美]科林·埃文斯 著　毕小青 译
02 《香料传奇：一部由诱惑衍生的历史》[澳]杰克·特纳 著　周子平 译
03 《查理曼大帝的桌布：一部开胃的宴会史》[英]尼科拉·弗莱彻 著　李响 译
04 《改变西方世界的26个字母》[英]约翰·曼 著　江正文 译
05 《破解古埃及：一场激烈的智力竞争》[英]莱斯利·罗伊·亚京斯 著　黄中宪 译
06 《狗智慧：它们在想什么》[加]斯坦利·科伦 著　江天帆、马云霏 译
07 《狗故事：人类历史上狗的爪印》[加]斯坦利·科伦 著　江天帆 译
08 《血液的故事》[美]比尔·海斯 著　郎可华 译　张铁梅 校
09 《君主制的历史》[美]布伦达·拉尔夫·刘易斯 著　荣予、方力维 译
10 《人类基因的历史地图》[美]史蒂夫·奥尔森 著　霍达文 译
11 《隐疾：名人与人格障碍》[德]博尔温·班德洛 著　麦湛雄 译
12 《逼近的瘟疫》[美]劳里·加勒特 著　杨岐鸣、杨宁 译
13 《颜色的故事》[英]维多利亚·芬利 著　姚芸竹 译
14 《我不是杀人犯》[法]弗雷德里克·肖索依 著　孟晖 译
15 《说谎：揭穿商业、政治与婚姻中的骗局》[美]保罗·埃克曼 著　邓伯宸 译　徐国强 校
16 《蛛丝马迹：犯罪现场专家讲述的故事》[美]康妮·弗莱彻 著　毕小青 译
17 《战争的果实：军事冲突如何加速科技创新》[美]迈克尔·怀特 著　卢欣渝 译
18 《口述：最早发现北美洲的中国移民》[加]保罗·夏亚松 著　暴永宁 译
19 《私密的神话：梦之解析》[英]安东尼·史蒂文斯 著　薛绚 译
20 《生物武器：从国家赞助的研制计划到当代生物恐怖活动》[美]珍妮·吉耶曼 著　周子平 译
21 《疯狂实验史》[瑞士]雷托·U. 施奈德 著　许阳 译
22 《智商测试：一段闪光的历史，一个失色的点子》[美]斯蒂芬·默多克 著　卢欣渝 译
23 《第三帝国的艺术博物馆：希特勒与"林茨特别任务"》[德]哈恩斯–克里斯蒂安·罗尔 著　孙书柱、刘英兰 译
24 《茶：嗜好、开拓与帝国》[英]罗伊·莫克塞姆 著　毕小青 译
25 《路西法效应：好人是如何变成恶魔的》[美]菲利普·津巴多 著　孙佩妏、陈雅馨 译
26 《阿司匹林传奇》[英]迪尔米德·杰弗里斯 著　暴永宁、王惠 译
27 《美味欺诈：食品造假与打假的历史》[英]比·威尔逊 著　周继岚 译
28 《英国人的言行潜规则》[英]凯特·福克斯 著　姚芸竹 译
29 《战争的文化》[以]马丁·范克勒韦尔德 著　李阳 译
30 《大背叛：科学中的欺诈》[美]霍勒斯·弗里兰·贾德森 著　张铁梅、徐国强 译

31	《多重宇宙：一个世界太少了？》[德]托比阿斯·胡阿特、马克斯·劳讷 著　车云 译
32	《现代医学的偶然发现》[美]默顿·迈耶斯 著　周子平 译
33	《咖啡机中的间谍：个人隐私的终结》[英]吉隆·奥哈拉、奈杰尔·沙德博尔特 著　毕小青 译
34	《洞穴奇案》[美]彼得·萨伯 著　陈福勇、张世泰 译
35	《权力的餐桌：从古希腊宴会到爱丽舍宫》[法]让－马克·阿尔贝 著　刘可有、刘惠杰 译
36	《致命元素：毒药的历史》[英]约翰·埃姆斯利 著　毕小青 译
37	《神祇、陵墓与学者：考古学传奇》[德]C. W. 策拉姆 著　张芸、孟薇 译
38	《谋杀手段：用刑侦科学破解致命罪案》[德]马克·贝内克 著　李响 译
39	《为什么不杀光？种族大屠杀的反思》[美]丹尼尔·希罗、克拉克·麦考利 著　薛绚 译
40	《伊索尔德的魔汤：春药的文化史》[德]克劳迪娅·米勒－埃贝林、克里斯蒂安·拉奇 著　王泰智、沈惠珠 译
41	《错引耶稣：〈圣经〉传抄、更改的内幕》[美]巴特·埃尔曼 著　黄恩邻 译
42	《百变小红帽：一则童话中的性、道德及演变》[美]凯瑟琳·奥兰丝汀 著　杨淑智 译
43	《穆斯林发现欧洲：天下大国的视野转换》[英]伯纳德·刘易斯 著　李中文 译
44	《烟火撩人：香烟的历史》[法]迪迪埃·努里松 著　陈睿、李欣 译
45	《菜单中的秘密：爱丽舍宫的飨宴》[日]西川惠 著　尤可欣 译
46	《气候创造历史》[瑞士]许靖华 著　甘锡安 译
47	《特权：哈佛与统治阶层的教育》[美]罗斯·格雷戈里·多塞特 著　珍栎 译
48	《死亡晚餐派对：真实医学探案故事集》[美]乔纳森·埃德罗 著　江孟蓉 译
49	《重返人类演化现场》[美]奇普·沃尔特 著　蔡承志 译
50	《破窗效应：失序世界的关键影响力》[美]乔治·凯林、凯瑟琳·科尔斯 著　陈智文 译
51	《违童之愿：冷战时期美国儿童医学实验秘史》[美]艾伦·M. 霍恩布鲁姆、朱迪斯·L. 纽曼、格雷戈里·J. 多贝尔 著　丁立松 译
52	《活着有多久：关于死亡的科学和哲学》[加]理查德·贝利沃、丹尼斯·金格拉斯 著　白紫阳 译
53	《疯狂实验史Ⅱ》[瑞士]雷托·U. 施奈德 著　郭鑫、姚敏多 译
54	《猿形毕露：从猩猩看人类的权力、暴力、爱与性》[美]弗朗斯·德瓦尔 著　陈信宏 译
55	《正常的另一面：美貌、信任与养育的生物学》[美]乔丹·斯莫勒 著　郑嬿 译
56	《奇妙的尘埃》[美]汉娜·霍姆斯 著　陈芝仪 译
57	《卡路里与束身衣：跨越两千年的节食史》[英]路易丝·福克斯克罗夫特 著　王以勤 译
58	《哈希的故事：世界上最具暴利的毒品业内幕》[英]温斯利·克拉克森 著　珍栎 译
59	《黑色盛宴：嗜血动物的奇异生活》[美]比尔·舒特 著　帕特里曼·J. 温 绘图　赵越 译
60	《城市的故事》[美]约翰·里德 著　郝笑丛 译
61	《树荫的温柔：亘古人类激情之源》[法]阿兰·科尔班 著　苜蓿 译
62	《水果猎人：关于自然、冒险、商业与痴迷的故事》[加]亚当·李斯·格尔纳 著　于是 译

63	《囚徒、情人与间谍：古今隐形墨水的故事》[美]克里斯蒂·马克拉奇斯 著 张哲、师小涵 译
64	《欧洲王室另类史》[美]迈克尔·法夸尔 著 康怡 译
65	《致命药瘾：让人沉迷的食品和药物》[美]辛西娅·库恩等 著 林慧珍、关莹 译
66	《拉丁文帝国》[法]弗朗索瓦·瓦克 著 陈绮文 译
67	《欲望之石：权力、谎言与爱情交织的钻石梦》[美]汤姆·佐尔纳 著 麦慧芬 译
68	《女人的起源》[英]伊莲·摩根 著 刘筠 译
69	《蒙娜丽莎传奇：新发现破解终极谜团》[美]让-皮埃尔·伊斯鲍茨、克里斯托弗·希斯·布朗 著 陈薇薇 译
70	《无人读过的书：哥白尼〈天体运行论〉追寻记》[美]欧文·金格里奇 著 王今、徐国强 译
71	《人类时代：被我们改变的世界》[美]黛安娜·阿克曼 著 伍秋玉、澄影、王丹 译
72	《大气：万物的起源》[英]加布里埃尔·沃克 著 蔡承志 译
73	《碳时代：文明与毁灭》[美]埃里克·罗斯顿 著 吴妍仪 译
74	《一念之差：关于风险的故事与数字》[英]迈克尔·布拉斯兰德、戴维·施皮格哈尔特 著 威治 译
75	《脂肪：文化与物质性》[美]克里斯托弗·E.福思、艾莉森·利奇 编著 李黎、丁立松 译
76	《笑的科学：解开笑与幽默感背后的大脑谜团》[美]斯科特·威姆斯 著 刘书维 译
77	《黑丝路：从里海到伦敦的石油溯源之旅》[英]詹姆斯·马里奥特、米卡·米尼奥-帕卢埃洛 著 黄煜文 译
78	《通向世界尽头：跨西伯利亚大铁路的故事》[英]克里斯蒂安·沃尔玛 著 李阳 译
79	《生命的关键决定：从医生做主到患者赋权》[美]彼得·于贝尔 著 张琼懿 译
80	《艺术侦探：找寻失踪艺术瑰宝的故事》[英]菲利普·莫尔德 著 李欣 译
81	《共病时代：动物疾病与人类健康的惊人联系》[美]芭芭拉·纳特森-霍洛威茨、凯瑟琳·鲍尔斯 著 陈筱婉 译
82	《巴黎浪漫吗？——关于法国人的传闻与真相》[英]皮乌·玛丽·伊特韦尔 著 李阳 译
83	《时尚与恋物主义：紧身褡、束腰术及其他体形塑造法》[美]戴维·孔兹 著 珍栎 译
84	《上穷碧落：热气球的故事》[英]理查德·霍姆斯 著 暴永宁 译
85	《贵族：历史与传承》[法]埃里克·芒雄-里高 著 彭禄娴 译
86	《纸影寻踪：旷世发明的传奇之旅》[英]亚历山大·门罗 著 史先涛 译
87	《吃的大冒险：烹饪猎人笔记》[美]罗布·沃乐什 著 薛绚 译
88	《南极洲：一片神秘的大陆》[英]加布里埃尔·沃克 著 蒋功艳、岳玉庆 译
89	《民间传说与日本人的心灵》[日]河合隼雄 著 范作申 译
90	《象牙维京人：刘易斯棋中的北欧历史与神话》[美]南希·玛丽·布朗 著 赵越 译
91	《食物的心机：过敏的历史》[英]马修·史密斯 著 伊玉岩 译
92	《当世界又老又穷：全球老龄化大冲击》[美]泰德·菲什曼 著 黄煜文 译